# Q&A 著作権の知識100問

清水 節　岡本 岳 [編著]

日本加除出版株式会社

# はしがき

　本書は，著作権に関する様々な問題点について，具体的事例を通じての質問と回答（Q＆A）という形式によって，その解説を試みるものである。

　著作権は，思想又は感情を創作的に表現した著作物について生じる権利であり，著作権法に例示されているものだけでも，小説，音楽や絵画などの芸術性の高いものから，建築物や地図などの機能的要素が付加されたもの，コンピュータプログラムやデータベースなどの現代のIT社会に欠かせないものまで，非常に幅広い分野に生じる権利である。したがって，この著作権を巡る紛争も，個人の私的な領域から企業・団体による社会経済的活動の分野にまで及ぶ可能性があり，実際に提訴されて行われた裁判例も実に多様な範囲にわたっている。

　本書では，これらの多様な範囲にわたる裁判例の中から，特に最近行われた重要なものを選択し，これらを素材としてより一般的な具体的事例を設定した。そして，質問とその回答・解説という形式によって，素材とした裁判例や類似する裁判例，著作権法上の重要な問題点を説明したものである。なお，著作権法の改正については，直近の平成24年度の改正（平成24年法律第43号）も解説している。

　編者としては，本書の目的を3つ想定している。

　第1は，著作権に関する具体的問題に遭遇した場合に，本書をその検討や解決のために利用してもらうことである。本書では，100に及ぶ具体的事例を取り上げているので，実際の問題がそのまま設例とされていたり，類似する事例が掲載されていることがあり，問題点の回答を判断したり検討を進めるに当たって，これらの多様な事例が役立つのではないかと考えている。

　第2に，著作権に関する理解を深めようとする初学者・ロースクール生や若手の実務家などに，本書を利用してもらうことである。著作権法

を学ぶに当たっては，抽象的な条文や概念の理解が必須となるが，その前提として実際の裁判例に基づく豊富な具体的事例に接することによって，条文等の理解がより進むのではないかと思われる。

　第3に，裁判官などの実務家の思考過程や検討方法を知ってもらうことである。本書の執筆者は，すべて知的財産高等裁判所か，東京地方裁判所又は大阪地方裁判所の知的財産専門部に在籍しているか在籍していた者であり，そのほとんどが裁判官であるが，これら多数の裁判官などの実務家による質問への回答とその解説を吟味してもらうことにより，実際の裁判に当たっての裁判官などの思考過程等を認識し理解してもらえるのではないかと考えている。

　いずれにしても，本書が読者の方々のお役に立つことを，心から願うものである。

　最後となるが，執筆者の方々には，多忙にもかかわらず，貴重な論稿を頂き，衷心より感謝を表する次第である。また，本書の出版に当たっては，日本加除出版株式会社企画部の朝比奈耕平さんに大活躍してもらった。企画編集から実際の刊行に至るまでの彼の手腕がなければ，本書が誕生することはなかったであろう。この場を借りて深くお礼申し上げる。

　　平成25年3月

　　　　　　　　　　　　　　　　　　　　　　　清　水　　節
　　　　　　　　　　　　　　　　　　　　　　　岡　本　　岳

# 凡　例

## 1．法令・条約

- 「著作権法」及び「著作権法施行令」については，括弧内ではそれぞれ「著」「著令」と略記した。また，法令中の促音については，「つ」と表記されている場合でも「っ」と表記した。
- 昭和45年法律第48号による全面改正前の著作権法を，単に「旧著作権法」という場合がある。
- その他，法令・条約については，本書では以下の通り略記を使用した。

　　民訴法　→　民事訴訟法
　　プロバイダ責任制限法　→　特定電気通信役務提供者の損害賠償責任の制限及び発信者情報の開示に関する法律
　　法適用通則法　→　法の適用に関する通則法
　　ベルヌ条約　→　文学的及び美術的著作物の保護に関するベルヌ条約パリ改正条約
　　TRIPS協定　→　世界貿易機関を設立するマラケシュ協定附属書一C　知的所有権の貿易関連の側面に関する協定

## 2．判例集・雑誌・参考文献

- 判例集・雑誌については，本書では以下の通り略記を使用した。

　　民集　　　　→　最高裁判所民事判例集
　　刑集　　　　→　最高裁判所刑事判例集
　　知的裁集　　→　知的財産権関係民事・行政裁判例集
　　無体集　　　→　無体財産関係民事・行政裁判例集
　　下民　　　　→　下級裁判所民事裁判例集
　　判解　　　　→　最高裁判所判例解説民事篇
　　コピライト　→　月刊コピライト
　　ジュリ　　　→　ジュリスト
　　判時　　　　→　判例時報
　　判タ　　　　→　判例タイムズ
　　判評　　　　→　判例評論（判例時報付録）
　　民商　　　　→　民商法雑誌

L＆T　　→　L＆T（Law＆Technology）

・本書における参考文献は以下の通りである。本書において表記をする際は，ゴシック箇所を略記として使用した。

　岡村久道著『**著作権法**』（商事法務，2010年）
　加戸守行著『著作権法**逐条講義**〔5訂新版〕』（著作権情報センター，2006年）
　斉藤博著『**著作権法**〔第3版〕』（有斐閣，2007年）
　作花文雄著『**詳解**著作権法〔第4版〕』（ぎょうせい，2010年）
　渋谷達紀著『知的財産法**講義2**　著作権法・意匠法〔第2版〕』（有斐閣，2007年）
　島並良，上野達弘，横山久芳著（**島並ほか**）『著作権法**入門**』（有斐閣，2009年）
　高林龍著『**標準著作権法**』（有斐閣，2010年）
　髙部眞規子著『実務詳説**著作権訴訟**』（きんざい，2012年）
　田中豊編『判例でみる音楽著作権訴訟の論点**60講**』（日本評論社，2010年）
　田村善之著『著作権法**概説**〔第2版〕』（有斐閣，2001年）
　中山信弘著『**著作権法**』（有斐閣，2007年）
　半田正夫著『著作権法概説〔第14版〕』（法学書院，2009年）
　松村信夫，三山峻司著『著作権法**要説　実務と理論**』（世界思想社，2009年）
　半田正夫，松田政行編『著作権法**コンメンタール1**』（勁草書房，2009年）
　半田正夫，松田政行編『著作権法**コンメンタール2**』（勁草書房，2009年）
　斉藤博，牧野利秋編『**裁判実務大系**　27　知的財産関係訴訟法』（青林書院，1997年）
　牧野利秋，飯村敏明編『**新・裁判実務大系**　22　著作権関係訴訟法』（青林書院，2004年）
　村林隆一先生古稀記念論文集刊行会編『**判例著作権法**』（東京布井出版，2001年）
　牧野利秋，飯村敏明，三村量一，末吉亙，大野聖二編『知的財産法の**理論と実務**　第4巻（著作権法・意匠法）』（新日本法規，2007年）
　斉藤博，半田正夫編『著作権判例**百選**〔第2版〕』別冊ジュリスト128号
　斉藤博，半田正夫編『著作権判例**百選**〔第3版〕』別冊ジュリスト157号
　中山信弘，大渕哲也，小泉直樹，田村善之編『著作権判例**百選**〔第4版〕』別冊ジュリスト198号

# 目　次

## 第1章　概　説

**Q1　著作物の所有権と著作権（絵画）**……………（飯村　敏明）………*2*
　　　私は趣味で江戸時代の錦絵を収集し，店に飾っています。先日，出版社が私の店を取材し，写真撮影をしていきましたが，出版された書籍を見ると，私の店に飾ってあった錦絵の写真が数ページにわたって掲載されています。私は錦絵を雑誌に掲載することに同意していませんので，出版社に対し錦絵の写真の掲載を止めるよう求めることができるでしょうか。

**Q2　著作物の所有権と著作権（手紙・書き込み）**…（飯村　敏明）………*7*
　(1)　私は，画家Aと長年付き合いがあり，手紙のやり取りをしてきましたが，その内容を書籍としてまとめようと思います。私宛の手紙を書籍とすることに，問題はあるでしょうか。
　(2)　旅館の掲示板に私が書き込んだ感想文が，当該旅館の発行する冊子にそのまま掲載されていました。この場合，それを差し止めことはできるでしょうか。

**Q3　著作者人格権**……………………………………（塩月　秀平）……*11*
　　　著作者には著作者人格権があると聞きましたが，どのような権利ですか。また，著作者が亡くなった場合，著作者人格権はどうなるのでしょうか。

**Q4　著作隣接権**………………………………………（塩月　秀平）……*15*
　　　実演家，レコード製作者，放送局には著作隣接権があると聞きましたが，どのような権利でしょうか。また，実演家には人格権があるとも聞きましたが，著作者人格権との違いは何ですか。

## 第2章　著作物

**Q5　学術論文の著作物性**……………………………（髙部　眞規子）……*20*
　　　大学院生Aが指導教授Bの指導の下で添削を受け第1論文を完成させました。その後Aが研究を続行し，第2論文を発表しました。後に発表したAの第2論文がBの著作権・著作者人格権を侵害する場合があるのでしょうか。

Q6 契約書のひな型等の著作物性 ……………（東海林　保）…… *24*
　(1) 契約書のひな型，(2) 業務の効率化のために作成したブランクフォーム，(3) 業界用語や専門用語の定義の説明文は，それぞれ著作物であると言えますか。

Q7 傍聴記の著作物性 ……………………………（東海林　保）…… *28*
　裁判の経過や発言を記録した裁判傍聴記をホームページで公開しましたが，他人のブログにそのまま転載されていました。当該行為を差し止めることはできるでしょうか。

Q8 法律解説書の著作物性 ………………………（矢口　俊哉）…… *32*
　一般人向けの法律の解説書を執筆していますが，法律や判例に従って法令の内容や手続の流れなどを解説していくと，どうしても他の書籍と同じような記載になってしまいます。この場合も複製あるいは翻案とみなされるのでしょうか。

Q9 模写作品の著作物性 …………………………（古谷　健二郎）…… *36*
　江戸時代の浮世絵の模写作品について，著作権が生じる場合がありますか。

Q10 ノンフィクションの著作物性 ……………（古谷　健二郎）…… *40*
　地元の歴史上の有名人について，紹介のための書籍を執筆しようと思っています。最近発行されたノンフィクション書籍を参考にして記述したいのですが，どのような点に注意すればよいでしょうか。

Q11 シリーズ作品の著作物性 ……………………（田邉　実）…… *44*
　当社はA社と共同で幼児用教材シリーズを出版し好評を得ました。最近，A社は当社に無断で同教材の新シリーズを出版しましたが，その内容は年齢別構成，分野別，付録の活用，ページ配置などが旧シリーズと同一です。新シリーズは当社が旧シリーズについて有する共同著作権を侵害するのではないでしょうか。

Q12 名所のイラストの著作物性 …………………（真辺　朋子）…… *48*
　Aは日本各地の名所をイラスト化して配置したイラストを制作し，発表しました。ところが，B社の宣伝用ポスターにAのイラストとよく似たイラストが使用されています。これはAの制作したイラストの著作権を侵害するのではないでしょうか。

目　次　vii

Q13　転職情報の著作物性 ……………………………（真辺　朋子）…… *52*
　　　A社はB社から依頼を受け，同社から取材して転職情報を作成し，A社の転職情報ウェブサイトに掲載しました。ところが，他社の転職情報ウェブサイトにもB社の転職情報が掲載され，その内容はA社が作成したものとほとんど同じです。これはA社が作成した転職情報の著作権を侵害するのではないでしょうか。

Q14　舞踏・無言劇の著作物性 …………………………（八木　貴美子）…… *56*
　　　個性的で特徴的な振付けがなされた舞踏劇を見ましたので，その振付けを今度の私の舞台でも取り入れたいと思いますが，問題はあるでしょうか。

Q15　人形・フィギュアの著作物性 ……………………（池下　朗）…… *60*
　　　お菓子のおまけについている人形や，動物のフィギュアなどは，美術作品として著作権法上保護されるのでしょうか。

Q16　伝統工芸品の著作物性 …………………………（池下　朗）…… *64*
　　　Aは，父の代から伝統工芸品の土人形を制作販売しています。この土人形は，江戸時代からの伝統の型を，Aの父とAが二代にわたって改良し芸術性を高めたものです。最近，BがAの土人形とそっくりの模造品を販売しています。これはAの土人形の著作権を侵害するのではないでしょうか。

Q17　印刷用書体の著作物性 …………………………（武宮　英子）…… *68*
　　　当社は若い女性向けに手書き風の可愛らしい書体（X書体）を開発し，そのフォントをパソコン用に販売しています。ところが，A社は当社のX書体と酷似したフォントを宛名書きソフトに入れて販売しています。当社はA社に対し書体の著作権侵害を主張することができるでしょうか。

Q18　設計図の著作物性 ………………………………（知野　明）…… *72*
　　(1)　機械の設計図は，著作物といえますか。
　　(2)　特定の科学技術を利用するためのチャート図やグラフなどは，著作物といえますか。

Q19　案内図の著作物性 ………………………………（井上　泰人）…… *77*
　　　当社の発行している旅行ガイドに掲載されている空港案内図に対し，A社が著作権侵害を主張しています。当社は空港案内図を作成するに当たって，空港フロアの施設配置を調べるためA社の空港案内地図帳にあるフロア図を参考にしましたが，フロア図にも著作権があるのでしょうか。

viii　目　次

Q20　土地宝典の著作物性・複製行為の幇助 ……… （柴田　義明）…… *81*
(1)　公図や法務局備え付けの地図などを基にして作られた、いわゆる土地宝典には著作権があるのでしょうか。
(2)　不動産会社が、土地宝典を貸し出し、コインコピー機を設置してその複製行為を放置していた場合、著作権上どのような問題が生じ、その損害額はどうなるのでしょうか。

Q21　人物のイラストの著作物性 …………………… （佐野　信）…… *85*
私は独身女性をイメージしたキャラクターのイラストを多数作成し、これらを料理テキストに使用していましたが、A食品が宣伝用に配布しているレシピ集に私の料理テキストに登場する女性とそっくりのキャラクターが使われています。これは私のイラストの著作権を侵害するのではないでしょうか。

Q22　キャラクターの著作物性 ………………………… （佐野　信）…… *89*
当社では約50年前から超能力を有する猫を主人公とする漫画シリーズを連載してきました。最近、この漫画主人公の猫の図柄を入れたTシャツが販売されています。これは、猫のキャラクターについて当社が有する著作権を侵害するのではないでしょうか。

Q23　写真の著作物性（スナップ写真）………………… （矢口　俊哉）…… *93*
私が執筆する書籍の中で、知人Aが写された写真を掲載しようと考えています。Aの妻が、日常風景として夫であるAを撮影したスナップ写真で、人物はAしか写っておらず、Aの了解は得ています。何か問題はあるでしょうか。

Q24　写真の著作物性（構図）………………………… （齋藤　巖）…… *97*
(1)　写真家Aが撮影したのと同じ被写体（建物）を、同じ構図で撮影した写真、(2)　写真家Bが撮影した静物写真につき、同種の静物を同様に配置して撮影した写真は、それぞれ写真家A、Bの著作権を侵害しているといえますか。

Q25　写真の著作物の改変（引用）…………………… （荒井　章光）…… *102*
著名人であるAを批判する目的の風刺画を作るためAの写真のうちインターネット上で多く散見されたものを利用して、背景を除いたAの写っている部分だけを切り出して風刺画を作り、それを自身のホームページで公開しました。この行為は、著作権法上どのように考えればよいでしょうか。

Q26 写真の著作物の翻案 ……………………………（関根　澄子）……*107*
　　祭りの風景を写した写真を見ながら，その祭りのポスターを水彩画で作成しようとする場合，どのような問題が生じるでしょうか。

Q27 建築の著作物の要件 ………………………………（武宮　英子）……*111*
　　当社が開発したモデルハウス（X建物）はグッドデザイン賞を受賞し，高い評価を受けています。最近，他社が当社のモデルハウスとよく似たモデルハウスを建築し，展示していますが，これは当社のモデルハウスの著作権を侵害するのではないでしょうか。

Q28 建築の著作物の工事と同一性保持権 ……………（知野　明）……*116*
　(1)　彫刻家と建築家が共同製作した建物と庭園，庭園に設置された彫刻を全体として「建築の著作物」ということができますか。
　(2)　この建築の一部を取り壊したり，移設したりすることは，著作者人格権の侵害になりますか。

Q29 プログラムの著作物性 ……………………………（荒井　章光）……*120*
　(1)　コンピュータ・プログラムにおいて，著作物として認められるものと認められないものとの違いは何ですか。
　(2)　当社はコンピュータ・ソフトウェアを開発，販売していますが，A社が後発で発売した競合商品は，当社のものと表示画面や機能がよく似ています。A社の競合商品は当社が開発したプログラムの著作権を侵害しているのではないでしょうか。

Q30 二次的著作物の要件 ………………………………（相崎　裕恒）……*125*
　　Aが作成したいくつかの人形について，Bが写真を撮影し写真集を刊行しました。この場合，(1)　AとBは，それぞれ，写真と写真集についての著作権を有するのですか。また，(2)　Aは，Bに対して損害賠償を請求することはできますか。

Q31 原著作物の著作者の権利 …………………………（柵木　澄子）……*130*
　　私は可愛い天使のイラストを創作し，その後，妻がこれを立体的に表現した人形を制作し，いずれも人気を得ております。ところがA社は私たちに無断で，このイラストを包装紙に使用し，そっくりの人形型の容器を商品に使用しています。私と妻は，A社に対しどのような請求ができるでしょうか。

Q32 書籍の翻案とナレーション ……………………（田邊　実）……*134*
　　地方の歴史・風物を紹介する番組で，そのナレーションをAが著作したノンフィクション書籍を参考に作成して放送したところ，Aから書籍の翻案であると主張されました。ナレーションと書籍とでは具体的な表現は異なっているのですが，それでも翻案になるのでしょうか。

Q33 音楽の著作物の編曲 ………………………（八木　貴美子）……*138*
　　A曲は，先に発表されているB曲と主旋律がよく似ており，B曲の盗用だと思うのですが，音楽の著作物について「複製」「翻案」あるいは「編曲」は，どのように考えたらよいですか。

Q34 著作権の侵害と依拠性 ………………………（相崎　裕恒）……*142*
　　私の作曲した曲について，A曲の複製であると主張されました。A曲を聴いてみますと確かに私の作曲した曲とほとんど同一ですが，私はA曲を全く知りませんでした。このような場合でも著作権侵害となるのでしょうか。

Q35 ゲームソフトの映画の著作物性・頒布権の消尽
　　　……………………………………………………（齋藤　巌）……*147*
　(1) テレビゲーム機のゲームソフトは「映画の著作物」に当たりますか。
　(2) ゲームソフトが「映画の著作物」である場合，中古ソフトの販売も「頒布」として著作権者の承諾が必要となるでしょうか。

Q36 映画の著作物の翻案 …………………………（関根　澄子）……*152*
　　私が監督，制作した映画について，他の映画監督が自分の映画の著作権を侵害したと主張しています。確かにストーリーの一部は似ているかもしれないのですが，映画の著作物の翻案については，どのように考えればよいのでしょうか。

Q37 編集著作物の要件 ……………………………（岩﨑　慎）……*157*
　　あらかじめ用意された和室や洋室，キッチンなどの部屋の種類やサイズを選び，それらを組み合わせて配置することにより間取図を作成できる間取図作成ソフトについて，そのソフトに収録されている各種の部屋パーツを選択したものは，編集著作物といえますか。

Q38 編集著作物の複製 ……………………………（岩﨑　慎）……*161*
　　大学教授に監修をお願いして歴史資料集（収集した多数の公文書を整理

分類し，解説を付したもの）を刊行しましたが，他社からこの資料集に依拠したと見られる資料集が刊行されました。他社資料集は，解説部分はありませんが，資料である公文書は相当程度重複し，配列は当社資料集と全く同じです。他社に対して何らかの法的措置がとれないでしょうか。

Q39 編集著作物の引用 ……………………………（菊地　浩明）……*165*
　　戦時中の庶民の暮らしを紹介する記事の中に，Aが編集した卒業記念文集に掲載された卒業生の体験談からいくつかの出来事を抜粋して引用したいと考えています。A及び卒業生の著作権を侵害しないようにするにはどのような点に注意したらよいでしょうか。

Q40 編集著作物の改変 ……………………………（栅木　澄子）……*170*
　　写真家Aから，日めくりカレンダー用の花の写真365枚から成るデジタル写真集の著作権を譲り受けたので，週ごとに携帯電話の待受画面用の画像を配信するサービスにこの写真を利用しようと考えています。著作権法上，何か問題が生じるでしょうか。

Q41 データベースの著作物の要件 …………………（菊地　浩明）……*175*
　(1)　データベースの著作物とは，具体的にどのようなものですか。
　(2)　既にあるデータベースの著作権の侵害とは，どのような場合をいうのですか。
　(3)　電話番号を網羅的に集めた電話帳は，著作権法12条の「創作性を有するもの」ということができるのですか。

# 第3章　著作者

Q42 著作者の認定（彫刻）…………………………（國分　隆文）……*180*
　　彫刻の著作物は，それを企画した者やデザインをした者，実際に制作を行った者など，多くの者が制作過程に関わると思いますが，著作者についてはどのように考えればよいですか。

Q43 著作者の認定（漫画）…………………………（國分　隆文）……*185*
　　漫画では，ストーリーを考案する者，構図や絵を実際に描く者など，その制作過程で多くの者が関与していると思いますが，この場合の著作権者はどのように考えればよいでしょうか。

xii　目　次

**Q44　著作者の表示と著作者の推定** ……………（今井　弘晃）……*190*
　　私は劇団を結成しミュージカルを上演しています。脚本は私が初稿を作成し，稽古などを通じて劇団員のアイデアを入れながら完成させていきますが，アイデア提供は補助的なもので，完成した脚本やポスターには私が著作者として表示されています。このような場合でも，劇団員は共同著作者となるのでしょうか。

**Q45　共同著作の要件** ………………………………（今井　弘晃）……*194*
　　私は，Aからの企画を受け，移民問題に関するドイツ語の書籍を執筆しました。Aは，取材先の設定・準備や資料の提供もしてくれました。また，ドイツ人の友人のBは，私の原稿を見てドイツ語を訂正し，疑問点も指摘してくれましたので，私はこれを参考にして原稿を完成させました。A，Bも共同著作者となるのでしょうか。

**Q46　職務著作の要件（対価の有無）** ………………（中村　恭）……*198*
　　X社は毎年占い暦を発行していますが，暦の原稿は占い師のAに作成してもらっていました。AはX社の事務所で執筆し，必要な資料代，交通費等の経費はX社が負担していましたので，占い暦の著作者はAではなく，X社であると考えますがいかがでしょうか。

**Q47　職務著作の要件（発意）** ………………………（中村　恭）……*202*
　　Xは大学に勤務する研究者で，大学が外部の団体と行った共同研究の報告書の一部を執筆しました。大学がXに無断で報告書を冊子として印刷・発行しましたが，その発行を止めさせることはできるでしょうか。

**Q48　職務著作の要件（業務に従事する者）** …………（小川　雅敏）……*206*
　　アニメーション技術を学ぶために観光ビザで来日した外国人を見習いとして事務所に住み込ませ，アニメーションの作成をさせました。毎月の給与は支給していましたが，雇用契約は締結していません。当事務所の指示でこの外国人が作成したアニメーションは職務著作となるでしょうか。

**Q49　職務著作の要件（法人名義による公表）** ………（菊池　絵理）……*211*
　　研修会から講師派遣を依頼された会社Aが，従業員Bを講師として派遣した際，Bが講習資料を作成しました。(1)　後任として派遣された講師CがBの作成した資料をテキストとして使用すること，(2)　CがBの資料の数値などを最新のものにして利用することは，それぞれ著作権法上問題があるのでしょうか。

目　次　xiii

Q50　写真の職務著作の要件・利用者の責任 ………（菊池　絵理）……*216*
　　　写真家Aが，広告制作会社Bから依頼を受けて撮影した写真が，Aの許諾なく当初予定されていた雑誌記事以外の新聞広告として用いられました。
　(1)　Aの写真は職務著作に当たるのでしょうか。
　(2)　写真の著作権がAにある場合，当該写真をBから譲り受けて新聞広告を出した広告主Cにも責任はあるのでしょうか。

Q51　プログラムの職務著作の要件 ………………（森川　さつき）……*221*
　　　会社の研修の一環として行った留学中に，コンピュータ・プログラムを作成しました。会社からの明確な指示や命令がなくとも，当該プログラムが職務著作に当たる場合がありますか。

Q52　映画の著作物の著作権者 ……………………（小川　雅敏）……*225*
　　　映画の著作物について，当該映画の原作者，脚本家，映画監督は，それぞれどのような権利を持ちますか。
　　　映画の著作物のDVD化をするに当たり，映画製作の際に既に報酬を支払っている脚本家や映画監督についても，許諾が必要となるのでしょうか。

Q53　映画製作者の要件 ……………………………（小川　雅敏）……*230*
　　　著作権法2条1項10号にいう「映画の製作に発意と責任を有する者」とは，具体的にどのような人を指しますか。

Q54　映画の著作者と著作権者（参加約束）・職務著作の要件
　　　　　　　　　　　………………………………（森川　さつき）……*234*
　　　ミュージシャンのライブを，映像製作会社Aの社員Bが撮影してドキュメンタリ映画を製作しました。この映画作品の著作者及び著作権者は，どのように考えたらよいでしょうか。

# 第4章　著作権の効力

Q55　上演権・演奏権の侵害 ………………………（森川　さつき）……*240*
　　　私は社交ダンスの教室を開いています。レッスンの際には市販のCDを再生していますが，受講者は10名程度ですし，鑑賞が目的ではなく，あくまでもレッスンのための再生ですから，著作権の侵害にはならないと思いますが，いかがでしょうか。

xiv　目　次

Q56　図書館における著作物の利用 ……………………（鈴木　和典）……*245*
　　私の執筆した書籍が海外で無断で翻訳・出版されており，その翻訳本が日本の図書館に置かれ，閲覧・謄写・貸与がされています。原著作物の著作権者として，これら図書館の行為を差し止めることはできるでしょうか。

Q57　書籍・CDの並行輸入 ………………………………（鈴木　和典）……*250*
　　日本では高価な書籍やCDをアジア諸国の市場から安価に輸入し，これを日本で販売することを計画しています。法律上何か問題があるでしょうか。

Q58　貸与権侵害と共同不法行為 …………………………（坂本　康博）……*255*
　　当社（X社）は，A社との間で，代金請求業務を委託しているB社を使用者としてコンピュータ・プログラムの使用許諾契約を締結しました。その後，同業務の委託先をC社に変更したことから，当該プログラムの複製物を貸与して当該プログラムをC社に使用させておりましたところ，A社から貸与権侵害であると主張されました。当社（X社）及びC社は著作権侵害の責任を負わなければならないのでしょうか。

Q59　著作権法47条の「小冊子」……………………………（坂本　康博）……*259*
　　絵画の展示会で，展示している絵画のカタログを販売しようと考えています。著作権法47条では「小冊子」であれば著作物を掲載できるとありますので，著作権者の許諾は必要ないと思いますが，問題はあるでしょうか。

Q60　映画の著作物の著作権の存続期間 …………………（大鷹　一郎）……*261*
　　過去に公開された映画のうち，著作権の保護期間を過ぎたものをDVDとして販売したいと考えますが，(1) 個人名義で公表された作品と，団体名義で発表された作品では，保護期間が変わりますか。(2) 外国作品と日本作品では，保護期間が変わりますか。

## 第5章　著作権の制限

Q61　「フェア・ユース」の法理と著作権法改正の経過
　　　………………………………………………………（清水　節）……*266*
　　米国では，「フェア・ユース」と認められる場合には著作権の行使が制限されるという考え方があり，それを参考にして平成24年に著作権法の改正が行われたと聞きましたが，その経過と内容を説明して下さい。

目　次　xv

Q62　平成24年著作権法改正 ……………………………（清水　節）……*271*
　　平成24年の著作権法改正に関しては，著作権の行使に一定の制限を設ける改正を行うことにより著作権の利用が進むという考え方がある一方で，著作権者の団体などが改正に反対していたそうですが，どのような対立があるのでしょうか。

Q63　私的使用のための複製の限界 …………………（上田　真史）……*275*
　　私は，TVで放送された映画を録画するのが趣味で，今度，家で近所の人を集めて上映会をしようと思いますが，お金をもらわなければ問題とならないでしょうか。

Q64　私的使用のための複製と会社での利用 ………（石神　有吾）……*279*
　　私の会社では，会議の際の各人の資料として市販されている書籍をコピーして配布したり，営業で出かける際に住宅地図をコピーして利用していますが，個人的な使用として許されるでしょうか。

Q65　教科書等への使用 ……………………………（大西　勝滋）……*283*
　　小学生向けの国語ドリルの発行を計画していますが，教科書や試験問題への使用については著作権が及ばないと聞きました。教科書に掲載されている作品であれば，それを利用してドリルの問題を作っても著作権侵害にならないと考えていいですか。

Q66　引用の要件 ……………………………………（大西　勝滋）……*287*
　　私は，Aの社会活動には批判的な意見を持っています。そこでインターネットで見つけたAの写真を風刺をこめて滑稽な姿に改変し，批評を加えたビラを作成して街頭で配布しようと考えていますが，このような引用は著作権法32条の要件を満たすでしょうか。

Q67　絵画の鑑定書と引用 …………………………（大鷹　一郎）……*292*
　⑴　著作権法32条1項にいう「引用」が認められる具体的な要件は何ですか。
　⑵　絵画の鑑定書を作成するに当たり，当該絵画の縮小コピーを裏面に添付しましたが，これは「引用」といえるでしょうか。

## 第6章　著作権の利用

**Q68　登録の有無と著作権** ……………………（石神　有吾）……*298*
　私は，会員制の食品販売を行っており，会員募集のパンフレットを配布しています。
　ところが，パンフレットの説明図と文章がAの著作権を侵害しているとの警告を受けました。この図と文章は事業の内容を簡単に説明したもので，創作性などないと思いますが，Aは類似の図と文章について著作権の登録を受けています。登録がある以上，Aには著作権があるのでしょうか。

**Q69　ⓒ表示** ………………………………………（寺田　利彦）……*302*
　書籍や商品などに見られるⓒ表示には，どのような意味がありますか。また，著作権の保護期間が満了している著作物にⓒ表示を付すことは，問題となるのでしょうか。

**Q70　著作隣接権等の譲渡** ……………………（阿部　正幸）……*307*
　レコード会社がレコードを制作販売しようとする際，音楽家との間で，将来立法されるような権利まで視野に入れて，それを利用した販売も可能となるような契約を結びたいと考えています。どのような内容の契約を締結すればよいでしょうか。

**Q71　著作権法28条と原著作者の権利行使** ………（山門　優）……*311*
　私は，S曲の作曲者ですが，著作権の管理はA協会に委託しています。Bは，S曲を無断でT曲に改変してテレビ番組のテーマ音楽とし，CDも出しています。私は，B，番組を放送しているテレビ局，CDの製作会社及びT曲の著作権を管理しているA協会に対し，それぞれどのような請求ができるでしょうか。

**Q72　テレビ番組の再放送と著作権者の許諾** …………（山門　優）……*317*
　テレビ番組に使用する楽曲を，音楽家Aに依頼して作曲，編曲，演奏してもらいました。その番組を再放送するためには，改めてAの許諾を得ることが常に必要なのでしょうか。

**Q73　出版社の権利** ……………………………（志賀　勝）……*321*
　出版社が書籍を出版するには，(1)　著作権を譲り受ける，(2)　出版権を設定する，(3)　利用許諾を受けるなどの方法が考えられますが，出版社の

権利にどのような違いが生じますか。

## 第7章　著作者人格権

### Q74　氏名表示権 ……………………………………（志賀　勝）……328
　AとBとで共同で著作した書籍につき，表紙にはBの名前しかなく，Aの名前ははしがきに示されているだけでした。このような場合，Aは氏名表示権の侵害を主張することはできるでしょうか。

### Q75　同一性保持権 ……………………………………（小川　卓逸）……333
　(1)　ゲームソフトに使用するメモリーデータを改変することを目的とする改造ツールを使用することは，ゲームソフトの著作権を侵害することになるのでしょうか。(2)　このような改造ツールを販売する行為は，著作権侵害に当たるのでしょうか。

## 第8章　著作権侵害とその救済手続

### Q76　発信者情報開示請求権 ………………………（小川　卓逸）……338
　当社の製作したレコードを複製したファイルがピア・トゥ・ピアのファイル交換ソフトを用いてインターネット上で違法にやり取りされているようですが，誰がこのようなやり取りをしているのか分かりません。上記ファイルをやり取りできるようにした者を突き止めるにはどうしたらよいでしょうか。

### Q77　写真の著作物の著作権侵害と差止請求 ………（山田　真紀）……342
　以前私が写真家として勤めていた出版社から，同出版社に就職する前に私が撮影した写真と，在籍中に私が撮影した写真の双方が含まれている写真集が，私に無断で出版され，私の氏名の表示はどこにもありません。これらについて，どのような請求をすることができるでしょうか。

### Q78　著作物利用者の調査義務 ………………………（山田　真紀）……348
　1　電気通信事業者であるAが，放送事業者であるBから委託を受けてテレビドラマを放送した場合に，Bについてテレビドラマの著作権の侵害が成立しても，Aに責任が生じないのはどのようなときでしょうか。
　2　Aが出版社，Bが作家，著作物が書籍だった場合はどうでしょうか。

## Q79 カラオケ装置のリースと著作物使用許諾 ……（柴田　義明）…… *354*

スナックAはリース業者Bからリースされたカラオケ装置を使用して営業していますが、著作物使用許諾契約を締結していません。Aの資力は十分ではないので、資力のあるBに対し著作権侵害の損害賠償を請求できるでしょうか。

## Q80 損害賠償額の算定方法 ……（清水　節）…… *358*

Aが、自ら撮影した映像をDVDとして4,000円で販売しようとしたところ、その映像を無断で使用したDVDが300円で出回っていました。Aが、損害賠償を請求しようとする場合に、著作権法114条に基づく損害賠償額はどのように算定すればよいでしょうか。

## Q81 放送での無断使用と損害額 ……（東崎　賢治）…… *362*

Aが撮影してホームページ上に公開している写真が、Aに無断でキー局のテレビ番組に使用され、全国ネットで放送されてしまいました。(1) テレビ局（キー局）に対して損害賠償を請求したいと考えていますが、損害額はどのように算定すべきでしょうか。(2) 写真の無断使用の場合に、通常の使用料の10倍の金額が損害額として請求される例があるという話を耳にしたのですが、このような請求が認められるのでしょうか。

## Q82 名誉回復等のための「適当な措置」 ……（岡本　岳）…… *367*

Aが制作した彫像につき、Bの氏名が刻印されたプレートがはめられた上で、市場に流通し、Cの所有物となっています。この場合、著作権法115条にいう「措置」として、AはBあるいはCに対してどのような請求ができますか。

## Q83 存続期間の誤認と過失の有無 ……（森崎　英二）…… *371*

昭和20年代半ばに劇場で公開された日本映画について、著作権の存続期間が満了していると思い、DVDを独自に作成して販売しました。その後、映画を撮影した監督から著作権を譲り受けたとする映画会社から、著作権侵害を理由として損害賠償を請求されていますが、支払わなければならないでしょうか。

## Q84 演奏行為と演奏主体 ……（上田　真史）…… *375*

私が経営するレストランにて、(1) ミュージシャンを雇って客に生演奏を聞かせる、(2) ミュージシャンが主催する生演奏会に利用してもらう、(3) サークル等での貸切の演奏会等に利用してもらう、といったことを考

目　次　xix

えていますが，それらの行為に著作権法上の問題はあるでしょうか。

Q85　録画，配信サービスと侵害主体 ……………（森崎　英二）……*379*
　　A社は，居住者からのリクエストによりテレビ番組をサーバに録画し，居住者がいつでも見られるようにする機器を製作し，集合住宅向けに販売し，集合住宅の管理者であるBが居住者の共同利用のため設置しています。
　⑴　この機器を用いて番組を選定し，録画をして鑑賞している居住者の行為は，著作権を侵害していますか。
　⑵　この機器を集合住宅の居住者の共同利用のために設置している設置者Bは，複製権や送信可能化権などの著作権を侵害していますか。
　⑶　この機器を販売するA社は，複製権や送信可能化権などの著作権を侵害していますか。

Q86　インターネット上の共有サービスにおける侵害主体
　　………………………………………………………（東崎　賢治）……*383*
　　ホームページ上の動画投稿・共有サービスで，私の著作物が無断で投稿・共有されています。どのように対処すればよいでしょうか。サービスの運営者に対して，配信の差止請求をすることはできないでしょうか。

Q87　インターネット上の転送サービスと侵害主体（公衆送信）
　　………………………………………………………（達野　ゆき）……*389*
　　放送事業者Aが地上波で放送しているテレビ番組について，Bが，利用者の所有する転送のための機器を管理してインターネットを通じて利用者が当該番組を視聴できるようにするサービスを，有償で提供しています。Aは，Bに対して，どのような権利に基づいて差止請求ができますか。

Q88　インターネット上の転送サービスと侵害主体（複製）
　　………………………………………………………（達野　ゆき）……*393*
　　放送事業者Aが地上波で放送しているテレビ番組について，Bが，自らが所有・管理する機器を用いて，利用者から指示のあったテレビ番組を録画し，インターネットを通じて当該利用者が当該番組を視聴できるようにするサービスを，有償で提供しています。Aは，Bに対して，どのような権利に基づいて差止請求ができますか。

Q89　ストレージサービスの侵害主体 ………………（網田　圭亮）……*397*
　　利用者がパソコンで取り込んだ音楽を，当社のサーバにアップロードした上で，いつでも携帯電話で聴けるようにするサービスを考えています。

(1) 利用者個人による電子化も，著作権侵害になるのでしょうか。
(2) アップロードされたデータには利用者しかアクセスできませんが，複製権や自動公衆送信権などを侵害するとして，当社にも責任が及ぶのでしょうか。

### Q90 ファイル交換ソフトにおけるサーバ管理者の侵害主体
………………………………………………（網田　圭亮）……*401*

A社はピア・トゥ・ピア技術を用いて，A社中央サーバにインターネットで接続された利用者のパソコンに蔵置された音楽ファイルから他の利用者が好みのものを選択してダウンロードできるサービスを提供しています。このサービスで著作権が侵害された場合，その侵害の主体はどのように考えたらよいでしょうか。

### Q91 インターネット掲示板における運営者の責任
………………………………………………（山田　陽三）……*405*

インターネットの掲示板上に当社の出版物の内容がそのまま掲示板の利用者の発言として転載されています。当社は，掲示板の運営者に対して，当該発言の自動公衆送信の差止めと損害賠償を請求することができるでしょうか。

### Q92 記事見出しの利用と著作権侵害・不法行為 …（山田　陽三）……*409*

新聞社のウェブサイトに掲載されているニュース記事について，その速報を配信するサービスを企画しています。当社のサイトにニュース記事の見出しと同一のリンク見出しを置き，リンク見出しと新聞社ウェブサイトの記事をリンクさせるという方法を考えていますが，法律上何か問題があるでしょうか。

### Q93 未承認国の国民の著作物に対する保護と不法行為
………………………………………………（西田　昌吾）……*413*

日本のテレビ局がニュース番組を制作，放送するに当たり，北朝鮮で制作された映画のうち一部の映像を番組内で使用しました。この映画について北朝鮮の法令に基づく著作権を有するXは，ベルヌ条約により日本国内でも著作権が保護されるから，著作権侵害又は不法行為が成立すると主張しています。これに対し，テレビ局は，北朝鮮が国家として承認されていないから，北朝鮮で制作された映画の著作権は日本国内で保護されないと反論しています。

どのように考えたらよいのでしょうか。

## 第9章　条約，準拠法，刑事罰

**Q94　著作権をめぐる国際条約** ……………………………（井上　泰人）……*420*
著作権法5条によれば，著作権に関しては国際条約が著作権法に優先するとされています。著作権に関する国際条約としては，どのようなものがありますか。

**Q95　戦時加算特例法** ……………………………………（寺田　利彦）……*424*
第2次世界大戦前に連合国の国民が著作権者であった著作物については，その保護期間に戦争の期間を加算するという法律があると聞きましたが，どのような内容ですか。

**Q96　著作権侵害と準拠法** ………………………………（髙部　眞規子）……*429*
外国において発表，出版された外国語の詩につき，日本において，原著作者の許諾や氏名の表示なく，その翻訳文を掲載した著作物が刊行されました。当該行為が著作権の侵害であるかどうかは，どの国の法令に基づいて考えればよいのですか。

**Q97　著作権の譲渡・移転と準拠法** ……………………（阿部　正幸）……*434*
外国人画家Aとの著作権の信託譲渡契約に基づき日本における著作権管理を行っていましたが，Aが死亡しました。(1)　この場合に著作権の帰属についての準拠法はどうなるでしょうか。(2)　BはAから絵画の著作権を譲り受けたと主張していますが，著作権移転の対抗関係はどう考えるべきでしょうか。

**Q98　著作権侵害に対する刑事罰** ………………………（西田　昌吾）……*438*
私は，ピア・トゥ・ピアのファイル共有ソフトを利用し，映画ソフトを共有して楽しんでいました。しかし，先日，映画ソフトの著作権者であるA社から，私を著作権法違反で告訴するという内容の書面が送られてきました。私のしていることは犯罪に当たることなのでしょうか。

## 第10章　パブリシティ権

**Q99　物のパブリシティ権** ………………………………（中島　基至）……*444*
競走馬などの動物や文化財の所有者は，その名称や写真が無断で使用さ

れた場合，パブリシティ権に基づき，無断使用者に対し，使用の差止めや損害賠償を請求することができるでしょうか。

**Q100 パブリシティ権侵害の判断基準**……………（中島　基至）……*448*
　人の氏名，肖像等を無断で使用する行為がいわゆるパブリシティ権を侵害するものとして不法行為法上違法となるのは，どのような場合でしょうか。

事項索引 ……………………………………………………*453*
判例索引 ……………………………………………………*456*
執筆者一覧 …………………………………………………*465*

# 第 1 章

概　説

## Q1　著作物の所有権と著作権（絵画）

**Q** 私は趣味で江戸時代の錦絵を収集し，店に飾っています。先日，出版社が私の店を取材し，写真撮影をしていきましたが，出版された書籍を見ると，私の店に飾ってあった錦絵の写真が数ページにわたって掲載されています。私は錦絵を雑誌に掲載することに同意していませんので，出版社に対し錦絵の写真の掲載を止めるよう求めることができるでしょうか。

**A** 本問の場合，質問者は，錦絵について，自ら描くなどの創作的な表現活動はしていない。質問者は，錦絵についての著作権を有しておらず，単に，所有しているだけであるから，著作権法の保護を受けることはできない。所有者は，所有権を根拠に，所有物を排他的に利用する権利を犯す行為に対し，これを禁止することはできるが，そのような侵害態様を超えて，写真複製等の行為を禁止することはできない。したがって，第三者が，錦絵の所有者である質問者の許諾を得ることなく，写真複製をすることや複製した書籍を販売したとしても，質問者は，その者に対して，複製や販売を差し止めることはできず，また，損害賠償を求めることもできないことになる。

## ■ 解　説
### 1　著作権法の保護の構造について

著作権法が設けられた趣旨は，思想又は感情の創作的な表現を創出した者に対して，その創出した作品に関する利用を一定の保護期間，独占させるという手段を通して，創作的な表現の創出に対するインセンティブを高めることにより，文化の発展を促進させようとすることにある。

法は，具体的には，次のような基本的な枠組みで，創作的表現についての保護を図っている。すなわち，①「保護の対象」について，思想又は感情を

創作的に表現したものであって，文芸，学術，美術又は音楽の範囲に属するもの（著作物，著2条1項1号）と規定し，②「保護を受ける者」について，著作物を創作した者（著作者，著2条1項2号）等の一定の範囲の者と規定し，③「著作者等が有する独占できる権利の内容」について，著作物の複製，翻案，上演，上映，譲渡，公衆送信等の行為（著21条～28条参照）及び公表，氏名表示，同一性保持等（著18条～20条）と規定した。そして，第三者が，著作者等の有している複製権等を侵害し，又は侵害するおそれがある場合には，複製等の侵害行為を差止めることができ，損害賠償を求めることができる旨を規定した（著112条等，114条，民法709条）。

　上記のような著作権法の保護の構造を前提として，著作権法の制度が存在する場合と仮に存在しなかった場合と，どのような差異があるかを，次の簡単な事例により考察してみる。Aが，思想又は感情を創作的に表現したといえるような絵画を描いたところ，Bが，Aに無断で，その絵画の複製をして，複製物を第三者に販売した。仮に，著作権法の規定が存在しなかった場合を想定すると，AはBに対して，複製行為や販売行為の差止めを求めることはできないし，また，特別の事情がない限り，損害賠償を求めることもできない。著作権法の規定が設けられたことによってはじめて，AはBに対して，「複製」や「複製物の譲渡」などの行為の禁止を求めることができ，また，Aに生じた損害の賠償を求めることができる（著112条，114条，民法709条等）。この例で分かるように，著作権法の規定が存在することによって，Aは，自己が創作した絵画について，「絵画」という有体物から離れた「複製行為」や「複製物の販売行為」を専有（独占）することができる。著作物を創作する者（A）は，複製や複製物を販売するか否か等について，完全な自己決定権を有し，経済的な利益を得ることもできる。すなわち，著作権法制度は，創作者に対して，上記のような有体物から離れた行為態様についての独占権を付与することにより，創作へのインセンティブを高める制度である（なお，著作権には，著作者の死後50年などの保護期間があり，保護期間が満了した後には，パブリック・ドメインとなり，何人も，自由に複製等の行為を行うことができるとされている。）。

したがって，仮に著作権制度が存在しなかったとするならば，Aは，複製等の行為を独占できないことはいうまでもないが，著作権制度が設けられていても，著作権法が規定した要件を充足していない限り，有体物から離れた「複製行為」等を独占することができないことも，当然である。

以上のとおり，絵画等の単なる所有者であって，著作者でない者は，第三者が，絵画の所有者に許諾を得ることなく，複製行為をしたとしても，所有権に基づいて，その行為を差し止めることはできず，また，損害賠償の請求もできないといえる。

## 2 裁判例

この論点について説示した裁判例を紹介する。

(1) 最二小判昭和59年1月20日民集38巻1号1頁〔顔真卿自書建中告身帖事件〕は，次のような事例である。

原告は，中国唐代の書家である顔真卿真跡に係る「顔真卿自書建中告身帖」を所有していた。被告は，所有者である原告の同意を得ることなく，上記「告身帖」を複製して，出版した。原告は，被告に対して，所有権に基づいて，「告身帖」の複製物の出版の差止めを求めた。最高裁は，以下のとおり述べて，原告の主張を排斥した。すなわち，①美術の著作物の原作品は，それ自体有体物であるが，同時に無体物である美術の著作物を体現しているものというべきところ，所有権は有体物をその客体とする権利であるから，美術の著作物の原作品に対する所有権は，その有体物の面に対する排他的支配権能であるにとどまり，無体物である美術の著作物自体を直接排他的に支配する権能ではない，②美術の著作物に対する排他的支配権能は，著作物の保護期間内に限り，著作権者だけがこれを専有する，③著作権の消滅後は，著作権者の有していた著作物の複製権等が所有権者に復帰するのではなく，著作物は公有（パブリック・ドメイン）に帰し，何人も，著作者の人格的利益を害しない限り，自由にこれを利用し得ることになる，④したがって，著作権の消滅後に第三者が有体物としての美術の著作物の原作品に対する排他的支配権能を侵すことなく原作品の著作物の面を利用したとしても，同行為は，

原作品の所有権を侵害するものではない，⑤仮に，原作品の所有権者である原告が，その所有権に基づいて著作物の複製等を許諾する権利をも慣行として有するとするならば，著作権法が著作物の保護期間を定めた意義は全く没却されてしまうことになるから，そのような慣行があるとしても，それを法的規範に高めることはできない，と判示した。

(2) 東京地判平成14年7月3日判時1793号128頁〔かえでの写真事件〕は，次のような事例である。

原告は，美しい枝の大きな「かえで」(本件かえで)及びそれが生育している土地(本件土地)を30年以上前から所有していた。本件かえでは高さが15メートルほどの大木であり，その美しさがマスコミで紹介されたこともあって，「大峰高原の大かえで」として有名になり，数多くの人々が本件かえでを見物に訪れ，自由に写真撮影をしてきた。原告は，本件かえでの管理をし，その保全に努めてきたが，観光客等によって，根本が踏み固められたりしたことにより，本件かえでが危機的な状況に陥っていることが分かり，その保全の必要性を感じ，「無断で公に使用することはできません。」など記載した看板(本件看板)を設置した。

被告は，原告が本件看板を設置する以前，長期間にわたって，本件かえでの撮影を続け，原告の許諾を得ることなく，写真集を発表した。これに対して，原告は，被告らを相手に，本件かえでの所有権に基づく本件書籍の出版差止め等を求めた。

判決は，以下のとおり述べて，原告の主張を排斥した。すなわち，①所有権は有体物をその客体とする権利であるから，本件かえでに対する所有権の内容は，有体物としての本件かえでを排他的に支配する権能にとどまるのであって，本件かえでを撮影した写真を複製したり，複製物を掲載した書籍を出版したりする排他的権能を包含するものではない，②第三者が本件かえでを撮影した写真を複製し，複製物を掲載した書籍を出版，販売したとしても，有体物としての本件かえでを排他的に支配する権能を侵害したということはできない，③したがって，本件書籍を出版，販売等したことにより，原告の本件かえでに対する所有権が侵害されたということはできないと判断した。

なお，本件かえでが所在する敷地所有権の排他的効力に基づいて，第三者が，敷地に入って本件かえでの写真の撮影を差し止めることはできるが，そのような場合であっても，撮影した写真の複製，販売等を差し止めることまではできないのは，当然である。

## 3　結　論

著作者でない者は，第三者が，絵画の所有者に許諾を得ることなく，複製行為をしたとしても，所有権に基づいて，その行為を差し止めることはできず，また，損害賠償の請求もできない。

（飯村　敏明）

## Q2　著作物の所有権と著作権（手紙・書き込み）

**Q** (1)　私は，画家Aと長年付き合いがあり，手紙のやり取りをしてきましたが，その内容を書籍としてまとめようと思います。私宛の手紙を書籍とすることに，問題はあるでしょうか。
(2)　旅館の掲示板に私が書き込んだ感想文が，当該旅館の発行する冊子にそのまま掲載されていました。この場合，それを差し止めることはできるでしょうか。

**A** (1)　画家Aの執筆した手紙が，著作物（「思想又は感情を創作的に表現したもの」）に当たる限り，書籍への掲載，販売は，画家Aの有する著作権（複製権，譲渡権）の侵害に該当するので，書籍中に掲載し，出版することは，原則として許されない。ただし，画家Aの執筆した手紙が既に公表されたものであって，Aの人物像や交友関係等を描く書籍の中で，画家Aの執筆した手紙を利用するような場合，著作権法32条所定の要件を充足する場合であれば，適法な引用として，著作権侵害に該当しないと解される余地がある。なお，公表されていない手紙をAの許諾なく公表する場合には，著作権法32条の適用はなく，また，著作者人格権（公表権）侵害に該当する可能性が高く，同法32条の適法引用の抗弁は成立しない。
(2)　旅館の掲示板に書き込んだ感想文が，著作物（「思想又は感情を創作的に表現したもの」）に当たる限り，冊子への掲載，頒布は，著作権（複製権，譲渡権）の侵害に該当するので，感想文の執筆者の許諾を受けることなく，冊子中に掲載し，頒布することは，原則として許されない。ただし，旅館の発行する冊子の内容が，旅館の紹介，サービスの程度，利用者の満足度等を紹介するものであって，その中で，利用者が満足した例として，感想文を利用するような場合，著作権法32条所定の要件を充足すれば，適法な引用として，著作権侵害に該当しないと解される余地がある。

8　第1章　概　説

■ 解　説
1　著作権の保護の構造について
　著作権法は，思想又は感情の創作的な表現を創出した者に対して，その創出した作品に関して，一定の期間，独占的に利用する権利を付与することとして，創作的な表現の創出に対するインセンティブを高めることによって，文化の発展を促進させようとすることを目的とした法律である。
　そして，法は，概要，次のような基本的な枠組みで，創作的表現についての保護を図っている。すなわち，
　① 「保護の対象」について，思想又は感情を創作的に表現したものであって，文芸，学術，美術又は音楽の範囲に属するもの（著作物，著2条1項1号）としている。
　② 「保護を受ける者」について，著作物を創作した者（著作者，著2条1項2号）等の一定の範囲の者としている。
　③ 「著作者等が有する独占できる権利」について，著作物の複製権，翻案権，上演権，上映権，譲渡権，公衆送信権等（著21条〜28条参照），及び公表権，氏名表示権，同一性保持権等（著18条〜20条）としている。
　④ そして，第三者が，著作者等の有している複製権等を侵害し，又は侵害するおそれがある場合には，複製等の侵害行為を差止めることができ，損害賠償を求めることができるとしている（著112条等，114条，民法709条）。

2　設問(1)（画家Aの手紙の事案）についての検討
(1)　著作物性について
　画家Aの手紙を書籍としてまとめて，販売する行為に対して，画家Aが，著作権法に基づいて，差止めを求めることができるか否か，また，損害賠償を求めることができるか否かは，まず，書籍に掲載されるAの手紙部分が，「著作物」に該当するか否かを検討することが必要となる。文章表現が，著作物に該当するか否かについては，一般的抽象的にいえば，「作品における当該文章表現が，作者の独創的な表現であることまで要求されるものではないが，書き手の個性が発揮されていることは必要である」との基準で判断さ

れることが多い（東京地判平成11年1月29日判時1680号119頁〔古文単語語呂合わせ事件〕参照）。手紙では，ごく短い定型的な挨拶文で，個性的な表現の発揮がないものは別として，通常は，書き手の感想，意見，感慨等が表現されており，その表現に，書き手の個性が発揮されている場合が多いといえる。したがって，特段の事情のない限り，手紙は，著作物に該当するといえる（東京地判平成11年10月18日判時1697号114頁〔剣と寒紅事件〕参照）。そうすると，Ａの手紙を書籍にまとめる目的で，手紙の文面を複製，掲載する行為は，著作権法上許されないことになる。なお，手紙の所有権は，受信者側に帰属する場合が通常であるが，所有権を有していたからといって，手紙に記載された文章を，著作者の許諾を得ることなく，複製，出版することが許されることにはならない。

(2) 引用の成否について

著作権法32条は，「公表された著作物は，引用して利用することができる。この場合において，その引用は，公正な慣行に合致するものであり，かつ，報道，批評，研究その他の引用の目的上正当な範囲内で行なわれるものでなければならない。」と規定されている。書籍を執筆するに当たり，画家Ａの手紙を上記の引用の範囲内で利用する限りにおいては，適法引用に該当する余地もある。しかし，本件事案では，長年の付き合いに基づいて受け取った画家Ａの手紙について，かなり多くの部分を掲載することを想定していると推測されること，また，画家Ａの手紙は，公表されていないと推測されること等から，著作権の制限規定である，著作権法32条に該当すると解することには困難が伴うと思われる。

## 3　設問(2)（旅館の感想文の事案）についての検討

(1) 著作物性について

旅館の掲示板に書き込んだ感想文が，著作物（「思想又は感情を創作的に表現したもの」）に該当する場合であれば，感想文の執筆者の許諾を受けることなく，冊子中に掲載し，頒布することは，著作権侵害（複製権侵害，譲渡権侵害）に該当するので，原則として許されない。上記2で述べたとおり，文章表現

が，著作物に該当するか否かについては，一般的抽象的にいえば，「作品における当該文章表現が，作者の独創的な表現であることまで要求されるものではないが，書き手の個性が発揮されていることは必要である」との基準で判断されることが多い。掲示板における感想は，様々であって一様に判断できない。ごく短い感謝の意を伝える定型的な文章であれば，個性的な表現の発揮がないと評価されるものも存在するであろう。しかし，書き手の感想，意見，感慨等が表現されている場合，書き手の個性が発揮されていると判断される場合が一般であると思われる。

(2) 引用の成否等について

旅館の発行する冊子の内容が，旅館の紹介，サービスの程度，利用者の満足度等を紹介するものであって，その中で，利用者の満足の程度の一例として，感想文を利用するような場合，著作権法32条所定の要件を充足すれば，適法な引用として，感想文の書き手との関係で著作権侵害に該当しないと解される余地があろう。また，旅館が発行する冊子の性質，内容等によっては，旅館の宿泊客は，掲示板に感想文を書き込んだ時点で，旅館側が冊子にすることについて，包括的に承諾しているとみられる場合もあり得よう。

(3) 裁判例の紹介

インターネットのホームページ上の掲示板に投稿した文章の一部を転載して書籍を出版した行為について，投稿者が，書籍を出版した者に対して，著作権に基づいて書籍の出版の差止め及び損害賠償金の支払を求めた請求が認容された事例がある（東京地判平成14年4月15日判時1792号129頁〔ホテル・ジャンキーズ事件〕）。

（飯村　敏明）

## Q3　著作者人格権

**Q** 著作者には著作者人格権があると聞きましたが，どのような権利ですか。また，著作者が亡くなった場合，著作者人格権はどうなるのでしょうか。

**A** 著作者の権利として，財産権としての著作権のほかに，著作者人格権が法定されている。著作権法18条〜20条が規定する公表権，氏名表示権，そして同一性保持権の3種類である。著作者の人格価値の表象としての価値を保護するのが著作者人格権である。同一の著作物について著作権と著作者人格権の両方が存在しているのが通例であることから，訴訟では，両者を合わせて請求することが多いが，権利は別なので，それぞれの成立要件，制限規定を個別に検討すべきことに留意する必要がある。

著作者人格権の侵害までに至らないとしても，著作者の名誉又は声望を害する方法により著作物を利用する行為は，著作者人格権を侵害する行為とみなされる（著113条6項）。芸術作品である裸体画をポルノショップの看板として使用する行為などが例として挙げられている。

著作者人格権は一身専属であり，著作者の死によって著作者人格権は消滅する。ただし，著作者が自然人の場合，生きていたならば著作者人格権の侵害となるべき行為に対しては，遺族が差止めと損害賠償を請求することができる。

## 解　説

### 1　概　説

我が国の著作権法は，財産権としての著作権と，人格的利益を保護する著作者人格権とを区別している（二元論）。著作権法は，法人が著作者となることを認めており（職務著作），法人が著作者人格権の主体となることを予定している。有力説において，この点の違和感が表明されていて，立法論として

創作者に著作者人格権を帰属させるべきであるとする（上野達弘「国際社会における日本の著作権法」コピライト2012年5月号2頁）。

　財産権としての著作権は譲渡可能なので，著作権者が著作者でない場合がある。これに対し，著作者人格権は著作者の一身に専属し，譲渡することができず（著59条），著作者人格権は著作者にのみ帰属する。ただし，著作者が存しなくなった後においても，著作者が存していたならばその著作者人格権の侵害となるべき行為が禁じられる（著60条，116条）。「存する」と規定されたのは，著作者人格権の主体として自然人のほかに法人も含まれることを念頭に置いたためだが，116条には遺族が差止め等の権利を行使することができると規定されているので，法人消滅の場合には116条の権利行使の適用はない。

　著作者人格権には，公表権，氏名表示権，同一性保持権の三種類がある。それぞれが独自の権利である。

## 2　公表権

　公表権は，未公表著作物が無断で公表されない権利であり（著18条），公表の時期についての権利でもある。著作者は，無断で公表されたときには（例外として，著作権を譲渡した場合に公表の一部につき同意したものとみなす規定の著作権法18条2項があり，3項以下にも細かい例外規定がある），未公表著作物として，その後の展示等の禁止を求める公表権を行使することができる。東京地判平成12年2月29日判時1715号76頁〔中田英寿事件〕は，Xの中学在学当時の詩を書籍「中田英寿　日本をフランスに導いた男」に掲載したのが公表権侵害に当たるとした主張につき，学年文集掲載への承諾があったことを理由として，公表権侵害を否定した事例である（荒竹純一「公表権における未公表著作物の意義」百選〔4版〕162頁）。

## 3　氏名表示権

　氏名表示権は，著作物が自己の著作によるものであることを表示する権利である（著19条）。氏名表示権侵害が認められた事例として，東京地判平成23

年7月29日（平成21年（ワ）第31755号）裁判所ウェブサイト〔合格！行政書士南無観世音事件〕がある。Yは、彫物師Xに依頼して足に仏像の入れ墨を施してもらい、この入れ墨の写真を自己の著書に掲載した。判決は、この掲載がXの入れ墨作品の氏名表示権侵害と認め、損害賠償をYに命じた。

なお、著作権法19条2項、3項の氏名表示権の限界、4項の氏名表示権の例外の規定を参照。上記〔合格！行政書士南無観世音事件〕は、19条3項の氏名表示省略の限界（利益を害するおそれのないとき）を否定した。

### 4 同一性保持権

同一性保持権は、著作物を自己の意に反して改変されない権利である（著20条）。

同一性保持権侵害は、著作者と出版の編集者との間で取り上げられることがある。このように契約当事者間の同一性保持権の制約は出版契約の約定に依拠することがあり、約定が整備されつつあるが、第三者の侵害事案においては、引用許容範囲にも関連して、著作権法20条2項4号の許容範囲の問題が裁判例に現れている。

上記〔合格！行政書士南無観世音事件〕は、入れ墨を写真掲載するのに、陰影が反転しセピア色の単色に変更されたことをもって同一性保持権侵害と認めた。最三小判昭和55年3月28日民集34巻3号244頁〔モンタージュ写真事件〕は、スキーヤーのシュプール写真の著作権者がそのモンタージュ写真につき同一性保持権侵害を主張したのに対し、これを否定した原判決を破棄した。そこでは、著作財産権が制限される「引用」の範囲と絡めて同一性保持権侵害の有無が説示された。しかし、著作財産権と著作者人格権とは別の権利であるから、この判断枠組には批判があり、二つの権利を区別することなく請求を認容した第2次控訴審判決を誘引し、第2次上告審での再度の破棄に至ったとも評価されている（百選〔2版〕140頁）。

同一性保持権に関する次の事例として、最三小判平成13年2月13日民集55巻1号87頁〔ときめきメモリアル事件〕がある。判決は、ゲームソフト「ときめきメモリアル」の主人公のパラメータによって表現される人物像が改変

され，ゲームソフトのストーリーが予定された範囲を超えて展開されるような，メモリーカードを輸入，販売した行為が，ゲームソフト著作者の同一性保持権を侵害するとした。ここでは，複製物の私的領域における改変がどのように位置づけられるかも問題となる。著作権については，著作権法30条で，私的使用のための複製は著作権侵害とならないと規定されているのに，同一性保持権にはそのような規定がないことによる問題である。私的領域を超える範囲での何らかの解決策を提唱する立法論として，田村『概説』451頁があり，同法20条2項4号の「やむを得ない改変」該当の活用を述べる説（上野達弘「判批」民商125巻6号739頁）もある。

　同一性保持権が制限される場合として著作権法が規定しているのは，著作権法20条2項1号〜4号である。他方で，同一性保持権の行使が認められるには，著作物の改変があること，改変が著作者の意に反して行われたことが必要であるものの，著作者のこだわりを尊重するもので，現に同一性保持権を行使して訴訟を提起していれば，既に「意に反して」の改変に該当することがおよそ推測されるであろうから，近年のデジタル技術による著作物利用やパロディ文化の保護の観点からみて制約となることが懸念されている。「意に反して」を客観的に解釈すべきとする考え（田中『60講』313頁〔鈴木道夫〕）のほか，ここでも，同法20条2項4号所定のやむを得ない改変への適用が提案されている（井上由里子「著作物の改変と同一性保持権」ジュリ1057号65頁，なお，田村『概説』435頁）。

（塩月　秀平）

## Q4　著作隣接権

**Q** 実演家，レコード製作者，放送局には著作隣接権があると聞きましたが，どのような権利でしょうか。また，実演家には人格権があるとも聞きましたが，著作者人格権との違いは何ですか。

**A** 創作された著作物は，公に鑑賞されることによって文化的にも経済的にも価値が高まる。この媒介の役割を果たしている者に，著作者に準じた権利を与えたのが，著作隣接権である。実演家，レコード製作者，放送事業者・有線放送事業者が著作隣接権の権利者となっている。

著作隣接権は禁止権であるが，これらの者には，禁止権ではなく金銭請求権を付与するにとどめている態様もある。権利内容は著作権と同じく法定されている権利の束であるが，著作者の権利よりも限定されている。

すなわち，媒介者の一態様である実演家には，実演家人格権が付与されているが，そこには，著作者に付与されている公表権はない。また，氏名表示権及び同一性保持権の制限も緩和されている。このように，実演家の人格権は，著作者人格権よりも保護範囲が狭くなっている。

【本Qの権利の整理】

|  | 著作隣接権 | 報酬・二次使用料請求権 | 実演家人格権 |
| --- | --- | --- | --- |
| 実　演　家 | ○ | ○ | ○ |
| レコード製作者 | ○ | ○ |  |
| 放送事業者 | ○ |  |  |
| 有線放送事業者 | ○ |  |  |

この整理表で○を付したものの具体的内容は，岡村『著作権法』333頁の表とそこに掲げられている著作権法の条文を参照されたい。

## ■ 解　説
### 1　概　説

著作権法は1条で，「実演」，「レコード」，「放送」及び「有線放送」につき著作者に隣接する権利を定めるものと規定し（著作隣接権＝著89条6項），第4章89条以下に，その内容を規定している。すなわち，実演家人格権と二次使用料・報酬請求権を除く，89条1項〜4項所定の権利をもって著作隣接権と定義し，準物権的な禁止権を与えている。実演家，レコード製作者，放送事業者，有線放送事業者については，2条1項に定義規定がある。著作権に隣接するといっても，俳優の個性的な演技，放送におけるスポーツ中継などのように，基となるものが著作物でない態様もある。

著作隣接権の存在根拠は，基本的に，著作物の再生産を支える伝達者保護の必要性であるが（斉藤博＝吉田大輔著『概説著作権法』97頁（ミネルヴァ書房，2010）），レコード製作者・放送事業者については，投下資本の回収という産業政策的な側面を挙げる考えがある（中山『著作権法』422頁）。著作隣接権と著作権は，独立した権利として重畳的に存在する（著90条）。著作隣接権は禁止権であるが，他に，金銭請求権として法定される権利があり，著作隣接権とは別の権利として定義づけられている。それぞれが政策的に隣接権が付与されてきた経緯にあり，現今では，権利化されていない著作関連主体として，例えば出版社に独自の新たな著作隣接権を創設すべきとするなどの動きがある。

著作隣接権とその関連の権利を整理すると，冒頭の整理のようになる。著作権法90条の2以下に，具体的な内容が規定されている。

私的録音・録画の補償金請求権が，著作隣接権者のうち実演家及びレコード製作者には認められているが（著102条で準用する30条2項），放送事業者及び有線放送事業者には認められていないという区別もある。

### 2　実演家の権利

実演家は，他の著作隣接権者であるレコード製作者や放送事業者よりも権利範囲が広く，人格権として，平成14年改正で新設された氏名表示権と同一

性保持権を有する（著90条の2，90条の3）。一身専属である（著101条の2。ただし101条の3）。著作者人格権と異なり，公表権はない。著作者の氏名表示権及び同一性保持権の制限範囲に比し，実演家のそれらの制限範囲は緩和されている（著19条3項との対比での90条の2第3項，20条1項との対比での90条の3第1項，20条2項4号との対比での90条の3第2項）。例えば，氏名表示権については，実演家の利益を害するような場合であっても，公正な慣行に反しない限り，実演家の氏名表示を省略することができる，などである。

　実演家には録音権・録画権が認められている（著91条）。しかし，映画の著作物に収録される実演については，ワン・チャンス主義と称する制限がある。すなわち，実演家が映画の著作物に収録することを許諾したときは，許諾した実演が録音・録画されたものを更に増製する行為に対しては，原則として録音権・録画権の適用がないという制限である（著91条2項）。DVD化など映画著作物の円滑な権利処理のために規定されたものである。この制限は，実演家の放送・有線放送においても同様である（著92条2項）。実演家の他の著作隣接権として，著作権法92条の2以下を参照。商業用レコードを用いて実演の放送・有線放送が行われた場合に，実演家は，二次使用料請求権を取得する（著95条1項）。

### 3　レコード製作者の権利

　レコード製作者は，著作権法96条以下の権利の束である著作隣接権を有し，合わせて，97条等の二次使用料・報酬請求権を有する。

　レコード製作者には，放送・有線放送権はないが，複製権や二次使用料請求権のほか，送信可能化権，譲渡権，貸与権が付与されている。ただし，譲渡権には消尽が生じる場合がある（著97条の2第2項）。貸与権は1年後は報酬請求権となる（著97条の3）。

　レコード製作者についての事例として，東京地判平成12年5月16日判時1751号128頁〔スターデジオ事件〕の①事件，②事件がある。通信衛星放送サービスのスターデジオラジオで音楽CD収録音源が繰り返しデジタル放送されるのにつき，放送上の曲の録音が容易でしかも高品質であることから，

レコード製作者として見過ごせないと判断し，権利侵害としてスタデジオ運営会社を訴えた。著作権法上，レコード製作者に禁止権として放送権が付与されていないことから，付与されている複製権侵害と構成したものである。その論拠は，侵害主体の論点にも絡むのでここでは説明しないが，判決は複製権侵害を否定した。

なお，音楽ビジネスの実務において「原盤権」と称されているのは，レコード製作者の著作隣接権，二次使用料請求権のほか，レコードに固定された実演家の著作隣接権も含む意味のものとして使われることが多いようである（田中『60講』332頁〔藤原浩〕）。

### 4　放送事業者・有線放送事業者の権利

放送事業者・有線放送事業者の権利の対象は，特定の放送により送信された音や影像である。音や影像そのものが著作隣接権の対象ではない。なお，最三小判平成23年1月18日民集65巻1号121頁〔まねきTV事件〕では，著作隣接権としての送信可能化権（著99条の2）のほか，放送局自身の著作物たる放送番組の著作権たる公衆送信権（著23条1項）が権利として主張され，最一小判平成23年1月20日民集65巻1号399頁〔ロクラクⅡ事件〕では，放送局自身の著作物である放送番組などにつき著作権たる複製権（著21条）及び著作隣接権たる複製権（著98条）が権利として主張された。

（塩月　秀平）

第 2 章

# 著作物

## Q5　学術論文の著作物性

**Q** 大学院生Ａが指導教授Ｂの指導の下で添削を受け第１論文を完成させました。その後Ａが研究を続行し，第２論文を発表しました。後に発表したＡの第２論文がＢの著作権・著作者人格権を侵害する場合があるのでしょうか。

**A** 第２論文に接する者が第１論文の表現上の本質的特徴を直接感得することができる場合には，著作権（複製権，翻案権）や著作者人格権（同一性保持権等）の侵害となり得る。第１論文と第２論文とが，内容の説明に係る事実やアイデアの部分や，個性的な表現とはいえず創作性が認められない部分において共通するにすぎない場合には，著作権や著作者人格権の侵害にはならない。

### 解説

#### 1　著作権（複製権又は翻案権）侵害の成否

翻案（著27条）とは，既存の著作物に依拠し，かつ，その表現上の本質的な特徴の同一性を維持しつつ，具体的表現に修正，増減，変更等を加えて，新たに思想又は感情を創作的に表現することにより，これに接する者が既存の著作物の表現上の本質的な特徴を直接感得することのできる別の著作物を創作する行為をいう（最一小判平成13年６月28日民集55巻４号837頁〔江差追分事件〕）。また，これとパラレルに考えると，複製（著21条）とは，既存の著作物に依拠し，かつ，その表現上の本質的な特徴の同一性を維持しつつ，これに接する者が既存の著作物の表現上の本質的な特徴を直接感得することのできる著作物を創作する行為をいうものと解される[1]。

---

[1] なお，旧著作権法下における最一小判昭和53年９月７日民集32巻６号1145頁〔ワン・レイニー・ナイト・イン・トーキョー事件〕によれば，複製とは，既存の著作物に依拠し，その内容及び形式を覚知させるに足りるものを再製することをいうとされている。

したがって，複製権侵害にも翻案権侵害にも共通して必要な要件は，①既存の著作物に依拠すること，②その表現上の本質的な特徴の同一性が維持され，これに接する者がその表現上の本質的な特徴を直接感得することができること，である[2]。そして，思想，感情若しくはアイデア，事実若しくは事件など表現それ自体でない部分又は表現上の創作性がない部分において既存の著作物と同一性を有するにすぎない著作物を創作する行為は，既存の著作物の複製にも翻案にも当たらない（前掲〔江差追分事件〕）ことに照らすと，「表現それ自体でない部分又は表現上の創作性がない部分」は，「表現上の本質的な特徴」を基礎付けないと解される。

前掲〔江差追分事件〕は，①まず，同一性を有する部分がどこかを認定し，②次に，その同一性を有する部分が「表現それ自体でない部分又は表現上の創作性がない部分」であるとした上，③量や背景にも言及した上で，④「表現上の本質的な特徴を直接感得」することはできないと結論付けた。このような判断手法は，「ろ過テスト」とも呼ばれ，まず原告作品の著作物性を判断した後に複製翻案の成否を判断する，いわゆる「二段階テスト」と対比されることがある。「ろ過テスト」では，必ずしも原告作品に著作物性（創作性）があるか否かを判断する必要がない点で，相違する。

## 2　著作者人格権（同一性保持権，公表権）侵害の成否

同一性保持権（著20条）を侵害する行為とは，他人の著作物における表現上の本質的な特徴を維持しつつその外面的な表現形式に改変を加える行為をいい，他人の著作物を素材として利用しても，その表現上の本質的な特徴を感得させないような態様においてこれを利用する行為は，原著作物の同一性保持権を侵害しない（最三小判昭和55年3月28日民集34巻3号244頁〔モンタージュ写真事件〕，最二小判平成10年7月17日判時1651号56頁〔雑誌「諸君！」事件〕）。

公表権（著18条）とは，公表されていない著作物（同意を得ないで公表された著作物を含む。）を公衆に提供し，又は提示する権利をいい，氏名表示権（著19

---

[2] 高部『著作権訴訟』244頁

条）とは，著作物の原作品に，又はその著作物の公衆への提供若しくは提示に際し，著作者の実名若しくは変名を著作者名として表示し，又は著作者名を表示しないこととする権利をいう。

### 3 著作物性

ところで，著作権法の保護対象は，「著作物」であり，著作物とは，まず，思想又は感情を創作的に表現したものといえることが必要である（著2条1項1号）。著作物性の要件となる「創作的な表現」か否かについても，思想，感情若しくはアイデア，事実若しくは事件など表現それ自体でない部分又は表現上の創作性がない部分は，これに当たらないことになる。

したがって，著作物性の判断においても，複製・翻案や同一性保持権等の侵害の成否の判断においても，「表現」か否か，「創作性」が認められるか否かがキーワードとなる。

そして，「創作的な表現」であるというためには，厳密な意味で，作成者の独創性が表現として現れていることまでを要するものではないが，作成者の何らかの個性が表現として現れていることを要する。また，思想，感情若しくはアイデア，事実若しくは事件などは，「表現」それ自体とはいえない。

### 4 学術論文の著作物性と侵害の成否

本問のような学術論文の場合は，どこに創作性があるかという点で争いになることが少なくない上，本問のように，第1論文が誰の著作物であるのか，大学院生Aなのか，教授Bなのか，AB両名なのか，という著作者の認定に当たっても，創作性のある部分への関与の度合いが問題になるところから，2つの論文の同一性を有する部分が「表現それ自体でない部分又は表現上の創作性がない部分」である場合には，ろ過テストを用いる方が，判断が複雑にならない。

学術論文の場合，先行する研究の存在や新たに提示された学説は，事実やアイデアであり，それら自体は著作権法上の保護対象とならない。また，学術の分野や論文のテーマにもよろうが，特定の内容を示すための用語や言い

回しが慣用されている場合があり，そのような用語や言い回しには創作性を認め難い。もっとも，多くの表現方法を選択することができる場合に特定の表現が選択されたことは，創作性を認める一つの裏付けとみる余地はある。しかし，他に表現方法があったとしても，選択された表現が，ごく普通に考えられる平易な表現であれば，個性の発現とは言い難い面もあるし，ごく普通に考えられる平易な表現に創作性を認め，独占を肯定するとすれば，他者の取り得る表現の範囲を不当に狭める結果となる。

　本問の参考裁判例となる知財高判平成22年5月27日判タ1343号203頁〔脳機能画像解析学術論文事件〕は，大学医学部教授Bが，その研究室に属する大学院生Aに対し論文原稿の執筆を指示し，Bは，Aの執筆した原稿に修正加筆をして第1論文を完成させ，その後，Aは研究を続行し，研究目的，実験の課題，実験により得られた結果及び結論等において第1論文とは異なるが，機能的磁気共鳴画像法を用い，「音素－書記素変換」に活用される神経的基盤を明らかにすることなどの点において第1論文と共通する英文の第2論文を作成し，米国の雑誌社が発行する学術誌に発表したという事実関係において，Bが，Aの行為は，Bが第1論文について有する（共有する）著作権（複製権，翻案権）及び著作者人格権（同一性保持権，公表権）を侵害する旨主張して，Aに対し，損害賠償等を請求した事案である。同判決は，第1論文と第2論文を対比するに当たり，各部位の名称，従来の学術研究の紹介，実験方法や研究方法の説明など，内容の説明に係る部分は，事実やアイデアに係るものであるから，それらの内容において共通する部分があるからといって，その内容そのものの対比により，著作権法上の保護の是非を判断すべきでないとし，事実についてごく普通の構文を用いた英文で表記したものであり，全体として，個性的な表現であるということはできず創作性が認められないなどとして，複製権，翻案権，同一性保持権及び公表権の侵害が認められないとした。

〔高部　眞規子〕

## Q6 契約書のひな型等の著作物性

**Q** (1) 契約書のひな型,(2) 業務の効率化のために作成したブランクフォーム,(3) 業界用語や専門用語の定義の説明文は,それぞれ著作物であると言えますか。

**A** (1) 契約書のひな型は,特定の目的(例えば,売買,賃貸借)に対応した契約内容を類型別に定型化して通常の方法で文章化したものにすぎないから,作成者の「思想又は感情を表現したもの」とはいえず,著作物とはいえないことが多いと思われる。
(2) 業務の効率化のために作成したブランクフォームについても,その作成目的に応じてあらかじめ記載すべき事項が定型化されており,その様式についても一定の枠があるのが通常であるから,特別な事情がない限り,作成者の「思想又は感情を表現したもの」とはいえず,著作物といえないことが多いと思われる。
(3) 業界用語や専門用語の定義あるいはその説明文は,その性質上,ある用語の意味をわかりやすく正確に記述する必要のあるものであって,内容の正確性が重視されるから,作成者の表現の創作性を問題にできる余地は極めて限られており,著作物とはいえないことが多いと思われる。

## ■ 解 説

### 1 著作物性

著作物とは,「思想又は感情を創作的に表現したものであって,文芸,学術,美術又は音楽の範囲に属するものをいう。」(著2条1項1号)。

したがって,ある創作物が「著作物」といえるためには,「思想又は感情の創作的表現」であることが必要となる。ここで,「思想又は感情」の「表現」とは,高度の思想性や芸術性を要求する趣旨ではなく,およそ人間の精神活動の所産が表現されていれば足りると解されている(松村−三山『要説』

15頁)。逆に言えば，対象となる創作物が人間の精神活動に基づいておらず，かつその表現方法にも人間の精神活動が反映されていないような，単なる事実の羅列にすぎないものは「著作物」とはいえないということになる。

## 2 契約書のひな型について

契約書のひな型は，特定の目的（例えば，売買，賃貸借）を達成するために必要とされる契約内容を複数の条項にまとめ，類型別に定型化したものである。したがって，それは類型別に定型化された契約内容を通常の方法で文章化したものにすぎないから，作成者の「思想又は感情を表現したもの」とはいえず，著作物とはいえないことが多いと思われる。

この点に関する裁判例として，停止条件付土地売買契約書の著作物性が問題となった事案において，裁判所は，「本件文書の記載内容は『思想又は感情を創作的に表現したもの』であるといえないから，著作物ということはできない。」と判示している（東京地判昭和62年5月14日判時1273号76頁〔契約書事件〕）。

もっとも，契約書のひな型であれば全て著作物性がないというわけではなく，そのひな型の表現に作成者の個性が現れているような特別の場合は，著作物性が肯定されることもあろう。ただし，契約書のひな型の作成に当たって行われた契約条項の取捨選択における創意工夫は，単なるアイデアにすぎず，「思想又は感情の表現」とはいえないと思われる。

この点に関する裁判例として，旧著作権法下において船荷証券（ビー・エル）の用紙の著作物性が問題となった事案に関し，裁判所は，「原告が本件ビー・エルの契約条項の取捨選択にいかに研究努力を重ねたにせよ，その苦心努力は著作権保護の対象とはなり得ないのである。」と判示している（東京地判昭和40年8月31日下民16巻8号1377頁〔船荷証券事件〕）。

## 3 業務の効率化のために作成したブランクフォームについて

ブランクフォーム（Blank form）とは，いわゆる書き込み用紙のことで，通常，複数の事項を記載することによって完成する文書につき，あらかじめ

複数の事項を記載すべき空欄が一定の要件に従って定型的に印刷されており，当該文書の作成者は，その空欄に必要事項を書き込めば，文書を完成させることができる様式の書面である。例えば，各種申請書類や証明書類などに多く用いられる。

ブランクフォームは，その作成目的に応じてあらかじめ記載すべき事項が定型化されており，その様式についても一定の枠があるのが通常であるから，様式として独自の工夫がなされた結果作成者の個性が現れているなどの特別な事情がない限り，作成者の「思想又は感情を表現したもの」とはいえず，著作物とはいえないことが多いと思われる。

この点に関し，前掲〔船荷証券事件〕は，「本件ビー・エルは，被告がその海上物品運送取引に使用する目的でその作成を原告に依頼した船荷証券の用紙である。それは被告が後日依頼者との間に海上物品運送取引契約を締結するに際してそこに記載された条項のうち空白部分を埋め，契約当事者双方が署名又は署名押印することによって契約締結のしるしとする契約書の草案に過ぎない。本件ビー・エルに表示されているものは，被告ないしその取引相手方の将来なすべき契約の意思表示に過ぎないのであって，原告の思想はなんら表白されていないのである。従って，そこに原告の著作権の生ずる余地はないといわなければならない。」と判示して，船荷証券の用紙の著作物性を否定している。

## 4 業界用語や専門用語の定義の説明文について

業界用語や専門用語の定義の説明文に関しては，まず，定義そのものは，その性質上，ある用語の意味を分かりやすく正確に記述する必要のあるものであって，内容の正確性が重視されるから，作成者の思想や感情の創作的表現を問題にすることができる余地は極めて少ないといえよう。すなわち，ある概念を一定の思想に基づいて定義しようとする場合，その一定の思想に立脚する限り，その思想を正確に表現しようとすればするほど，同一若しくは類似の文言を採用して記述するほかはないので，そのような表現に作成者の思想又は感情を盛り込む余地はほとんどないと思われる。また，一見創作的

な内容に見える定義であっても，その創作性は作成者の学問的思想そのものの創作性であって，表現の創作性でない場合が多いので，やはり著作物とはいえないことが多いと思われる。そして，定義の説明文も，その定義の学問的思想等を正確に表現する必要のあるものであるから，定義そのものの著作物性と同様に考えられる。

　この点に関する裁判例として，「城とは人によって住居，軍事，政治目的をもって選ばれた一区画の土地と，そこに設けられた防御的構築物をいう。」という城の定義の著作物性が問題となった事案に関し，裁判所は，「本件定義は原告の学問的思想そのものであって，その表現形式に創作性は認められないのであるから，本件定義を著作物と認めることはできない。」と判示している（東京地判平成6年4月25日判時1509号130頁〔城の定義事件〕）。上記裁判例は，創作性を認めない理由として，「本件定義のような簡潔な学問的定義では，城の概念の不可欠の特性を表す文言は，思想に対応するものとして厳密に選択採用されており，原告の学問的思想と同じ思想に立つ限り同一又は類似の文言を採用して記述する外はなく，全く別の文言を採用すれば，別の学問的思想による定義になってしまうものと解される。」と述べている。

〔東海林　保〕

## Q7　傍聴記の著作物性

**Q** 裁判の経過や発言を記録した裁判傍聴記をホームページで公開しましたが，他人のブログにそのまま転載されていました。当該行為を差し止めることはできるでしょうか。

**A** 裁判傍聴記が，単に裁判の経過や証人等の発言について，事実をありふれた表現を用いてありのまま記述したにすぎないものである場合は，著作権法2条1項1号に規定する「著作物」に該当しない可能性が高く，そのような裁判傍聴記は著作権法による保護を受けることができないため，著作権侵害を理由とする差止請求が認められない可能性があるが，裁判の経過や証人等の発言を単にありふれた表現によりありのまま記述するのではなく，その分類方法や構成の順序などの具体的な表現に記述者の個性が現れるような工夫がされていたり，記述者の評価や意見が記載されている場合には，上記の「著作物」に該当し，著作権侵害を理由とする差止請求が認められる可能性がある。

### ■解　説
#### 1　著作物における創作性

著作物とは，「思想又は感情を創作的に表現したものであって，文芸，学術，美術又は音楽の範囲に属するものをいう。」（著2条1項1号）。

したがって，ある創作物が「著作物」といえるためには，「思想又は感情の創作的表現」であることが必要となる。ここで，「思想又は感情」の「表現」とは，高度の思想性や芸術性を要求する趣旨ではなく，およそ人間の精神活動の所産が表現されていれば足りると解されている（松村＝三山『要説』15頁）。逆に言えば，対象となる創作物が人間の精神活動に基づいておらず，かつその表現方法にも人間の精神活動が反映されていないような，単なる事実の羅列にすぎないものは「著作物」とはいえないということになる。

また，「創作的」表現といえるためには，高度の独創性や他に類を見ない表現である必要はなく，表現自体が一般にありふれたものであってはならないが，およそ作成者自身の個性が発揮されていると認められれば足りると解されている。

　この点に関しては，多くの裁判例が指摘するところであるが，例えば，インターネット上に掲示されるニュースの見出しの著作物性が争われた東京地判平成16年3月24日判時1857号108頁〔YOL事件〕は「著作権法による保護の対象となる著作物は，『思想又は感情を創作的に表現したもの』であることが必要である（法2条1項1号）。『思想又は感情を表現した』とは，事実をそのまま記述したようなものはこれに当たらないが，事実を基礎とした場合であっても，筆者の事実に対する評価，意見等を，創作的に表現しているものであれば足りる。そして，『創作的に表現したもの』というためには，筆者の何らかの個性が発揮されていれば足りるのであって，厳密な意味で，独創性が発揮されたものであることまでは必要ない。」と判示している。

　もっとも，作成者個人の個性が発揮される対象はあくまで「具体的な表現」であって，「思想」や「アイデア」そのものではない。著作権法は，「表現」を保護の対象としており，「思想」や「アイデア」を保護の対象としてはいないからである。

## 2　裁判傍聴記の著作物性

　そこで，まず，裁判の経過や発言を記録した裁判傍聴記が上記の「思想又は感情の創作的表現」に該当するか，が問題となる。すなわち，裁判の経過や法廷における証人等の発言を単に記録したにすぎない記述は，「事実」をありのままに記載したものにすぎず，記述者の「思想又は感情」の表現として何らかの個性が発揮されているとはいえないのではないかと思われるからである。

　この点に関しては，知財高判平成20年7月17日判時2011号137頁〔ライブドア裁判傍聴記事件〕が参考になる。

　この事件は，控訴人（第1審原告）が刑事被告事件の公判期日に行われた証

人尋問を傍聴した結果をまとめた裁判傍聴記（原告傍聴記）をインターネットを通じて公開したところ，第三者が，被控訴人（第1審被告）が管理運営するブログに，原告傍聴記の内容をほぼそのまま利用したブログ記事（本件ブログ記事）を無断で掲載したことに関し，控訴人が被控訴人に対し，プロバイダ責任制限法4条1項に基づき，本件ブログ記事の発信者の情報開示を求めるとともに，著作権法112条2項に基づき，本件ブログ記事の削除を求めた事件であるが，裁判所は，原告傍聴記の著作物性について，「著作権法2条1項1号所定の『創作的に表現したもの』というためには，当該記述が，厳密な意味で独創性が発揮されていることは必要でないが，記述者の何らかの個性が表現されていることが必要である。言語表現による記述等の場合，ごく短いものであったり，表現形式に制約があるため，他の表現が想定できない場合や，表現が平凡かつありふれたものである場合は，記述者の個性が現れていないものとして，『創作的に表現したもの』であると解することはできない。また，同条所定の『思想又は感情を表現した』というためには，対象として記述者の『思想又は感情』が表現されることが必要である。言語表現による記述等における表現の内容が，専ら『事実』（この場合における『事実』とは，特定の状況，態様ないし存否等を指すものであって，例えば『誰がいつどこでどのようなことを行った』，『ある物が存在する』，『ある物の態様がどのようなものである』ということを指す。）を，格別の評価，意見を入れることなく，そのまま叙述する場合は，記述者の『思想又は感情』を表現したことにならないというべきである」と判示した上で，本件傍聴記の記述を個別に検討し，結果としてその著作物性を否定した。

　すなわち，控訴人は，東京地裁刑事部で開かれた証券取引法違反被告事件の公判期日において行われた証人尋問を傍聴し，その内容の一部をメモし，そのメモをもとに原告傍聴記を作成して，インターネットを通じて公開したが，原告傍聴記は，例えば，「『株式交換で20億円計上』ライブドア事件証人A氏への検察側による主尋問」との大項目（表題）が付され，次に，例えば，「証人のパソコンのファイルについて」，「予算の最終案について」などの中項目が付され，各中項目の下に，例えば，「ライブドアの平成16（2004）年

9月期の最初の予算である」、「各事業部や子会社の予算案から作成されている」等の証言内容が短く記述されているものであったが、例えば、証人の経歴に関する部分は主尋問と反対尋問から控訴人が抽出したものであったこと、証言の順序を時系列に従った順序に直したこと、固有名詞を省略したこと等の「分類」や「構成」において、証言と異なる記述がなされていた。

　判決は、まず、大項目や中項目を付した点について、このような付加的表記は、大項目については証言内容のまとめとして、ごくありふれた方法でされたものであって、格別工夫が凝らされているとはいえず、また、中項目については、いずれも極めて短く、表現方法に選択の余地が乏しいから、控訴人の個性が発揮されている表現部分はなく、創作性を認めることができないこと、次に、証人の経歴に関する部分の抽出、証言の順序及び固有名詞を省略したなどの本来の証言と異なる部分については、経歴の部分の表現は事実の伝達であり、表現の選択の幅が狭いので創作性が認められないし、証言の順序を入れ替えたり、固有名詞を省略したことが原告の個性の発揮と評価できるほどの選択又は配列の工夫ということはできない、などと判示した。

　もっとも、上記裁判例における判断はあくまで事例判断であるから、裁判傍聴記の著作物性が一律に認められないというものではない。つまり、上記裁判例が個々の判断において示した具体的な判断基準を前提として、裁判の経過や証人等の証言を単にありふれた表現によりありのまま記述するのではなく、その分類方法や構成の順序などの具体的な表現に記述者の個性が現れるような工夫がされていたり、記述者の評価や意見が記載されている場合には著作物性が認められる場合もあり得るのであって、そのような事例であれば著作権侵害を理由とする差止請求が認められる可能性があるというべきであろう。

（東海林　保）

## Q8 法律解説書の著作物性

**Q** 一般人向けの法律の解説書を執筆していますが，法律や判例に従って法令の内容や手続の流れなどを解説していくと，どうしても他の書籍と同じような記載になってしまいます。この場合も複製あるいは翻案とみなされるのでしょうか。

**A** 一般人向けの法律の解説書の本文において，法令の内容や学説・判例によって当然に導かれる事項を説明したものであれば，誰が作成しても同じような表現になるので，これらには創作性がなく，著作権（複製権・翻案権）侵害とはならない。

また，図表等が用いられている場合，同図表が手続の流れや法令の内容等を法令の規定に従って整理しただけのものであれば，上記同様，創作性がないので，やはり著作権（複製権・翻案権）侵害とはならない。

他方で，判例や学説の紹介であっても，独特の表現を用いて解説を加えている部分が相当程度長く存在すれば，そこには創作性が認められるところ，このような部分に同一性が認められる場合には，複製権・翻案権の侵害となり得る。

## ▌解　説

### 1　著作物の複製・翻案

著作物とは，「思想又は感情を創作的に表現したものであって，文芸，学術，美術又は音楽の範囲に属するものをいう。」とされている（著2条1項1号参照）。そして，「著作物の複製」（著21条，2条1項15号）とは，「既存の著作物に依拠し，その内容及び形式を覚知させるに足りるものを再製すること」をいい（最一小判昭和53年9月7日民集32巻6号1145頁〔ワン・レイニー・ナイト・イン・トーキョー事件〕）（もっとも，同判決は旧著作権法下の事案であり，ここでいう「再製」は，現行法下では「有形的再製」を意味するものと理解すべ

きである。),「著作物の翻案」（著27条）とは，「既存の著作物に依拠し，かつ，その表現上の本質的な特徴の同一性を維持しつつ，具体的表現に修正，増減，変更等を加えて，新たに思想又は感情を創作的に表現することにより，これに接する者が既存の著作物の表現上の本質的な特徴を直接感得することのできる別の著作物を創作する行為」をいう（最一小判平成13年6月28日民集55巻4号837頁〔江差追分事件〕）とされている。

また，既存の著作物に依拠して創作された著作物が思想，感情若しくはアイデア，事実若しくは事件など表現それ自体でない部分又は表現上の創作性がない部分において，既存の著作物と同一性を有するにすぎない場合には，複製にも翻案にも当たらないと解されている。

## 2　複製・翻案の判断基準

以上を前提として，著作物の複製や翻案があるかどうかの判断に際し，「ろ過テスト」（両作品に共通している要素を取り出して，それが思想又は感情の創作的な表現に該当するか否かを判断する手法）を用いることが考えられる。

なお，上記の「ろ過テスト」のほか，「二段階テスト」（原告作品の著作物性を認定してから，被告作品には原告作品の創作的表現が複製ないし翻案されているかを順次判断する手法）もあるが，民事訴訟における要件事実の分類からすれば，原告作品の著作物性は，被告作品が権利侵害するか否かの範囲内でのみ検討すれば足りるとして，基本的にはろ過テストが妥当するとの有力な学説がある（高林『標準』80〜84頁）。

ちなみに，裁判例上，誰が作成しても同様のものとなる「ありふれた表現」は，創作性が否定されることが多い。これは，ありふれた表現には個性が欠けるということであり，また，混同（マージャー）理論をもとに，著作権法は表現を保護するものであって，アイデアを保護するものではない以上，誰が著作しても同様の表現になるようなものは創作性を欠くとも説明されている。

## 3 法律の解説書における典型的な記載についての検討

　まず，一般人向けの法律の解説書においては，関連する法令の内容や法律用語の意味を整理して説明し，法令又は判例・学説によって当然に導かれる一般的な法律解釈や実務の運用等に触れ，同法律問題に関する見解を記載することになる。

　そして，法令や通達，判決，決定等については，著作権の目的とならない旨定められている（著13条参照）ので，これらについて同一であったとしても，複製や翻案には当たらないことになる。

　また，同一性を有する部分が，これらの法令の内容や，法令又は判例・学説によって当然に導かれる事項である場合にも，表現それ自体でない部分において同一であるにすぎないので，複製・翻案に当たらないものと解される。

　このほか，手続の流れや法令の内容等を法令の規定に従って図示することはアイデアであるが，通常，法令の内容に従って整理したにすぎない図表については，誰が作成しても同じような表現になるので，図表において同一性を有する部分が，単に法令の内容を整理したにすぎない場合にも，複製や翻案には当たらないものと解される。

　さらに，同一性を有する部分が，ある法律問題に関する筆者の見解や一般的な見解である場合には，それは思想・アイデアにおいて同一性を有するにすぎず，その思想を創作的に表現した部分において同一性を有するとはいえないので，一般の法律書等に記載されていない独自の観点からそれを説明する上で普通に用いられる表現にとらわれずに論じている場合はともかく，通常，複製や翻案には当たらないというべきである。

　そして，特定の法律問題について，関連する法令の内容や法律用語の意味を説明し，一般的な法律解釈や実務の運用に触れる際には，確立した法律用語をあらかじめ定義された用法で使用し，法令又は判例・学説によって当然に導かれる一般的な法律解釈を説明しなければならないという表現上の制約があるので，通常，誰が作成しても同じような表現にならざるを得ず，筆者の個性が表れているとはいえず，結局，著作権法によって保護される著作物としての創作性はないというべきである。

他方で，一定以上のまとまりを持って，記述の順序や具体的表現において同一である場合には，複製権等の侵害に当たる場合がある。すなわち，いかに創作性の幅が小さいとしても，他に異なる表現が採り得るのに，あえて同一性を有する表現を一定以上の分量で採用した場合には，複製権・翻案権侵害に当たるといえる。

## 4　本問の検討及び裁判例

以上を前提にして，本件で問題となっている法律の解説書についてみた場合，図表等が用いられている場合には，同図表が手続の流れや法令の内容等を法令の規定に従って整理しただけのものであれば，それは，誰が作成しても同じような表現になるので創作性がなく，著作権（複製権・翻案権）侵害とはならない。

また，法律の解説書の本文において，法令の内容や学説・判例によって当然に導かれる事項を説明したものであれば，上記同様，これらにも創作性がないので，著作権（複製権・翻案権）侵害とはならない。

他方で，判例や学説の紹介であっても，独特の表現を用いて解説を加えている部分が相当程度長く存在すれば，そこには創作性が認められるところ，このような部分に同一性が認められる場合には，複製権・翻案権の侵害となり得る。

なお，本件と同じような事案において，書籍（法律書）の一部につき著作権（複製権）侵害を認めた事例として，東京地判平成17年5月17日判時1950号147頁〔通勤大学法律コース事件〕（ただし，同判決は，控訴審において変更されている。）がある。

## 5　その他参考文献

中山『著作権法』58～61頁，作花『詳解〔第3版〕』88～97頁，島並ほか『入門』23～33頁，高林『標準』21～24頁，『コンメンタール1』16～53頁

（矢口　俊哉）

## Q9　模写作品の著作物性

**Q** 江戸時代の浮世絵の模写作品について，著作権が生じる場合がありますか。

**A** 浮世絵は，絵画の一種であるから，美術の著作物に含まれ得るが（著10条1項4号），著作権の対象である「著作物」というためには，思想又は感情を創作的に表現したものであることを要する（著2条1項1号）。模写作品については，原画に依拠して作成されたことが明らかであるから，原画との関係も踏まえて模写作品の著作物性を検討する必要がある。

まず，原画については，模写の対象とされるほどのものであれば，原画制作者により創作的表現が付与されているのが一般的であり，著作物性は肯定されるであろう。次に，模写作品については，原画に付与された創作的表現を再現しただけで，新たな創作的表現が付与されたものと認められない場合には，原画の複製物にすぎないものとして著作物性は否定され，原画と別個の著作権が生じることはない。これに対し，原画における表現上の本質的特徴の同一性を維持しつつ，その具体的表現に修正，増減，変更等を加えて，新たな創作的表現が付与されたと評価される場合には，模写作品であっても，原画の二次的著作物（著2条1項11号）として著作物性が肯定され，原画の著作権とは別個の著作権が生じることになる。

このため，模写作品について著作権が生じるかどうかを判断するには，これを原画と対比し，修正，増減，変更等が加えられた部分を特定した上で，それらの修正等によって新たな創作的表現が付与されたといえるかどうかを検討する必要があり，これが肯定される場合には，模写作品に著作権が生じることになる。

なお，本問では，原画は江戸時代の浮世絵であるから，原画の著作権については，存続期間満了により消滅しているものと考えられる。

### ■ 解　説
#### 1　著作物性（創作性）

　浮世絵は，絵画の一種である。著作権法による著作物の例示には，絵画も含まれているが（著10条1項4号），著作物であるというためには，例示された絵画等に該当するというだけでは足りず，思想又は感情を創作的に表現したものであることを要する（著2条1項1号）。本問の浮世絵の模写作品との関係では，表現が創作的であること（創作性）が問題となる。

　創作性の有無を一般的に論じる場面（原画への依拠が明らかな模写作品の場合とは異なり，他の作品に依拠せずに作成された場合や，依拠したかどうか不明な場合を含む。）では，「著作物の作成に際しては，先人の文化的遺産を土台とし，これに新知見や自己のアイデアを加えて完成するものが大部分であって，著作物全体が著作者の独創力で貫かれている場合はほとんどないと考えられる。」ことから，「創作性も著作者の個性が著作物の中になんらかの形で現れていればそれで十分だと考えられる。」（半田『概説』74頁）との見解や，学術的，芸術的に優れている必要はないという観点から，「創作性の要件を満たすには，他人の著作物と異なるものを作成したということで十分であると解すべきである。」（田村『概説』12頁）との見解があるように，創作性は比較的緩やかに捉えられる傾向にある。

#### 2　既存の著作物を利用した場合の創作性

　ただし，既存の著作物を利用して他の作品を作成する場合には，既存の著作物の権利範囲との関係で，複製権と翻案権を考慮に入れる必要が出てくる（泉克幸「江戸時代の浮世絵を模写した作品の著作物性」L&T36号89頁）。最一小判平成13年6月28日民集55巻4号837頁〔江差追分事件〕の判示等も踏まえて整理すると，①既存の著作物の表現上の本質的な特徴の同一性が維持されているか，②既存の著作物に新たな創作性が付与されているかを基準として，①が肯定され②は否定される場合には既存の著作物の複製物であり，①と②の双方が肯定される場合には既存の著作物の翻案物であり，そもそも①が否定される場合（この場合②は肯定されると考えられる。）は新たな著作物の作

成であると分類されることになろう。

　模写作品についていえば，①が否定される場合には，もはや模写作品とは呼ばないのが通常であろうから，②の新たな創作性の有無により，単なる複製物にすぎないとされるか，翻案物として二次的著作権が生じるかに区別されることになる。

## 3　模写作品と創作性

　一口に模写作品といっても，機械的に模写したものから，ある程度修正，増減，変更等を加えたものまで幅がある。機械的な模写が創作性を欠くことに異論はほとんどないが，どの程度の修正等が加えられれば新たな創作性があると捉えるかについては見解が分かれる。

　上記1の創作性に関する一般的な見解を模写作品にも当てはめ，模写作品の制作者による修正，増減，変更等が少しでもあれば他人の著作物とは異なるものが作成されたと捉え，原画の機械的な模写でなければ創作性があるとする見解があり得る。江戸時代の煮豆売りの姿を描いた原画の模写作品について，機械的な模写でないことを理由に創作性を認めた東京地判平成11年9月28日判時1695号115頁〔新橋玉木屋事件〕は，このような見解によるものと思われる。また，模写作品のデッドコピー防止の観点から，創作性は緩やかに解し，創作性が低い作品の場合には，被疑侵害品が模写作品の複製・翻案に該当しないと判断することで結果の妥当性を図ることを示唆する見解もある（前掲泉92頁）。

　上記の見解に対しては，複製の概念について，原著作物のそのままの再製のみならず，多少の修正，増減があっても，それと同一性を有するものの再製は複製に該当するという通説・判例の理解に照らすと，機械的な模写でないというだけで複製ではないというのは相当ではなく，新たな創作性の付加が必要である（大瀬戸豪志「模写の著作物性—新橋玉木屋事件」百選〔3版〕21頁），創作性の乏しい作品の模倣については，不正競争防止法や不法行為で対応すべき（岩坪哲「江戸時代の原画を参考に制作された絵画の著作権侵害」『判例著作権法』75頁）とする批判的論評がある。

このような批判を踏まえてか，同一裁判体による東京地判平成18年3月23日（①事件）・東京地判平成18年5月11日（②事件）判時1946号101頁〔江戸風俗画模写事件〕は，新橋玉木屋事件の模写作品の制作者と同一人物による同様の模写作品の創作性が問題とされた事案について，「模写制作者が自らの手により原画を模写した場合においても，原画に依拠し，その創作的表現を再現したにすぎない場合には，具体的な表現において多少の修正，増減，変更等が加えられたとしても，模写作品が原画と表現上の実質的同一性を有している以上は，当該模写作品は原画の複製物というべきである。すなわち，模写作品と原画との間に差異が認められたとしても，その差異が模写制作者による新たな創作的表現とは認められず，なお原画と模写作品との間に表現上の実質的同一性が存在し，原画から感得される創作的表現のみが模写作品から覚知されるにすぎない場合には，模写作品は，原画の複製物にすぎず，著作物性を有しないというべきである。」と判示し，その上で，原画の特徴的表現を細かく認定し，これと模写作品とを詳細に対比して，特徴的表現をそのまま再現した模写作品については著作物性を否定し，特徴的表現を変更した表現部分がある模写作品については著作物性を肯定した。

### 4 存続期間

現行法では，著作権は，基本的に著作者の死後50年の経過により消滅するとされており（著51条2項），また，旧法（明治32年法律第39号）による存続期間は，基本的に現行法よりも短く，旧法により著作権が消滅した著作物に現行法は適用されない（昭和45年法律第48号附則2条1項）。

本問の原画（江戸時代の浮世絵）の著作権については，江戸時代（1868年の途中まで）から既に143年以上経過しているから，一般的な浮世絵作者の制作時の年齢と寿命を考慮すると，存続期間が満了していると考えて差し支えないであろう。

（古谷　健二郎）

## Q10　ノンフィクションの著作物性

**Q** 地元の歴史上の有名人について，紹介のための書籍を執筆しようと思っています。最近発行されたノンフィクション書籍を参考にして記述したいのですが，どのような点に注意すればよいでしょうか。

**A** 参考とするノンフィクション書籍（以下「参考書籍」という。）の著作権が及ぶ範囲を把握し，これを侵害しないよう注意する。

　著作権の対象たる著作物というためには，「思想又は感情」を表現したものである必要がある（著2条1項1号）。ノンフィクションは事実を中心とする作品であるところ，事実それ自体は「思想又は感情」に該当せず，著作権は及ばないので，参考書籍から事実を抽出して利用しても，著作権侵害にはならない。次に，著作物というためには，表現が創作的であることを要する（著2条1項1号）。誰が書いても同一又は類似となる表現については創作性がないと解されることが多い。事実を客観的に表現した文章，特に短い文章については，表現の幅が狭いことが多く，創作性がないとされる可能性が高いので，参考書籍のうち創作性のない表現部分と新たに執筆した書籍の表現が類似していたとしても，必ずしも著作権侵害にはならない。他方で，単体としては創作性がないとされる文章であっても，それらが複数まとまり，ある程度の長さになると，表現の幅が広がり，創作性が認められる可能性が高まるとされる。このため，参考書籍のうち広い範囲の記述を参考にする場合には，語句の選択，順序，配列，章立て，言い回し等の様々な観点から，参考書籍の表現上の特徴と類似することのないよう表現を工夫することが望ましく，参考書籍のデッドコピーや，それに近い利用の仕方については，著作権侵害に当たるとされる可能性が高まるので，避けるべきである。

## ■ 解 説
### 1 はじめに

既存の著作物に依拠して新たな作品を作成する場合，これと同一性のあるものをそのまま作成したときは複製（著2条1項15号，21条）として，同一性を維持しつつ新たな創作性を付加したときは翻案（著27条）として，既存の著作物の著作権を侵害することになる。

ただ，ノンフィクションとは，虚構を交えず，事実を伝えようとする作品・記録映画を指すとされており（新村出編『広辞苑〔第6版〕』（岩波書店，2008）参照），事実については，著作物性との関係で後述の特色があるので，その点を踏まえて著作権侵害の可能性を検討する必要がある。

### 2 事実と「思想又は感情」の表現

(1) 著作物であるためには，思想又は感情を表現したものであることを要する（著2条1項1号）。

事実それ自体は客観的な存在であり，人の知的活動の成果を表現したものではないため，「思想・感情」とはいえないと解されている。事実自体に独占を認めると，表現の自由や学問の自由に対する弊害となり得るので，事実自体は万人が利用可能なものとして著作権法の保護の対象外とする趣旨である。

このため，多くの時間や費用をかけて，あるいは，高度な知識を有することで，初めて発見できた事実であるとしても，事実それ自体が著作物として保護されることはない。また，著作権法にいう事実とは，創作者により事実として提示されていると客観的に判断されるものであればよく（中山『著作権法』38頁），誤った内容であっても事実として提示されたものは著作物として保護されない。

(2) ただし，事実を対象とする文章であっても，事実の選択や，いかなる表現を用いるかなどについては，思想又は感情が反映されることもあり得るので，伝記，歴史に関する著述，新聞記事など事実を対象とする文章であっても，著作物性が認められるものは多いとされる。

(3) そこで，事実を対象とする文章を参考にする場合には，まず，事実それ自体の利用にとどまるかどうかに留意すべきであり，参考書籍に記載された，地元，歴史，有名人等に関する事実それ自体を抽出して利用することは著作権侵害には当たらない。

## 3 事実と創作性

著作物であるためには，表現が創作的であること（創作性）を要する（著2条1項1号）。創作性については，基本的に，学術的・芸術的に優れていることや独創性は必要なく，独自に創作したものであり，創作者の個性が反映されていれば足りると解されている。

他方で，表現の自由度が小さく，誰が書いても同一又は類似した表現にならざるを得ないものについては，独占を認めると，事実の場合と同様に弊害が大きいことから，創作性を否定する見解が多い（中山『著作権法』58頁など）[1]。歴史に関する著述やノンフィクションについても，歴史的事実を題材としており，資料に基づいた客観的叙述が要求されることから，小説等と比較して著者が創作性を発揮する余地が少ないと指摘されており（阿多麻子「事実を基礎とした著作物に関する著作権侵害」『新・裁判実務大系』374頁），ノンフィクションに関する裁判例でも，文章がごく短く又は表現上制約があるため他の表現が想定できない場合や，表現が平凡かつありふれたものである場合には，筆者の個性が表現されたものとはいえないとして，創作性を否定している（知財高判平成22年7月14日判時2100号134頁〔箱根富士屋ホテル物語事件〕）。具体的にどの程度の表現が「ありふれた表現」とされるかは，事案によって異なり得るが，上記裁判例では，一定の事実に引き続いて記載された，原告書籍の「正造が結婚したのは，最初から孝子というより富士屋ホテルだったのかもしれない。」という表現と，被告書籍の「彼は，富士屋ホテルと結婚した

---

[1] 「ありふれた表現」の評価は微妙であるから，ある程度ありふれた表現であっても創作性自体は肯定した上で，権利行使の段階で，権利が及ぶ範囲をデッドコピー又はそれに近い場合の利用に限り，それ以外の場合には権利が及ばないとして，結果の妥当性を図る見解もある（作花『詳解』86頁）。

ようなものだったのかもしれない。」との表現について，（一定の）事実に関して共有されるであろうごく自然な感想という思想であり，これをありふれた用語で記述したものであるから，創作性が認められないと判断している。このような裁判例からすると，共通する事実に基づいて表現された短い文章について，「ありふれた表現」の幅はそれなりに広く認められるものと思われる。

このように，新たに執筆した書籍の表現に参考書籍のありふれた表現と共通する部分があるとしても，著作権侵害にはならない。

## 4 文章の長さと著作権侵害の蓋然性

一般的に，ある一文だけをみると，誰が書いても同一又は類似した表現にならざるを得ないとして創作性が否定される場合であっても，そのような文章が複数（3，4文）まとまると，そこに表された思想を表現する手段は非限定的となってくることから，創作性が認められ得るとされている（田村『概説』15頁）。

ただし，実在の人物や史実を客観的に描こうとするノンフィクション作品では，取り上げるべき特色のある事実が共通する可能性が高く，それらが時系列に沿って配列されることも一般的であると考えられる。このため，そのような事実の選択や配列が複数の文章にまたがって共通しているとしても，ありふれた事実の選択や配列にとどまるとして，創作性が認められないことが多いと思われる。他方で，そのような範囲を超えて，デッドコピー又はそれに近い利用がされ，全面的に事実の選択や配列が共通する場合には，著作権侵害とされる蓋然性が高まると思われる。このような観点からすると，ある程度広範な範囲で参考書籍を利用しようとする場合には，デッドコピーに類するような利用の仕方を避け，また，語句の選択，順序，配列，章立て，言い回し等を工夫して，表現が類似しないよう注意する必要があろう。

（古谷　健二郎）

## Q11 シリーズ作品の著作物性

**Q** 当社はＡ社と共同で幼児用教材シリーズを出版し好評を得ました。最近，Ａ社は当社に無断で同教材の新シリーズを出版しましたが，その内容は年齢別構成，分野別，付録の活用，ページ配置などが旧シリーズと同一です。新シリーズは当社が旧シリーズについて有する共同著作権を侵害するのではないでしょうか。

**A** 教材の具体的な表現内容の創作行為に関与していない場合には，共同著作権が生じない。創作行為に関与した場合でも，表現以前の，教材作成のコンセプトや，原稿作成上のアイデア，前提となる事実等において共通するにすぎない場合や，旧シリーズとの共通点が表現上の創作性がない部分である場合には，共同著作権（翻案権）の侵害に当たらないものと考えられる。

### 解説

#### 1 共同著作権の有無

まず，Ａ社と共同で出版したということであるが，出版を共同で行ったとしても，教材の具体的な表現内容の創作行為に関与していない場合には，「著作者」（著2条1項2号）に当たらないので，著作者の権利が生ずる余地がない。この場合には，Ａ社から著作権の譲渡を受けない限り，権利侵害の問題はない。

他方，教材の表現内容を共同で創作した場合，例えば，教材の説明部分や挿絵等を互いに具体的な意見を出し合って作成するなどした場合には，旧シリーズにつき共同著作権が生じることになる。この場合には，Ａ社が出版した新シリーズにつき，旧シリーズの共同著作権の侵害があるのではないかが問題となる。

設問のケースと同様の事例に関する東京地判平成15年11月28日判時1846号

90頁〔頭脳開発シリーズ事件〕では，旧シリーズの作成に当たり，単独の年齢別構成，分野別構成，教材を1枚ずつ取り外して使用できるようにする，学習意欲を高めるために「おけいこシール」等のシールを利用する，描いたものを消して，繰り返し練習できるボードを付録に付ける，段階に応じたドリル等を設ける等のノウハウを提供するなどしたので共同著作権（共有著作権）を有するとした原告らの主張に対し，かかるノウハウは「思想又は感情を創作的に表現したもの」（著2条1項1号）に当たらず，また原告らは旧シリーズの創作には関与していないから共同著作権を取得することはないと判示された。

設問の事例でも，単に年齢別，分野別の構成とし，付録を活用すること等を提案したのみである場合には，教材の表現内容の創作行為に関与したとはいえないが，これにとどまらず，A社と共同して具体的な記載内容を作成していった場合など，教材の具体的な表現内容の創作行為に関与した場合には，旧シリーズの共同著作権の侵害が問題となる。ここで，新シリーズと旧シリーズとの間で，具体的な記載内容が同一ではないようなので，翻案権（著27条）侵害の有無が問題となる。

## 2　翻案の成否

後記Q32のとおり，言語の著作物でいえば，「翻案とは，既存の著作物に依拠し，かつ，その表現上の本質的な特徴の同一性を維持しつつ，具体的表現に修正，増減，変更等を加えて，新たに思想又は感情を創作的に表現することにより，これに接する者が既存の著作物の表現上の本質的な特徴を直接感得することのできる別の著作物を創作する行為をいう。」のであり，「既存の著作物に依拠して創作された著作物が，思想，感情若しくはアイデア，事実若しくは事件など表現それ自体でない部分又は表現上の創作性がない部分において，既存の著作物と同一性を有するにすぎない場合には，翻案には当たらない」。そうすると，本件の新シリーズが旧シリーズと表現それ自体でない部分や表現上の創作性がない部分において共通するにすぎない場合には，新シリーズは旧シリーズの「翻案」に当たらず，共同著作権（翻案権）の侵

害はないことになる。

　例えば，教材作成の指針とかコンセプトにおいて共通するにすぎない場合や，教材に記載された「表現」の内容となる具体的な事実関係や自然や社会の法則において共通するにすぎない場合，あるいは新シリーズと旧シリーズの共通点が表現上の創作性がない部分であると評価されるような場合には，新シリーズは「翻案」に当たるものではない。具体的には，例えば，小学校で学習する順序に沿って各項目を並べるといった抽象的なコンセプトのレベルで共通するにすぎない場合や，「おひさまがのぼってくるむきをひがしといいます。」というような表現と「おひさまはひがしからのぼります。」というような表現のように，自然法則のレベルにおいて共通するにすぎない場合には，新シリーズにおける表現は「翻案」に当たらない。

　この点，前記〔頭脳開発シリーズ事件〕では，分野別かつ年齢別の構成とすること，学習意欲を高めるためにシールを活用すること等が共通するから翻案権侵害に当たるとした原告らの主張に対し，「原告らが主張する類似点は，思想，アイデア若しくは素材など表現それ自体でない部分又は表現上の創作性がない部分における同一性をいうもので，たとえこれらの点が類似していても翻案には当たらない。」と判示されている。また，上記判決では，原告らが，実際に漢字の読み書きの作業に入る前に，対応する絵に漢字シールを貼る作業を行わせて漢字に親しませ，次いで書き順を示して実際に漢字を書かせるなどの作業を行わせるという手順を踏む点が共通するとの原告らの主張に対し，「かん字シールを用いて作業する点はアイデアにすぎず，表現そのものとはいえない。また，漢字の読み書きの学習方法や，漢字に親しみを持たせた上で書き順を示して漢字を書かせるという点は，漢字の学習を目的とする幼児用教育教材に関する思想又はアイデアというべきものであって，表現には当たらない。」と判示されている。

　設問の事案でも，年齢別，分野別に構成する点や，ある事項を理解させるために付録を活用するという抽象的なレベルで新シリーズと旧シリーズが共通するにすぎない場合には，新シリーズは「翻案」に当たるものではないし，付録や本文における具体的な「表現」における発想，趣向のレベルで共通す

るにすぎない場合にも，やはり「翻案」に当たるものではない。そこで，新シリーズにおける具体的な「表現」内容に着目して「翻案」に当たるかどうかを検討する必要がある。

　例えば，前記東京地判では，ともに新幹線をテーマにして工作する切り絵を設けるなどの点が同一であるとする原告の主張に対し，車両の形状や車両の窓から覗く動物の顔が異なるなどといった点を指摘し，素材は「表現」それ自体とはいえず，具体的な表現が異なっているなどとして，新シリーズと旧シリーズとは表現上の同一性がなく，接した者が「表現」の本質的な特徴を直接感得することはできず，「翻案」には当たらないと判示されている。また，同判決では，様々な色の小片に切り分け，これを台紙に貼り付けて花火を表現するという思想や作り方が同一であるとする原告の主張に対し，発想や作り方はアイデアであって，表現それ自体ではないし，台紙の形，色や小片の形などの具体的な表現は全く異なり，接する者において表現上の本質的な特徴を直接感得することができず，「翻案」には当たらないと判示されている。

　設問の事案でも，本文や付録において，素材の選択やページ配置などが共通するにとどまり，具体的な「表現」の本質特徴が共通しない場合，例えば文章の具体的な表現の内容が大きく異なっていたり，図が全く異なっている場合には，「翻案」に当たらないものと考えられる。

## 3　参考文献

髙部眞規子「判解」平成13年（下）549頁

（田邊　実）

## Q12　名所のイラストの著作物性

**Q**　Aは日本各地の名所をイラスト化して配置したイラストを制作し，発表しました。ところが，B社の宣伝用ポスターにAのイラストとよく似たイラストが使用されています。これはAの制作したイラストの著作権を侵害するのではないでしょうか。

**A**　Aのイラストに，日本各地の名所の描き方（色調，雰囲気，配色，構図，筆遣い等）を通して作者の気持ちが現れ，かつ作者の個性が発揮されているものであれば，Aのイラストは，思想感情を創作的に表現したのもとして，著作権法上の著作物に該当することになる。そして，B社のポスターに使用されているイラストがAのイラストと実質的に同一であるか，Aのイラストの創作性を有する本質的な特徴部分を直接感得し得るものであれば，B社のイラストは，Aのイラストの著作物を複製又は翻案したものとして，著作権侵害が成立することになる。

### ■ 解　説
#### 1　著作物性について

著作権法上保護される著作物に当たるというためには，思想又は感情を創作的に表現したものであることが必要である（著2条1項1号）。

著作物の表現対象を思想・感情に限定する必要はなく，事実を含めたあらゆるものが表現となり得る。したがって，「著作物とは思想感情を表現したもの」という場合の思想・感情とは著作物の表現対象のことではなく，表現対象を具体的に表現する過程において何らかの思想・感情が移入され，その結果として具体的に表現されたものに現れている思想・感情を意味していると解される。そして，この場合の思想・感情とは，特に高邁な学問的内容・哲学的思索・文学的薫りなどが要求されるものではなく，人の考えや気持ちが現れているものであれば足りると解されている（中山『著作権法』34頁）。

また，著作権法にいう創作性とは，厳密な意味において，独創性の発揮されたものであることを要するのではなく，作成者の何らかの個性が発揮されたものであれば足りると解されている（中山『著作権法』49頁）。
　設問のイラストの対象は日本各地の名所という事実であり思想・感情それ自体ではなく，かつ，日本各地の名所をイラスト化して配置したイラストは一般に広く存在すると思われるが，日本各地の名所の描き方（色調，雰囲気，配色，構図，筆遣い等）を通してイラストに作者の気持ちが現れていれば，そのイラストは思想・感情を表現したものといえるし，また上記のような名所の描き方を通して作成者の個性が発揮されていれば，創作性を有することになる。一般的には，日本各地の名所の描き方（色調，配色，構図，筆遣い等）を通してイラストに作者の気持ちが現れ，作成者の個性が発揮されると考えられるので，特段の事情のない限り，設問のイラストは著作権法上の著作物ということができよう。
　世界の名所旧跡を横長に並べて描いた図柄（イラスト）の著作物性が問題になった事案において，「原告イラストは，現存する世界各地の名所旧跡等を選択し，左から右へ，エッフェル塔，ピサの斜塔，ピラミッド及びラクダ，ビッグベン及び2階建てバス，風車，椰子の木及びヨット，摩天楼，コロッセオを描いたものであり，①全体的に淡い色調を基調として，メルヘン的な雰囲気を醸し出すような表現がされていること，②個々の名所旧跡について，配色に計算が施されたり，グラデーションが用いられて，それぞれが強い個性を発揮しすぎないように抑制されていること，③実際には大きさの異なる各名所旧跡について，縮尺を変えて高さを揃えるようにされていること，④横に長く描かれ，作品のどの部分を切り取ったとしても，不自然さを与えず，バランスが保たれるように，その配列や重なり具合，向きなどにも工夫が凝らされていること等の点に原告イラストの特徴があることを認めることができる。以上のとおり，原告イラストは，個々の名所旧跡のイメージを損なうことなく，全体として，見る者に，夢を与えるようなメルヘン的な独特の世界が表現されているということができ，原告の個性が発揮されたものとして，創作性を肯定することができる。」とされている（東京地判平成15年11月12日判

時1856号142頁〔「アラウンド・ザ・ワールド」イラスト事件〕）。

## 2　著作権侵害の有無

　B社はA作成のイラストとよく似たポスターを使用しているとのことなので，複製権（著21条）又は翻案権（著27条）の侵害の可能性がある。

　著作権法上，複製とは，「印刷，写真，複写，録音，録画その他の方法により有形的に再製すること」をいうと定義され（著2条1項15号），これは「既存の著作物に依拠し，その内容及び形式を覚知させるに足りるものを再製すること」というと解されている（最一小判昭和53年9月7日民集32巻6号1145頁〔ワン・レイニー・ナイト・イン・トーキョー事件〕）。

　また，翻案とは，「既存の著作物に依拠し，かつ，その表現上の本質的な特徴の同一性を維持しつつ，具体的表現に修正，増減，変更等を加えて，新たに思想又は感情を創作的に表現することにより，これに接する者が既存の著作物の表現上の本質的な特徴を直接感得することのできる別の著作物を創作する行為」をいうと解されている（最一小判平成13年6月28日民集55巻4号837頁〔江差追分事件〕）。

　AのイラストとB社のイラストの表現対象（どの名所が描かれているか），名所の配置，構成，各名所の形状，筆致などを比較して，B社のイラストがAのイラストの内容及び形式を覚知させるものであったり（実質的に同一），Aのイラストの創作性を有する本質的な特徴部分を直接感得し得るものであれば，B社のイラストはAの著作権を侵害している可能性がある。

　また，著作権侵害が認められるためには，B社のイラストがAのイラストに「依拠」していることが必要である。すなわち，B社のイラストがAのイラストを覚知させたり，その表現上の本質的な特徴を直接感得することができるものであるとしても，B社のイラストの作成者がAのイラストに接する機会がなく，その内容を知らなかった場合などはAのイラストに依拠した作品を再製したとはいえないことになる。B社のイラストが質問者のイラストに「依拠」しているかにつき争いがあるときは，多くの場合，依拠せずに作成されたとは考えられないほどに両作品が類似しているという事実を中心に，

B社のイラストの作成者がAのイラストに接する機会があったか否かを加味して立証していくことになると思われる（三好豊「複製権侵害について」『理論と実務4巻』189頁）。

　世界の名所旧跡を横長に並べて描いた図柄（イラスト）の著作権侵害が問題となった事案（上記〔「アラウンド・ザ・ワールド」イラスト事件〕）においては，「被告イラストは，原告イラストとは，その筆致を異にし，その表現対象について若干の違いはあるものの，個々の名所旧跡のイラストの配置やその一部を切り出しても独立のイラストとして使用することができることとする構成やイラスト化された個々の名所旧跡の形状が酷似しており，被告イラストは，原告イラストと実質的に同一であり，また，被告イラストは，原告イラストの創作性を有する本質的な特徴部分を直接感得し得るものであるということができる。」から「被告イラストを作成し，これを使用して被告新聞広告に掲載した行為は，原告イラストについて原告が有する複製権又は翻案権を侵害したものであるということができる。」とされている。

## 3　同一性保持権について

　著作者は，その著作物及びその題号の同一性を保持する権利を有し，その意に反してこれらの変更，切除，その他の改変を受けない権利を有する（著20条，同一性保持権）。設問の事例において，B社のイラストがAのイラストの複製・翻案に該当する場合であって，Aのイラストの内容を一部変更している場合には，同一性保持権侵害が認められる可能性がある。

（真辺　朋子）

## Q13 転職情報の著作物性

**Q** A社はB社から依頼を受け，同社から取材して転職情報を作成し，A社の転職情報ウェブサイトに掲載しました。ところが，他社の転職情報ウェブサイトにもB社の転職情報が掲載され，その内容はA社が作成したものとほとんど同じです。これはA社が作成した転職情報の著作権を侵害するのではないでしょうか。

**A** A社のウェブサイトに掲載された転職情報が，通常の転職情報の募集要項に必要な情報（企業名・仕事内容・給与・勤務地・福利厚生制度）が羅列されているようなものである場合は，単に事実を説明・紹介したありふれた表現のものとして著作物性は否定されると考えられるが，表現に工夫が凝らされている場合には，作成者の思想・感情を表現し，かつその個性が発揮されたものとして著作物性が認められる可能性がある。著作物性が認められる場合であって，著作者がA社である場合，他社の転職情報はA社が作成したものとほとんど同じであるから，他社の転職情報がA社の転職情報に依拠して作成されたものであれば，それはA社の著作物の複製物となり，他社の行為はA社の著作権（複製権ないし翻案権）を侵害していることになる。

### ■ 解 説

#### 1 転職情報の著作物性について

著作権法上保護される著作物に当たるというためには，思想又は感情を創作的に表現したものであることが必要である（著2条1項1号）。

言語の著作物（著10条1項1号）において「思想又は感情を表現した」といえるためには，単なる事実そのままを記述したようなものはこれに当たらないが，事実を基礎とした場合であっても，表現対象を具体的に表現する過程において何らかの思想・感情が移入され，その結果として具体的に思想・感

情が表現されていれば足りるというべきである（中山『著作権法』34頁，東京地判平成15年10月22日判時1850号123頁〔転職情報事件〕）。

　また，創作的に表現したものというためには，厳密な意味において，独創性の発揮されたものであることを要するのではなく，作成者の何らかの個性が発揮されたものであれば足りると解されている（中山『著作権法』49頁）。言語の著作物の創作性については，文章が比較的短く表現方法に創意工夫をする余地がないもの，単に事実を説明，紹介したものであって他の表現が想定できないもの，具体的な表現が極めてありふれたものは，筆者の個性が発揮されているとは認められないから，創作性は否定されると解される（東京地判平成14年4月15日判時1792号129頁〔ホテル・ジャンキーズ事件〕）。

　転職情報の場合，通常の転職情報の募集要項に必要な情報（企業名・仕事内容・給与・勤務地・福利厚生制度）のみがウェブサイトに掲載されているだけでは，思想・感情が表現されているとはいえず，また，単に事実を説明・紹介したものであって他の表現が想定できないもの，あるいは表現がありふれたものとして創作性は否定されることになると考えられるが，特徴的な表題を示したり，読者の興味を惹くような表現上の工夫が凝らされている場合には，作成者の事実に対する何らかの評価，意見等が表現されており，かつ，作成者の個性が発揮されたものとして著作物性が認められる余地があると考えられる。設問と同様の事例において，「シャンテリー（筆者注：転職情報のウェブサイトへの掲載を依頼した企業）の特徴として，受注業務の内容，エンジニアが設立したという由来などを，募集要領として，職種，仕事内容，仕事のやり甲斐，仕事の厳しさ，必要な資格，雇用形態などを，それぞれ摘示し，また，具体的な例をあげたり，文体を変えたり，『あくまでもエンジニア第一主義』，『入社2年目のエンジニアより』などの特徴的な表題を示したりして，読者の興味を惹くような表現上の工夫が凝らされていることが認められる。……読者の興味を惹くような疑問文を用いたり，文章末尾に余韻を残して文章を終了するなど表現方法にも創意工夫が凝らされているといえるので，著者の個性が発揮されたものとして，著作物性を肯定すべきである。」としている（前掲〔転職情報事件〕）。

設問の場合においては，通常の転職情報の募集要項に必要な情報（企業名・仕事内容・給与・勤務地・福利厚生制度）が羅列されてるようなものである場合は，単に事実を説明・紹介したありふれた表現のものとして著作物性は否定されると考えられるが，表題や表現に工夫が凝らされている場合には，作成者の思想・感情が表現され，かつ個性が発揮されたものとして著作物性が認められる可能性があることになろう。

## 2 転職情報の著作者について

　A社の転職情報はB社に対する取材に基づき作成されたものであるから，著作者が誰かということも問題になり得るが，文書として表現された言語の著作物の場合は，実際に文書の作成に関わり，文書としての表現を創作したものが著作者になると考えられる。ただし，設問の場合は，A社の従業員等がA社の発意に基づき職務上作成し，A社の著作の名義の下に公表したと考えられるから，勤務規則その他に別段の定めがない限り，A社が著作者となると考えられる（著15条）。

## 3 著作権侵害の有無について

　他社の転職情報ウェブサイトにもB社の転職情報が掲載され，その内容はA社が作成したものとほとんど同じということであるから，他社がB社の転職情報をウェブサイトに掲載した行為は，A社の著作権（複製権ないし翻案権）を侵害している可能性がある。

　具体的には，A社のウェブサイトに掲載されたB社の転職情報に著作物性が認められ，かつその著作者がA社である場合，他社の転職情報はA社が作成したものとほとんど同じであるから，他者の転職情報はA社の転職情報と実質的に同一なものであって，A社の転職情報に依拠したものとして，A社の著作物の複製物となろう。著作権侵害が認められるためには，他社の転職情報がA社の転職情報に「依拠」していることが必要であるが，他社の転職情報がA社の転職情報に「依拠」しているかにつき争いがある場合は，多くの場合，依拠せずに作成されたとは考えられないほどに両転職情報が類似し

ているという事実を中心に，他社の転職情報の作成者がA社の転職情報に接する機会があったか否かを加味して立証していくことになると思われる（三好豊「複製権侵害について」『理論と実務4巻』189頁）。

（真辺　朋子）

## Q14 舞踏・無言劇の著作物性

**Q** 個性的で特徴的な振付けがなされた舞踏劇を見ましたので，その振付けを今度の私の舞台でも取り入れたいと思いますが，問題はあるでしょうか。

**A** 舞踏劇も，「舞踏」の著作物として，著作権保護の対象となる。「舞踏」の著作物の具体的な内容は，振付師が行う踊りの振付けである。したがって，舞踏劇と同じ振付けで舞踏の台本を作成したりすると，「舞踏」の著作物の複製となり，舞踏劇と同じ振付けで演じると，上記著作物の上演となる。さらに，舞踏劇の振付けに修正等を行って，振付けに独自の創作性を加えた場合でも，元の舞踏劇における振付けの本質的な特徴の同一性が維持されていると認められる場合には，翻案となる。

## 解 説

### 1 舞踏又は無言劇の著作物

著作権法10条1項3号は，著作物の例示の一つとして「舞踏又は無言劇の著作物」を掲げている。「舞踏」とは，歌や音楽に合わせて手足や体を連続的に動かす舞（まい）や踊（おどり）のことであり，「無言劇」とは，台詞を用いずに専ら身振りと表情とで演ずる演劇，パントマイムのことである[1]。多くの場合，舞踏や無言劇は，手足や体の動き，身振り・表情によって何らかの思想や感情を表現しようとしたものであり，著作権の対象となる著作物であるといえる。

「舞踏」や「無言劇」には，演技者が歌や音楽に合わせて手足や体を動かして踊る行為そのもの，又は台詞を用いずに身振りと表情とで行う演劇そのものと，振付師がこのような踊りや演劇の振付けを行うこととが考えられる。

---

〈1〉『コンメンタール1』513頁〔関堂幸輔〕参照。

そして，著作権の対象となる著作物である「舞踏」や「無言劇」とは，振付師による踊りや演劇の振付けであり，演技者による踊る行為や演劇そのものは，これを演じる実演家が有する著作隣接権の対象となる「実演」（著2条1項3号）に当たる。

「舞踏」や「無言劇」が著作物として保護されるためには，台本等のように，記録媒体に固定されている必要はない。したがって，即興による踊りや演劇も，著作物となり得る。

## 2 舞踏・無言劇の著作物の複製，上演，翻案

舞踏や無言劇の著作物の著作者が有する著作権には，複製権（著21条），上演権（著22条），翻案権（著27条）などがある。

「複製」とは，著作物を有形的に再製することであり（著2条1項15号），著作物を何らかの媒体に固定する必要がある。無形的な再製は「複製」には該当せず，例えば，舞踏や無言劇の著作物を演じた場合には，それは「複製」ではなく「上演」に該当する（著2条1項16号）。しかし，その上演を記憶媒体に録画すると，それは，振付けの台本等から直接再製したものではないが，著作権法2条1項15号イにより，元の舞踏や無言劇の著作物の「複製」となる。

また，既存の著作物（舞踏や無言劇）に依拠し，既存の著作物と完全に同一か，又は，多少の修正，増減，変更等が加えられているが，既存の著作物の表現上の本質的な特徴の同一性が維持されており，かつ，修正，増減，変更等が加えられた部分に新たな創作性が認められない場合には，複製となる。これに対し，「既存の著作物に依拠し，かつ，その表現上の本質的な特徴の同一性を維持しつつ，具体的表現に修正，増減，変更等を加えて，新たに思想又は感情を創作的に表現することにより，これに接する者が既存の著作物の表現上の本質的な特徴を直接感得することのできる別の著作物を創作」した場合には，翻案となる[2]。

なお，舞踏や無言劇の著作物の上演が上演権侵害となるためには，「公衆に直接見せ又は聞かせることを目的として」上演することを要する（著22条）。

これは，有形的再製と異なり，無形的再製の場合には，その場で消滅してしまうことから，通常は著作権者に対し何らかの損害を与える可能性が小さいため，公衆に対してなされるものだけを著作権侵害としたのである[3]。

また，著作権侵害は，著作物全体を複製等した場合に限られない。著作物の一部分であっても，当該部分に創作性があり，それだけでも著作物と認められるような場合には，当該部分を複製等した行為について，著作権侵害が成立する。

## 3 舞踏の著作物に対する著作権侵害の裁判例

舞踏の著作物の著作権侵害が問題となった裁判例として，東京地判平成10年11月20日知的裁集30巻4号841頁〔ベジャール事件〕がある。この事件は，振付師である原告が，自己が振り付けたバレエ作品が，バレエ団のダンサーによって，許諾を得ることなく演じられたとして，バレエ団を招聘した業者に対し，上演権侵害を理由に損害賠償を請求した事案である[4]。本判決は，原告がバレエ作品の振付けを行い，これを著作したと認められるとして，原告がバレエ作品の著作権を有すると認定した。この事件では，原告の振付けによるバレエが収録されたものと上記ダンサーが演じたバレエが収録されたものが証拠として提出されており，これらを基に双方のバレエにおける身体・手足の一連の動作・動きを対比した上で，ダンサーが演じたバレエは原告の振付けによるバレエとほとんど同じであり，ダンサーは原告の振付けによるバレエを演じたと認められると判断した。その上で，舞踏の著作物の上演の主体は，実際に舞踏を演じたダンサーに限られず，当該上演を管理し，当該上演による営業上の利益を享受する者も，舞踏の著作物の上演の主体であり，著作権侵害の主体となり得るとし，上記業者の担当した業務等の事実

---

[2] 最一小判平成13年6月28日民集55巻4号837頁〔江差追分事件〕。なお，本判決は言語の著作物の翻案について判示したものであるが，舞踏や無言劇の著作物の翻案についても，同じことがいえる。

[3] 「公衆」の定義等については，Q55を参照されたい。

[4] なお，本件では，著作者人格権侵害を理由とする損害賠償と謝罪広告も請求されていた。

認定に基づき，公演の一部については上記業者も上演の主体であり，著作権侵害の主体であると判断した。

　舞踏や無言劇の著作物が踊りや演劇の振付けであることからすると，これらの著作物に対する著作権侵害の成否については，上記判決のように，具体的に，当該舞踏や無言劇における一連の身体・手足の動きや身振り・表情を対比した上で，その同一性，類似性の程度を総合して，判断することになると思われる。

（八木　貴美子）

## Q15 人形・フィギュアの著作物性

**Q** お菓子のおまけについている人形や，動物のフィギュアなどは，美術作品として著作権法上保護されるのでしょうか。

**A** その人形やフィギュアなどが，一定の美的感覚を備えた一般人を基準に，純粋美術と同視し得る程度の美的創作性を具備していると評価される場合は，「美術の著作物」として，著作権法による保護の対象となる場合がある。

### ■ 解 説

#### 1 お菓子のおまけの位置付け

お菓子におまけを付けることは，菓子の需要者のおまけに対する収集欲を刺激し，菓子の販売促進を図るために，従来から広く行われてきた。おまけの人形や，動物のフィギュアなどの造形を見た場合，類型的な表現方法にとどまる場合もあるが，それを超えて思想又は感情を創作的に表現したものといえる場合がある。

実用品に美術あるいは美術上の感覚・技法を応用したものを応用美術という。専ら鑑賞目的で制作され実用性を有しない純粋美術に対する概念である。お菓子のおまけは，お菓子の販売促進という実用目的で制作されるものであるから，応用美術である。応用美術の著作物性については，著作権法と同じく創作保護法である意匠法による保護との関連で，議論がある。

#### 2 著作権法と意匠法との定め

著作権法は，「著作物並びに実演，レコード，放送及び有線放送に関し著作者の権利及びこれに隣接する権利を定め，これらの文化的所産の公正な利用に留意しつつ，著作者等の権利の保護を図り，もって文化の発展に寄与することを目的と」し（著1条），「思想又は感情を創作的に表現したもので

あって，文芸，学術，美術又は音楽の範囲に属するもの」を著作物と定義し（著2条1項1号），著作物の例示として「絵画，版画，彫刻その他の美術の著作物」と定め（著10条1項4号），「この法律にいう『美術の著作物』には，美術工芸品を含むものとする。」と定めているが（著2条2項），「美術工芸品」の定義はない。応用美術一般に関する規定もない。

意匠法は，「意匠の保護及び利用を図ることにより，意匠の創作を奨励し，もって産業の発達に寄与することを目的と」し（意匠法1条），意匠を「物品（物品の部分を含む。第8条を除き，以下同じ。）の形状，模様若しくは色彩又はこれらの結合であって，視覚を通じて美感を起こさせるもの」と定める（意匠法2条1項）。応用美術は，通常，意匠法による保護を受け得る。

著作権法と意匠法は，立法目的の違いから，保護を受ける主体（著作権法には著作者人格権があるが，意匠法には人格権はない。），保護の方式（著作権保護は創作と同時に生じるが，意匠権は審査と登録を要する。），保護の要件（著作物の成立には意匠権のような新規性や創作容易でないことは要求されない。），保護期間（意匠権の存続期間は設定登録の日から20年で，著作権法による保護より短い。）などの点で異なる。

## 3 学説の状況

著作権法2条2項をめぐる学説の状況は，立法経緯から，著作権法で保護される応用美術を一品制作の美術工芸品に限定したものと解する説もあるが，少数にとどまる（加戸『逐条講義』66頁）。学説の多数は，意匠法との関係を考慮しつつ，応用美術への著作権法の適用をより広く認めようとするものである（田村『概説』33頁，斉藤『著作権法』87頁，中山『著作権法』145頁，作花『詳解』144頁）。

## 4 裁判例の状況

応用美術の著作物性について判断した裁判例は多数に上る。それらの裁判例は，応用美術に著作物性を認める要件として，「純粋美術や美術工芸品と同視することができるような美的特性を備えている場合に限り」（知財高判平

成24年2月22日判時2149号119頁〔スペースチューブ事件〕)、「その製品の目的、性質等の諸要素を総合して、美術工芸品と同視できるような美的な効果を有する限りにおいて」（知財高判平成24年3月22日（平成23年(ネ)第10062号）裁判所ウェブサイト〔三徳包丁事件〕）のように、いずれも高度の美術性を要求している。ここでは、大阪高判平成17年7月28日判時1928号116頁〔チョコエッグ事件〕を紹介する。

　同判決は、卵形のチョコレートの中におまけを入れる商品シリーズ（チョコエッグ）のおまけである動物等の模型（フィギュア）原型の著作物性を判断するに当たり、美的創作物を、「思想又は感情を創作的に表現したものであって、制作者が当該作品を専ら鑑賞の対象とする目的で制作し、かつ、一般的平均人が上記目的で制作されたものと受け取るもの（純粋美術）と、思想又は感情を創作的に表現したものであるけれども、制作者が当該作品を上記目的以外の目的で制作し、又は、一般的平均人が上記目的以外の目的で制作されたものと受け取るものに分類」し、「いわゆる応用美術とは、後者のうちで、制作者が当該作品を実用に供される物品に応用されることを目的（以下『実用目的』という。）として制作し、又は、一般的平均人が当該作品を実用目的で制作されたものと受け取るものをいう。」と定義した上で、「応用美術は、①純粋美術作品が実用品に応用された場合（例えば、絵画を屏風に仕立て、彫刻を実用品の模様に利用するなど）、②純粋美術の技法を実用目的のある物品に適用しながら、実用性よりも美の追求に重点を置いた一品制作の場合、③純粋美術の感覚又は技法を機械生産又は大量生産に応用した場合に分類することができる。このことに、本来、応用美術を含む工業的に大量生産される実用品の意匠は、産業の発達に寄与することを目的とする意匠法の保護対象となるべきものであること（意匠法1条）、これに対し、著作権法は文化の発展に寄与することを目的とするものであり（著作権法1条）、現行著作権法の制定過程においても、意匠法によって保護される応用美術について、著作権法による保護対象にもするとの意見は採用されなかったこと、一品制作の美術工芸品を越えて、応用美術全般に著作権法による保護が及ぶとすると、両法の保護の程度の差異（意匠法による保護は、公的公

示手段である設定登録が必要である（方式主義）上，保護期間（存続期間）が設定登録の日から15年であるのに対し，著作権による保護は，設定登録をする必要はなく（無方式主義），保護期間（存続期間）が著作物の創作の時から著作者の死後50年を経過するまでの間，法人名義の著作物は公表後50年を経過するまでの間等とされている。）から，意匠法の存在意義が失われることにもなりかねないことなどを合わせ考慮すると，応用美術一般に著作権法による保護が及ぶものとまで解することはできないが，応用美術であっても，実用性や機能性とは別に，独立して美的鑑賞の対象となるだけの美術性を有するに至っているため，一定の美的感覚を備えた一般人を基準に，純粋美術と同視し得る程度の美的創作性を具備していると評価される場合は，『美術の著作物』として，著作権法による保護の対象となる場合があるものと解するのが相当である。」との解釈を示した。そして，菓子の購入者の中には，菓子よりもおまけであるフィギュアを目当てに購入し，これを鑑賞の対象として扱っていた者が多かったことを認めたが，「観る者によって当該作品を専ら鑑賞の対象とする目的で制作されたものと受け取るか否かの判断が異なるような作品についてまでも，純粋美術として著作権法による保護を与えることは，予測可能性を害するものであって，相当ではない。」とし，フィギュア原型の種類ごとに具体的に検討し，一部のフィギュア原型について著作物性を認めた。

　詳細な解釈判断を示したものとして，参考になる。

（池下　朗）

64　第2章　著作物

## Q16　伝統工芸品の著作物性

**Q** 　Aは，父の代から伝統工芸品の土人形を制作販売しています。この土人形は，江戸時代からの伝統の型を，Aの父とAが二代にわたって改良し芸術性を高めたものです。最近，BがAの土人形とそっくりの模造品を販売しています。これはAの土人形の著作権を侵害するのではないでしょうか。

**A** 　Aの改良した部分を証拠で特定することができ，その改良に創作性があれば，Aの著作権が認められるが，相当困難である。Aの父の改良した部分について創作性があれば，父から相続した著作権を主張することもできる。

## ▌解　説
### 1　伝統工芸品の特徴
　伝統工芸は，その名のとおり伝統的な工芸である。作者は，先人から伝承されてきた形式や素材，製法を守りながら制作し，伝統的な技法から大きく外れようとしない。表現においても保守的である場合が多く，伝統工芸に用いられるモチーフは比較的限定されている。技法と表現の双方が伝統的・保守的であるため，土人形のように同種の伝統工芸が各地に伝えられている場合も，互いに相似たものとなりがちである。このような伝統工芸の性質から，伝統工芸品の作者が表現の上での創意を発揮する余地は限られたものとなる傾向がある。

### 2　著作物性
　ところで，著作権法が保護する著作物とは，思想又は感情を創作的に表現したものであって，文芸，学術，美術又は音楽の範囲に属するものをいう（著2条1項1号）。先人の作ったものが著作物である場合，これと実質的に同

一のものを作る行為は，既存の著作物に依拠し，その内容及び形式を覚知させるに足りるものの有形的再製であるから複製にすぎない（著2条1項15号，最一小判昭和53年9月7日民集32巻6号1145頁〔ワン・レイニー・ナイト・イン・トーキョー事件〕）。新たな創作行為といえる程度の改変が加わった場合には，二次的著作物（著2条1項11号）となり，改変によって新たに付与された創作的部分について新たな著作権が生じるが，原著作物と共通しその実質を同じくする部分には生じない（最一小判平成9年7月17日民集51巻6号2714頁〔ポパイネクタイ事件〕）。

そこで，伝統工芸品に加えられた改変が新たな創作といえるのはいかなる場合かが問題となる。本問の土人形は，型を用いて同一形状のものを多数制作することから，応用美術とみることができる（長崎地佐世保支決昭和48年2月7日無体集5巻1号18頁〔赤とんぼ事件〕）。その場合，純粋美術と同視し得る程度の高度の美術性を具備していると評価される場合でなければ著作物性が認められない（**Q15**参照）。伝統工芸品である土人形に加えられるような保守的な改良は，表現としてはありふれたものとみるべき場合が多く，上記の基準を満たすのは相当困難とみられる。

## 3 依拠性

伝統工芸品が表現において保守的であるということは，依拠性の立証が困難であることも意味する。被告の製品が，原告の製品に依拠して作成されたものか，より古い時代の製品に依拠して制作されたものかを判別することは，容易ではない。

## 4 裁判例

仙台高判平成21年5月15日（判例集未登載）〔つつみ人形事件〕は，江戸時代から作られてきた伝統工芸品である土人形に加えられた改良の著作物性を判断するに当たり，「創作性は，人間の知的活動の成果として，著作者個人の工夫した表現について認められると解される。したがって，既存の著作物に基づいてそのまま機械的に表現した物及び既存の著作物と同一性を保ちつ

つこれに多少の修正，増減等を加えた物は，著作権法上，既存の著作物を有形的に再製した複製（同法 2 条 1 項15号）に該当するから，これらの物に創作性を認めることはできない」，「堤人形は，江戸時代から仙台市堤町で制作されてきた伝統工芸品であり，恵比寿大黒天神等の信仰土偶に由来するものと歌舞伎舞踊，神話，干支等に題材を求めた風俗人形に由来するものとがある。それ故，先代Eや第一審原告X₁が制作した堤人形もこれらに工夫を加えながら改良されてきたものであることが窺われるが，もし，先代Eや第一審原告X₁が制作した堤人形が，先代Eないし第一審原告X₁において全く独自に考案したものではないとすると，第一審原告商品が著作物であるというためには，既存の著作物に著作権法上の保護に値する思想ないし感情の創作的表現が付け加えられていると見られることが必要となる」，「第一審原告X₁は，個々の堤人形を制作する際に，伝統工芸品に対し，より精緻な形に整え，鮮やかな彩色に改良をした行為を創作であると主張するが，かかる行為は，同一性の範囲を超えるものでない限り，技術的により優れた表現行為と評価されるに過ぎず，創作的な行為と評価される余地はない。また，第一審原告X₁は，江戸期の堤人形の作品には底がなく，また，背面に彩色がなかったのを，底を付け，背面に彩色をした行為を創作であると主張するが，これらの行為を創作的な行為と評価するのも困難である」とした上で，これを前提に第一審原告の商品23種類について個別に著作物性及び侵害の有無を判断した。以下に，代表的な判断過程をみる。

「①牛乗天神」について，江戸期に使用されていた土型と，先代Eが制作した石膏型等とを対比し，「牛の顔の位置，天神の顔の向き，天神の袴の形において同一性を認めることができる一方で，江戸期に制作された作品に先代Eの何らかの創作的表現が付け加えられているとまで認めるに足りない。また，牛乗天神に台を付けることで何らかの創作性を表現していると評価することはできない」，「先代Eの作品から第一審原告X₁の作品へどの程度の変化があったのかを認めるに足りる証拠はない」，「昭和46年発行の『十二支郷土玩具から』その他の文献によれば，全国各地において牛乗天神の題材が存し，江戸時代から制作されているものもあるが，これらと比較すると，第

一審原告X₁の作品における着物の梅の花の文様や配色などは，ありふれていることが認められる」として，著作物として保護されるような創作性を認めることはできないと判断した。

「②滝登り（小）」について，「すでに存在する形状のものを単に縮小して制作したものは，既存の著作物と同一性を保ちつつ，これに多少の修正，増減を加えたものにすぎない」として創作性を否定した。

「⑩波乗りうさぎ（大）」について，「江戸時代に中国で水滴の模様として半立体的に制作されていたこと」等から，「波の上にうさぎが後ろ足を跳ね上げて乗っているというのは昔からあるモチーフである」と認められるが，「江戸時代から波乗りうさぎを題材とする土人形が制作されていたことを認めるに足りる証拠もないから，少なくとも，土人形として，波の上にうさぎが後ろ足を跳ね上げて乗っているという題材の作品を制作した点において，先代Eの創作的表現が施されているものと認める余地がある」とし，他方，彩色に関しては，「波を水，白，青の3色で描き，水しぶきを表現するために白のきら（雲母）を用いて輝きを描いたからといって，創作性のある彩色であるとまでいうことはできず，うさぎについてもありふれた配色であり，先代Eが，波乗りうさぎを制作する際に彩色にどのような工夫をこらしたのかを具体的に認めるに足りる証拠はない」として，その形状について創作性を認めた。しかし，第一審被告Y₁が古い時代に制作されたものと推測される波の上にうさぎが後ろ足を跳ね上げて乗っているという題材の作品を所有していること等から，第一審被告Y₁の作品が第一審原告X₁の著作物に依拠して作成されたことを認めなかった。

判決は，多くの商品について創作性を否定し，創作性を認めたものについても依拠性を否定して，いずれも著作権侵害を認めなかった。応用美術の観点は明示されていないが，本件の土人形は，古い時代の作品との相違が少なく，創作性が低いため，高度の美術性という基準を立てるまでもなかったからとみることもできよう。

（池下　朗）

## Q17 印刷用書体の著作物性

**Q** 当社は若い女性向けに手書き風の可愛らしい書体（X書体）を開発し，そのフォントをパソコン用に販売しています。ところが，A社は当社のX書体と酷似したフォントを宛名書きソフトに入れて販売しています。当社はA社に対し書体の著作権侵害を主張することができるでしょうか。

**A** 原則として著作権侵害を主張できない。ただし，X書体が，従来の印刷用書体に比して顕著な特徴を有するといった独創性，及び，それ自体が美術鑑賞の対象となり得る美的特性を備えていれば，著作権侵害を主張できる可能性がある。

■ 解　説
### 1　問題の所在

本問では，印刷用書体が著作物（著2条1項1号）と認められるか否かが問題となる。

印刷用書体とは，「タイプフェイス」と呼ばれ，漢字，仮名，アルファベット等の字体を具体的に印刷等に使用できるように，統一的なコンセプトに基づいて創作された文字や記号の一組のデザインをいう（後掲参考文献①）。印刷用書体の作成には多くの労力を要するが，意匠法2条1項の「物品の模様」に文字は原則として含まれないと解されており，不正競争防止法2条1項1号又は3号による保護にも困難性があり，その法的保護には難点があることが指摘されている（後掲参考文献⑦，⑪，⑫）。

### 2　印刷用書体は「美術の著作物」（著2条1項1号，2項）に当たるか

美術の著作物に関しては，一品製作の手工的な美術工芸品に限り「美術工芸品」に含まれ，「美術工芸品」以外の応用美術は「美術の著作物」の概念

には入れないとする厳格説もあるが（後掲参考文献⑧），現在では，同項は少なくとも美術工芸品は美術の著作物として保護されることを明記したにすぎず，それ以外の応用美術でも，美的表象を美術的に鑑賞できるものには著作物性を認めるとする緩和説が主流とされる（東京地判昭和56年4月20日無体集13巻1号432頁〔Tシャツ事件〕，京都地判平成元年6月15日判時1327号123頁〔佐賀錦袋帯事件〕，東京高判平成3年12月17日判時1418号120頁〔木目化粧紙事件〕など）（後掲参考文献①，⑨）。

　印刷用書体の著作物性に関する下級審裁判例は，上記の厳格説的な立場から，文字等は書体が不可分に存しているから，「特定人に対し，書体について独占的排他的な権利である著作権を認めることは，万人共有の文化的財産たる文字について，その限度で，その特定人にこれを排他的に独占させ，著作権法の定める長い保護期間にわたり，他人の使用を排除してしまうことになり，容認しえない」として著作物性を否定するもの（東京地判昭和54年3月9日判タ383号149頁及び東京高判昭和58年4月26日判タ495号238頁〔ヤギボールド事件〕）がある一方，上記の緩和説的な立場から，著作物性を認める余地を示しつつ，書体が著作権法により保護の対象となるには，「当該書体それ自体が，これを見る平均的一般人の美的感興を呼び起こし，その審美感を満足させる程度の美的創作性を持ったものでなければならない」（大阪地判平成元年3月8日判時1307号137頁〔写植文字盤用書体事件〕），「文字を作成するについて何らかの工夫が加えられたとしても，それが通常行われる範囲内の手法でなされる限り，そしてまた，以前から存在した文字に比べて顕著な特徴を有するものでない限り，作成された文字に，著作物性を認めることはできない」（東京地判平成5年4月28日知的裁集25巻1号170頁及び東京高判平成5年11月18日知的裁集25巻3号472頁〔岩田書体事件〕）などと判示するものもあった（ただし，いずれも結論として，印刷用書体の著作物性は認めなかった。）（後掲参考文献⑨）。

## 3　最高裁判決

　この問題について，最一小判平成12年9月7日民集54巻7号2481頁〔ゴナ書体事件〕は，印刷用書体が著作権法2条1項1号にいう著作物に該当する

ためには,「それが従来の印刷用書体に比して顕著な特徴を有するといった独創性を備えることが必要であり,かつ,それ自体が美術鑑賞の対象となり得る美的特性を備えていなければならないと解するのが相当である。」と判示し,印刷用書体が,「独創性」及び「美的特性」を備えている場合に限り著作物性を認める余地があることを明らかにした。

その理由として,独創性を緩和し,又は実用的機能の観点から見た美しさがあれば足りるとすると,当該書体を用いた印刷物の出版や複製の際に氏名表示や許諾が必要となったり,既存の印刷用書体に依拠して類似の印刷用書体を制作,改良することができなくなるなどのおそれがあり,著作権法の目的に反することになること,印刷用書体は,文字の有する情報伝達機能を発揮する必要があるため,必然的にその形態には一定の制約を受けるものであるところ,これが一般的に著作物として保護されると,著作権の成立に審査及び登録を要せず,著作権の対外的な表示も要求しない我が国の著作権制度の下では,わずかな差異を有する無数の印刷用書体について著作権が成立する結果,権利関係が複雑となり混乱を招くおそれがあることを挙げた。

上記最高裁判決にいう「独創性」については,既存の書体との「わずかな差異」では不十分であり,「顕著な特徴」が要求される。この要件について,「他人の真似をしていないという要件を文字の特性にあわせて読み替えたもの」とする見解(後掲参考文献③)もあるが,他の多くの裁判例の「独創性」の用語法や「顕著な特徴」との用語から,一般の著作物の場合に比べて既存のものとの違いがより大きいことが要求されており,印刷用書体の著作物性について,特別の要件を課したものとの見解(後掲参考文献②)もある。判決が,「わずかな差異を有する無数の印刷用書体」に著作権が成立すると,「権利関係が複雑となり混乱を招く」と指摘したことからすると,後者の見解が妥当であろう。

また,「美的特性」については,書体自体が美術鑑賞の対象となり得ることが要求される。この要件は,従前の裁判例が,応用美術品につき,純粋美術と同視し得るようなもの,実用性の面を離れて一つの完結した美術作品として美的鑑賞の対象となり得るものを,美術の著作物として著作権法による

保護の対象としてきたことと同趣旨と解される。

### 4　本問の検討

前記〔ゴナ書体事件〕最高裁判決からすると，実際に，印刷用書体の著作物性を肯定できるのは，例外的な場合（例えば，「書」と同視できるような場合）に限られると考えられる。本問において，X書体は，「手書き風の可愛らしい書体」というだけでは，原則として著作物性が認められないが，「従来の印刷用書体に比して顕著な特徴を有するといった独創性」及び「それ自体が美術鑑賞の対象となり得る美的特性」を有するといえる場合に，「著作物」（美術の著作物）として保護され，X書体と酷似したフォントを販売するA社の行為が，著作権侵害に当たる可能性がある。

なお，著作権侵害が認められない場合，不法行為（民法709条）の成否も問題となり得るが，ここでは触れない。

### 5　参考文献

①髙部眞規子「判解」平成12年831頁，②大橋正春「タイプフェイスの著作物性」百選〔4版〕38頁，③佐藤恵太「デザイン書体—ゴナ書体事件」百選〔3版〕30頁，④大家重夫著，久留米大学法学会編『タイプフェイスの法的保護と著作権』（成文堂，2000年），⑤大家重夫「タイプフェイスの著作物性」ジュリ1202号276頁，⑥大家重夫「印刷用書体の著作物性」『判例著作権法』435頁，⑦小橋馨「印刷用書体の著作物性」判時1749号216頁，⑧加戸『逐条講義』65頁，⑨高林龍「印刷用書体の著作物性」判タ1096号148頁，⑩『コンメンタール1』320頁〔大瀬戸豪志〕，⑪田村『概説』36頁，⑫高林『標準』49頁

〔武宮　英子〕

## Q18　設計図の著作物性

**Q**
(1) 機械の設計図は，著作物といえますか。
(2) 特定の科学技術を利用するためのチャート図やグラフなどは，著作物といえますか。

**A**　機械の設計図は，一般的には，「学術的な性質を有する図面，……その他の図形の著作物」（著10条1項6号）等として著作物たり得るが，創作性が認められるのは，その機械の技術的思想が表れた形状，寸法，色彩等を反映した表現ではなく，その機械の構造等を図面に表記した際の表現上の工夫であるから，実際に著作物といえる場合は多くないものと考えられる。また，特定の科学技術を利用するためのチャート図やグラフなども，一般的には，「学術的な性質を有する図面，図表，……その他の図形の著作物」（著10条1項6号）等として著作物たり得るが，創作性が認められるのは，特定の科学技術やその利用方法に係る思想が表れた表現内容そのものではなく，当該科学技術やその利用方法に関する事項をチャート図やグラフに表記した際の表現上の工夫であるから，実際に著作物といえる場合は少ないものと考えられる。

### 解　説
#### 1　図形の著作物について

著作権法10条1項6号は，著作物の例示として，「地図又は学術的な性質を有する図面，図表，模型その他の図形の著作物」を挙げている。著作物は，「思想又は感情を創作的に表現したものであって，文芸，学術，美術又は音楽の範囲に属するものをいう。」（著2条1項1号）から，図形の著作物であっても，これに該当する限り著作物性を有するのは当然であるところ，地図に代表される図形の著作物は，思想又は感情を創作的に表現したものといえるか否かについて疑義が生じる場合が少なくないことから確認的に著作物の例

示に含めたものと解される。

　図形の著作物には，図面等の紙に固定されたもののほか，デジタルデータの形で記録媒体に記録され，コンピュータ等のディスプレイ上に表示できるものも含まれると解されている（『コンメンタール1』540頁）。また，「学術的な性質を有する」か否かは，比較的緩やかに解されており，およそ学術の範ちゅうに入らないものだけが排除され，純粋にアカデミックなものに限定されてはいない。

## 2　機械の設計図について

(1)　機械の設計図は，設計した機械の構造，形状，寸法を一定の規約に従って描いた図面であり，通常，これを見る者に対し，当該機械の構造，形状，寸法を示すとともに，当該機械の製作等を容易にする目的で作成されるものである。機械の設計図は，一般的には「学術的な性質を有する図面，図表，……その他の図形の著作物」（著10条1項6号）として著作物性が認められる場合があるといえるが，機械の設計図には，その機械の構造等を図面に表記した際の表現上の工夫が表れているとともに，その設計図から認識される機械の技術的思想が表現されていることから，創作性の判断の対象が何かについて見解が分かれる。

　　この点，機械の設計図の創作性を検討するに当たり，当該設計図から認識される機械の技術的思想に基づいた形状，寸法，色彩等を反映した表現も考慮すべきとの考え方がある。大阪地判平成4年4月30日判時1436号104頁〔丸棒矯正機設計図事件〕は，丸棒矯正機（特殊形状のロールを用いて，金属の丸棒の製作中に生じた曲がりを矯正し，表面を研磨する機械）の設計図について，「原告の設計担当の従業員らが研究開発の過程で得た技術的な知見を反映したもので，機械工学上の技術思想を表現した面を有し，かつその表現内容（描かれた形状及び寸法）には創作性が認められ……学術的な性質を有する図面（著作権法10条1項6号）たる著作物にあたる」旨判示しており，上記見解に基づくものと考えられる。しかし，上記見解に対しては，著作権法によって保護されないアイデア自

体を保護することになったり，本来特許法や意匠法，あるいは不正競争防止法や不法行為法によって保護すべきものまでも著作権法の保護範囲に取り込むことになりかねないとの批判がある。

　したがって，機械の設計図において創作性の判断の対象となるのは，その機械の構造等を図面に表記した際の表現上の工夫であり，これに作者の個性が表れているか否かが検討されるべきと思われる。この点，東京地判平成9年4月25日判時1605号136頁〔スモーキングスタンド事件〕は，工業的に量産されるスモーキングスタンド等の設計図に関して，「工業製品の設計図は，そのための基本的訓練を受けた者であれば，だれでも理解できる共通のルールに従って表現されているのが通常であり，その表現方法そのものに独創性を見出す余地はなく，本件設計図もそのような通常の設計図であり，その表現方法に独創性，創作性は認められない。」旨判示し，上記設計図の著作物性を否定している。

　上記のとおり，機械の設計図において，創作性の判断の対象となるのが，その機械の構造等を図面に表記した際の表現上の工夫であり，これに作者の個性が認められるか否かを検討するとした場合，上記のとおり，機械の設計図は，通常，これを見る者に対し，当該機械の構造，形状，寸法を示すとともに，当該機械の製作等を容易にする目的で作成されるものであり，その表現形式は画一的にならざるを得ず，作者の個性を発揮できる範囲も自ずと限定的となるから，機械の設計図が創作性を有する場合はそれ程多くないものと考えられる。

(2)　機械の設計図について，著作権侵害を検討する場合，いかなる行為が機械の設計図の著作権侵害となるかが問題となる。この点，機械の設計図に従って製作された機械自体は，当該機械自体の技術的思想を具体化するものであり，著作物たる設計図の表現形式を具体化するものではない。したがって，機械の設計図の著作権侵害となり得るのは，当該設計図自体を複製することであり，当該設計図に従って機械を製作することは，設計図の著作権侵害には当たらないと解される。

(3)　なお，機械の設計図は，「美術の著作物」（著10条1項4号）として著作

物性が認められることも考えられ，この場合，著作権法25条，45条ないし47条の適用があることとなる。しかし，上記した機械の設計図の性格からすると，機械の設計図が美術の著作物に該当する場合は，図形の著作物に該当する場合よりも更に限定されることになろう。

## 3 チャート図，グラフについて

特定の科学技術を利用するためのチャート図やグラフなどは，機械の設計図と同様，「学術的な性質を有する図面，図表，……その他の図形の著作物」（著10条1項6号）として著作物性が認められる場合があるほか，「美術の著作物」（著10条1項4号）として著作物性が認められる場合があり得る。しかし，特定の科学技術を利用するためのチャート図やグラフなどの著作物性を検討する場合も，前述した機械の設計図と同様に，創作性の判断の対象が何かが問題となる。この場合も，特定の科学技術やその利用方法に係る思想が表れた表現内容そのものを創作性の判断対象とすることは，著作権法によって保護されないアイデア自体を保護することになったり，本来特許法等によって保護すべきものを著作権法の保護範囲に取り込むことになりかねず相当でない。

したがって，特定の科学技術を利用するためのチャート図やグラフなどにおいても，創作性の判断の対象となるのは，特定の科学技術やその利用方法に係る思想が表れた表現内容そのものではなく，チャート図やグラフなどの表現上の工夫であり，これに作者の個性が表れているか否かが検討されるべきと解される。この点，特定の科学技術を利用するためのチャート図やグラフなどは，当該科学技術に接する者に対し，当該科学技術やその利用方法に係る思想内容等の理解を容易にさせる目的で作成するものであるから，自ずとそのチャート図やグラフの表現形式が似通ったものとなり，作者の個性が表れていると認められる場合はまれであると思われる。したがって，特定の科学技術を利用するためのチャート図やグラフなどが，実際に著作物といえる場合は少ないものと考えられる。

グラフの著作物性を判断した裁判例としては，大阪地判平成11年8月26日

(判例集未登載)〔仏壇形態事件〕がある。この裁判例では，営業情報に関するグラフにつき，「その内容自体は有用な営業情報ではあっても，……グラフ作成機能を有する市販のアプリケーションソフトのワークシートに……営業関係のデータを入力して作成したもの……にすぎず，その表現としては，一般的な折れ線グラフ，棒グラフや円グラフであって，ごくありふれた表現方法であるといわざるを得ず，いまだ，『創作的に表現したもの』であることを認めるに足りない」として，著作物性が否定されている。

(知野　明)

## Q19　案内図の著作物性

**Q**　当社の発行している旅行ガイドに掲載されている空港案内図に対し，A社が著作権侵害を主張しています。当社は空港案内図を作成するに当たって，空港フロアの施設配置を調べるためA社の空港案内地図帳にあるフロア図を参考にしましたが，フロア図にも著作権があるのでしょうか。

**A**　「著作物」とは，「思想又は感情を創作的に表現したものであって，文芸，学術，美術又は音楽の範囲に属するものをいう。」とされているから（著2条1項1号），A社の空港案内地図帳にあるフロア図に著作権が認められるか否かは，当該フロア図がここにいう「著作物」に該当するか否かの問題となる。

　フロア図は，学術又は美術の範囲に属するといえるほか，著作物として例示される「地図」（著10条1項6号）にも該当するといえる。そして，フロア図は，そこに記載される情報の取捨選択，配列及びその表示の方法については表現方法に選択の幅があるところ，作成者がその中で特定の表現方法を選択しており，しかも，そこで選択された表現方法が平凡かつありふれたものではない場合には，作成者の「思想又は感情を創作的に表現したもの」として「著作物」に該当し，その作成者にはフロア図についての著作権が認められる余地が生じることになる。ただし，フロア図は，その性質上，情報の取捨選択，配列及びその表示の方法についての表現方法の選択の幅に限界があり，選択された表現方法も，平凡かつありふれたものになりがちであるため，作成者による個性を「創作的に表現」する余地が小さく，したがって著作権による保護を受ける範囲も狭いのが通例である。A社のフロア図を参考にして作成された空港案内図がフロア図の著作権を侵害しているか否かについては，さらに事案に応じた具体的な検討が必要となろう（東京地判平成17年5月12日判タ1210号258頁〔空港案内図事件〕参照）。

## ■ 解　説
### 1　問題の所在

　著作権法2条1項1号は,「著作物」について「思想又は感情を創作的に表現したものであって, 文芸, 学術, 美術又は音楽の範囲に属するものをいう。」と定義しているほか, 同法10条1項6号は, 著作物の例示として,「地図」を掲げている。そして, 空港案内地図帳に掲載されている空港のフロア図（以下「本件フロア図」という。）は, 学術又は美術の範囲に属するということができるし, 何より, 地図の一種であることに疑いはないから, それが「思想又は感情を創作的に表現したもの」であるとすれば, 著作権法にいう「著作物」に該当し, その作成者には, 著作権が認められることになる。

　したがって, 本件フロア図のような地図について著作権が認められるか否かを判断するには, まず, 著作権法2条1項1号にいう「思想又は感情を創作的に表現したもの」とはいかなるものをいうのか, について検討しなければならない。

### 2　「思想又は感情を創作的に表現したもの」について

　「著作権の保護は, 表現されたものに及ぶものとし, 思想, 手続, 運用方法又は数学的概念自体には及んではならない。」（TRIPS協定9条2項）とされていることにも現れているように, 著作権法は, あくまでも「表現」を保護するものであって,「思想又は感情」そのものや, アイデア, 事実又は事件そのものを保護するものではない（思想・表現二分論）。

　次に, 著作権法の保護の対象となる「表現」は,「創作的」なものに限られるが, この点については, かねてより, 厳密な意味で独創性が発揮されたものであることは必要なく, 作成者の何らかの個性が表現されていればよいとされている。近時は, これをさらに具体的に, 表現方法に選択の幅がある中で, 作成者が特定の表現方法を選択しており, しかも, そこで選択された表現方法が平凡かつありふれたものではないこととして把握する見解が有力である（中山『著作権法』52頁, 高林『標準』21頁）。

## 3　地図の著作物性について

　地図は，もともと著作権法で保護されない地上における客観的な「事実」に関する情報を記載したものであるが，このような「事実」に関する情報は，極めて多様であって，これらを全て地図に反映させることは，それ自体，不可能である。むしろ，利用者が地図に期待する実用上の価値は，利用者にとって重要な情報が的確に取捨選択されており，かつ，当該情報が利用者にとって理解しやすい方法で配列・表示されている点に求められる。

　したがって，地図は，そこに記載される情報の取捨選択，配列及びその表示の方法については表現方法に選択の幅があるところ，作成者がその中で特定の表現方法を選択しており，しかも，そこで選択された表現方法が平凡かつありふれたものではない場合には，作成者の「思想又は感情を創作的に表現したもの」として「著作物」に該当し，その作成者には地図についての著作権が認められる余地が生じることになる。

　ただし，地図は，上記の実用上の価値を実現するという性質上，情報の取捨選択，配列及びその表示の方法についての表現方法の選択の幅に限界があり，選択された表現方法も，平凡かつありふれたものになりがちである。そのため，地図は，一般に，作成者による個性を「創作的に表現」する余地が小さく，したがって著作権による保護を受ける範囲も狭いのが通例である（高部『著作権訴訟』316頁，中山『著作権法』82頁，高林『標準』60頁。東京地判平成13年1月23日判時1756号139頁〔ふぃーるどわーく多摩事件〕参照）。

## 4　本件フロア図について

　本件フロア図に含まれる空港の構造や間取りといった客観的な事実に関する情報は，それ自体，著作権による保護の対象とはならないため，本件フロア図に著作権が認められるためには，本件フロア図に作成者の何らかの個性が表現されていることが必要である。そして，本件フロア図は，地図の一種であるから，そこに記載される情報の取捨選択，配列及びその表示の方法については表現方法に選択の幅があるところ，作成者がその中で特定の表現方法を選択しており，しかも，そこで選択された表現方法が平凡かつありふれ

たものではない場合には，作成者の「思想又は感情を創作的に表現したもの」として「著作物」に該当し，その作成者には地図についての著作権が認められる余地が生じることになる。

　この点について，東京地判平成17年5月12日判タ1210号258頁〔空港案内図事件〕は，空港案内図について，「実際に存在する建築物の構造を描写の対象とする間取り図，案内図等の図面等であっても，採り上げる情報の選択や具体的な表現方法に作成者の個性が表れており，この点において作成者の思想又は感情が創作的に表現されている場合には，著作物に該当するということができる。」として，著作物性を認めた。

　ただし，本件フロア図を含む地図は，前記のとおり，その性質上，作成者による個性を「創作的に表現」する余地が小さい。上記判決も，「空港利用者の実用に供するという性質上，選択される情報の範囲が自ずと定まり，表現方法についても，機能性を重視して，客観的事実に忠実に，線引き，枠取り，文字やアイコンによる簡略化した施設名称の記載等の方法で作成されるのが一般的であるから，情報の取捨選択や表現方法の選択の幅は狭く，作成者の創作的な表現を付加する余地は少ないというべきである。」と説示した上で，結果として著作権侵害が成立しないとしている。

　このように，本件フロア図について仮に著作権が認められるとしても，これを参考にして作成された空港案内図が本件フロア図の著作権を侵害しているか否かについては，さらに事案に応じた具体的な検討が必要となろう。

（井上　泰人）

## Q20　土地宝典の著作物性・複製行為の幇助

**Q**　(1)　公図や法務局備え付けの地図などを基にして作られた，いわゆる土地宝典には著作権があるのでしょうか。
(2)　不動産会社が，土地宝典を貸し出し，コインコピー機を設置してその複製行為を放置していた場合，著作権上どのような問題が生じ，その損害額はどうなるのでしょうか。

**A**　(1)　土地宝典と呼ばれる地図には各種のものがあるが，相当の編集等がされているものについては，著作権が認められる。
(2)　不動産業者について，土地宝典を貸し出す行為が問題となるほか，具体的な態様にはよるが，貸し出した土地宝典がコインコピー機で複製された場合，不動産会社も複製権侵害の損害賠償責任を負う可能性が高い。損害額は，具体的な侵害行為の内容が判明すれば，それに基づき算定されるが，それが判明しない場合は，一定の概括的な計算がされる。

### 解　説
#### 1　土地宝典

　土地宝典とは，「個人又は出版社が法務局等に備え付けの旧土地台帳附属地図（公図）に旧土地台帳の地目・地籍等の情報を追加し，編集したもの」であり，明治初期から発行が開始されて，現在も刊行が続き，原則として，市町村ごとに1冊が発行されている。土地宝典は，特定の者が発行しているわけではなく，その発行者は多数名にわたり，掲載されている事項や内容も必ずしも同一ではない（以上について，東京地判平成20年1月31日判時2024号142頁〔土地宝典事件（第1審）〕）。

#### 2　著作物性と土地宝典

　「著作物」（著2条1項1号）といえるためには，「創作的に表現されたも

の」でなければならない（いわゆる「創作性」の要件）。上記１のように地図を編集したという土地宝典にこの創作性が認められるかが問題となる。

「創作性」については，完全な独創性までは要求されず，何らかの個性の発現があればよいと解されている。土地宝典は，上記のとおり，発行者も同一でなく，また，掲載されている事項や内容も同じものではない。したがって，土地宝典に創作性が認められるか否かは，基本的には，それぞれの土地宝典について，その具体的な内容が上記の観点から検討されることにより決まるものといえる。

もっとも，土地宝典と呼ばれるものには，単に公図をそのまま写しただけではなく，様々な編集作業がされているものが多いと思われる。その編集作業には，一覧性を高めるために，複数の公図を矛盾なく接合できるよう必要な補正を行ったり，また，記載する情報を適宜選択し，地積等を見やすい方法で記載することも多いであろう。そのような相当の編集作業等がされている土地宝典については，当該部分について，創作性が認められ，著作物と認められる可能性が高い。

前記〔土地宝典事件（第１審）〕は，当該事案において問題となった土地宝典について，「民間の不動産取引の物件調査に資するという目的に従って，地域の特徴に応じて複数の公図を選択して接合し，広範囲の地図として一覧性を高め，接合の際に，公図上の誤情報について必要な補正を行って工夫を凝らし，また，記載すべき公図情報の取捨選択が行われ，現況に合わせて，公図上は単に分筆された土地として表示されている複数の土地をそれぞれ道路，水路，線路等としてわかりやすく表示し，さらに，各公共施設の所在情報や，各土地の不動産登記簿情報である地積や地目情報を追加表示をし，さらにまた，これらの情報の表現方法にも工夫が施されていると認められる」とした上で，その創作性を認め，当該土地宝典を著作物と認めた。

## 3　不動産会社による貸出しと第三者による複製

土地宝典は，広範な地域の公図及び不動産登記簿等の情報を一覧することができるため，不動産会社等が物件を調査するに当たって重用されていると

いわれている。設問の事例のように不動産会社がそれを貸し出す場合，不動産業者としては，通常，自らの業務を円滑に遂行するためにそれを貸し出すのであろうから，そのような場合，貸出しには，営利の目的があるといえ，不動産会社自身による貸与権（著26条の3）の侵害の有無が問題となり得る。また，本件の設例においては，不動産会社が設置したコインコピー機において，その貸出しを受けた第三者が土地宝典を複製することについて，不動産会社自身が複製権侵害についての損害賠償責任を負うか否かが問題となる。

　本件の設例の場合，コインコピー機を利用して土地宝典の複製を直接しているのは貸出しを受けた第三者といえる。もっとも，不動産会社による具体的な貸出しの態様，目的やコインコピー機の設置の状況には様々なものがある。例えば，不動産会社が，その営業に当たり，自ら複製してコピーを渡すことに代えて，第三者にコピーを取得させるため，自社営業所内に設置したコインコピー機で第三者にコピーさせるような場合もあろう。また，そこまでの状況がなくとも，不動産会社においては，貸出しの態様等に照らして，土地宝典の貸出しを受けた第三者が，不動産会社の設置したコインコピー機において複製することを認識できる状況があることもある。それぞれの具体的な状況によるところであるが，著作権侵害がされ得る状況を自ら具体的に作出し，かつ，そこで著作権侵害がされる蓋然性を認識できる状況がある場合には，不動産会社においては，違法な行為が行われないようにする一定の注意義務が発生し，その義務に違反した場合，少なくとも過失があるとされる場合がある。本件と事案は異なるが，最二小判平成13年3月2日民集55巻2号185頁〔ビデオメイツ事件〕は，カラオケ装置のリース業者は，そのリースに当たって，「（リース契約の）相手方が当該著作権者との間で著作物使用許諾契約を締結し又は申込みをしたことを確認した上でカラオケ装置を引き渡すべき条理上の注意義務を負う」として，一定の場合，条理を根拠として，違法行為が行われないようにする注意義務が発生することを認めている。知財高判平成20年9月30日判時2024号133頁〔土地宝典事件（控訴審）〕は，国（法務局）が土地宝典を利用者に貸出しをして，法務局が管理監督する場に設置されたコインコピー機により利用者が複製をしていた事案において，

土地宝典が作成された動機，それが法務局に備え置かれるに至った経緯，第三者が法務局から土地宝典の貸出しを受ける目的等の諸般の事情を総合すると，国においては，あらかじめ，著作権者から包括的な許諾を受ける等の措置を講じるとか，第三者において著作権者からの許諾を得るための簡易かつ便宜な方法を構築するなどの対応を図るべきであったとした上で，そのようなことをせず，漫然と土地宝典を貸し出していることを根拠に，国には，貸出しを受けた第三者のした土地宝典の無断複製行為を幇助した点につき少なくとも過失があるとして，共同不法行為責任を認めた。

## 4　参考（損害額）

　土地宝典の貸出しと設置したコインコピー機における複製により著作権侵害が認められる場合，著作権のある部分についての具体的な侵害内容が分かる場合には，それに基づいて損害額が算定されることとなろう。著作権侵害行為がされて損害が発生したことは明らかではあるが，侵害の実情等に照らし，具体的な損害額の立証が困難なときには，概括的な諸事情に基づき，損害額を算定するほかない（民訴法248条参照）。

　上記〔土地宝典事件（控訴審）〕の事例においては，各法務局において20冊の土地宝典が利用者に対して貸し出されていたところ，知財高裁は，不特定多数の者による土地宝典の違法複製行為が各法務局においてどの程度されたかや，問題となる土地宝典において創作性を有する部分がどの程度複製されたかが不明であることなどとした上で，当該土地宝典について著作権侵害がされていた期間の長さや当該土地宝典の著作権譲受価格等の様々な事情を考慮して，当該土地宝典の違法複製行為による使用料相当額の損害が土地宝典各1冊について1万円であるとした。

（柴田　義明）

## Q21 人物のイラストの著作物性

**Q** 私は独身女性をイメージしたキャラクターのイラストを多数作成し，これらを料理テキストに使用していましたが，A食品が宣伝用に配布しているレシピ集に私の料理テキストに登場する女性とそっくりのキャラクターが使われています。これは私のイラストの著作権を侵害するのではないでしょうか。

**A** 本問の料理テキストに使用されているイラストの基となっている独身女性のキャラクター自体は，著作物性が認められず，著作権法によって保護されないので，同キャラクターの著作権に基づいて権利行使をすることはできない。

しかし，料理テキストの個々のイラストについては著作権法上の保護が与えられるところ，A食品のレシピ集の各イラストのキャラクターが，料理テキストの各イラストのキャラクターにそっくりであるというのであるから，上記のレシピ集の各イラストは上記の料理テキストの各イラストの複製権ないし翻案権を侵害している可能性がある。料理テキストの各イラストに創作性が認められ，かつ，レシピ集の各イラストが料理テキストの各イラストを複製ないし翻案したものといえるのであれば，レシピ集に上記の各イラストを載せることは，料理テキストの上記各イラストの複製権ないし翻案権を侵害することになる。

### ▍解　説
#### 1　キャラクターの保護

本問では，独身女性をイメージしたキャラクターを設定し，そのキャラクターを描いた多数のイラストを料理テキストに掲載したというものであるところ，料理テキストに掲載された各イラストは，同一のキャラクターを描いたものであるから，似通ったものとなっているものと思われるが，例えば，

服装や髪型が異なっていたり，異なる動作をしていたりするなど，それぞれの具体的な表現内容は異なっているものと思われる。

そこで，各イラストが表わしている独身女性のキャラクター自体の著作権に基づき，権利行使をすることができないか問題となるが，独身女性のキャラクターは，具体的表現から昇華した抽象的なイメージであり，具体的な表現そのものではないため，著作物性が認められず，著作権法によって保護することはできない。

A食品に対して，レシピ集に上記の独身女性のキャラクターに酷似したイラストを掲載したことについて，権利行使をするのであれば，具体的な表現として料理テキストに掲載されている各イラストの著作権（複製権ないし翻案権）に基づくことになる（最一小判平成9年7月17日民集51巻6号2714頁〔ポパイネクタイ事件〕参照）。

## 2　各イラストの著作権に基づく権利行使の方法

(1) 料理テキストの各イラストについての複製権ないし翻案権に基づき，A食品に対して権利行使するには，上記の料理テキストの各イラストが創作性を有すること，A食品のレシピ集の各イラストが，料理テキストの各イラストを複製ないし翻案したものであることについて立証する必要があるが，その際には，模倣されたとする料理テキストの各イラスト及び模倣したとするレシピ集の各イラストをそれぞれ特定した上で，それらを対比する必要がある（なお，対比を必要とするイラストが多数に上る場合は，対比するに当たっては，対比表を作成するなどの工夫が必要となろう。）。

(2) 創作性については，一般的に，作成者の個性が現れていれば創作性が認められるとされており，本問の料理テキストの各イラストも，創作性が認められる場合が多いであろう。

なお，料理テキストの各イラストが，独身女性のキャラクターを基にして，それぞれ異なる内容の表現となっている場合，それらの各イラストは別個の著作物となり得るが，同一のキャラクターを表現するものと

して同一のコンセプトの下に創作されたものである以上，それぞれのイラストは共通の特徴が存在するはずであるから，後に創作されたイラストは，先に創作されたイラストの複製物ないし翻案物となることが多いであろう。後に創作されたイラストが先に創作されたイラストの複製物にすぎない場合は，後に創作されたイラストについて著作権は生じず，先に創作されたイラストに新たに創作性が加わり，先に創作されたイラストを原著作物とする二次的著作物となっていれば，創作性が加わった部分については，著作権が生じる（上記〔ポパイネクタイ事件〕）。

(3) レシピ集の各イラストが料理テキストの各イラストを複製ないし翻案したというためには，レシピ集の各イラストから，料理テキストの各イラストの表現上の本質的な特徴を直接感得することができなければならず（最一小判平成13年6月28日民集55巻4号837頁〔江差追分事件〕），その際，まず，料理テキストの各イラストにおける表現上の本質的特徴部分を検討する必要があるが，この点について，大阪地判平成21年3月26日判タ1313号231頁〔マンション読本事件〕は，同様の事案において，権利者の著書の各イラストは，同一のキャラクターを表現するものとして同一のコンセプトの下に描かれたものであるから，そのキャラクターを特徴付ける共通の特徴を見出すことができ，その特徴が，個々のイラストの表現上の本質的な特徴となるとして，権利者の各イラストの表現上の本質的特徴部分がどこにあるかを検討するに当たっては，個々のイラストを他のイラストと切り離してそれ自体からその本質的な特徴は何かを検討するのではなく，各イラスト全体を観察し，各イラストを通じてそのキャラクターとして表現されているものを特徴付ける際立った共通の特徴を抽出し，これをもとに個々の各イラストの表現上の本質的な特徴がどこにあるかを認定すべきであるとしている。

なお，権利者が，被侵害著作物として特定したイラストが，料理テキスト中の別のイラストの二次的著作物である場合，その二次的著作物たるイラストに著作権法上の保護が与えられるのは，そのイラストに新たに創作性が付加された部分のみであるから，侵害の対象となるイラスト

から，当該二次的著作物となるイラスト独自の創作部分を何ら感得できないのであれば，権利者としては，その原著作物であるイラストの著作権に基づき権利行使をすべきことになる。

(4) 依拠性の立証については，料理テキストの各イラスト及びレシピ集の各イラストが多数あり，それらがいずれも似通っている場合は，Ａ食品がレシピ集の各イラストを作成する際に，具体的に料理テキストの各イラストのうちのどのイラストに依拠したのかを立証するのは困難である。しかし，レシピ集の各イラストが，料理テキストの各イラストのうちのいずれかに依拠していることが認められれば，実際に依拠したイラストを特定できなくても，依拠性の立証は可能であると思われる。この点，上記〔マンション読本事件〕判決は，権利者としては，被告の個々の各イラストについて，権利者の各イラストのうち実際に依拠したイラストを厳密に特定し，これを立証する必要はなく，権利者の各イラストのうちのいずれかのイラストに依拠したことを立証すれば足りるとしている。

なお，本問において，権利者のイラストのうち，後に創作されたイラストが先に創作されたイラストの複製物ないし翻案物である場合，Ａ食品が実際に依拠したものが後に創作されたイラストであったとしても，当該イラストを介して，先に創作されたイラストに依拠したといえるから，権利者としては，先に創作したイラストの表現上の本質的な特徴を感得することができるイラストに対しては，先に創作したイラストについての複製権ないし翻案権に基づき権利侵害の主張をすれば，依拠性の立証に問題は生じないことになる。

(佐野　信)

## Q22 キャラクターの著作物性

**Q** 当社では約50年前から超能力を有する猫を主人公とする漫画シリーズを連載してきました。最近，この漫画主人公の猫の図柄を入れたTシャツが販売されています。これは，猫のキャラクターについて当社が有する著作権を侵害するのではないでしょうか。

**A** 猫のキャラクターそのものは著作権法によって保護されないが，漫画上に当該キャラクターを描いた特定の絵は著作権法によって保護され，当該絵を模倣した図柄を入れたTシャツを販売することは当該絵についての複製権，翻案権を侵害する可能性がある。

しかし，本問の漫画シリーズは法人名義の著作物であるから，公表後50年が経過すると保護期間が満了し（著53条），同漫画に描かれた絵についての著作権も消滅することになるところ，本問の漫画は約50年前に連載が開始されたというのであり，同漫画の猫の主人公も連載開始当時から同漫画に登場していたのであるから，この絵についての著作権も保護期間満了により消滅している。

したがって，本問の猫の主人公の絵に創作性が認められ，本問のTシャツの図柄が上記の絵を複製ないし翻案したものと認められても，猫の主人公の絵についての著作権は消滅しており，上記のTシャツの販売行為は猫の主人公の絵についての著作権を侵害することにはならない。

## ▮ 解 説
### 1 キャラクターの保護

本問の漫画シリーズの主人公である猫のキャラクターは，具体的表現から昇華した抽象的概念であり，このようなキャラクターは，具体的な表現そのものではないため，著作物性が認められず，著作権法により保護することはできない。猫のキャラクターを模倣した図柄等に対して権利行使をするには，

漫画に実際に描かれている当該キャラクターの絵についての著作権（複製権ないし翻案権）に基づくことになる（最一小判平成9年7月17日民集51巻6号2714頁〔ポパイネクタイ事件〕）。

したがって，権利者としては，漫画のキャラクターを模倣した図柄に対して著作権に基づき権利行使するためには，漫画に描かれたキャラクターの絵を特定し，当該絵に創作性が認められることを立証し，さらに，当該絵と侵害者の図柄を対比して，同図柄が，上記の絵を複製ないし翻案したものであることを立証する必要がある。

依拠性の立証については，侵害者が実際に複製の基とした漫画の絵を特定するのは困難であるが，侵害者の図柄が権利者の漫画のキャラクターの絵のいずれかに依拠していること自体が認められるのであれば，侵害者が実際に依拠した漫画の絵を特定できなくても，依拠性の立証は可能であると思われる（この点，大阪地判平成21年3月26日判タ1313号231頁〔マンション読本事件〕参照）。

## 2 保護期間

(1) 著作権は，原則として，著作者の死後50年を経過したときは消滅するが（著51条2項），無名・変名の著作物の場合及び法人等の団体名義の著作物の場合は，原則として，公表後50年の経過で消滅し（著52条，53条），映画の著作物の場合は，原則として，公表後70年の経過で消滅する（著54条）。

ところで，著作権法56条1項は，「冊，号又は回を追って公表する著作物」については，毎冊，毎号又は毎回の公表の時に，「一部分ずつを逐次公表して完成する著作物」については，最終部分の公表の時に，それぞれ公表があったものとする旨規定しており，後者の逐次公表著作物については，最終部分の公表後50年間は，保護期間が満了しない（ただし，直近の公表の時から3年を経過しても公表されないときは，既に公表されたもののうちの最終の公表後50年で保護期間は満了する。）。一話完結型の長編連載漫画のように，1回ごとにストーリーが完結しているものは，前者の「冊，号又は回を追って公表する著作物」に当たり（上

記〔ポパイネクタイ事件〕上告審は，一話完結形式で新聞や単行本等に連載されてきた漫画「ポパイ」を，「冊，号又は回を追って公表する著作物」と認定した。），新聞連載小説のように，一部分ずつを逐次公表して完成するものは，後者の逐次公表著作物に当たるが，両者の区別は明確ではなく，事例毎に判断されることになるとされている（中山『著作権法』354頁）。

(2) 本問の漫画が著作権法56条1項の逐次公表著作物に当たれば，同漫画の連載は継続していることから，同漫画の著作権の保護期間は満了しておらず，同漫画に描かれている主人公の猫の絵についての著作権の保護期間も満了していないことになると思われるが（この点，田村『概説』280頁は，漫画の場合は，個々の絵自体は表現として完結しており，後続の絵やストーリーとは無関係に独立して取引の対象となり得ることから，ストーリー性の強い連載漫画であっても，個々の絵については，個々の絵の公表時を保護期間の起算点とすべきであるとしており，同見解に立てば，本問の漫画が逐次公表著作物に当たったとしても，保護期間は満了していることになる。），本問の漫画が同条項の「冊，号又は回を追って公表する著作物」に当たれば，本問の漫画に描かれている主人公の猫の絵は，既に50年以上前に公表されているのであるから，その著作権の保護期間は満了していることになる。

　本問の漫画は，50年前から連載しているシリーズであるというのであるから，1つのストーリーが最初の公表時から現在まで継続しているものではなく，一話完結形式のシリーズ漫画であると推測されるところであり，したがって，本問の漫画の主人公の絵についての著作権の保護期間は，同漫画が最初に公表されたときから起算され，現時点では，同著作権の保護期間が満了しており，上記の絵の図柄をTシャツに複製しても，本問の漫画の上記の絵についての著作権侵害は構成しないことになる。

　なお，侵害者が，上記の絵の保護期間が満了する前から，上記の絵の図柄を入れたTシャツを販売していたのであれば，保護期間満了前の販売行為については，時効消滅前の部分であれば，著作権侵害の不法行為

に基づく損害賠償請求や不当利得返還請求は可能である。

## 3 後発の絵の著作権に基づく権利行使

(1) 前記のとおり，本問の漫画の主人公の絵についての著作権の保護期間は，本問の漫画が最初に公表されたときから起算され，現時点ではその保護期間は満了しているが，その後に公表された本問の漫画に描かれた主人公の絵も，最初に公表された本問の漫画に描かれた主人公の絵の複製物といえるから，創作性は認められず，最初に公表された主人公の絵とは別に著作権による保護を受けることはできない。

　ただし，後に描かれ，公表された主人公の絵に独自の創作性が加わり，最初に公表された主人公の絵の二次的著作物といえる場合は，後に公表された主人公の絵は，その創作性が付加された部分に限り，著作権が生じ，その保護期間は，その絵が公表されたときから起算され，その絵の公表時が今から50年以内（団体名義の著作物の場合）であれば，同著作権の保護期間が満了していないことになり，上記の絵の創作部分を複製ないし翻案した図柄に対しては，上記著作権に基づく権利行使ができる。

(2) 仮に，本問の漫画シリーズの途中で，主人公の絵が大きく変わったのであれば，その絵に創作性が付加されたとして，その創作性が付加された部分に著作権が生じる余地があり，その場合に，侵害者の図柄が，当該創作性が付加された部分を複製，翻案したといえるのであれば，上記の途中で変更された主人公の絵についての複製権ないし翻案権に基づき，侵害者の図柄に対して権利行使することができる。一方，上記の場合であっても，侵害者の図柄が，同漫画が最初に公表されたときの主人公の絵を複製したものであり，当該図柄から，途中で変更された主人公の絵の創作性の付加された部分の表現上の本件質的な特徴が一切感得できないのであれば，同図柄に対して，途中で変更された主人公の絵の著作権に基づく権利行使はできない（上記〔ポパイネクタイ事件〕，最一小判平成13年6月28日民集55巻4号837頁〔江差追分事件〕）。

（佐野　信）

## Q23 写真の著作物性（スナップ写真）

**Q** 私が執筆する書籍の中で，知人Aが写された写真を掲載しようと考えています。Aの妻が，日常風景として夫であるAを撮影したスナップ写真で，人物はAしか写っておらず，Aの了解は得ています。何か問題はあるでしょうか。

**A** 上記スナップ写真は，著作物としての保護の対象となるところ，同写真の著作権者は，基本的に撮影者であるAの妻になるため，Aの妻の了解を得ずに書籍の中で同写真を掲載すると，Aの妻に対する著作権（複製権）侵害の問題が生じる。もっとも，仮に上記写真が既に公表されていれば，「引用」として許される場合もある。

上記写真がまだ公表されていない場合，同写真を書籍に掲載すれば，Aの妻の公表権を侵害することになる。

さらに，同写真を書籍に掲載するに当たり，Aの妻の氏名が表示されなければ，同人の氏名表示権をも侵害することになる。

もっとも，上記写真が昭和46年1月1日以前に撮影された場合であれば，旧著作権法（昭和45年法律第48号による改正前のもの）25条が適用されることになるところ，上記写真がAの嘱託に基づいて撮影されたのであれば，その著作権はAに帰属するので，Aの了解を得ていれば著作権侵害の問題は生じない。

なお，本件では，Aの了解を得ているので，Aの肖像権侵害の問題は生じない。

### ▌解 説

#### 1 写真も著作物であること

著作物とは，「思想又は感情を創作的に表現したものであって，文芸，学術，美術又は音楽の範囲に属するものをいう。」とされている（著2条1項1

号参照)。そして，著作権法10条1項8号には「写真の著作物」が著作物の例示として挙げられており，写真も著作物として保護されることになる。

## 2 写真が著作物として保護されるための要件

写真の著作物性に関しては，学説上，全面肯定説，原則肯定説(絵画のような平面的な被写体をそのまま平面の写真に撮影した場合を除き，著作物性を肯定する説)，限定説(写真の製作意図，被写体の選択・設定，シャッター・チャンスの捕捉，光量の調節等につき，独自の創意と工夫がなされているか否かが著作物性を判別する基準となるとする説)といった諸説が存在するが，限定説が通説とされている。もっとも，どの程度で「独自の創意と工夫」があるとするかによって，限定説の中身が変わってくることになろう(山上和則「写真の著作物性」『判例著作権法』267頁)。

これに対しては，携帯電話付属のカメラやデジタルカメラ等の普及により，誰でも簡単に写真撮影ができるようになったため，このような機械的な操作のみで作製される写真に，安易に著作物性を肯定することに消極的な見解も十分考えられる。

いずれにしろ，写真が全て「著作物」として保護されるわけではなく，保護されるためには「思想又は感情を創作的に表現したもの」でなくてはならない。

例えば，プリクラで撮った写真のように，創作性を認めることができない写真や，芸術作品をそのまま忠実に再現した複製写真などについては，著作物とはいえない。

## 3 本問での著作権侵害の有無

本件で問題となっているのは，Aの妻が，日常風景として夫であるAを撮影したスナップ写真であって，このような写真は，対象を忠実に再現することから，著作物性が問題となる。

この点に関し，裁判例では，「肖像写真であっても，被写体のもつ資質や魅力を最大限に引き出すため，被写体にポーズをとらせ，背景，照明による

光の陰影あるいはカメラアングル等に工夫をこらすなどして，単なるカメラの機械的作用に依存することなく，撮影者の個性，創造性が現れている場合には，写真著作物として，著作権法の保護の対象になる」とされている（東京地判昭和62年7月10日判時1248号120頁〔真田広之ブロマイド事件〕参照）。

　また，スナップ写真についても，構図，シャッターチャンスのとらえ方等において著作物性があると解されており，学説上も，芸術性の高低は写真の著作物性の要件とはならず，プロの写真家によるものであろうと，アマチュアによるものであろうと，等しく写真の著作物と評することができると解されている（斉藤『著作権法』95頁）。

　したがって，本件で問題となるスナップ写真であっても，著作物として保護の対象となる。

　そして，この写真の著作権者は，撮影者であるＡの妻であるため，同写真上，人物がＡしか写っておらず，Ａの了解を得ていたとしても，Ａの妻の了解を得ていない以上，書籍の中で同写真を掲載すれば，Ａの妻に対する著作権（複製権）侵害の問題が生じる（著21条）。

　また，出版物に写真を使用する際に著作権処理（写真の著作権者を確認し，その者から書籍への同写真の掲載につき許諾を得る活動）をすることは，出版物の著作者や出版社にとって当然なすべき義務であるから，これをしなければ，書籍の執筆者には，著作権侵害につき過失があることになる。

## 4　著作者人格権の侵害の有無

　なお，仮に，本件での写真が，既に公表されたものであれば，著作権法32条1項が規定する「引用」として許される場合もあるが，そのような特段の事情がない場合，同写真を書籍に掲載すれば，同写真についてのＡの妻の公表権を侵害することになる（著18条1項）。

　このほか，写真を書籍に掲載するに当たり，撮影者であるＡの妻の氏名が表示されなければ，同写真についての同人の氏名表示権を侵害することになる（著19条1項）。

　ちなみに，Ａの了解を得たことにより，被写体であるＡの肖像権侵害の問

題は生じない。

## 5　裁判例及び旧著作権法下での検討

　この点，本件とほぼ同様の事案において，裁判上，著作権等の侵害が認められた事例がある（知財高判平成19年5月31日判時1977号144頁〔東京アウトサイダーズ事件〕参照）。

　なお，仮に，上記写真が現行著作権法の施行日である昭和46年1月1日以前に撮影された場合，旧著作権法（昭和45年法律第48号による改正前のもの）が適用される。そして，同法25条によれば，上記写真の撮影がAの嘱託に基づくものであれば，Aに同写真の著作権が帰属することになる。この場合，既にAの了解を得ていることから，著作権侵害の問題は生じない。

## 6　その他参考文献

　中山『著作権法』90頁〜95頁，作花『詳解』105〜106頁，島並ほか『入門』49〜51頁，高林『標準』25〜27頁，『コンメンタール1』32頁，554〜564頁

（矢口　俊哉）

## Q24　写真の著作物性（構図）

**Q**　(1)　写真家Ａが撮影したのと同じ被写体（建物）を，同じ構図で撮影した写真，(2)　写真家Ｂが撮影した静物写真につき，同種の静物を同様に配置して撮影した写真は，それぞれ写真家Ａ，Ｂの著作権を侵害しているといえますか。

**A**　後記2(2)のとおり争いはあるものの，被写体の選択や配置は，写真の著作物における創作性と評価することはできないから，被写体が建物であっても，静物であっても，既存の写真の被写体の選択や配置をまねて撮影した写真が，当該既存の写真についての著作権を侵害することにはならないものと解される。

## 解　説

### 1　写真の著作物性

著作権法上，写真は，著作物として例示されている（著10条1項8号）。写真の定義規定はないが，一般的には，物理的又は化学的方法で，被写体をフィルムや印画紙等に再現するものを指すと考えられている。

写真は，基本的には被写体をそのまま写し取るものであり，写真の著作物というためには，カメラを用いて被写体をフィルム等に固定するに当たり，その人なりの創作性が表現されていることが必要である（著2条1項1号）。したがって，例えば，自動証明写真や平面的な絵画をそのまま写した写真等については，著作物性が否定される（東京地判平成10年11月30日判時1679号153頁〔版画写真事件〕）。なお，自動証明写真とは異なり，肖像写真については著作物性が認められることがある（東京地判平成15年2月26日判時1826号117頁〔創価学会写真ビラ事件〕，東京地判平成18年12月21日判時1977号153頁及び知財高判平成19年5月31日判時1977号144頁〔東京アウトサイダーズ事件〕参照）。

写真は，撮影や現像等における独自の創意と工夫によって，著作物たる創

作的表現となり得るのであり，その工夫には，被写体の選択・組合せ・配置，構図・カメラアングルの設定，シャッターチャンスの捕捉，被写体と光線との関係（順光，逆光，斜光等），陰影の付け方，色彩の配合，部分の強調・省略，背景等の諸要素が考えられる。

## 2　写真の著作物の保護範囲

　写真そのものを複製・翻案した場合に著作権侵害が問題となるのはいうまでもないが（知財高判平成18年3月29日判タ1234号295頁〔スルメゲット事件〕参照），写真の著作物の保護範囲については，被写体との関係で，被写体が所与の存在でその制作に撮影者が関与していない場合と，撮影者が被写体を自ら作成した場合に分けて考えることができる。

(1)　被写体が所与の存在である場合

　自然物や自然の風景を写した写真についてみると，季節，場所，時間，方向等の選択自体はアイデアであって，これ自体が著作権法上保護されるものではない。その選んだ様相の一つを，カメラワーク等の創意工夫によってフィルムの上に創作的に表現して初めて著作物となるのであり，同じ被写体を同じ季節に同じ場所で撮影することが著作権侵害となることはない。大阪地判平成7年3月28日知的裁集27巻1号210頁〔カタログ写真事件〕は，写真の複製について，絵画の複製に当たる「他人の絵画を人の手で模写する場合」と対比すべきは，写真Aの対象物と同一の対象物を被写体として写真Aと同様の撮影方法を用いて写真Bを撮影する場合ではなく，写真Aそのものを有形的に再製する場合であるから，写真Aと同一の被写体を同様の撮影方法を用いて写真Bを撮影したからといって，直ちに写真Aの複製になるとはいい難いと判示している。また，知財高判平成23年5月10日判タ1372号222頁〔廃墟写真事件〕は，「廃墟」を被写体とする写真について，撮影者が意図的に被写体を配置したり，撮影対象物を自ら付加したものではないから，撮影対象自体をもって表現上の本質的な特徴があるとすることはできず，撮影時期，撮影角度，色合い，画角などの表現手法に，表現上の本質的な特徴があると考えられるとした上で，たとえ構図において似ていても，写真にお

いて表現されている全体としての印象が異なっていれば，一方が他方の翻案に該当するものと認めることはできない判示している。
(2) 撮影者が被写体を自ら作成した場合
ア　西瓜写真事件
　東京地判平成11年12月15日判時1699号145頁（第１審）は，原告写真と被告写真は，中央前面に大型のスイカを横長に配置し，その上に薄く切ったスイカを６切れ並べたこと，その後方に楕円球及び真球状のスイカを配置したこと等において，アイデアの点で共通するが，その共通点は，被写体の選択，配置上の工夫にすぎず，素材の選択，配置上の工夫は，写真の著作物の創作性を基礎付けるに足りる本質的特徴部分とはいえないとして，翻案には該当しないと判示した。
　これに対し，その控訴審である東京高判平成13年６月21日判時1765号96頁は，「被写体の決定自体（注：撮影の対象物の選択，組合せ，配置等）において創作的な表現がなされ，それに著作権法上の保護に値する独自性が与えられることは，十分にあり得ることであり，その場合には，被写体の決定自体における，創作的な表現部分に共通するところがあるか否かをも考慮しなければならないことは，当然である。写真著作物における創作性は，最終的に当該写真として示されているものが何を有するかによって判断されるべきものであり，これを決めるのは，被写体とこれを撮影するに当たっての撮影時刻，露光，陰影の付け方，レンズの選択，シャッター速度の設定，現像の手法等における工夫の双方であ」るとした上で，本件写真は，「屋内に撮影場所を選び，西瓜，籠，氷，青いグラデーション用紙等を組み合わせることにより，人為的に作り出された被写体であるから，被写体の決定自体に独自性を認める余地が十分に認められるものであ」り，被控訴人写真は，本件写真の表現の一部を欠いているか，改悪したか，格別に意味のない相違を付与したかという程度にすぎないものであり，これらの相違点から思想又は感情を読みとることができるようなものではないから，翻案権侵害に当たる旨判示した。
　原審と控訴審の判断が分かれたのは，原審は，被写体の選択，配置上の工夫は，写真の著作物の創作性を基礎付けるに足りる本質的特徴部分とはいえ

ないと判断したのに対し，控訴審は，被写体についても，創作的な表現に当たり，本質的特徴を基礎付ける場合があると判断したことによるものである（なお，翻案の意義等については，最一小判平成13年6月28日民集55巻4号837頁〔江差追分事件〕参照）。

　　イ　学　説
　写真の著作物に関する創作性の対象に，被写体の決定自体（撮影の対象物の選択，組合せ，配置等）を含めるべきであるかについては学説上も争いがある。
　肯定説は，人物モデルの写真についても，背景や人物の衣装，表情やポーズの選択，物の写真についても，どのような背景によりどのように配置し，光をどの角度から当てるかなど，様々な創意工夫をして画面を構成するところに創作性を認めることができるとか，現代写真で重要な領域となっている，被写体を自ら作り込んだ「コンストラクテッドフォト」のような場合には，造形と写真を切り離すことはできず，全体として著作権法2条1項1号に該当すれば，著作物ということを妨げる理由はないなどと指摘する。これに対し，否定説からは，被写体と一体となって写真としての保護を受けると考える場合，自ら被写体を創作して撮影すれば問題は少ないが，他人が創作した生け花等を撮影する場合は法律関係が複雑なことになるとか，被写体の決定自体はアイデアにすぎず，著作権として保護されるものではないとか，そもそも写真に創作性が認められるのは，物体や自然現象を写し取る際に創作性が生ずるからであり，被写体が著作権法上保護に値するのであれば，写真とは別の著作物として保護を図れば足りるなどとの批判がある。
　写真についての著作権は，被写体が所与の存在である場合も，撮影者が被写体を自ら作成した場合も，全ての写真を統一的に把握し，被写体については別個に考えるほうが好ましいと考えられる。したがって，写真の著作物に関する創作性の対象に，被写体の決定自体を含めるべきであるかについては否定説が相当であり，被写体の選択や配置は，写真の著作物における創作性と評価することはできない。

## 3 本問での検討

以上に述べたところによれば，写真家Aが撮影した建物の写真及び写真家Bが撮影した静物の写真と同様の構図，配置で撮影した写真は，いずれも写真家A，Bの著作権を侵害するものとはいえないこととなる。

## 4 参考文献

中山『著作権法』90頁，髙部『著作権訴訟』327頁，田村『概説』96頁，作花『詳解』102頁，岡村『著作権法』82頁

（齋藤　巖）

## Q25　写真の著作物の改変（引用）

**Q** 著名人であるAを批判する目的の風刺画を作るためAの写真のうちインターネット上で多く散見されたものを利用して，背景を除いたAの写っている部分だけを切り出して風刺画を作り，それを自身のホームページで公開しました。この行為は，著作権法上どのように考えればよいでしょうか。

**A** インターネット上で多く散見された写真であっても，その著作権者による許諾がないままその一部を切り出して風刺画に利用し，ホームページで公開する行為は，著作権法32条1項の「引用」に該当しない限り，写真の著作権者の複製権（著21条），公衆送信権（著23条）及び同一性保持権（著20条）侵害に該当し，許されない。風刺画の内容が，Aに対する誹謗中傷の域を出ない程度のものにすぎない場合には，写真の利用行為は，健全な社会通念に照らし許容し得るものではなく，引用の目的上正当な範囲内の利用に該当しないとして，著作権法32条1項により，違法性が阻却される可能性は乏しいと思われる。

## ■ 解　説

### 1　問題の所在

本問において，Aの写真を切り出して風刺画として利用し，ホームページで公開している点は，写真の著作権者[1]の複製権（著21条），公衆送信権（著23条）及び同一性保持権（著20条）侵害[2]に該当するものである。著作権者が

---

[1] 本問においては，Aの写真が著作物性を有することを前提として，引用の成否について検討することとする。写真の著作物については，高部『著作権訴訟』327頁以下参照。なお，肖像写真（人物写真）については，創作性の程度が微小なものもあり得るが，本問においては，一部を切り出してそのまま掲載した事例であるので，創作性が微小であることは，結論を左右しない。

当該写真の自由な利用を何人に対しても認めた上で公表したような場合を除き，当該写真がインターネット上で多く散見されたことをもって，当該写真を自由に利用することが許されるものではない。そこで，風刺画に利用した行為が，著作権法上許容されるかについては，著作権法32条の定める「引用」に該当するか否かが問題となる。

## 2　引用の要件

著作権法32条1項は，「公表された著作物は，引用して利用することができる。この場合において，その引用は，公正な慣行に合致するものであり，かつ，報道，批評，研究その他の引用の目的上正当な範囲内で行なわれるものでなければならない。」と定めるものである。

著作権法には，引用についての定義規定は存在しないが，引用とは，報道，批評，研究等の目的のために他人の著作物を自己の作品に採録することをいい，具体例としては，報道目的の著作物中に報道目的上必要な材料として他人の著作物を引用する場合，自説を展開するために自己の論文中に他人の論文の一部を引用する場合，自己の小説の叙述中に関連して他人の詩歌を引用する場合，美術史においてその記述に密接に関連した資料的な意味で絵画を引用する場合等が挙げられる[3]。

最三小判昭和55年3月28日民集34巻3号244頁〔モンタージュ写真事件〕は，旧著作権法（明治32年法律第39号）30条1項第2にいう引用とは，「紹介，参照，論評その他の目的で自己の著作物中に他人の著作物の原則として一部を採録することをい」い，「引用を含む著作物の表現形式上，引用して利用する側の著作物と，引用されて利用される側の著作物とを明瞭に区別して認識することができ，かつ，右両著作物間に前者が主，後者が従の関係があると認められる場合でなければならない」とした。

その後の裁判例においても，この判例が要件として提示した①明瞭区別性

---

〈2〉　改変した著作物の公衆送信行為に係る同一性保持権侵害の成否については，異論もある。石井茂樹「聖教グラフ写真ウェブ掲載事件」パテント61巻8号78頁
〈3〉　髙部『著作権訴訟』267頁

と②主従関係の要件に基づいて判断されている事案も多い。特に，東京高判昭和60年10月17日判時1176号33頁〔藤田嗣治事件〕は，②の要件について，引用の目的，両著作物のそれぞれの性質，内容及び分量並びに被引用著作物の採録の方法，態様等の諸要素を考慮すべきであり，当該著作物が想定する読者の一般的観念に照らし，引用著作物が全体の中で主体性を保持し，被引用著作物が引用著作物の内容を補足説明し，あるいはその例証，参考資料を提供するなど，引用著作物に対して付従的な性質を有しているにすぎないと認められるかどうかを判断して決すべきであるとする。

　もっとも，著作権法32条1項は，引用が，「公正な慣行に合致するもの」であることや，「引用の目的上正当な範囲内で行なわれるもの」であることを要件とするものであり，裁判例の中には，これらの要件をも踏まえて，「著作権法32条1項における『公正な慣行に合致』し，かつ，『引用の目的上正当な範囲内で行なわれる』引用とは，健全な社会通念に従って相当と判断されるべき態様のものでなければならず，かつ，報道，批評，研究その他の目的で，引用すべき必要性ないし必然性があり，自己の著作物の中に，他人の著作物の原則として一部を採録するか，絵画，写真等の場合には鑑賞の対象となり得ない程度に縮小してこれを表示すべきものであって，引用する著作物の表現上，引用する側の著作物と引用される側の著作物とを明瞭に区別して認識することができるとともに，両著作物間に，引用する側の著作物が『主』であり，引用される側の著作物が『従』である関係が存する場合をいうものと解すべきである。」とするものもある（東京地判平成19年4月12日（平成18年（ワ）第15024号）裁判所ウェブサイト〔創価学会写真事件〕）[4]。

## 3　風刺画における写真の利用と引用

### (1)　裁判例について

　前掲〔創価学会写真事件〕は，特定の人物を批判するために，写真の一部

---

[4]　同判決の評釈として，石井・前掲注2のほか，大鷹一郎「引用(4)ウェブサイトへの掲載（創価学会写真事件）」百選〔4版〕124頁がある。

を切除するなどして作成した写真を，批判的な論調のコメント等を付して自己の開設したウェブサイトに掲載した行為について，著作権法32条1項における引用には該当しないとした[5]。

このほか，上記裁判例と同様の写真に吹き出しを加えて記載したビラを配布した行為について，引用の該当性を否定した裁判例がある（東京地判平成15年2月26日判時1826号117頁〔創価学会写真ビラ事件〕）。

(2) 本問に関するあてはめ

本問では，Aの写真を利用して「背景を除いたAの写っている部分だけを切り出して風刺画」を作出したものである。このような場合，人物部分を切り出した写真の近傍に，Aを揶揄したり，批判する文言を付加したり，滑稽な場面を描き出すような背景やイラストを加えることが一般的に考えられよう。風刺画はAを批判し，あるいは揶揄することを目的とするものであって，そのような文言やイラストとともに，Aの写真を掲載することが主眼となるものであるから，引用される側の著作物である写真が「従」で，写真に加えられた文言等が「主」であるという関係に立つものということは困難である[6]。

しかも，Aを批判する著作物をウェブサイトに掲載する場合，風刺画を作成するほかにも，様々な表現方法が存在するものであり，仮に，風刺画という表現手法を選択するとしても，他人の著作物であるAの写真を用いる必然性は存在しない。Aの写真は，インターネット上で多く散見されたものにすぎず，撮影者が当該写真を撮影した制作意図は不明であるが，少なくとも切り出された上で風刺画に用いられることについては，著作者の制作意図に反することは容易に想像できること[7]であって，著作者が正当な引用として許容するとも解し難い。

---

[5] なお，同判決が，「著作者の意図」を考慮した点については，批判目的の引用について，全て著作権法32条1項の適用を否定することになりかねないとの指摘もある。石井・前掲注2・80頁

[6] もちろん，イラスト等と比較して，写真のサイズが大幅に小さい場合には，「従」たる関係に立つものといえる余地はある。もっとも，風刺画に利用する際，サイズを殊更小さくすることは，通常想定し難い。

そうすると，Aの写真を用いて風刺画を作成する行為は，健全な社会通念に照らし許容し得るものではなく，引用の目的上正当な範囲内の利用に該当するとして，著作権法32条1項により，違法性が阻却されるものと解する余地は乏しいものということになる。

（荒井　章光）

---

〈7〉　写真自体がAを揶揄する目的で撮影されたものであるならば，少なくとも制作者の意図には反しないことにはなる。もっとも，「風刺」目的で撮影されたものではない写真を，あえて「風刺画」に用いるからこそ，風刺の効果をより高めることができるものといえる。その意味で，風刺目的で撮影された写真を風刺画に用いる必要性は乏しいといえよう。また，インターネット上に多く散見される写真であるからこそ，これを風刺画に用いた場合，閲覧者の関心を誘引する蓋然性が高いものといえる。

## Q26 写真の著作物の翻案

**Q** 祭りの風景を写した写真を見ながら，その祭りのポスターを水彩画で作成しようとする場合，どのような問題が生じるでしょうか。

**A** 祭りの風景を写した写真に依拠して作成した水彩画が，その写真の表現上の本質的な特徴を直接感得することのできるようなものの場合には，写真の著作物の翻案権侵害になる。

### 解 説
#### 1 翻案の意義

本問では，写真の著作物を見ながら水彩画の著作物を作成することが，写真の著作物についての翻案権（著27条）を侵害するのではないかが問題となる。

翻案の意義について，〔江差追分事件〕最高裁判決[1]は，言語の著作物の翻案についてであるが，「既存の著作物に依拠し，かつ，その表現上の本質的な特徴の同一性を維持しつつ，具体的表現に修正，増減，変更等を加えて，新たに思想又は感情を創作的に表現することにより，これに接する者が既存の著作物の表現上の本質的な特徴を直接感得することのできる別の著作物を創作する行為」と判示しており，その趣旨は，言語の著作物以外の著作物についても及ぶと解されている[2]。

そして，同判決は，「思想，感情若しくはアイデア，事実若しくは事件など表現それ自体ではない部分又は表現上の創作性がない部分において，既存の言語の著作物と同一性を有するにすぎない場合には，翻案には当たらな

---

[1] 最一小判平成13年6月28日民集55巻4号837頁
[2] 髙部眞規子「判解」平成13年（下）562頁

い」とも判示しており，表現それ自体ではない部分や表現上の創作性がない部分において同一性があっても，翻案とはいえないことを明らかにした。

同判決の詳細については，Q32も参照されたい。

## 2 風景写真の著作物性

写真の著作物は，被写体をフィルム等に映像としてそのまま再現する表現形式の著作物であるところ，写真の著作物の著作物性を認定する場合に当たって，被写体の選択をどのように考慮すべきかについては，裁判例においても見解が分かれているところである。詳細についてはQ24を参照されたい。

本問では，祭りの風景が被写体となっているところ，風景のように現に存在する物が被写体となる場合に，被写体の選択の創作性を認めると，客観的に存在する当該被写体を著作物として特定の者に独占させる結果となって相当ではない。風景写真の著作物については，撮影時刻，撮影角度や構図，露光時間，レンズやフィルムの選択等の工夫が凝らされていることをもって，創作的な表現がなされていると考えられる。

もっとも，祭りを被写体とする場合，客観的に存在する神社の門のような建造物等に加えて，客観的に存在しながらも時間の経過により移動していく神輿や人々の動きのある風景をも被写体とされるのであって，富士山のようないわゆる風景の写真とは異なる特殊性があると考えられる。動きのある被写体という特殊性を考慮するなら，撮影において各種の工夫をした結果，移ろいゆく一瞬の風景を捉えた映像自体も，創作的な表現部分として考慮することができるというべきである。

## 3 本問についての検討

祭りの写真の著作物については，撮影時刻，撮影角度や構図，露光時間，レンズやフィルムの選択等の工夫が凝らされていることにより，祭りの一瞬の風景を捉えた映像自体が写真の著作物の創作的な表現部分として考慮されるべきである。この写真に依拠して作成したポスターの表現から，写真の表現上の本質的な特徴，すなわち，写真に捉えられた祭りの一瞬の風景の映像

の特徴を直接感得することのできるような場合には，写真の著作物の翻案権を侵害することになる。

## 4 参考となる裁判例

本問と類似のケースに関する裁判例として，〔祇園祭写真事件〕判決[3]がある。これは，アマチュア写真家が撮影した祭りの写真（本件写真）に依拠して，出版社らが祭りのポスターを水彩画（本件水彩画）で制作するなどしたことが，翻案権侵害になるかどうかが問題とされた事件である。

判決は，翻案権侵害について，江差追分判決の示した基準によって判断することを示した上で，写真の創作的表現の判断基準について，「本件写真の被写体が客観的に存在する被告八坂神社の西楼門と，同じく客観的に存在しながらも時間の経過により移動していく神輿と輿丁及び見物人であり，これを写真という表現形式により映像として再現するものであること，及び，写真という表現形式の特性に照らせば，本件写真の表現上の創作性がある部分とは，構図，シャッターチャンス，撮影ポジション・アングルの選択，撮影時刻，露光時間，レンズ及びフィルムの選択等において工夫したことにより表現された映像をいうと解すべきである。すなわち，お祭りの写真のように客観的に存在する建造物及び動きのある神輿，輿丁，見物人を被写体とする場合には，客観的に存在する被写体自体を著作物として特定の者に独占させる結果となることは相当ではないものの，撮影者がとらえた，お祭りのある一瞬の風景を，上記のような構図，撮影ポジション・アングルの選択，露光時間，レンズ及びフィルムの選択等を工夫したことにより効果的な映像として再現し，これにより撮影者の思想又は感情を創作的に表現したとみ得る場合は，その写真によって表現された映像における創作的表現を保護すべきである。」と判示した。

そして，本件写真の創作的表現とは，「被告八坂神社の境内での祇園祭の神官によるお祓いの構図を所与の前提として，祭りの象徴である神官と，こ

---

[3] 東京地判平成20年3月13日判時2033号102頁

れを中心として正面左右に配置された4基の黄金色の神輿を純白の法被を身に纏った担ぎ手の中で鮮明に写し出し、これにより、神官と神霊を移された神輿の威厳の下で、神輿の差し上げ（略）の直前の厳粛な雰囲気を感得させるところにあると認められる。」と認定した。

　これに対して、本件水彩画は、その「全体的構成は、本件写真の構図と同一であり、西楼門（略）、神官及びこれを中心として正面左右に配置された4基の神輿の位置関係がほぼ同じであるだけでなく、4基の神輿を担ぐ輿丁や多数の見物客の様子や姿態が全体として簡略化されているものの、その一部が不自然に類似して描かれているのである。また、本件水彩画においては、本件写真と同様に、これらの西楼門、神官及び4基の神輿が、いずれも濃い画線と鮮明な色彩で強調されて描かれて」おり、「とりわけ、4基の神輿は、金色及び西楼門と同一の赤色で彩色を施され、多くの純白の法被の中で浮かび上がるがごとく、鮮明に描かれている。」と認定されている。

　そして、判決は、「本件水彩画のこのような創作的表現によれば、本件水彩画においては、写真とは表現形式は異なるものの、本件写真の全体の構図とその構成において同一であり、また、本件写真において鮮明に写し出された部分、すなわち、祭りの象徴である神官及びこれを中心として正面左右に配置された4基の神輿が濃い画線と鮮明な色彩で強調して描き出されているのであって、これによれば、祇園祭における神官の差し上げの直前の厳粛な雰囲気を感得させるのに十分であり、この意味で、本件水彩画の創作的表現から本件写真の表現上の本質的特徴を直接感得することができるというべきである。」として、本件水彩画は本件写真を翻案したものであると判示した。

## 5　参考文献

田村『概説』95頁、中山『著作権法』90頁、高林『標準』25頁

（関根　澄子）

## Q27 建築の著作物の要件

**Q** 当社が開発したモデルハウス（X建物）はグッドデザイン賞を受賞し，高い評価を受けています。最近，他社が当社のモデルハウスとよく似たモデルハウスを建築し，展示していますが，これは当社のモデルハウスの著作権を侵害するのではないでしょうか。

**A** 原則として著作権侵害にならない。仮にX建物が，独立して美的鑑賞の対象となり，建築家，設計者の思想又は感情といった文化的精神性を感得せしめるような美術性を備え，「著作物」に当たるとしても，著作権法46条により，自由利用が認められる可能性もある。

### 解説
#### 1 問題の所在
本問では，X建物が「建築の著作物」（著10条1項5号）に当たるかが問題となる。

旧著作権法（明治32年法律第39号）の附則52条は「本法ハ建築物ニ適用セス」と規定していたが，ベルヌ条約のベルリン改正で保護される著作物として建築の著作物が挿入され，その後の法改正（明治43年法律第63号）で同条の規定が削除され，1条の著作権の内容に「建築」が追加され，現行法10条に引き継がれた。ベルリン改正で建築の著作物が挿入されたのは，フランスが，ベルサイユ宮殿，凱旋門のような美術的な建築が外国で模倣されることを憂慮し，強く要請したためとされる（後掲参考文献①75頁，②529頁，③8頁）。

建築の著作物は，美術としての側面を有するが，美術の著作物とは，同一性保持権（著20条2項2号），展示権（著45条2項），利用（著46条）について法的効果が異なる。

## 2 「建築」に当たるか

「建築」とは、地上等に建造される構築物一般（庭園、ゴルフ場等については解釈が分かれる。）をいい、その全体に限らず一部でも、また、その外観は外壁に限らず間取りや階段等でも、著作物としての保護の対象となり得る（後掲参考文献①76頁、④88頁、⑤216頁）。本問のX建物が「建築」に当たることは異論がないであろう。

## 3 「著作物」に当たるか

「著作物」性の要件については議論がある。

(1) 学説には、「宮殿・凱旋門などの歴史的建造物に代表されるような知的活動によって創作された建築芸術と評価できるようなもの」でなければならず、「建築の著作物たり得るためには、……建築家の文化的精神性が見る人に感得されるようなものでなくてはならない」として（後掲参考文献⑥121頁）、一般住宅のレベルでは「著作物」とはいえないとの見解がある。

一方、「一般住宅などにおいてもそれが社会通念上美術の範囲に属すると認められる場合」には著作物性を認める見解（後掲参考文献⑨89頁）、（一般注文住宅であっても）一品制作物である建築物については美術工芸品と同様に美的鑑賞性が認められる限り、美的鑑賞性を実用的側面から切り分けて認識できるか否かを問うことなく著作物性を認め、量産される建築物については原則として著作物性を否定して、例外的に鑑賞対象部分を建築物から分離して把握することができる場合は、鑑賞対象部分を著作物として保護するとする見解（後掲参考文献⑦56頁）など、比較的緩やかに建築の「著作物」性を認める見解もある。

(2) 住宅建築の著作物性に関する裁判例には、次のようなものがある。

ア　福島地決平成3年4月9日知的裁集23巻1号228頁〔シノブ設計事件〕

「『建築の著作物』とは……いわゆる建築芸術と見られるものでなければならない。……『建築芸術』と言えるか否かを判断するにあたっては、使

い勝手のよさ等の実用性，機能性などではなく，もっぱら，その文化的精神性の表現としての建物の外観を中心に検討すべき……。」

　イ　大阪地判平成15年10月30日判時1861号110頁〔グルニエ・ダイン事件（第1審）〕

「一般住宅の建築において通常加味される程度の美的創作性が認められる場合に，その程度のいかんを問わず，『建築の著作物』性を肯定して著作権法による保護を与えることは，同法2条1項1号の規定に照らして，広きに失し，社会一般における住宅建築の実情にもそぐわないと考えられる。一般住宅が……『建築の著作物』であるということができるのは，一般人をして，一般住宅において通常加味される程度の美的要素を超えて，建築家・設計者の思想又は感情といった文化的精神性を感得せしめるような芸術性ないし美術性を備えた場合，すなわち，いわゆる建築芸術といい得るような創作性を備えた場合であると解するのが相当である。」

　ウ　大阪高判平成16年9月29日（平成15年（ネ）第3575号）裁判所ウェブサイト〔グルニエ・ダイン事件（控訴審）〕

「一般住宅が……『建築の著作物』であるということができるのは，客観的，外形的に見て，それが一般住宅の建築において通常加味される程度の美的創作性を上回り，居住用建物としての実用性や機能性とは別に，独立して美的鑑賞の対象となり，建築家・設計者の思想又は感情といった文化的精神性を感得せしめるような造形芸術としての美術性を備えた場合と解するのが相当である。」

(3)　考　察

　建築とりわけ住宅等の建物は，実用性を持たせる必要がある上，建築基準法令等の法的規制もあり，その表現に制約を受ける。一方，専ら美的な造形を追求した建築もあるが，これについても実用性は不可欠な要素といえる（後掲参考文献②534頁）。その意味で，応用美術品に関する著作物性と共通する問題があるといえる。

　建築に限って，「著作物」性の要件として，宮殿等のような高度の芸術的価値を要求することは，実定法上の根拠がなく，適切でない。反面，量

産される一般住宅の建築においても，通常，一定の美的要素は備えられているが，法的規制や機能性の観点から表現に制約があり，一般住宅の建築において通常加味される程度の美的要素を有するに過ぎない場合にまで「著作物」性を認めると，規格化され量産される建売分譲住宅等の建築が複製権侵害となる可能性が高くなる。したがって，住宅建築の「著作物」性については，一般住宅において通常加味される程度の美的要素を超えて，独立して美的鑑賞の対象となり，建築家・設計者の思想又は感情といった文化的精神性を感得せしめるような美術性を備えた場合に認められると解するのが相当であろう。上記(2)イ，ウの裁判例は，このような観点に立つものと理解される。

## 4 本問の検討

X建物が受賞した「グッドデザイン賞」は，公益財団法人日本デザイン振興会主催の総合的なデザイン推奨制度であり，暮らしと産業，そして社会全体を豊かにする「よいデザイン」を顕彰するものである（同賞のウェブサイト http://archive.g-mark.org/gda2012/f03/g035.html）。いくつかの視点から審査が行われるが，デザインの効果・効用という視点が相当程度考慮される。

そうすると，建築物が，同賞を受賞し，高い評価を得ているからといって，必ずしも，一般住宅において通常加味される程度の美的要素を超えて，独立して美的鑑賞の対象となり，建築家・設計者の思想又は感情といった文化的精神性を感得せしめるような美術性を具備するとはいえず，X建物は，原則として「著作物」性があるとはいえない。X建物が，上記の要件を備えた場合は「著作物」性があると解されるが，多数の同種の設計による一般住宅の建築が予定されるモデルハウスが，上記の要件を具備することはまれであろう。

また，仮にX建物が「建築の著作物」に該当するとしても，著作権法46条2号は建築による「複製」のみを禁止しており，他社が「よく似た」モデルハウスを建築したというだけでは「複製」に当たらないと判断される可能性もある。

## 5 参考文献

①中山『著作権法』, ②『コンメンタール1』〔木村孝〕, ③阿部浩二「建築の著作物をめぐる諸問題について」コピライト467号5頁, ④斉藤『著作権法』, ⑤金井重彦, 小倉秀夫編著『著作権法コンメンタール　上巻』〔牧野二郎〕（東京布井出版, 2000年）, ⑥加戸『逐条講義』, ⑦高林『標準』, ⑧日向野弘毅「グッドデザイン賞を受賞した一般住宅の建築物が著作権法上の建物の著作物に該当しないとされた事例, 建築物を被写体とする写真の複製権の侵害が認められた事例」判時1879号189頁, ⑨半田『概説』, ⑩伊藤真「建築物の著作物性」百選〔4版〕16頁

（武宮　英子）

## Q28 建築の著作物の工事と同一性保持権

**Q** (1) 彫刻家と建築家が共同製作した建物と庭園、庭園に設置された彫刻を全体として「建築の著作物」ということができますか。
(2) この建築の一部を取り壊したり、移設したりすることは、著作者人格権の侵害になりますか。

**A** 庭園や庭園に設置された彫刻は、通常、それぞれが「建築の著作物」(著10条1項5号)や「美術の著作物」(著10条1項4号)として著作権の対象となり得るにすぎないが、建物と一体となっていると評価できる場合には、全体として「建築の著作物」として著作権の対象となり得る場合がある。また、この建築に著作物性が認められる場合、著作者は、著作者人格権の一つである同一性保持権(著20条1項)を有することになるから、著作者の承諾なく、その一部を取り壊したり、移設したりすることは、同一性保持権の侵害になる場合がある。ただし、上記毀損行為等が、建築物の増築、改築、修繕又は模様替えによる改変に当たる場合には、同一性保持権の侵害には当たらないこととなる(著20条2項2号)。

### ▌解 説
### 1 「建築の著作物」の意義について

著作権法は、建築に関する定義規定を置いていないが、一般的に、建築とは、新築、増築、改築など立体物としての建築物を構築する行為をいい、この結果完成する有体物を建築物という。

建築物は、旧著作権法において、当初、著作権の対象から除外されていたが、明治43年改正法により、著作権の対象に追加された。これを受け継ぎ、現行著作権法でも、著作物の例示として、「建築の著作物」が掲記されている(著10条1項5号)。

「建築の著作物」は、建築の結果生ずる有体物である建築物とは異なる概

念であり，建築物ないし建築設計図等から看取，認識される思想・感情を創作的に表現した観念たる表現形式をいう（『コンメンタール1』783頁）。

## 2 著作権の対象となる建築物の範囲について

著作権の対象となり得る建築物の範囲については，構造物一般ではなく，土地に定着する工作物のうち屋根や柱又は壁を持つもの，及びその附属物とする立場（阿部浩二「建築の著作物をめぐる諸問題について」コピライト467号12頁）や，構築物一般に及び，住宅・ビル・教会・神社仏閣等以外にも，橋梁・記念碑・タワー・墳墓等の建造物も含まれるとする立場（中山『著作権法』76頁）などがあり，造園についても，疑問の余地があるとしながらも，積極的に解すべきとの立場がある（半田『概説』89頁）。

なお，建築物等は，「美術の著作物」（著10条1項4号）としても著作権の対象となり得る場合がある。「建築の著作物」と「美術の著作物」は，展示権に関する規定（著25条，45条）の適用の有無，公開の美術の著作物等の利用に関する規定（著46条）の適用の有無等について差異が生ずる。

## 3 建築物の著作物性について

建築物であっても，その全てが著作権によって保護されるわけではなく，芸術性のある建築物だけが著作物性を備えるものと解されている。この点につき，「著作権法により『建築の著作物』として保護される建築物は，同法2条1項1号の定める著作物の定義に照らして，知的・文化的精神活動の所産であって，美的な表現における創作性，すなわち造形芸術としての美術性を有するものであることを要し，通常のありふれた建築物は，同法で保護される『建築の著作物』には当たらない」とした裁判例がある（大阪高判平成16年9月29日（平成15年（ネ）第3575号）裁判所ウェブサイト〔グルニエ・ダイン事件〕）。もっとも，芸術性の判断方法については，考え方が分かれ，「ここでいう芸術性のレベルの判断とは，客観的にみて機能性・実用性を追求したしたものであるか否かという判断であり，実用本位の建築物は建築美術ではないということを意味するにすぎない。……実用的な建築物や自動車等は，美的要素

がないから著作権法の世界で扱わないのではなく，その実用性から著作権法の世界で扱うことには不都合があり，産業財産権（工業所有権）法の世界で扱うことが妥当だからである。」（中山『著作権法』77頁）とする考えや，「一品制作される建築物と量産される建築物に仕分けたうえで，一品制作物である建築物については美術工芸品と同様に美的鑑賞性が認められる限り，美的鑑賞性を実用的側面から切り分けて認識できるか否かを問うことなく著作物性を認め……，量産される建築物についてはむしろ原則として著作物性を否定して，……例外的な場合のみ，鑑賞対象部分に著作物性を認めるべき」（高林『標準』56頁）とする考えなどがある。

### 4　「建築の著作物」の著作者が有する同一性保持権について

著作者は，その著作物について，同一性保持権（著20条1項）を有しており，著作者の意に反して著作物の変更，切除その他の改変を行うことは，原則として，著作者人格権侵害となる。もっとも，「建築の著作物」については，その改変が「建築物の増築，改築，修繕又は模様替えによる改変」に該当する場合には，同一性保持権侵害とはならない旨規定されている（著20条2項2号）。これは，建築物は，主として，居住等の実用的な目的で造られるものであり，建築物としての効用を維持，増大又は変更させるため，修繕や増改築が避けられないことから，居住者等と著作権者との利益調整のために設けられた規定と解される。そうすると，建築の著作物の美術的要素が居住者の意に沿わないなどの理由により，美的な価値の観点から行われる改変は，著作権法20条2項2号に定める改変には当たらないものと解され，改変の目的がいずれであるのかは，改変を行う者の言動のみならず，増改築の時期，内容，範囲，必要性等の客観的な事情から判断することになるものと思われる。

### 5　庭園及び庭園に設置された彫刻について

庭園及び庭園に設置された彫刻は，原則的には，それぞれが，「建築の著作物」（著10条1項5号）や「美術の著作物」（著10条1項4号）の対象となり得るにすぎないが，建築物と一体となっていると評価できる場合には，全体と

して「建築の著作物」の対象となり得る場合がある。もっとも，通常，庭園は建築物に隣接し，これと調和するように造園されるものであり，そこに設置される彫刻等も建築物及び庭園と調和するように設置されるところ，それだけで建築物と庭園ないし庭園に設置された彫刻が一体となっていると評価することは相当でなく，建築物と庭園ないし彫刻等を一体とした製作者の設計思想が表現上に表れている場合に限定すべきように思われる。この点に関するリーディングケースである東京地決平成15年6月11日判時1840号106頁〔ノグチ・ルーム移築事件〕は，著名な彫刻家であるイサム・ノグチと建築家谷口吉郎の共同製作に係る建物，イサム・ノグチ製作に係る建物に隣接する庭園及び庭園に設置された彫刻の解体・移設工事の差止めを求める仮処分命令申立事件において，①建物と庭園は一体となるものとして設計され，有機的に一体となっているものと評価することができ，1個の建築の著作物を構成するものと認めることができる，②彫刻については，庭園全体の構成のみならず本件建物におけるノグチ・ルームの構造が庭園に設置される彫刻の位置，形状を考慮した上で，設計されているものであり，谷口吉郎及びイサム・ノグチが設置した場所に位置している限りにおいては，庭園の構成要素の一部として上記1個の建築の著作物を構成するものであると認めることができる，③著作権法20条2項2号の適用に関し，上記建物等に係る工事は，法科大学院開設という公共目的のため，必要な敷地面積の新校舎を大学敷地内に建設するためのものであり，できる限り製作者の意図を保存するため，保存ワーキンググループの意見を採り入れるなどして最終案を決定したものであり，その内容は，建物と庭園をいったん解体した上で移設するものではあるが，可能な限り現状に近い形で復元するものであり，製作者の著作者人格権（同一性保持権）を侵害するものでない，と判断している。

（知野　明）

## Q29 プログラムの著作物性

**Q** (1) コンピュータ・プログラムにおいて，著作物として認められるものと認められないものとの違いは何ですか。
(2) 当社はコンピュータ・ソフトウェアを開発，販売していますが，A社が後発で発売した競合商品は，当社のものと表示画面や機能がよく似ています。A社の競合商品は当社が開発したプログラムの著作権を侵害しているのではないでしょうか。

**A** (1) プログラムにおいて，指令の表現自体，その指令の表現の組合せ，その表現順序からなるプログラムの全体に選択の幅があり，かつ，それがありふれた表現ではなく，作成者の個性，すなわち，表現上の創作性が表れている場合には，プログラムの著作物（著10条1項9号）として保護される。プログラムを作成するために用いるプログラム言語，規約及び解法は，保護の対象外である（著10条3項柱書前文）。
(2) 表示画面や機能の類似性のみをもって，プログラムの著作権の侵害を認めることはできない。自社のソフトウェアに著作物性が認められる場合，A社の競合商品のソースコードと自社商品のソースコードとを比較し，複製権，翻案権侵害の有無を検討することになる。表示画面自体についても，プログラム著作権とは別個に侵害の有無を検討することになる。

### ■ 解 説

#### 1 コンピュータ・プログラムの著作物性
(1) 著作権法の規定
著作権法2条1項10号の2は，プログラムについて，「電子計算機を機能させて一の結果を得ることができるようにこれに対する指令を組み合わせたものとして表現したものをいう。」と定義している。

また，著作権法10条3項柱書前文は，プログラムの著作物に対する著作権法による保護は，「その著作物を作成するために用いるプログラム言語，規約及び解法には及ばない。」とするものである。

(2)　プログラムにおける創作性

　プログラムとは，コンピュータに一定の機能を実行させる特性を有するものであり，そのための指令を組み合わせたものであるから，単なるデータにすぎないものは，電子計算機に対する指令の組合せを含むものではなく，プログラムの著作物ではない（東京高決平成4年3月31日知的裁集24巻1号218頁〔IBFファイル事件〕）。

　また，著作権法は，思想又は感情の創作的な表現（著2条1項1号）を保護するものであって，アイデアを保護するものではない。プログラムは，コンピュータに特定の機能を実行させるために，プログラム言語を用い，プログラム特有の規約や解法に制約されつつ，正確かつ論理的に指令を組み合わせて作成することが求められるものであって，コンピュータに対する指令をどのように表現するか，その指令の表現をどのように組み合わせ，どのような表現順序とするかなどについて，著作権法により保護されるべき作成者の個性が表れることになる。

　したがって，プログラムに著作物性があるというためには，指令の表現自体，その指令の表現の組合せ，その表現順序からなるプログラムの全体に選択の幅があり，かつ，それがありふれた表現ではなく，作成者の個性，すなわち，表現上の創作性が表れていることを要する（知財高判平成24年1月25日（平成21年（ネ）第10024号）裁判所ウェブサイト〔連結解放装置プログラム事件〕）。

(3)　プログラムの著作物性が問題となる例

　プログラムは，その特性から，同一の機能を実現するための指令の組合せ及び表現順序が自ずと限定されることもあり，表現上の創作性の有無については慎重に検討する必要がある。プログラムの目的，機能，使用する言語等によっては，プログラムに全体として表現の選択の余地がほとんどなく，わずかに表現の選択の余地がある部分においても，その選択の幅が著しく狭く，特定の計算式を基礎に，特定の言語においてプログラムを作成する場合，同

様のプログラムとなることは避けられず，作成者の個性を反映させる余地がない場合もある（知財高判平成18年12月26日判時2019号92頁〔宇宙開発事業団プログラム事件〕）。簡単な内容をごく短い構文で表現したにすぎない部分や，ハードウェアの制御の観点から，プログラム上の表現が一定のものにならざるを得ない部分については，指令の組合せに創作性を認めることはできない（東京地判平成15年1月31日判時1820号127頁〔電車線設計用プログラム事件〕）[1]。

　また，プログラムの機能そのものは，表現ということはできないから，いかにプログラムの機能が新規なものであったとしても，そのことのみをもって著作物性を認めることはできない。なお，プログラムを作成するために用いるプログラム言語，規約及び解法（アルゴリズムや問題処理の論的手順）は，いわばプログラムを作成するためのツールにすぎないから，著作物性を認めることができない（著10条3項柱書前文）。

(4)　ディスプレイにおける表示画面の著作物性

　プログラムを駆動させた際にコンピュータのディスプレイに表示される画面についても，プログラムとは別個に著作物性の有無が問題となる。

　もっとも，このような表示画面において，プログラムの目的とする機能を達成するための作業手順や，各画面の構成要素は，機能性や使いやすさなどの観点から，おのずと選択肢が限定されるものである。また，表示画面を構成するボタン，プルダウンメニューなどの部品は，一般的に使用されているものも多く，一画面に見やすく表示しようとすれば，レイアウトについても選択の余地は多くはないと思われる。さらに，既存のアプリケーションソフトを利用したプログラムの場合には，設計上の制約を受けざるを得ないものである。そこで，プログラムの表示画面については，これらの諸事情を考慮した上で，創作性の有無を検討することになる（東京地判平成16年6月30日判時1874号134頁〔Webcel 8事件〕）。

---

[1]　なお，同判決は，シェイプ定義（特殊文字等を定義する記述）について，プログラムの著作物性を認める余地を肯定したものである（当該事案においては，結論的には否定した。）。

## 2 プログラムの著作物の侵害立証方法[2]

(1) 特定について

プログラムの著作物に関する著作権侵害訴訟[3]において，対象となる著作物については，表題，製品名，使用機種，使用言語，種類，機能等のほか，ダンプリストによって特定されることが一般的である（東京地判平成7年10月30日判時1560号24頁〔システムサイエンス事件〕）。

(2) ソースコードによる比較

原告のプログラムの著作物性の有無，すなわち創作性が発揮されているか否かについては，原告が主張立証する必要がある。

ソフトウェアは，プログラマーが作成したソースプログラム（C言語等によるプログラム）をコンパイルし，機械語によるオブジェクトプログラムを作成し，これを販売することが一般的である[4]。そこで，実務上，ソースプログラムのリスト（ソースコード）を比較対比する方法により，侵害の有無を判断する手法が採用されており，ソースコード自体を比較し，記述内容の共通性などの有無を判断することになる。その際，ソースコードの大部分が一致していたり，ファイル名やファイルサイズ等が同一であったり，いわゆるバグやプログラムの機能を実現するためには不要な部分についても両者が共通する場合には，侵害が認められる可能性が高くなる[5]。この点，ソースコード自体の分量やそこに含まれる関数が多数にのぼることから，特段の事情のない限り，作成者の個性が発揮されていないものと断ずることは困難であるとした裁判例（東京地判平成23年1月28日判時2133号114頁〔NEW増田足事件〕）もある。もっとも，プログラムの分量や当該プログラムが実現する機能の複雑性，新規性は，当該プログラムに作成者の個性が発揮されていることを推認する根拠の1つとはなり得ても，それらをもって，直ちに創作性を

---

〈2〉 プログラム著作権に関する実務の取扱いについては，髙部『著作権訴訟』330頁以下が詳しい。

〈3〉 プログラムの著作物に関する著作権侵害訴訟は，東京地方裁判所と大阪地方裁判所の専属管轄である（民訴法6条）。

〈4〉 前田郁勝「プログラム著作権侵害訴訟における審理」『新・裁判実務大系』90頁

〈5〉 少なくとも依拠性は認められることになろう。

認めることは相当ではない。原告が具体的に主張立証しない以上，表現上の創作性の有無が否定されることもある（前掲〔連結解放装置プログラム事件〕）。

(3) 表示画面に係る著作権侵害について

　表示画面については，プログラムの著作物性とは別個[6]に，前記の考慮要素をふまえて複製権，翻案権侵害等について検討することになる。いわゆるデッドコピーの場合はともかくとして，レイアウトが似通っている程度では，侵害を肯定することは難しいものと思われる。

（荒井　章光）

---

[6] プログラムに係る著作物性が認められなくても，表示画面に係る著作物性を肯定することは可能である。

## Q30 二次的著作物の要件

**Q** Aが作成したいくつかの人形について，Bが写真を撮影し写真集を刊行しました。この場合，(1) AとBは，それぞれ，写真と写真集についての著作権を有するのですか。また，(2) Aは，Bに対して損害賠償を請求することはできますか。

**A** (1) Bが撮影した写真が，撮影者であるBの思想又は感情を創作的に表現したものであれば，写真には人形を原著作物とした二次的著作物としての創作性が認められ，写真の著作者（著作権者）は，写真を撮影したBになる。この場合，Aは，写真について，「二次的著作物」の「原著作物」の著作者としての権利（著28条）を有することになる。

さらに，素材の選択又は配列に基づく編集著作物である写真集の著作者は，そうした素材の選択又は配列に関与した者であり，Bになる。

(2) Aの「原著作物」（人形）の著作者としての権利は，「二次的著作物」（人形の写真）を複製する行為に及ぶ（著28条，21条）から，Bによるその権利の侵害に対して，Aは損害賠償を請求することができる。

### 解説

#### 1 写真の著作物性について

設問では，著作物であるAが作成した人形を撮影した写真についての二次的著作物の成否が問題となる。写真の著作物の創作性は，被写体自体の著作物としての創作性と区別されるところ，著作物を被写体とした写真は，写真の著作物の創作性の観点（**Q23, 24**を参照）から創作性が認められるのであれば，被写体を原著作物とした二次的著作物となり得る。

設問と同様の事例に関する知財高判平成19年7月25日判時1988号95頁〔レザードール写真集事件〕[1]においては，革人形作家である原告の，被写体と

なった革人形と原告の文章による思想表現を超えた創作性が写真集の写真に付与されていない旨の主張に対し，これらの写真は，それぞれの人形の形状・色彩等をただ単に写真の形式を借りて平面的に改めたものではなく，撮影者が被写体として選択した人形ごとに構図，カメラアングル，背景，照明等の組合せを選択，調整するなど，様々なアイデア，工夫を凝らして撮影し，作品として完成したものであることから，撮影者の思想又は感情を創作的に表現したものであるとして，二次的著作物としての創作性を有する旨が示された。

なお，写真集に掲載する写真の「選択又は配列」に創作性が認められるのであれば，編集著作物（Q37〜40を参照）ともなり得る。

## 2 二次的著作物の要件

(1) 「著作物」を「翻訳し，編曲し，若しくは変形し，又は脚色し，映画化し，その他翻案する」行為は，その著作物を原著作物とした「二次的著作物」（著2条1項11号）を創作する行為であるということができる。二次的著作物の著作権は，「新たに付与された創作的部分」のみについて生じ，原作品と共通しその実質を同じくする部分には生じない（最一小判平成9年7月17日民集51巻6号2714頁〔ポパイネクタイ事件〕，Q22）。

(2) そして，このような「二次的著作物」を創作する行為を行う権利が原著作物の著作者によって専有されている（著27条）のであるから，原著作物の著作者でない者が二次著作物を創作する際には，著作権法43条等の権利制限規定に該当する場合を除けば，この著作者（原著作物についての著作権者）の許諾が必要となる。

他方で，言語の著作物の翻案についての判例（最一小判平成13年6月28日民集55巻4号837頁〔江差追分事件〕，Q32）によれば，既存の著作物に依拠して別の著作物を創作する行為が著作権法上の「翻案」であるというため

---

〈1〉 この判決の評釈として，西迫文夫「写真集の著作権―レザードール写真集事件」三山峻司先生＝松村信夫先生還暦記念刊行会編『最新知的財産判例集 未評釈判例を中心として』（青林書院，2011年）がある。

には，創作された別の著作物において既存の著作物の「表現上の本質的な特徴を直接感得できる」ことを要する。言語の著作物の翻案以外の場合にこれと異なる取扱いをすべき理由がないとすれば，既存の著作物の「表現上の本質的な特徴」が直接感得されない著作物を創作する行為は，二次的著作物を創作する行為ではなく，許諾も不要であるということになるし，そのような著作物は，もはや既存の著作物を原著作物とする二次的著作物とはいえないことになる。
(3) 設問では，著作物である人形の「表現上の本質的な特徴」を写真から「直接感得」でき，つまり，写真が人形を原著作物とした二次的著作物であるとすれば，人形作家であるAの有する著作権法27条の規定する権利が人形を用いて写真を撮影する行為に及ぶことになる[2]。

## 3 二次的著作物と原著作物の関係

(1) 著作物が「二次的著作物」であれば，その「原著作物」の著作者も，当該著作物の利用に関し著作権法第2章第3節第3款（21条〜27条）が規定する権利と同一の種類の権利を有する（著28条）。

つまり，二次的著作物の「原著作物」の著作者が有する権利（著28条）は，「二次的著作物」の著作権（「二次著作物」の著作者として有する権利）とは区別されているのであって，原著作物の著作者は，二次的著作物の著作者と同様に，その著作物の複製や公衆送信等の利用行為の許諾や差止めや損害賠償の請求をすることができ，二次著作物の著作者やこの著作者から利用許諾を得た者においても，原著作物の著作者の利用許諾がなければ，その著作物を利用することはできない[3]。

(2) 二次的著作物の原著作物の著作権者の権利（以下，「28条の権利」とい

---

[2] 前述のとおり著作権法43条等の権利制限規定に該当する場合や許諾が認定される場合は，Aの権利が侵害されたとはいえないから，不法行為は成立しない。原告が写真撮影に立ち会った等の事情に基づいて許諾が認定される場合もあり得るように思われる（なお，後記3(4)を参照。）。

[3] 著作権法27条と28条との関係については，高部『著作権訴訟』340頁，上野達弘「著作権(2)27条・28条」法学教室336号124頁を参照されたい。

う。）が及ぶ範囲については，著作権法28条の趣旨とも相まって，議論がある。

　最一小判平成13年10月25日判時1767号115頁〔キャンディ・キャンディ事件〕は，連載漫画のストーリーの創作者が連載漫画の一部であるコマ絵と連載漫画の主人公の絵の複製である表紙絵につき28条の権利を有することの確認と連載漫画の主人公を描いた原画の複製等の差止めを求めた事案につき，各回ごとに創作された小説形式の原稿に依拠して漫画が作成されるという手順を繰り返して連載漫画が制作されたこと等から連載漫画がストーリーの原稿を原著作物とする二次的著作物であるとし，差止めを認容した原審判決（東京高判平成12年3月30日判時1726号162頁）を維持した。

　著作権法28条の趣旨について，この最一小判は述べていない。「原著作物の創作性に依拠しそれを引き継ぐ要素（部分）」と「二次的著作物の著作者の独自の創作性のみが発揮されている要素（部分）」の両者を区別が可能であるとしても「新たに付加された部分」も「原著作物が存在して初めて二次的著作物の創作が可能になっているという関係」があり「その意味で，原著作権者も二次的著作物の創作に寄与しているということができる」（長沢幸男「二次的著作物」『新・裁判実務大系』）と説明されている[4]。

(3)　依拠した元の著作物の創作性が直接感得されない著作物は，もはや当該元の著作物を原著作物とする二次的著作物ではない（2(2)を参照）から，このような著作物については，28条の権利は発生しない[5]。

(4)　設問では，写真において人形の「表現上の本質的な特徴を直接感得できる」のであれば，写真集の刊行に伴う写真の複製行為には，28条の権

---

〈4〉　新たに創作された部分に28条の権利は及ばず原著作物のみを利用する部分に二次著作物の著作権は及ばないとする説（高林『標準』87頁）もある。なお，前述原審判決は，この区別が困難であることも，差止めを認容する際の根拠としている。

〈5〉　前述〔キャンディ・キャンディ事件〕の事案につき，表紙絵及び原画と原作原稿をストレートにみたとき，前者が後者の二次的著作物に当たると評価できないとの指摘もある（上野・前掲注3）。

利に基づく複製権（著21条）が及ぶことになる。

なお，前述〔レザードール写真集事件〕は，被告の行為と具体的な支分権との関係等につき釈明を求めた[6]等の原審の審理経過を踏まえて控訴審の審理を終了した旨を補足的に説示した上で，写真集への人形の使用許諾の欠如を含め，著作権侵害に基づく不法行為の成立を否定している。

(相崎　裕恒)

---

〈6〉　28条に基づく原著作者の権利の行使は，その著作物について著作権の行使と訴訟物を異にする（大阪地判平成16年4月27日判時1882号116頁〔キューピー著作権事件（第2次第1審）〕，**Q31**）。

## Q31　原著作物の著作者の権利

**Q** 私は可愛い天使のイラストを創作し，その後，妻がこれを立体的に表現した人形を制作し，いずれも人気を得ております。ところがA社は私たちに無断で，このイラストを包装紙に使用し，そっくりの人形型の容器を商品に使用しています。私と妻は，A社に対しどのような請求ができるでしょうか。

**A** 夫は，著作者として，可愛い天使のイラスト（本件イラスト）について著作権及び著作者人格権を有する。また，本件イラストを立体的に表現した人形（本件人形）は，本件イラストを原著作物とする二次的著作物に当たるものと考えられるから，妻は，二次的著作物である本件人形について著作権及び著作者人格権を有し，夫は，原著作物の著作者として，二次的著作物（本件人形）の利用に関し，二次的著作物の著作者が有するものと同一の種類の権利を有する（著28条）。

そうすると，夫は，本件イラストに係る著作権や著作者人格権の侵害を主張して，A社に対し，包装紙へのイラストの使用や人形型の容器の使用の差止めを求め（著112条1項），その請求をするに際し，包装紙や容器の廃棄を請求することができる（著112条2項）。さらに，A社の行為により損害が生じた場合には，A社に対し，損害賠償（民法709条）又は不当利得の返還（民法703条）を請求することができる。

また，妻は，本件人形（二次的著作物）に係る著作権や著作者人格権に基づき，夫は，本件人形（二次的著作物）の原著作物（本件イラスト）の著作者として，著作権法28条の権利に基づき，A社に対し，人形型の容器の使用の差止め，容器の廃棄，並びに損害賠償又は不当利得の返還を請求することができる。

## 解説
### 1 二次的著作物

(1) 二次的著作物とは，著作物を翻訳し，編曲し，若しくは変形し，又は脚色し，映画化し，その他翻案することにより創作した著作物をいう（著2条1項11号）。

二次的著作物について著作権が成立するためには，原著作物を適法に（原著作者の許諾を得て）改変したものであることは要件とされていないから，原著作者の許諾を得ないで二次的著作物を創作した場合であっても，これについて著作権が成立する。ただし，著作者は翻案権等を有しているから（著27条），第三者が無断で二次的著作物を創作することは著作権侵害となり，二次的著作物の著作者であっても，これを利用すると原著作物の著作権侵害となる（著28条）ため，二次的著作物の著作者は，第三者の無断利用に対してのみ権利行使ができるにすぎない（中山『著作権法』127頁）。

(2) 著作権法2条1項11号は，二次的著作物の創作行為として，「翻訳」，「編曲」，「変形」及び「翻案」の四類型を挙げるが，二次的著作物となるのは，原著作物に依拠し，かつ原著作物の表現上の本質的な特徴を直接感得することができる場合である。

「翻案」の意義について，〔江差追分事件〕上告審判決（最一小判平成13年6月28日民集55巻4号837頁）は，「言語の著作物の翻案（著作権法27条）とは，既存の著作物に依拠し，かつ，その表現上の本質的な特徴の同一性を維持しつつ，具体的表現に修正，増減，変更等を加えて，新たに思想又は感情を創作的に表現することにより，これに接する者が既存の著作物の表現上の本質的な特徴を直接感得することのできる別の著作物を創作する行為をいう」と判示している（なお，上記判示は，「言語の著作物の翻案」についてのものであるが，他の著作物の翻案についても通用するものと考えられている。）。

## 2 原著作物と二次的著作物との関係

(1) 二次的著作物は原著作物とは別個の著作物であり，二次的著作物が成立しても，原著作物の著作者の権利に影響を及ぼさない（著11条）。

(2) 二次的著作物の著作権は，二次的著作物において新たに付与された創作的部分のみについて生じ，原著作物と共通しその実質を同じくする部分には生じないものと解される（最一小判平成9年7月17日民集51巻6号2714頁〔ポパイネクタイ事件〕）。

　二次的著作物の保護期間は，原著作物とは別個独立して計算されるが，その保護範囲は二次的著作物において新たに付与された創作的部分のみについて生じるから，原著作物の著作権の保護期間が満了している場合には，二次的著作物独自の保護範囲を問題とする必要がある（田村『概説』282頁）。

(3) 二次的著作物の原著作物の著作者は，二次的著作物の利用に関し，二次的著作物の著作者が有するものと同一の種類の権利を専有する（著28条）。

　原著作物の著作者が有する「同一の種類の権利」の解釈については，二次的著作物に関する権利の全てについて，二次的著作物の著作者と同じ内容の権利を有していると解する考え方（最一小判平成13年10月25日判時1767号115頁〔キャンディ・キャンディ事件〕）と，原著作物の著作者が二次的著作物に関して権利行使することができる範囲は，原著作物の表現が感得できる範囲に限られると解する考え方（中山『著作権法』134頁，高林『標準』86頁）とがある。

(4) なお，原著作者として有する著作権法28条の権利（二次的著作物の利用に関する原著作者の権利）を行使するのと，原著作物の権利に依ることなく二次的著作物の著作権を行使するのとでは，権利の対象となる著作物及び権利の内容，範囲を異にするものであるから，両者は訴訟物を異にすると解される（大阪地判平成16年4月27日判時1882号116頁〔キューピー著作権事件（第2次第1審）〕）。

## 3 本問における検討

(1) 夫は，著作者として，可愛い天使のイラスト（本件イラスト）について著作権及び著作者人格権を有する。

A社は包装紙に本件イラストを使用していることから，夫は，本件イラストに係る著作権（複製権）に基づき，A社に対し，包装紙へのイラストの使用の差止め（著112条1項）や包装紙の廃棄（著112条2項），並びに損害賠償（民法709条）又は不当利得の返還（民法703条）を請求することができるものと考えられる。

さらに，A社は本件イラストの翻案物である本件人形（本件イラストを立体的に表現した点に新たな創作性が認められ得る。）にそっくりの人形型の容器を使用していることから，A社の人形型の容器自体も本件イラストの翻案物であるとして，夫は，本件イラストに係る著作権（翻案権）や著作者人格権（同一性保持権）に基づき，A社に対し，人形型の容器の使用の差止めや容器の廃棄，並びに損害賠償又は不当利得の返還を請求することができるものと考えられる。

(2) また，本件イラストを立体的に表現した人形（本件人形）は，本件イラストを原著作物とする二次的著作物に当たるものと考えられるから，妻は，二次的著作物である本件人形について著作権及び著作者人格権を有し，夫は，原著作物の著作者として，二次的著作物（本件人形）の利用に関し，二次的著作物の著作者が有するものと同一の種類の権利を有する（著28条）。

そうすると，妻は，本件人形（二次的著作物）に係る著作権（複製権，翻案権）や著作者人格権（同一性保持権）に基づき，夫は，本件人形（二次的著作物）の原著作物（本件イラスト）の著作者として，著作権法28条の権利に基づき，A社に対し，人形型の容器の使用の差止め，容器の廃棄，並びに損害賠償又は不当利得の返還を請求することができるものと考えられる。

（柵木　澄子）

## Q32 書籍の翻案とナレーション

**Q** 地方の歴史・風物を紹介する番組で，そのナレーションをAが著作したノンフィクション書籍を参考に作成して放送したところ，Aから書籍の翻案であると主張されました。ナレーションと書籍とでは具体的な表現は異なっているのですが，それでも翻案になるのでしょうか。

**A** 書籍とナレーションとで具体的な表現が相当程度異なり，書籍の表現とナレーションの表現の間でアイデア，事実等の表現それ自体でない部分又は表現上の創作性がない部分で同一性を有するにすぎない場合，あるいは当該表現に接した者において表現の本質的特徴を直接感得することができない場合には，「翻案」に当たらないものと考えらる。

### 解　説

#### 1　翻案の意義

著作権法27条は，「著作者は，その著作物を翻訳し，編曲し，若しくは変形し，又は脚色し，映画化し，その他翻案する権利を専有する。」と定めており，著作者は自ら当該著作物の翻案をしたり，他人に翻案を許諾したりする権利を独占している。同法21条では別途著作者の複製権が定められているから，「翻案」が「複製」とは異なる概念であることは明らかであるが，「翻案」とはどのような行為をいうのであろうか。本件のノンフィクション書籍は言語で記述された「言語の著作物」（著10条1項1号）であるが，従来の見解は，既存の著作物の内面形式を維持しながら，外面形式すなわち具体的な表現を変更することが「翻案」であるとする（加戸『逐条講義』48頁参照）。しかしながら，表現の内面形式と外面形式を峻別することは，現実には困難なことが少なくなく（中山『著作権法』127～131頁参照），不都合な面があった。この点，著名な〔江差追分事件〕の上告審判決である最一小判平成13年6月28

日民集55巻4号837頁は，言語の著作物の翻案とは，「既存の著作物に依拠し，かつ，その表現上の本質的な特徴の同一性を維持しつつ，具体的表現に修正，増減，変更等を加えて，新たに思想又は感情を創作的に表現することにより，これに接する者が既存の著作物の表現上の本質的な特徴を直接感得することのできる別の著作物を創作する行為をいう。」と判示している。そうすると，例えば，既に存在する著作物（本件ではノンフィクション書籍）を下敷きにして，文章の表現に手を加えて社会通念上別の著作物と見られる著作物を作成したが，新たな著作物を例えば読んだり聞いたりした者が，もとの著作物の表現の本質的な特徴を感じ取ることができるほど，新たな著作物においてももとの著作物の表現の本質的な特徴が維持されている場合には，「翻案」に当たることになる。したがって，上記判決にいう「表現上の本質的な特徴」が維持されているか否かが重要であることが分かるが，「表現上の本質的な特徴」とは一体どのようなことを意味するのであろうか。

## 2 「表現上の本質的な特徴」の意義

　この問題を明らかにするためには，そもそも著作権法で保護されるべき「表現」とは何かを検討しなければならないが，従来から，著作者の頭の中にとどまっているコンセプトの段階である「アイデア」（思想ないし感情）と，実際に書籍等に具体的に表された「表現」とを区別し，「アイデア」は同法で保護されないが，「表現」は同法で保護されるとされている（中山『著作権法』44～49頁参照）。同法2条1項1号では，「著作物」を「思想又は感情を創作的に表現したものであって，」と定義しているから，「思想又は感情」のレベルである「アイデア」は，同法で保護されないというわけである。そうすると，前記の「表現上の本質的な特徴」も，「アイデア」のレベルでの特徴では足りず，書籍等の具体的な「表現」の特徴でなければならないし，当該「表現」の個性を示すことができるような「本質的」なものでなければならない。したがって，書籍等の具体的な「表現」の「本質的特徴」が新たな著作物ともとの著作物との間で維持されている場合には「翻案」に当たる可能性があるが，そうでない場合には「翻案」には当たらないことになる。

また，著作権法は「表現」一般を保護するのではなく，「創作性」のある「表現」を保護するものであるから（著2条1項1号），「翻案」に当たるかを検討する場面でも，「創作性」の見地からする検討が必要である。

　前記〔江差追分事件〕は，この点に関し，「著作権法は，思想又は感情の創作的な表現を保護するものであるから（同法2条1項1号参照），既存の著作物に依拠して創作された著作物が，思想，感情若しくはアイデア，事実若しくは事件など表現それ自体でない部分又は表現上の創作性がない部分において，既存の著作物と同一性を有するにすぎない場合には，翻案には当たらないと解するのが相当である。」と判示する。このように，新たな著作物ともとの著作物との間で，具体的な「表現」に至らない「アイデア」が共通するにすぎない場合や，「表現」の前提となった事実関係などが共通するにすぎない場合，あるいは両者の間で共通する部分が創作性のない部分にすぎない場合には，「翻案」に当たるものではない。

## 3　本問での検討

　設問のケースは，既存のノンフィクション書籍を参考にナレーションを作成しているので，ノンフィクション書籍とナレーションとの間で，「表現」に至らない「アイデア」が共通するにすぎないときや，「表現」で示された事実関係が共通するにすぎないとき，あるいは両者で共通する点が表現上の創作性がない部分であるときには，ナレーションは当該ノンフィクション書籍の「表現」を「翻案」したものではない。例えば，原稿作成のコンセプトとか，ノンフィクションたらしめている実際の歴史的事実等の点で共通しているにすぎず，具体的な表現内容を見ると相当かけ離れたものであったり，「表現」として似通っている点を抽出すると，もはや創作物であるとはいえない程度のレベルで共通するにすぎなかったりするときには，当該ノンフィクション書籍の「表現」の「本質的特徴」がナレーションにおいて維持されておらず，「翻案」に当たらないことになる。

　前記〔江差追分事件〕の事案は，北海道の江差町に伝わる民謡「江差追分」に関するノンフィクションのうち，江差追分全国大会の様子等を描写し

た短編部分の表現について，テレビ放送におけるナレーションによる翻案権侵害が問題となったものであるが，判決は，上記短編部分とナレーションの共通点につき，①江差町がかつてニシン漁で栄え，その賑わいが江戸にもないと言われたほど豊かであったが，現在ではニシンが去ってその面影がないことは，一般的知見に属し，江差町の紹介としてありふれた事実にすぎない，②現在の江差町が最もにぎわう時は江差追分全国大会が開催される時であるということが，著者に特有の認識，アイデアであるとしても，このような認識等は著作権上保護されないと判示したほか，③上記短編部分の骨格をなす事項の記載順序とナレーションの運び方（事項を述べる順序）が同一であることは，表現上の創作性が認められない部分で同一であるにすぎず，ナレーションに接した者が上記短編部分の表現上の本質的な特徴を直接感得することはできない，などと判示して，翻案権侵害を認めなかった。

　このように，例えばノンフィクション書籍中で記述されている歴史的事実の事実関係を，具体的な「表現」の仕方を相当程度変えてナレーションにする場合には，翻案権侵害にはならないと考えられる。

## 4　参考文献

　髙部眞規子「判解」平成13年（下）549頁，中平健「翻案権侵害の成否」『新・裁判実務大系』333頁，渋谷達紀「言語の著作物における翻案の意義」判評517号26頁，山本隆司「翻案権」百選〔4版〕100頁

（田邉　実）

## Q33 音楽の著作物の編曲

**Q** A曲は，先に発表されているB曲と主旋律がよく似ており，B曲の盗用だと思うのですが，音楽の著作物について「複製」「翻案」あるいは「編曲」は，どのように考えたらよいですか。

**A** 音楽の著作物には，楽曲と歌詞が含まれる。楽曲の構成要素には，旋律（メロディー），和声（ハーモニー），節奏（リズム），形式（フォルム）等があり，これらが一体となって楽曲を形成している。したがって，A曲とB曲との間にこれらの要素においてどの程度同一性が認められるかを分析し，それらを総合して，「複製」「翻案」あるいは「編曲」に該当するか否かを判断することになる。

### 解説

#### 1 音楽の著作物

著作権法10条1項2号には，著作物の例示の一つとして「音楽の著作物」が規定されており，音楽の著作物も著作権の対象となる。音楽は何らかの媒体に固定されている必要はなく，即興演奏による音楽も，音楽の著作物となる。音楽の著作物には，楽曲と歌詞が含まれるが，歌詞については，例えば楽曲とは無関係に純粋の詩として創作されたものが後に楽曲の歌詞として利用されたような場合には，同項1号の「言語の著作物」として保護される場合もあることとなる[1]。

#### 2 音楽の著作物の複製，編曲，翻案

音楽の著作物の著作権者は，複製権を有する（著21条）。「複製」とは，著

---

[1] 楽曲と歌詞の関係については，それぞれが独立の著作物となり得るとして，いわゆる「結合著作物」であると考えられている（作花『詳解』180頁，加戸『逐条講義』50頁，高林『標準』41頁）。

作物を有形的に再製することであり（著2条1項15号），判例では，「既存の著作物に依拠し，その内容及び形式を覚知させるに足りるものを再製すること」としている[2]。著作物をデッドコピーしたものに限定されず，多少の修正，増減，変更等が加えられたものも含まれる。

また，著作権法27条は，「著作者は，その著作物を翻訳し，編曲し，若しくは変形し，又は脚色し，映画化し，その他翻案する権利を専有する。」と規定しており，音楽の著作物の著作権者は，編曲権，翻案権も有する[3]。

「編曲」とは，音楽の著作物のうちの楽曲に関し，これをアレンジして原曲に新たな創作性を加えることである[4]。また，「翻案」とは，原著作物を利用し，これに新たな創作性を加えて，新たな著作物を創作することである。

「編曲」も「翻案」も，「既存の著作物に依拠し，かつ，その表現上の本質的な特徴の同一性を維持しつつ，具体的表現に修正，増減，変更等を加えて，新たに思想又は感情を創作的に表現することにより，これに接する者が既存の著作物の表現上の本質的な特徴を直接感得することのできる別の著作物を創作する」ものであることを要すると解される[5][6]。

---

[2] 最一小判昭和53年9月7日民集32巻6号1145頁〔ワン・レイニー・ナイト・イン・トーキョー事件〕

[3] 「翻訳」「編曲」「変形」「翻案」の関係は，一般的には，それぞれが二次的著作物作成行為であり，並列的な概念であると解されているが（加戸『逐条講義』47頁，作花『詳解』110頁），翻訳，編曲，変形，脚色，映画化は翻案行為の例示であると解する説もある（渋谷『講義2』154頁）。

[4] 「編曲」については，ピアノ曲を管弦楽や吹奏楽に編曲するなど，ある楽曲を他の楽器用に編み変えたり，交響曲用にするなど他の演奏形式に適するように改編することなどが編曲に当たる（作花『詳解』110頁），原著作物たる楽曲に基づいて，その旋律，リズム，楽器の構成，編成，等々を変更し，新たな著作物（二次的著作物）を作成することをいい，クラシックをジャズ風にしたり，ポップス調にしたりすることも含まれる（『コンメンタール2』65頁〔椙山敬士〕），単純に五線譜に書かれているものをハーモニカ用に数譜化する場合とか，ハ調をイ調に移調するような場合とか，ピアノ楽曲用に作曲されたものをヴァイオリン楽器用に直す場合とか，民謡を採譜する場合とかは，編曲に該当しない（加戸『逐条講義』47頁）などの説明がなされている。結局，後記のとおり，「編曲」に該当するか否かは，個々の事例において，楽曲の創作性が認められる部分に対し，新たな創作性が加えられていると認められるか否かで判断することになる。

## 3 音楽の著作物における著作権侵害の判断要素

　楽曲の構成要素には，旋律（メロディー），和声（ハーモニー），節奏（リズム），形式（フォルム）等があり，これらが一体となって楽曲を形成している[7]。楽曲の創作性が認められるのはこれらの点についてであり，複製権侵害，編曲権・翻案権侵害の成否も，これらの要素において，その同一性，類似性を考慮して判断することになる。

　東京地判平成12年2月18日判時1709号92頁〔どこまでも行こう事件（第1審）〕では，楽曲の複製権侵害が主張されたのに対し，「両曲とも，比較的短くかつ分かり易いメロディーによって構成されている」とした上で，「両曲の同一性を判断するに当たっては，メロディーの同一性を第一に考慮すべきであるが，他の要素（筆者注：和声，拍子，リズム，テンポなど）についても，必要に応じて考慮すべきである」とし，両曲をフレーズに分けて対比した結果，メロディーにおいて同一性が認められず，和声と拍子も異なっているので，両曲には同一性があるとは認められないとして，複製権侵害を認めなかった。

　上記事件の控訴審では，複製権侵害の主張が撤回され，編曲権侵害が主張されたが，東京高判平成14年9月6日判時1794号3頁〔どこまでも行こう事件（控訴審）〕は，旋律（メロディー），リズム，和声（ハーモニー），形式等の要素のうち，それぞれの楽曲ごとに表現上の本質的な特徴を基礎付ける要素は異なるが，少なくとも旋律を有する通常の楽曲に関する限り，「編曲」の成否において，相対的に重視されるべき要素として主要な地位を占めるのは旋律であるとした上で，旋律，和声，その他の要素ごとに両曲を分析し，旋律の相当部分が実質的に同一である上，旋律全体の組立てに係る構成も類似

---

[5] 最一小判平成13年6月28日民集55巻4号837頁〔江差追分事件〕。なお，本判決は言語の著作物の翻案について判示したものであるが，音楽の著作物の編曲や翻案についても，同じことがいえる。後記の〔どこまでも行こう事件（控訴審）〕でも，編曲の意義について，上記最判に準じて判断している。
[6] 編曲も翻案も，既存の著作物に依拠したものであることが必要となるが，この点についてはQ34を参照されたい。
[7] 東京地判昭和43年5月13日下民19巻5-6号257頁〔ワン・レイニー・ナイト・イン・トーキョー事件（第1審）〕参照。

しており，旋律の相違部分や和声その他の諸要素を総合的に検討しても，表現上の本質的な特徴の同一性が維持されているとして，編曲権侵害を認めた。

　上記各判決でも示されているように，楽曲ごとに，旋律，和声，リズム，形式等の要素のうち，どの要素が表現上の本質的な特徴を基礎付けている要素であるかは，異なってくる。したがって，複製権侵害，編曲権・翻案権侵害の成否は，問題となっている楽曲ごとに，表現上の本質的な特徴において主要な要素がどの要素であるかをまず判断し，その上で，両曲における当該要素の同一性，さらに他の要素の同一性を分析し，これらを総合して判断することとなる。そして，原曲に多少修正，増減，変更等が加えられていたとしても，原曲の表現上の本質的な特徴の同一性が維持されており，しかも，その修正等に創作性が認められなければ，複製となり，原曲に修正，増減，変更等がなされたことにより，新たな創作性が加えられているが，原曲の表現上の本質的な特徴の同一性が維持されていると認められれば，編曲・翻案となり，原曲に修正，増減，変更等がなされたことにより，原曲の表現上の本質的な特徴の同一性が認められないほど原曲が改変されていれば，それは新たな楽曲の創作となる。

〔八木　貴美子〕

## Q34　著作権の侵害と依拠性

**Q** 私の作曲した曲について，Ａ曲の複製であると主張されました。Ａ曲を聴いてみますと確かに私の作曲した曲とほとんど同一ですが，私はＡ曲を全く知りませんでした。このような場合でも著作権侵害となるのでしょうか。

**A** Ａ曲に依拠せずに同一楽曲を作曲する行為は，著作権を侵害する行為ではないので，Ａ曲を知らずに同一楽曲を作曲しても，著作権侵害にならない。

### ▌解　説[1]

#### 1　「依拠」の要件とこれを要求する趣旨について

(1)　著作権法の条文上は明確ではないものの，原告側著作物に「依拠」せずに同一の著作物を作成したとしても著作権侵害にならず，このことは，原告側著作物の存在や内容を知らなかったことについての過失の有無にかかわらない。これは，著作物としての創作性が「他人の著作物の再製にあたらない独自性」であることから，「別人が別個に具体化した独自性を自己の独自性の利用とはできない」ことによるものである[2]。

(2)　「依拠」とは，「既存の著作物に表現された内容を知り，これを何らかの程度利用して自己の作品を作出すること」をいい，①既存の著作物の表現内容の認識と，②その自己の作品への利用の意思に分けることができる（西田美昭「複製権の侵害の判断の基本的考え方」『裁判実務大系』117頁等）と説明されている[3]。また，依拠の対象は，アイデアや事実ではなく創

---

[1]　本文中に掲載したものの他，高部『著作権訴訟』250頁，三好豊「複製権侵害について」『理論と実務４巻』181頁等を参考にした。

[2]　小酒禮「判解」昭和53年411～423頁（後述〔ワン・レイニー・ナイト・イン・トーキョー事件〕の調査官解説）

作的な表現でなければならない（中山『著作権法』464頁等）とされている。

(3) 設問の元となった最一小判昭和53年9月7日民集32巻6号1145頁〔ワン・レイニー・ナイト・イン・トーキョー事件〕は，昭和8年製作の米国映画の主題歌としても使われた楽曲（A曲）の著作権者から「ワン・レイニー・ナイト・イン・トーキョー」という楽曲（B曲）の作曲者等への損害賠償請求を退けるに当たって，「(旧著作権法（明治32年法律第39号）にいう) 著作物の複製[4]」とは，「既存の著作物に依拠し，その内容及び形式を覚知させるに足りるものを再製することをいう」とし，「既存の著作物と同一性のある作品が作成されても，それが既存の著作物に依拠して再製されたものでないときは，その複製をしたことにあたら」ない旨，既存の著作物に接する機会がなくその存在，内容を知らずに既存の著作物と同一性のある作品を作成しても「これを知らなかったことにつき過失があると否とにかかわらず」著作権侵害の責を負わない旨を示した[5]。

被告作曲家は，内外のレコードを数多く保管する放送局に勤務し，レコード係の経験もあり，B曲作曲当時（昭和38年）には音楽番組を含むテレビ番組の企画制作の責任者として流行歌の作詞作曲に従事していた。にもかかわらず，A曲は，B曲作曲当時に至るまで「音楽専門家又は愛好家の一部」に知られていただけで「音楽専門家又は愛好家であれば誰でも」知っていたというほど著名でなく，被告作曲家がB曲の存在を

[3] 依拠を「既存の著作物を自己の作品へ利用する事実」として「無意識による依拠」を肯定する説（山本隆司「著作権侵害の成否」『新・裁判実務大系』308頁），「機械的な方法による利用」はその立証により依拠が問題にならないとした上でこれと区別される「人の認識・記憶を介した利用」における依拠につき「被告作品の作成時における既存の著作物の表現に関する記憶の保持（前意識での記憶を含む）」と「その記憶の被告作品の表現の作成に対する実質的な寄与」に分析できるという説（前田哲男「依拠について」紋谷暢男教授古稀記念論文集刊行会編『知的財産権法と競争法の現代的展開』（発明協会，2006））等もある。
[4] 旧著作権法の「複製」は，現行法の「複製」のみならず「翻案」「変形」に相当する行為も含むと解されていた（高部『著作権訴訟』等）。
[5] 最一小判平成13年6月28日民集55巻4号837頁〔江差追分事件〕(Q32) も，言語の著作物の翻案というために「依拠」を要する旨を示した。

知っていたとしなければならない事情がない，類似が問題となったＢ曲の部分の旋律が流行歌でよく用いられている音型に属しており偶然類似のものが現れる可能性が少なくないうえＡ曲の該当部分にない旋律も含んでいる，等により，Ｂ曲がＡ曲に依拠して作曲されたと断ずることはできないとされた。

## 2 「依拠」の認定の実際と実務に際しての留意点

(1) 「依拠」の要件についての直接証拠による証明は困難であり，これが争いになった場合には，被告が創作の直前に原告側著作物に接したことや，被告側著作物に原告側著作物の瑕疵や原告埋込みに係る本来的に不要な表現等が存在していること等の間接事実による推認によることになる。以下，「依拠」が争点となった例をみることとする。

(2) まず，「依拠」が肯定された例をみる。

東京高判平成14年9月6日判時1794号3頁〔どこまでも行こう事件〕(Q33を参照) がある。著名な作曲家である甲乙間で乙曲が甲曲の編曲に係るものか否かにつき，「依拠」の有無が全面的に争われた。昭和41年にCMソングとして公表された甲曲が乙曲の作曲当時（平成4年）までの時代に我が国でよく知られていたことから，上述〔ワン・レイニー・ナイト・イン・トーキョー事件〕とは事案が異なるとされ，さらに，両曲の旋律の間に顕著な類似性があること，乙が甲曲に接した可能性が極めて高いことを示す客観的な事情がある等によって，「依拠」が推認された。

自らの体験に基づく読み物の著作者である原告からのこの体験を題材とした童話の執筆者等に対する請求を認容した横浜地小田原支判平成14年8月27日判時1824号119頁〔すてイヌシェパードの涙事件〕では，原告著作物の童話の執筆者が元小学校教員であり推薦図書に選定された原告著作物に接する機会があったことや童話とあとがきに原告著作物を読まない限り知り得ない事実が含まれること等も踏まえ，新聞が紹介した原告体験と現地取材に基づき童話を執筆したという被告主張を退けてい

る。

　原告著作物に直接接していない者につき「依拠」が肯定された事案がある。共同制作に係るテレビドラマがルポタージュ風の読み物の翻案であるとされた東京高判平成8年4月16日判時1571号98頁〔悪妻物語事件〕では，共同制作者それぞれにつき「依拠」を要するとした上で，他の共同制作者の原著作物への接触及び「依拠」を知る者についての「依拠」が肯定された。また，薬の包装箱等に印刷された被告図柄に原告著作物の創作性表現が含まれていた大阪地判平成11年7月8日判時1731号116頁〔パンシロントリム事件〕では，被告が参考にした第三者によるデザイン画が原告著作物の複製物であるとされて，被告図柄は，原告著作物の二次的著作物であるとされた。

(3)　次に依拠が否定された例[6]をみる。

　被告らの作成に係る舞台装置に組み込まれた美術作品の制作が原告作成の美術作品に係る著作権侵害となるかが争われた東京地判平成11年3月29日判時1689号138頁〔赤穂浪士舞台装置事件〕では，被告の経歴や被告作品の制作経緯，原告作品を知らなかったという被告供述に不合理や不自然な点がないことを詳細に認定し，これを踏まえて，依拠を欠くものとされた[7]。

(4)　依拠性を推認させる間接事実の立証プロセスが「創作性（著作物性）」や「直接感得性」の認定プロセスと事実上重複する場合がある[8]。

---

[6]　判決をみる限りでは，「創作性（著作物性）」や「直接感得性」の判断によらずに「依拠」を否定することによって侵害でないとした例は少ない。東京高判平成4年9月24日判時1452号113頁〔サンジェルマン殺人狂騒曲事件〕も，フランスの推理小説の翻訳につき，原審が依拠を否定したのに対し，控訴審では，被告が原告翻訳に接した経緯と訳語等の類似性とを総合判断し，訳語訳文レベルの依拠を推認した上で，訳書全体の同一性の観点から複製権侵害を否定した。

[7]　この判決の控訴審は，直接感得性がないとして，依拠を論ずるまでもなく非侵害であるとした。

[8]　「極めて個性的・独創的な原作品と同一又は極めて類似するようなときには，その原作品への依拠性をそれほど問題にすることなく複製が肯定される」（小酒・前掲注2）との指摘もこのことをいうものと思われる。

被告パズルの一部において原告パズルの「表現上の本質的な特徴を直接感得することができる」とするとともに同じ事情によって依拠が認定された事案（東京地判平成20年1月31日（平成18年（ワ）第13803号）裁判所ウェブサイト〔パズル事件〕）や，創作性や同一性についての詳細な検討を踏まえて裁判記録（原資料）を基礎として記述された原告著作物の表現と同一である被告著作物の表現につき「同一性の程度等に鑑みて」依拠を肯定した事案（東京地判平成10年11月27日判時1675号119頁〔壁の世紀事件〕）がある。また，「依拠」が十分に推認されるにもかかわらず被告側が十分な説明もなく依拠を争うことによって感情的な対立が生じて和解による解決が阻害される場合があるとも指摘されている[9]。

　実務において「依拠」を争う際には，これらの点にも留意すべきであろう。

（相崎　裕恒）

---

[9]　知財高判平成23年5月26日判時2136号116頁〔データ復旧サービス事件〕の解説を参照。

## Q35　ゲームソフトの映画の著作物性・頒布権の消尽

**Q**　(1)　テレビゲーム機のゲームソフトは「映画の著作物」に当たりますか。
(2)　ゲームソフトが「映画の著作物」である場合，中古ソフトの販売も「頒布」として著作権者の承諾が必要となるでしょうか。

**A**　(1)　テレビゲーム機のゲームソフトであっても，静止画像が多いものではなく，かつ，その影像に創作性が認められる場合には，「映画の著作物」に該当する。
(2)　ゲームソフトの著作権者は，「映画の著作物」であるゲームソフトについて頒布権を有するものの，その権利は第一の譲渡によって消尽するから，ゲームソフトの取得者が再販売をするに当たり，著作権者の承諾を得る必要はない。

### 解　説
#### 1　ゲームソフトの「映画の著作物」該当性について

著作権法上，映画は，著作物として例示されている（著10条1項7号）。著作権法2条3項は，「映画の著作物」には，映画の効果に類似する視覚的又は視聴覚的効果を生じさせる方法で表現され，かつ，物に固定されている著作物を含むものと規定しているところ，この規定は，①映画の効果に類似する視覚的又は視聴覚的効果を生じさせる方法で表現されていること（表現方法の要件），②物に固定されていること（存在形式の要件），③著作物であること（内容の要件）に分説することができる。

ゲームソフトのプログラムは，創作性を有していれば，プログラムの著作物（著10条1項9号）に該当するものであるが，その影像にあっても，上記各要件を満たして「映画の著作物」に該当するものであるか検討する。

(1) 表現方法の要件について

ここでいう「映画」とは，一般的に，伝統的なフィルムによる劇場用映画のことを指すと解されている。また，「映画の効果」とは，目の残存現象を利用して動きのある画像として見せるという視覚的な効果及び連続画像と音声・背景音楽・効果音等との同期による聴覚的な効果をいい，これに類似する効果を生じさせるものであることが求められている。

「映画の効果に類似する視聴覚効果」との要件については，影像の連続（著2条1項14号）がその本質をなすということができる。東京高判平成11年3月18日判時1684号112頁〔三国志Ⅲ事件〕は，パソコン用のシュミレーション・ゲームソフトの画像について，静止画像が多いことなどを理由に「映画の著作物」の該当性を否定しているが，上記要件としては，影像の連続，すなわち動きのある画像として見せるという視覚的な効果があれば足り，動画の中に一部静止画像があるような場合には，この要件を満たさないものとはいえないものと解される。

(2) 存在形式の要件について

「物に固定されている」とは，著作物が何らかの方法により物に結び付くことにより，その存在，内容，帰属等が明らかになる状態にあれば足りる。したがって，例えば，テレビの生放送番組のように放送と同時に消えていく性格のものは，「映画の著作物」としては保護されないが，生放送の番組の影像も放送と同時に固定されれば，「映画の著作物」に該当するものとなる（東京高判平成9年9月25日判時1631号118頁〔テレプランニングインターナショナル事件〕）。

ゲームソフトの場合には，プレイヤーの操作によりプレイごとに影像や音声が異なるから，「固定」の要件を満たすものであるかが問題となるが，プレイごとに影像や音声が変化するといっても，いかなるレバー操作により，いかなる影像の変化が生ずるかもプログラムによりあらかじめ設定されており，その範囲内においてプレイヤーが影像等を選択しているにすぎないから，「固定」の要件を満たさないものとはいえない。

(3) 内容の要件について

　著作物とは，思想又は感情を創作的に表現したものであって，文芸，学術，美術又は音楽の範疇に属するものをいうから（著2条1項1号），「映画の著作物」に該当するためには，「創作性」を有する必要がある。この点について，最三小判平成13年2月13日民集55巻1号87頁〔ときめきメモリアル事件〕は，ゲームソフトの影像が著作物に該当する場合があることを明らかにしている。

(4) まとめ

　以上の要件を満たすようなテレビゲーム機のゲームソフトは，「映画の著作物」に該当することとなる。

　なお，家庭用ゲーム機のゲームソフトが「映画の著作物」に該当するかが問題とされた，最一小判平成14年4月25日民集56巻4号808頁〔中古ソフト事件〕は，①当該ゲームソフトは，それぞれCD-ROM中に収録されたプログラムに基づいて抽出された影像についてのデータが，ディスプレイの画面上の指定された位置に順次表示されることによって，全体が動きのある連続的な影像となって表現されるものであること，②当該ゲームソフトは，コンピュータ・グラフィックを駆使するなどして，動画の影像もリアルな連続的な動きを持ったものであり，影像に連動された効果音や背景音楽とも相まって臨場感を高めるなどの工夫がされており，アニメーション映画の技法を使用して，創作的に表現されていること，③本件各ゲームソフトを使用する場合に，ディスプレイの画面上に表示される動画影像及びスピーカから発せられる音声は，ゲームの進行に伴ってプレイヤーが行うコントローラの操作内容によって変化し，各操作ごとに具体的内容が異なるが，プログラムによってあらかじめ設定された範囲のものであることなどを理由として，当該ゲームソフトが「映画の著作物」に該当すると判示した。

## 2　中古ソフトの販売に係る著作権者の承諾の必要性について

(1) 頒布権の有無について

　映画の著作物については，著作者がその映画の著作物をその複製物により頒布する権利及び映画の著作物において複製されているその著作物を当該映

画の著作物の複製物により頒布する権利を専有する（著26条1項，2項）。ここにいう「頒布」とは，有償であるか又は無償であるかを問わず，複製物を公衆に譲渡し，又は貸与することをいい，映画の著作物又は映画の著作物において複製されている著作物にあっては，これらの著作物を公衆に提示することを目的として当該映画の著作物の複製物を譲渡し，又は貸与することを含む（著2条1項19号）。

頒布権は，映画の著作物のみに認められる権利であるが（映画以外の著作物においては営利を目的とせずに無償で公衆に貸与する場合には著作権が制限されている（著38条4項）。），これは，劇場用の映画制作には，多額の資本が投下されており，流通をコントロールして効率的に資本を回収する必要があったこと，劇場用映画については，複製品の数次にわたる貸与を前提とする，いわゆる配給制度の慣行が存在することなどを理由とするものである。そこで，劇場用映画以外の映画の著作物についても，著作権者の頒布権を肯定すべきかが問題となる。これを否定する見解もあるが（泉克幸「ゲームソフトの譲渡制限と頒布権」紋谷暢男教授還暦記念論文集刊行会編『知的財産権法の現代的課題』505頁（発明協会，1998年）等），前掲〔中古ソフト事件〕は，これを肯定している。当該ゲームソフトが映画の著作物に該当するものと認められる場合には，著作権法26条1項において規定する頒布権を否定すべき理由はない。肯定説が相当である。

(2) 頒布権の消尽について

映画の著作物について，著作権者の頒布権を肯定した場合，次に，頒布権が「消尽」するかが問題となる。「消尽」とは，著作権者自身又はその許諾を得た者が，著作物の原作品又は複製物を販売等の方法によりいったん市場の流通におくと，以後の頒布には頒布権が及ばないことをいう。映画の著作物以外の著作物に係る譲渡権は，いったん適法な譲渡がされた後は，その後の譲渡に対する権利は消尽する（著26条の2第2項参照）。これに対し，劇場用映画の頒布権は，第一譲渡の後も消尽しない権利であると解されているが，これは，上記(1)のとおり，映画フィルムへの資本投下や配給制度の存在を根拠とするものである。

そこで，劇場用映画とは異なるゲームソフトについて，頒布権が消尽するか否かが問題となるところ，第一譲渡による権利消尽の明文の規定がないことなどを理由として，消尽を否定する見解もあるが，前掲〔中古ソフト事件〕は，著作権法26条は，映画の著作物についての頒布権が消尽するか否かについて，何らの定めもしていない以上，消尽の有無は，専ら解釈に委ねられると解されるとした上で，公衆に提示することを目的としない家庭用テレビゲーム機に用いられる映画の著作物の譲渡については，著作権者の権利と社会公共の利益との調和，市場における商品の円滑な流通の確保，既に代償を確保する機会を保障されている著作権者に対して二重に利得を得ることを認める必要性がないことなどの観点から，当該著作物の複製物を公衆に譲渡する権利は，いったん適法に譲渡されたことにより，その目的を達成したものとして消尽し，もはや著作権の効力は，当該複製物を公衆に再譲渡する行為には及ばないものと解すべきであると判示している。このように，ゲームソフトに係る頒布権がいったん適法に譲渡されたことにより消尽すると，その取得者が再譲渡するに当たり，著作権者の許諾を得る必要はないこととなる。

### 3　本問での検討

以上のとおり，ゲームソフトであっても，表現方法，存在形式及び内容において著作権法2条3項に規定する要件を充足すれば，「映画の著作物」に該当するが，当該ゲームソフトがいったん適法に譲渡されると，頒布権は消尽し，取得者による再譲渡に当たって，著作権者の許諾を得る必要はない。

### 4　参考文献

髙部眞規子「判解」平成14年（上）404頁，高林『標準』65頁

（齋藤　巌）

## Q36　映画の著作物の翻案

**Q** 私が監督、制作した映画について、他の映画監督が自分の映画の著作権を侵害したと主張しています。確かにストーリーの一部は似ているかもしれないのですが、映画の著作物の翻案については、どのように考えればよいのでしょうか。

**A** 映画の著作物が、既存の他の映画の著作物を翻案したものと評価されるのは、当該映画の著作者が、既存の映画の著作物に依拠して当該映画を作成したことを前提に、その映画から既存の映画の著作物の表現上の本質的な特徴を直接感得することができる場合である。具体的表現を離れた単なる思想、感情若しくはアイデア等において、当該映画の著作物が既存の映画の著作物と同一性を有するにすぎない場合には、翻案に該当しない。したがって、ストーリーの一部の類似部分が、既存の映画の著作物と単にアイデアにおいて共通するにすぎず、表現上の本質的な特徴を直接感得することができるとはいえない場合には、翻案権侵害とはならないことになる。

### ▌解　説
#### 1　映画の著作物の著作者と著作権者

映画の著作物の著作者は、職務著作の場合を除き、「制作、監督、演出、撮影、美術等を担当してその映画の著作物の全体的形成に創作的に寄与した者」(著16条)とされ、映画監督は、映画の著作者となると考えられる。他方、映画の著作権は、その著作者が映画製作者に対し当該映画の著作物の製作に参加することを約束しているときは、当該映画製作者に原始的に帰属するとされる(著29条1項)。本問において、著作者である映画監督から、映画の著作物の翻案権侵害の主張がなされるのは、映画監督が自らの発意と責任の下に映画を製作している場合など、参加約束がないときということになる。

なお，本問では，映画のストーリーの一部が似ている可能性があるということなので，映画の著作物において翻案された脚本の著作物の翻案権侵害も問題となり得る。本問で翻案権侵害を主張している映画監督が，当該映画の脚本の著作物の著作権者である場合には，脚本の著作物についての翻案権侵害の主張がなされることも考えられる。

映画の著作者・著作権者については，Q52の解説を参照されたい。

## 2 翻案の意義

著作権法27条の「翻案」とは，既存の著作物に依拠し，かつ，その表現上の本質的な特徴の同一性を維持しつつ，具体的表現に修正，増減，変更等を加えて，新たに思想又は感情を創作的に表現することにより，これに接する者が既存の著作物の表現上の本質的な特徴を直接感得することのできる別の著作物を創作する行為をいい，思想，感情若しくはアイデア，事実若しくは事件など表現それ自体ではない部分又は表現上の創作性がない部分において既存の言語の著作物と同一性を有するにすぎない著作物を創作する行為は，既存の著作物の翻案に当たらないとされる[1]。

この点の詳細については，Q32を参照されたい。

## 3 本問についての検討

映画の著作物が，既存の他の映画の著作物又はその脚本の著作物を翻案したものと評価されるのは，当該映画の著作者が，既存の映画の著作物又はその脚本の著作物に依拠して当該映画を作成し，かつ，その映画から既存の映画の著作物又はその脚本の著作物の表現上の本質的な特徴を直接感得することができる場合である。具体的表現を離れた単なる思想，感情若しくはアイデア等において，当該映画の著作物が既存の映画の著作物又はその脚本の著作物と同一性を有するにすぎない場合には，翻案に該当しないことになる。

問題となっている映画の著作物が既存の映画の著作物又はその脚本の著作

---

[1] 最一小判平成13年6月28日民集55巻4号837頁〔江差追分事件〕

物と類似しているか否かを判断するには，双方について，類似部分と主張される部分を特定して対比し，それが，著作権法上保護されるべき創作的表現と言えるのか，単なる思想，感情若しくはアイデアにすぎないのかを検討し，さらに，著作権法上の保護に値する創作的表現について，既存の映画の著作物の本質的な特徴を直接感得することができると評価できるような類似性があるかどうかを検討するという手法（ろ過テスト）によるのが通常である。

なお，映画の著作物と映画の著作物とを対比するに当たっては，ストーリーについてのみならず，映像として表現されている，各場面のカメラワーク，カット割り，音声等の画像特有の点をも付加して行う必要があることにも留意すべきである。

## 4 参考となる裁判例

映画のストーリーが既存の他の映画のストーリーと類似することが問題となった裁判例として，〔七人の侍事件〕判決[2]がある。これは，A社がB監督（故人）の下で製作した劇映画（以下「原告映画」という。）に関し，B監督の相続人Xが，同映画の脚本（以下「原告脚本」という。）に対して有していた著作権及び著作者人格権，同映画について有していた著作者人格権に基づき，$Y_1$社が放送したテレビドラマ（以下「被告番組」という。）がBの著作権等を侵害したと主張し，ドラマの製作者である$Y_1$社及びドラマの脚本（以下「被告脚本」という。）の執筆者$Y_2$に対し，番組の複製，上映等の差止めや損害賠償等を求めた事案である。

第1審判決は，翻案権侵害について〔江差追分事件〕判決の示した基準によって判断することを示した上で，被告脚本が原告脚本の翻案権を侵害しているか否かについて，「原告脚本と被告脚本は，野盗に狙われた弱者に侍が雇われて，これを撃退するという大筋において，一致が認められる。」としつつも，被告脚本を原告脚本と対比すると，「被告原作小説の物語を基本と

---

[2] 東京地判平成16年12月24日判時1911号144頁（第1審），知財高判平成17年6月14日判時1911号138頁（控訴審）

して主人公の武蔵を軸にその視点からストーリーが展開されている点，野盗の急襲によって守備側の中心である半兵衛と追松があえなく討ち死にしてしまい，武蔵がほとんど独力で野盗の頭領である辻風典馬を倒す点で，原告脚本が農民や侍たち等の複数の視点からストーリーを構築し，侍たちが農民と協力して野武士を撃退するというストーリー展開をしているのと大きく相違する。」と認定した上で，「原告脚本と被告脚本とは，ストーリー展開やそのテーマにおいて，相違するということができる。したがって，原告脚本と被告脚本との間に，村人が侍を雇って野武士と戦うという点においてストーリー上の共通点が存在するにしても，そのことを理由として，被告脚本を原告脚本の翻案ということはできない。」と判示し，原告脚本と被告脚本とでは，村人が侍を雇って野武士と戦うという点においてストーリー上の共通点があるものの，具体的なストーリー展開が異なる以上，アイデアにおける共通点にとどまり，被告脚本から原告脚本の表現上の本質的な特徴を感得することはできないとして，翻案権侵害を否定した。

　また，同判決では，被告番組による原告映画の著作者人格権（氏名表示権及び同一性保持権）侵害の主張の判断について，原告映画と被告番組はともに映画の著作物であることから，これを対比する場合，「映像として表現されている各場面のカメラワーク，カット割り，音声等の画像特有の点をも対比するのが相当である」としつつ，本件においては，ストーリーや個々のエピソードの内容が類似しているとはいえない以上，特定の場面の画像についてその映像上の技法・特徴を付加して対比を行うまでの必要は見受けられないとして，特にこの点を検討することなく，被告番組による原告映画の著作者人格権侵害を否定した。

　控訴審判決は，控訴審で控訴人（第1審原告X）から追加主張された，原著作物が著名である場合には，それが無名の場合と比べて，翻案との類似度が低くても，「感得」の要件が満たされると判断すべきであるとの主張について，「著作物の表現上の本質的な特徴を直接感得するものであるか否かも，対象となる原著作物が著名であるか否かによって差異があるということはできない」として排斥し，控訴を棄却した。

## 5 参考文献

田村『概説』390頁,中山『著作権法』196頁,高林『標準』63頁,大野聖二「翻案権侵害について」『理論と実務4巻』194頁

(関根　澄子)

## Q37 編集著作物の要件

**Q** あらかじめ用意された和室や洋室，キッチンなどの部屋の種類やサイズを選び，それらを組み合わせて配置することにより間取図を作成できる間取図作成ソフトについて，そのソフトに収録されている各種の部屋パーツを選択したものは，編集著作物といえますか。

**A** 編集著作物とは，「編集物（データベースに該当するものを除く。）でその素材の選択又は配列によって創作性を有するもの」（著12条1項）である。

　設問において，間取図作成ソフトに収録された各種の部屋のパーツを選択したものが編集著作物といえるか否かは，編集物の素材となる部屋パーツの選択又は配列によって創作性を有するか否かによる。

　素材の選択又は配列によって創作性を有するといえるためには，一定の編集方針に基づく素材の選択又は配列に係る具体的な表現（当該編集方針というアイデア自体ではない。）において，作者の高度の独創性が発揮されたものであることは必要ではないが，ありふれたものでないという程度に作者の個性があらわれたものであることが必要とされる。

　そのため，設問において，ソフトに収録されている各種の部屋パーツを選択したものが，編集著作物といえるためには，収録されている各種の部屋パーツの選択又は配列が，一定の編集方針に従って編集された具体的な表現において，作者の個性があらわれたものでなければならず，ありふれたものであれば，編集著作物とはいえないことになる。

## 解　説

### 1　編集著作物とは

編集物で，その素材の選択又は配列によって創作性を有するものは，著作物として保護される（著12条1項）。

編集物には，例えば，著作物を素材としたものとして，百科事典，新聞，雑誌，論文集，文学全集などがあり，著作物でないものを素材としたものとして，英語単語集，職業別電話帳などがある。

現行著作権法は，「素材」が著作物（著2条1項1号）であることを要件としていないため，「素材」が著作物であるか否かにかかわらず，「素材の選択又は配列によって創作性を有する」編集物であれば，著作物（編集著作物）として保護されることになる。

### 2　編集著作物の「素材」

編集物において何が「素材」であるかについては，具体的事案に応じて判断することになる。

例えば，東京地判平成10年5月29日判時1673号130頁〔知恵蔵事件〕は，年度版用語辞典（知恵蔵）の編集著作物性が争われた事案において，用語とその解説や図表，写真などが選択又は配列により創作性が問題とされる素材であるといえるが，柱，ノンブル，ツメの態様，文字の大きさ，書体，罫，約物の形状などは，編集物の紙面に記載，表現されているものであっても，年度版用語辞典という著作物としての性質，目的からすると，創作性が問題とされる素材とはいえないとしている。他方，名古屋地判昭和62年3月18日判時1256号90頁〔用字苑事件〕は，現代生活における実用的な用語字典（用字苑）の編集著作物性が争われた事案において，当該用語字典が発行された当時，語句の意味を付さず，漢字だけを大きく表示してその表記の便宜に供する辞典類は既に存在していたが，その中で一段の各行に一語句のみを掲げるレイアウトを採用したのは当該用語字典が初めてであるなどとして，レイアウトの創作性を要素として重視し，当該用語字典の素材の選択又は配列における創作性を肯定し，その編集著作物性を肯定している。

このように，編集物を構成する要素のうち何が「素材」なのかは，当該具体的事案に応じて，当該編集著作物の目的，性質，内容から判断されることになる。

### 3 編集著作物の創作性

編集物が編集著作物として保護されるためには，当該編集物が，素材の選択又は配列によって創作性を有することが要件となる。

素材の選択又は配列によって創作性を有することとは，素材の選択又は配列に係る具体的な表現において，作者の高度の独創性が発揮されたものであることは必要ではないが，ありふれたものでないという程度に作者の個性があらわれたものであることが必要とされる。

事実やデータを素材とした編集著作物においては，編集方針に個性があらわれていることが少なくないが，著作権法は，編集方針というアイデアを保護するものではなく，当該編集方針に基づく素材の選択又は配列に係る具体的な表現を保護している。この点，東京地判平成16年3月30日（平成15年（ワ）第285号）裁判所ウェブサイト〔ケイコとマナブ事件〕は，「編集著作物は，あくまでも具体的な編集物に具現化された編集方法を保護するものであって，具体的な編集対象物を離れた，編集方法それ自体をアイデアとして保護するものではない。」と判示し，ツメ見出しの項目等について，具体的な広告記事を分類配列するための指標にすぎず，これらを関連付けしたものは，抽象的な体系的構成であり，編集著作物として保護されるものではないとしている。

このように，編集著作物の保護は，編集方針というアイデアを保護するのではなく，具体的な編集物に具現された編集方針を保護するものであるため，例えば，東京都職業別電話帳の編集方法を採用して大阪府職業別電話帳を作成しても，前者の編集著作権を侵害しないとされている（加戸『逐条講義』131頁）。もっとも，これには，職業別電話帳における「素材」を下層の電話番号だけでなく，上層の職業分類表も具体的表現と捉えることにより，東京の職業別電話帳の職業分類表をそのまま利用して作成した大阪の職業別電話帳

は，職業分類表という編集著作物の著作権の侵害となり得るし，個々の電話番号を消した職業分類表という編集著作物の著作権の侵害となり得るとの指摘もある（中山『著作権法』113頁）。

　この点については，職業別電話帳のように，「素材」の階層性のある編集著作物においては，個々の電話番号が下位の素材として存在し，上位の素材として職業分類表を捉えることができることや，このような「素材」の階層性を認めて上位の素材を観念した場合，上位の素材には抽象度が高くなり，当該素材の選択又は配列を編集著作物として保護した場合には，編集方針というアイデア保護につながるのではないかということが指摘されている（中山『著作権法』112, 114頁）。

## 4　設問の検討

　設問において，ソフトに収録されている各種の部屋パーツを選択したものが，編集著作物といえるためには，収録されている各種の部屋パーツの選択又は配列が，一定の編集方針に従って編集された具体的な表現において，作者の個性があらわれたものでなければならず，ありふれたものであれば，編集著作物とはいえないことになる。この点，名古屋地判平成19年6月28日判時1993号134頁〔間取図作成ソフト事件〕は，設問に類似した事例において，部屋のパーツの選択は，一般的な住宅において通常用いられる種類，サイズ，形状のものが選択されており，選択に個性があらわれたものということはできないなどとして，間取図作成用ソフトの間取りパーツの選択について編集著作物であることを否定している。

　　　　　　　　　　　　　　　　　　　　　　　　　　（岩﨑　慎）

## Q38 編集著作物の複製

**Q** 大学教授に監修をお願いして歴史資料集（収集した多数の公文書を整理分類し，解説を付したもの）を刊行しましたが，他社からこの資料集に依拠したと見られる資料集が刊行されました。他社資料集は，解説部分はありませんが，資料である公文書は相当程度重複し，配列は当社資料集と全く同じです。他社に対して何らかの法的措置がとれないでしょうか。

**A** 自社の歴史資料集が，一定の視点から公文書を選択，分類し，その選択，分類した公文書を種類別に配列したものであり，編集物の素材である公文書の選択又は配列に編集者の個性があらわれたものといえるものであれば，素材である公文書の選択又は配列によって創作性を有する編集著作物として，著作権法上，保護されることになる（著12条1項）。

設問では，他社資料集には，自社の歴史資料集の解説部分はないものの，選択された素材である公文書が相当程度重複し，配列は自社の歴史資料集と全く同じということであるから，自社の歴史資料集が編集著作物といえるのであれば，素材である公文書の選択又は配列における自社の歴史資料集の編集著作物としての創作性を再現（複製）するものとして，編集著作物の著作権（複製権）を侵害することになると考えられる。

そのため，著作権を侵害されることになる自社の歴史資料集の編集者である著作者（著作権者）は，編集著作物の著作権（複製権）を侵害する他社に対し，複製権侵害を理由として損害賠償等の法的措置をとることができると考えられる。

なお，設問では，大学教授に監修を依頼しているため，自社の刊行した歴史資料集の編集者である著作者として，編集著作物の著作権を行使できる者が誰かということが問題になるが，一定の視点から公文書を選択，分類し，一定の視点からこれを配列したのが，監修した大学教授であり，編

集への自社の関与が，素材の収集など補助者としての寄与の程度にとどまる場合には，編集著作物としての自社の歴史資料集の編集者（著作者）は，大学教授であるということになろう。

## ■ 解　説
### 1　編集著作物とは

　編集著作物とは，編集物で，その素材の選択又は配列によって創作性を有するものである（著12条1項）。

　編集物には，著作物であるものを素材としたものとして，設問のように，公文書を素材とする歴史資料集のようなもののほか，百科事典，論文集，文学全集などがあり，著作物でないものを素材としたものとして，英語単語集，職業別電話帳などがある。

　現行著作権法は，「素材」が著作物（著2条1項1号）であることを要件としていないため，「素材」が著作物であるか否かにかかわらず，これらの編集物で，その素材の選択又は配列によって創作性を有するものは，著作物（編集著作物）として，著作権法上，保護されることになる。

　設問における自社の歴史資料集は，公文書に付された解説部分が，これを編著した者を著作者とする著作物として，著作権法上，保護されるか否かとは別に，一定の視点から公文書を選択，分類，配列したものであり，編集物の素材である公文書の選択又は配列に編集者の個性があらわれたものといえるものであれば，素材である公文書の選択又は配列によって創作性を有する編集著作物として，著作権法上，保護されることになる（著12条1項）。

### 2　素材，編集著作物の利用

　設問における自社の刊行した歴史資料集のように，編集物の素材に著作物が含まれるとしても，編集著作物は，素材とは別個の著作物であるため，編集著作物の成立が素材の著作物の著作権に影響を与えることはなく，編集著作物の著作権は，編集された素材である著作物に及ぶことはない（著12条2項）。そのため，著作物を素材とする編集著作物を，編集著作物として利用

しようとする場合，素材である著作物の著作者の権利が働くとともに，編集著作物の著作者（編集者）の権利が働くことになる（加戸『逐条講義』131頁，作花『詳解』117頁）。

設問における自社の刊行する歴史資料集の場合には次のとおりとなる。

著作物である公文書を素材とする編集著作物である歴史資料集について，その素材である公文書のみを利用しようとする場合，素材である公文書の著作権が働き，編集著作物の著作権は働かないが，素材である公文書とともに編集著作物である歴史資料集を利用しようとする場合には，編集著作物である歴史資料集の利用が，公文書に付された解説部分を利用するものでないとしても，自社の刊行する歴史資料集の編集著作物の素材の選択又は配列により創作性を有する部分を利用するものであれば，素材の著作物である公文書の著作者の権利とともに，編集著作物である歴史資料集の編集者（著作者）の権利も働くことになる。

設問では，他社資料集には，自社の歴史資料集の解説部分はないものの，選択された素材である公文書が相当程度重複し，配列は自社の歴史資料集と全く同じということであるから，自社の歴史資料集が，素材である公文書の選択又は配列により創作性を有する編集著作物といえるのであれば，自社の歴史資料集の編集著作物としての創作的部分を再現（複製）するものとして，編集著作物の著作権（複製権）を侵害することになると考えられる。

## 3　編集著作物の著作者（編集者）

編集著作物は，素材の選択又は配列によって創作性を有することが必要であり，それは，一定の編集方針に従って編集するという意味であり，「具体的な編集物に具現されている編集方針」を創作した者が著作者（編集者）となるのであり，編集方針に従って情報の収集行為だけを行った者や，単なる助言者等は，編集に関して創作的な行為を行った者といえず，編集著作物の創作者ということはできない（中山『著作権法』107頁）。

この点，最三小判平成5年3月30日判時1461号3頁〔智恵子抄事件〕は，編集著作物である智恵子抄について，具体的な事実関係において，高村光太

郎自らが詩等の選択，配列を確定したものであり，出版業を営む者（他人）が高村光太郎の著作（作品）の一部を集めたとしても，それは，編集著作の観点からすると，企画案ないし構想の域にとどまるにすぎないというべきであるとして，編集著作権は，当該他人ではなく，高村光太郎に帰属すると判断している。

　設問では，自社の刊行する歴史資料集の監修を大学教授に依頼しているところ，編集に関してされた創作的な行為への自社及び大学教授の関与の内容，程度等が必ずしも明らかでないが，一定の視点から公文書を選択，分類し，一定の視点からこれを配列し，歴史資料集に具体的に表現された編集方針を創作したのが，監修した大学教授であるといえ，編集への自社の関与が，素材の収集や編集方針への助言など補助者としての寄与の程度にとどまるような場合には，編集著作物としての自社の歴史資料集の編集者（著作者）は，大学教授であるということになるものと考えられるが，具体的事案においては，各事案における個別の事情に応じて判断されることになろう。

（岩﨑　慎）

## Q39 編集著作物の引用

**Q** 戦時中の庶民の暮らしを紹介する記事の中に，Aが編集した卒業記念文集に掲載された卒業生の体験談からいくつかの出来事を抜粋して引用したいと考えています。A及び卒業生の著作権を侵害しないようにするにはどのような点に注意したらよいでしょうか。

**A** (1) 編集者Aの編集著作権が成立し得るので，これを侵害しないよう，編集物それ自体ではなく，編集物を構成する卒業生が寄稿した部分の引用にとどめる。

(2) 個々の卒業生の著作権が成立するので，これを侵害しないよう，その利用許諾を得るか，適法な引用をする。

### 解 説

#### 1 Aの著作権について

Aに関しては，文集について編集著作権が成立し得るので，引用に当たってこれを侵害しないよう留意する必要がある。

(1) 編集著作物について

編集著作物とは，編集物でその素材の選択又は配列によって創作性を有するものをいう（著12条1項）。

編集物の典型例としては，辞書，百科事典，文集等が挙げられ，卒業記念文集を例にすれば，収録する寄稿文を収集し，それを一定の基準に従って選択し，卒業生の年次別，クラス別で氏名の五十音順に配列するといった編集物について，特定の素材の選択方法又はその配列方法のいずれかに創作性が認められるものが，編集著作物として保護されることになる。

(2) 素材について

卒業記念文集の場合は，個々の素材それ自体が著作物であるが，編集著作

物一般の素材は，法文上著作物に限られるものではなく，単なる事実やデータを素材とする編集物（職業別電話帳等）も編集著作物に当たり得る。

　編集著作物において保護されるのは，素材の選択又は配列についての具体的な表現であって，抽象的な選択，配列方法そのものではない。何を素材と見るかについて争いがある場合には，当該編集物の目的，性質，内容等を総合考慮して判断することになる。素材が異なる場合には選択・配列方法が同じであっても，具体的な表現が異なることとなるから，異なる編集著作物となる。

　素材及びその同一性が争いになった事例としては，新聞記事（東京高判平成6年10月27日判時1524号118頁〔ウォール・ストリート・ジャーナル事件〕），会社案内パンフレット（東京高判平成7年1月31日判時1525号150頁〔会社パンフ事件〕），商品カタログ（大阪地判平成7年3月28日知的裁集27巻1号210頁〔カタログ写真事件〕），色画用紙見本帳（東京地判平成12年3月23日判時1717号140頁〔色画用紙見本帳事件〕）等がある。

　また，素材の収集行為それ自体や編集方針について意見具申することは，素材の選択・配列そのものには当たらない（最三小判平成5年3月30日判時1461号3頁〔智恵子抄事件〕，東京地判昭和55年9月17日判時975号3頁〔地のさざめごと事件〕）。

(3)　選択・配列方法について

　素材自体は既存のものであっても，一定の方針・目的の下に，これを分類，選択，配列する行為について，何らかの形で著作者の個性，人間の創作活動の成果があらわれていれば，創作性があるものとして編集著作物に当たる。

　素材の選択と配列方法の幅が狭ければ，他の編集者も同様の選択と配列をするであろうから創作性は認められにくくなり，逆に広ければこれが認められやすくなる。

　素材の選択・配列につき，創作性が認められた事例として，辞書類（東京高判昭和60年11月14日無体集17巻3号544頁〔アメリカ語要語集事件〕，東京地判昭和60年4月17日判タ566号273頁〔ど忘れ漢字字典事件〕，名古屋地判昭和62年3月18日判時1256

号90頁〔用字苑事件〕），観光タクシー料金表（東京地判平成4年10月30日判時1460号132頁〔タクシー・タリフ事件〕），工事別分類項目表（東京高判平成7年10月17日知的裁集27巻4号699頁〔JAMICシステム事件〕），塾問題集（東京高判平成10年2月12日判時1645号129頁〔四進レクチャー事件〕），日めくりカレンダー画像データ集（知財高判平成20年6月23日判時2027号129頁〔日めくりカレンダー事件〕），歴史資料集（東京地判平成21年2月27日判タ1311号259頁〔特高警察関係資料集成事件〕），他方，認められなかった事例として，商業広告（大阪地判昭和60年3月29日判時1149号147頁〔商業広告事件〕），小説映像化リスト（東京地判平成11年2月25日判時1677号130頁〔松本清張作品映画化リスト事件〕）等がある。

(4) 編集著作権の侵害について

編集著作権は，素材の選択・配列における創作的表現を保護するものであるから，この意味での一定のまとまりを持った編集物としての表現が再現されている場合に編集著作権侵害が成立する。

他方，編集物の部分を構成する著作物（素材）が個別に利用されたにすぎない場合には，編集著作権侵害に当たらない（東京地判平成17年7月1日判時1910号137頁〔京城三坂小学校記念文集事件〕）。

素材の選択・配列方法は，それが素材と認定されない限り保護されない（選択・配列方法それ自体が保護されるものではない。）。用語辞典における頁の構成態様，見出し，印字の書体等（東京高判平成11年10月28日判時1701号146頁〔知恵蔵事件〕）や，情報誌における見出し項目等（東京高判平成17年3月29日（平成16年（ネ）第2327号）裁判所ウェブサイト〔ケイコとマナブ事件〕）は，抽象的な編集体系それ自体であり，その利用は編集著作権侵害に当たらない。

(5) 本件について

本件の卒業記念文集は編集著作物に当たり得るところ，引用に際して編集著作権を侵害しないよう，編集物を構成する著作物（卒業生の寄稿文）の個別的な利用にとどめ，一定のまとまりを持った編集物として利用していると見られないよう留意しなければならない。

## 2 卒業生の著作権について

卒業生に関しては，寄稿文について著作権が成立するので，引用による利用に当たってこれを侵害しないよう留意する必要がある。

(1) 編集物を構成する個々の著作物について

編集著作物はその素材である個々の著作物とは別個の著作物であるため，編集著作物の成立は，編集物の部分を構成する著作物の著作者の権利に影響しない（著12条2項）。

(2) 利用許諾について

著作権者は，他人に対し，その著作物の利用を許諾することができ，この許諾を得た者は，許諾に係る利用方法及び条件の範囲内において，これを利用することができる（著63条1項，2項）。

(3) 適法な引用について

公表された著作物は引用して利用することができるが，その引用は，公正な慣行に合致するものであり，報道，批評，研究その他の引用の目的上正当な範囲内で行われなければならず（著32条1項），また，その出所を，複製又は利用の態様に応じて合理的と認められる方法及び程度により明示しなければならない（著48条1項1号）。

そして，正当な範囲内の引用といえるためには，引用して利用する側の著作物と利用される著作物とを明瞭に区別して認識できること，両著作物の間に前者が主で後者が従といえる関係があること，引用される側の著作者人格権を侵害するような態様でなされるものでないことが必要である（最三小判昭和55年3月28日民集34巻3号244頁〔モンタージュ写真事件〕）。

(4) 本件について

本件の卒業記念文集を構成する個々の卒業生の寄稿文の著作権を侵害しないよう，引用に際してその卒業生から利用許諾を得るか，または，適法な引用となるよう留意する必要がある。

## 3 参考文献

頼晋一「編集著作物について」『理論と実務4巻』23頁，田中孝一「編集著作物」『新・裁判実務大系』145頁，吉田正夫「編集著作物」『裁判実務大系』72頁，作花『詳解』113頁，高林『標準』91頁，半田『概説』99頁，中山『著作権法』107頁，渋谷『講義2』61頁，斉藤『著作権法』104頁，田村『概説』23, 80頁

（菊地　浩明）

## Q40　編集著作物の改変

**Q** 写真家Aから，日めくりカレンダー用の花の写真365枚から成るデジタル写真集の著作権を譲り受けたので，週ごとに携帯電話の待受画面用の画像を配信するサービスにこの写真を利用しようと考えています。著作権法上，何か問題が生じるでしょうか。

**A** 本問においては，①本件写真集が編集著作物に該当するか否か，②本件写真集が編集著作物に該当する場合，週ごとに一部の画像データを選択して配信するサービスが，本件写真集に対する写真家Aの同一性保持権（著20条1項）を侵害する行為に当たるか否かが問題となる。

　本件写真集は，花の写真の画像データ365枚から成り，1枚1枚の写真がそれぞれ著作物であると同時に，写真集全体としても，365枚の花の写真が日めくりカレンダーに用いるという観点から選択・配列されており，その素材の選択又は配列に創作性を有する編集著作物（著12条1項）に該当する可能性がある。

　次に，本件画像配信サービスは，「週ごとに携帯電話の待受画面用に本件写真集を構成する写真の画像データを配信する」というものであるが，週に一回1枚ずつ写真の画像データを配信するというように，編集著作物である本件写真集の一部を使用しているにすぎない場合には，上記配信行為は著作権法20条1項が規定する「変更，切除その他の改変」行為には該当せず，本件写真集に対する写真家Aの同一性保持権を侵害するものではないと考えられる。

### ▍解　説

**1　編集著作物**

(1)　編集物（データベースに該当するものを除く。）でその素材の選択又は配列によって創作性を有するものは，編集著作物として保護される（著12条

1項)。

　旧著作権法(明治32年法律第39号)は，個々の素材自体に著作物性が認められること，編集が適法に行われることを編集著作権成立の要件としていた。現行著作権法においては，個々の素材に著作物性が認められるか否かにかかわらず，編集著作権が成立する。また，著作物を素材とする場合，素材の著作権者から使用許諾を得ていなくても編集著作権は成立する。

(2)　著作権の保護の対象となるのは，具体的な表現であって，アイデアではないから，編集著作物として保護されるのも，編集方針などのアイデアではなく，編集方針に基づいた素材の選択又は配列という具体的な表現である。

　素材の配列方法が類似していても，選択の対象となる素材が異なっていれば，異なる編集著作物となる。しかしながら，素材の捉え方は一義的に定まるものではなく，編集著作権の侵害が問題となる場合には，何をもって当該編集著作物の「素材」と捉えるべきか(具体的な著作物，事実や情報を離れてどこまで素材を抽象化して捉えることが許されるのか)を検討する必要がある(高林『標準』95頁参照)。

(3)　素材の選択又は配列に求められる創作性は，一般の著作物における創作性と同様に，独創性などといった高度なレベルのものである必要はなく，著作者の何らかの個性が創作行為に現れていれば足りる。

## 2 同一性保持権

(1)　著作者は，その著作物及びその題号について，その意に反してこれらの変更，切除その他の改変を受けない権利(同一性保持権)を有する(著20条1項)。

(2)　著作権法20条1項は，文理上，著作者の「意に反して」改変することを同一性保持権の侵害としており，著作者の名誉又は声望を害する態様での改変に限定していない。この「意に反する」改変の意義については，①著作者の主観的意図に反する著作物の改変を意味するものと解する見

解（加戸『逐条講義』171頁），②著作者の精神的・人格的利益を害しない程度のものであるときは侵害とはならないとする見解（半田『概説』124頁），③当該改変が社会通念上著作者の意に反するものといえるかという観点から判断すべきとする見解（渋谷『講義2』427頁）などがある。
(3) 著作物の「改変」とは，著作物そのものに手を入れることを意味するのか，著作物そのものには手を入れなくても「改変」に当たるとされる場合があるのかが問題となる（高林『標準』220頁参照）。
(4) 同一性保持権侵害は，著作物の創作性のある部分に「改変」が加えられた場合に成立し，創作的表現に「改変」が加えられていない場合には，成立しない。

　また，同一性保持権を侵害する行為とは，「他人の著作物における表現形式上の本質的な特徴を維持しつつその外面的な表現形式に改変を加える行為」をいい，他人の著作物を素材として利用しても，その表現形式上の本質的な特徴を感得させないような態様においてこれを利用する行為は，原著作物の同一性保持権を侵害しないものと解される（最三小判昭和55年3月28日民集34巻3号244頁〔モンタージュ写真事件〕，最二小判平成10年7月17日判時1651号56頁〔雑誌「諸君！」事件〕）。したがって，「他人の文章を極めて短く要約して原文の表現の本質的部分を感得できないようにした場合」や，「換骨奪胎してその本質的特徴が感得できないような方法での利用」は，同一性保持権の侵害とはならない（中山『著作権法』387頁）。
(5) なお，著作権法20条2項は，著作者の権利と著作物の利用の促進の調和を図る観点から，一定の改変行為について同一性保持権の適用除外を規定している。

## 3　本問における検討
(1)　本件写真集が編集著作物に当たるか否か

　本件写真集は，花の写真の画像データ365枚から成り，写真家Aが365枚の花の写真の画像データ（素材）を日めくりカレンダーに用いるという観点か

ら選択・配列したものとして，その素材の選択又は配列によって創作性を有する編集著作物（著12条1項）に該当するものと判断される可能性がある。

知財高判平成20年6月23日判時2027号129頁〔日めくりカレンダー事件〕は，花の写真365枚につき，1日1枚で1年分とする日めくりカレンダー用デジタル写真集が編集著作物に該当するか否かが問題となった事案において，「自然写真家としての豊富な経験を有する控訴人が季節・年中行事・花言葉等に照らして選択・配列したものであることが認められるから，素材の選択及び配列において著作権法12条にいう創作性を有すると認めるのが相当であり，編集著作物性を肯定すべきである。」と判示した。

(2) 本件画像配信サービスが同一性保持権を侵害する行為であるか否か

本件画像配信サービスは，「週ごとに携帯電話の待受画面用に本件写真集を構成する写真の画像データを配信する」というものである。

本件画像配信サービスが，「週に一回1枚ずつ」写真の画像データを配信するというように，編集著作物である本件写真集の一部を使用しているにすぎない場合には，上記配信行為は著作権法20条1項が規定する「変更，切除その他の改変」行為には該当せず，本件写真集に対する写真家Aの同一性保持権を侵害するものではないと考えられる。また，上記のような利用形態ではなかったとしても，本件写真集は花の写真365枚の選択・配列に創作性が認められるものであるから，各写真の選択又は配列にみられる創作的な表現の本質的特徴を感得させるような方法で利用しない限り，本件画像配信サービスにおける配信行為が同一性保持権侵害となることはないものと考えられる。

前掲〔日めくりカレンダー事件〕は，日めくりカレンダー用デジタル写真集について，これを構成する個々の写真の著作物及び全体についての編集著作権の譲渡を受けた被控訴人が，概ね7枚に1枚の割合で，控訴人（著作者）が写真集で指定した応当日前後に写真の画像データを配信した行為が編集著作物についての同一性保持権を侵害するものであるか否かが問題となった事案において，「著作権法20条1項が『変更，切除その他の改変』と定めている以上，その文理的意味からして，被控訴人の上記配信行為が本件写真

集に対する控訴人の同一性保持権を侵害したと認めることはできない。」と判示した。

　なお，本件写真集の素材である1枚1枚の写真がそれぞれ著作物であったとしても，個々の写真についての著作権の譲渡を受けていれば，写真の内容に変更を加えない限り，これら個々の著作物の利用行為について著作権や著作者人格権の侵害が問題となることはない。

（柵木　澄子）

## Q41 データベースの著作物の要件

**Q** (1) データベースの著作物とは，具体的にどのようなものですか。
(2) 既にあるデータベースの著作権の侵害とは，どのような場合をいうのですか。
(3) 電話番号を網羅的に集めた電話帳は，著作権法12条の「創作性を有するもの」ということができるのですか。

**A** (1) データベース著作物とは，情報の集合物をコンピュータを用いて検索できるようにしたもので，その情報の選択又は検索のための体系的な構成のいずれかに創作性があるものである。
(2) データベース著作権の侵害とは，無断で利用された部分に，データベースにおける情報の選択又は検索のための体系的構成における創作的表現のいずれかが再現されている場合をいう。
(3) 日本全国の電話番号を網羅したというだけでは他の電話帳も同様であるから情報の選択における創作性は認められないが，検索の利便性のために独自の分類体系を構築している場合には体系的な構成における創作性が認められて，データベース著作権が成立する。

## 解説

### 1 データベースの著作物とは

著作権法の定義するデータベースとは，「論文，数値，図形その他の情報の集合物であって，それらの情報を電子計算機を用いて検索することができるように体系的に構成したもの」をいい（著2条1項10号の3），そのうち「情報の選択又は体系的な構成によって創作性を有するもの」がデータベース著作物として保護される（著12条の2第1項）。

データベースは，体系の設定，情報の収集・選定，分析，加工，蓄積の過程を経て作成されるもので，その種類は階層型，リレーショナル（関係）型，

ネットワーク型など様々であるが，情報の集合物をコンピュータを用いて検索できるようにしたもので，その情報の選択と検索のための体系的な構成のいずれかに創作性があるものが，データベース著作物となる。

情報の選択に創作性がある場合に著作物となる点では編集著作物（著12条1項）と共通するが，配列方法ではなく利用者の求めに応じて効率的な検索を可能とする体系的構成に創作性が求められる点でこれと異なる。なお，コンピュータ検索のためのプログラムそれ自体は，プログラムの著作物として保護され得る（著2条1項10号の2, 10条1項9号）。

創作性については他のものに依拠しない独自のものという程度で足りるが，情報の選択と体系的構成の幅が狭ければ，他の者も同様の選択と構成をするであろうから創作性は認められにくくなり，逆に広ければこれが認められやすくなる。

関係する情報を網羅的に取り込んだというだけでは利便性は増すものの情報の選択の創作性がないこととなるし，情報収集や入力行為といった労力それ自体はデータベース著作権としては保護され得ない。

体系的構成も一つの標準的な技術に収れんする傾向にあることから保護される範囲が狭くなりつつあると言われ，他に類似のデータベースがあるか，同業他社が容易に作成できる程度にありふれたものか等も勘案して，体系的構成の創作性の有無が判断される。

データベース著作物の具体例としては，新築分譲マンション開発業者向けに，平均坪単価，平均専有面積，価格別販売状況等を集計し，検索した情報を表やグラフの帳票形式で出力できるようにしたデータベースについて，情報が格納される表（テーブル）の内容，各テーブルに存在するフィールド項目の内容，各テーブル間の有機的な関連付けのあり方において，膨大な規模の情報分類体系で他に同様のものが存しないとして，情報の選択及び体系的構成の双方に創作性が認められた例がある（東京地判平成14年2月21日（平成12年（ワ）第9426号）裁判所ウェブサイト〔コアネットデータベース事件〕）。

他方，自動車整備業者向けに，日本国内に実在する自動車を，型式指定・類別区分番号の古い順に車種と車検証記載項目を並べたデータベースについ

て，対象情報・データ項目とも同業他社のデータベースが通常選択するもので，情報を時系列に従って機械的に配列したありふれたものであるとして，情報の選択及び体系的構成のいずれについても創作性が認められなかった例がある（東京地中間判平成13年5月25日判時1774号132頁〔自動車データベース事件〕）。

## 2 データベース著作権の侵害とは

データベース著作権は，情報の選択又はコンピュータ検索のための体系的構成における創作的表現を保護するものであるから，無断で利用された部分にこの意味での表現が再現されている場合のみ，データベース著作権侵害が成立する。

例えば，情報の選択に創作性がある場合であっても，体系的な構成を模倣はせずにデータベースから相当量の情報だけを抽出して利用する場合は，利用された情報の一定のまとまりに情報の選択という観点から創作性が認められるものでなければ侵害にならず，情報（素材）が個別に利用されたにすぎない場合には，データベース著作権侵害に当たらない。ただし，データベース著作物はその素材である個々の著作物とは別個の著作物であるから（著12条の2第2項），入力された個々の情報が著作物である場合にはその著作権を別途侵害する可能性はある。

また，体系的構成のみに創作性がある場合であれば，体系的な構成を模倣しなければ，データベース内の情報を全て出力して利用したとしてもデータベース著作権侵害に当たらない。

ただし，データベース著作権侵害が成立しない場合であっても，多大な費用と労力をかけて製作されたデータベースを事実上デッドコピーして競業態様で販売するなどして，取引における公正かつ自由な競争として許される範囲を著しく逸脱する場合は，法的保護に値する他人の営業活動上の利益を侵害するものとして，不法行為が成立し得る（前掲〔自動車データベース事件〕）。

## 3 データベース著作物となる電話帳とは

職業分類体系によって電話番号情報を職業別に分類した電話帳データベー

ス（NTTタウンページデータベース）について，検索の利便性の観点から1800種に職業を分類し，大・中・小分類の三層構造で階層的に積み上げることによって全職業を網羅するように構成した独自の工夫が施されたもので，他にこれに類するものは存しないから，体系的な構成によって創作性を有するデータベース著作物に当たるとされた例がある（東京地判平成12年3月17日判時1714号128頁〔NTTタウンページ事件〕）。

日本全国の電話番号情報を網羅したというだけでは他の電話帳も同様であるから情報の選択における創作性は認められないが，コンピュータ検索の利便性のために独自の分類体系を構築している場合には体系的な構成における創作性が認められて，データベース著作物になることとなる。

## 4　参考文献

三山峻司「データベースの著作物について」『理論と実務4巻』48頁，東海林保「データベース著作物」『新・裁判実務大系』182頁，椙山敬士・筒井邦恵「データベースの著作物性」『裁判実務大系』105頁，作花『詳解』117頁，高林『標準』98頁，半田『概説』100頁，中山『著作権法』119頁，渋谷『講義2』63頁，斉藤『著作権法』108頁，田村『概説』27頁

（菊地　浩明）

# 第 3 章

# 著作者

## Q42 著作者の認定(彫刻)

**Q** 彫刻の著作物は,それを企画した者やデザインをした者,実際に制作を行った者など,多くの者が制作過程に関わると思いますが,著作者についてはどのように考えればよいですか。

**A** 彫刻の著作物が制作されるに当たり,企画,デザイン,実際の制作などの各過程が複数の者によって分担されたような場合,著作者については,各過程を担当した者の客観的な行為を検討し,誰が創作的表現を最終的に確定させたかによって判断するのが相当である。

まず,単に企画を行ったにすぎない者は,通常,表現に関与したとはいえないであろうから,著作者とは認められないと考えられる。これに対し,デザインをした者や実際に制作を行った者などについては,完成した彫刻における創作的表現が当該彫刻の制作課程のいずれの段階で最終的に確定されたのかにより,著作者であるのか否かが判断されるものと考えられる。すなわち,デザイン段階で創作的表現が決定されており,実際の制作の段階では決定されたとおりに機械的に彫り上げるだけなのか,デザインは平面的でラフなものにすぎず,実際に彫り上げる段階で立体的な表現が完成されるのかなど,当該彫刻の制作がどのように進んで行ったのかを個別具体的に検討する必要がある。

## ■ 解 説

### 1 著作者の認定の意義

著作者の認定には,一般に,次のような意義があるとされている[1]。

(1) 権利の帰属主体

著作権法上,「著作者は,次条第1項,第19条第1項及び第20条第1項に

---

[1] 上野達弘「著作者の認定」『新・裁判実務大系』217頁

規定する権利（以下「著作者人格権」という。）並びに第21条から第28条までに規定する権利（以下「著作権」という。）を享有する。」と規定されていることから（著17条1項），原則として，著作者と認定された者に著作権及び著作者人格権が帰属することになる。

これらのうち著作権は譲渡可能であるから（著61条1項），必ずしも著作者が著作権者であるとは限らないが，譲渡された場合であっても，著作権の元の帰属主体として，著作者の認定が重要となり得る。また，著作者人格権については，「著作者の一身に専属し，譲渡することができない。」と規定されており（著59条），著作者のみがその帰属主体となることから，著作者の認定がより重要となってくる。

(2) 保護期間の算定

著作権法上，保護期間について，「著作権は，この節に別段の定めがある場合を除き，著作者の死後……50年を経過するまでの間，存続する。」と規定されており（著51条2項），著作権の保護期間の終期は，原則として，「著作者の死」によって決まってくる（死亡時起算主義。これに対し，無名又は変名・団体名義・映画の各著作物については，同法52条〜54条により，公表時起算主義がとられている。）。そして，この「著作者の死」を確定するためには，当該著作者の認定が必要になってくるのである。

## 2 著作者の認定基準

著作権法上，「著作者」とは，「著作物を創作する者をいう。」とされ（著2条1項2号），「著作物」とは，「思想又は感情を創作的に表現したもの」とされていることから（著2条1項1号），著作者と認められるためには，自己の思想又は感情を創作的に表現したといえる程度に著作物の制作に実質的に関与していることが必要である[2]。すなわち，その者が著作物の創作過程において行った行為が，①表現といえるか否か，②創作性を有するといえるか否かという2つの観点から検討すべきということになる。その意味で，著作

---

〈2〉 髙部『著作権訴訟』49頁

者の認定は，著作物性の認定とパラレルないし相通じるものがあるということができよう[3]。

さらに，上記の規定の体裁からすれば，著作権法は，著作者の認定につき，「創作する」という客観的な行為に着目し，かつ，その行為時の事情を基礎とすることを前提としていると解するのが素直である。また，著作者の認定とパラレルである著作物性の認定においても，上記①②の点については，客観的に判断すべきと解されている。したがって，上記の検討の対象となるのは，著作者であると主張する者の創作過程における客観的な行為であって，その主観的意思や著作物創作後の事情が直接これに関わることはないというべきである[4]。

これらを踏まえた具体的な判断基準としては，次のように考えられよう。

まず，①表現という観点から，単なる創作の依頼をしたにすぎない者，アイデア，企画案又は構想の域にとどまるものなどを提供したにすぎない者，抽象的な指示を行ったにすぎない者などは，著作者とは認められないというべきである。また，②創作性という観点からは，資料や機材の提供，資金面での援助など，物理的な協力を行ったにすぎない者，指揮監督下にあってその手足として作業に従事したり補助的作業を行ったにすぎない者なども，著作者とは認められないであろう[5]。

したがって，著作物の制作に複数の者が関与したような場合には，当該著作物が制作された過程における客観的な行為を検討し，その中で創作的表現を最終的に確定させる行為を行った者が誰かを判断することにより，著作者を認定するのが相当である[6]。

---

[3]　飯村敏明「著作者の認定」『裁判実務大系』227頁，上野・前掲注1・236頁
[4]　島並ほか『入門』70頁
[5]　具体的な裁判例の検討については，上野・前掲注1・229頁，髙部・前掲注2・49頁，飯村・前掲注3・230頁のほか，横山経通「著作者の認定」『理論と実務4巻』80頁参照。
[6]　私見と同様に表現の最終的確定に着目する見解として，堀江亜以子「著作者の認定(1)―企画案」百選〔4版〕61頁。なお，創作的表現を最終的に確定させる行為を行ったと評価される者が複数人いる場合もあり得るが，その場合については，共同著作者に関するQ45を参照。なお，漫画の著作者に関するQ43も参照。

そして，実際の裁判例においては，著作者の認定に当たり，創作行為を行ったと主張する者の技能や経験，語学能力，職業，作成経緯，創作の動機，著作者としての一貫した行動，許諾契約の存在，あるいは過去における権利主張の有無などの多様な間接事実が考慮されている[7]。

## 3 参考となる裁判例

本問は彫刻の著作物のケースであるが，これと類似のケースに関する裁判例として，銅像であるジョン万次郎像及び岡野豪夫像の著作者が問題となった〔ジョン万次郎像事件〕控訴審判決[8]がある。

判決は，「本件各銅像のようなブロンズ像は，塑像の作成，石膏取り，鋳造という3つの工程を経て制作されるものであるが，その表現が確定するのは塑像の段階であるから，塑像を制作した者，すなわち，塑像における創作的表現を行った者が当該銅像の著作者というべきである。」とした上で，「本件各銅像の塑像制作について創作的表現を行なった者はXのみであって，Yは塑像の制作工程においてXの助手として準備をしたり粘土付け等に関与しただけであると認めることができる」として，各銅像の著作者は，YではなくXであると判示した。

なお，上記ケースにおいては，各銅像にYの通称が表示されていたことから，著作権法14条による推定[9]が問題となり，Yは，創作的表現を行ったと主張するものが複数関与し，その一方当事者につき同条による推定が働いている場合には，推定を受けない他方当事者が自らの単独著作を主張するためには，自らの著作物であることを主張・立証することに加え，推定を受けている者の著作物ではないことまでを主張・立証する必要がある旨主張したが，判決は，「上記規定は，著作者として権利行使しようとする者の立証の負担を軽減するため，自らが創作したことの立証に代えて，著作物に実名等の表示があれば著作者と推定するというものであるが，同規定の文言からして

---

[7] 髙部・前掲注2・49頁，島並ほか・前掲注4・72頁
[8] 知財高判平成18年2月27日（平成17年（ネ）第10100号）裁判所ウェブサイト
[9] 詳細については，著作者の推定に関するQ44を参照。

『推定する』というものにすぎず，推定の効果を争う者が反対事実の証明に成功すれば，推定とは逆の認定をして差し支えないことになる。この理は，創作的表現を行ったと主張するものが複数関与する場合であっても異なるところはない」と判示した。

### 4　彫刻の著作物の著作者

彫刻の著作物は，三次元の物であるという特徴を有している上，特に大規模なものについては，その制作に複数の者が関与し，企画，デザイン，実際の制作などが分担される場合もある。その場合，アイデアの提供とみられる単なる企画を行った者や，デザインといっても，ラフな絵や二次元の図案の程度にとどまるようなものを作成したにすぎない者は，創作的表現を最終的に確定したとはいえず，その確定は実際の制作を行った者によってされることになる。これに対し，デザインが詳細で，それに基づいて機械的な作業が行われさえすれば彫刻が完成するといった場合には，デザインをした者が創作的表現を最終的に確定したと評価され得る。

なお，彫刻と上記の裁判例で問題となったような銅像とでは，制作過程の性質上，創作的表現の最終的確定者が異なり得る。すなわち，銅像の場合，塑像が確定してしまえば，その後の型をとって銅を流し込むといった作業は，通常，機械的に行われ，そこにおいて創作的表現を確定させる行為がされることはないが，彫刻の場合は，最終的に削り終えて完成するまで創作的表現が確定しないこともあり得よう。

したがって，まず，問題となっている彫刻の著作物の制作過程を認定することが，著作者の認定の前提として，重要であろう。

### 5　参考文献

田村『概説』364頁，中山『著作権法』163頁，高林『標準』108頁

（國分　隆文）

## Q43　著作者の認定（漫画）

**Q**　漫画では，ストーリーを考案する者，構図や絵を実際に描く者など，その制作過程で多くの者が関与していると思いますが，この場合の著作権者はどのように考えればよいでしょうか。

**A**　著作権者とは，著作権の帰属主体であるところ，原始的には，著作者がその帰属主体となることから，本問においては，著作者について検討する必要がある。

そして，漫画の著作者については，その制作における各過程を担当した者の客観的な行為を検討して，創作的表現を最終的に確定した者が著作者であると認められ，その程度に及ばない単なる補助者は，著作者となり得ないというべきである。

また，漫画は，そのストーリーの作成や作画などがいずれも創作的な表現行為となる可能性があるため，それらの担当者が共同著作者と認められるか否かという形で問題となる場合があるが，その認定基準も，誰が著作者かという問題の場合と同様である。

なお，漫画の著作物については，原作者と作画者との相互の権利関係をめぐり，当該漫画が，共同著作物であるのか，二次的著作物であるのかが問題となる場合があるが，その問題も，著作者の認定の問題と同様，当該漫画の制作過程における各人の具体的関与の状態により判断されることになる。

### ▌解　説

#### 1　著作者と著作権者

本問では，漫画の「著作権者」について問われているが，その前提として，「著作者」と「著作権者」との関係が問題となる。

著作権法上，著作者は，複製権（著21条）等を内容とする著作権を享有す

るとされており（著17条1項），著作権の原始的な帰属主体ということになる。ところが，著作権は，譲渡可能であり（著61条1項），その帰属主体は譲渡によって変動し得るため，著作権の現在の帰属主体として著作権を行使し得る者が，著作権者なのである[1]。そして，著作権者は，著作権侵害訴訟の原告となることができるため（著112条等）[2]，その確定は，実務上重要となってくる。

このように，著作権者が誰であるかという重要な問題を解決するためには，まず，著作者の認定が必要であることから，以下，漫画の著作者の認定に関する問題点を検討していくこととする。

## 2 著作者の一般的な認定基準

本問のように著作物の制作に複数の者が関与したような場合においては，当該著作物が制作された過程における客観的な行為を検討し，その中で創作的表現を最終的に確定させる行為を行った者が誰かを判断することにより，著作者を認定するのが相当である

この点の詳細については，**Q42**の解説2を参照されたい。

## 3 参考となる裁判例

本問は漫画の著作物のケースであるが，これと類似のケースに関する裁判例として，「ノンタン」という名称の子猫を主人公とした絵本の共同著作者が問題となった〔ノンタン事件〕第1審判決[3]がある。

判決は，「著作者とは，著作物を創作する者であり，これをいいかえれば，当該著作物の思想又は感情の表現につき創作的関与をした者であり，たとえその創作過程において複数人が何らかの形で関与していたとしても，創作的

---

[1] 飯村敏明「著作者の認定」『裁判実務大系』223頁
[2] 髙部『著作権訴訟』48頁
[3] 東京地判平成10年3月30日（平成2年（ワ）第4247号・平成3年（ワ）第14827号）裁判所ウェブサイト（なお，同判決の控訴審判決として，東京高判平成11年11月17日（平成10年（ネ）第2127号）裁判所ウェブサイト）

寄与に及ばない単なる補助者は著作者とはなり得ない。」とした上,「本件絵本の創作過程は,テーマやストーリー等の構想をまとめ,これを具現化するラフコンテや絵コンテを創作し,編集者に示してその意見を聞くなどしてストーリーや絵の大要を固め,実際の絵本の版下となる原画の作成に至るものであること,原画は鉛筆で下書きをした後,輪郭線を決め（……),色を塗り終えてから最後に絵の輪郭線を毛筆（墨）でなぞって完成に至ることが認められるが,本件絵本が幼児を対象とし,比較的単純な絵柄と少ない文字で構成されていることからすれば,本件絵本の創作的表現の核心部分は,扱うテーマやストーリーを構想し,これを具体的に表現する絵柄やその配置,配色の決定及び文字記述部分にあるものと解される。したがって,これらを創作した者が著作者たりうるものであって,単に決められた色を塗ったり輪郭線の仕上げをするにとどまる場合は,単なる補助的作業であって著作物の創作行為とは評価できないものと考えられる。」と判示した。

### 4 漫画の著作物の著作者

(1) 漫画は,ストーリーの考案,「ネーム」(頁ごとに台詞や絵を配置したもの）の作成,「下がき」(台詞の量や絵の大きさのバランス等を整えながらえんぴつで描(書)いたもの),「ペン入れ」(下がきをもとにペンで絵を描く作業であり,どのような太さのペンを使うかに工夫の余地がある),「仕上げ」(絵にスクリーントーンを貼ったり,墨汁で黒く塗ったりする作業）などの過程に分けられ,かつ,それらの過程が複数のスタッフによって分担されることが多い。そのため,漫画の著作物については,上記各スタッフのうちの誰が著作者なのかが問題となり得る。

　したがって,漫画の著作物の著作者を認定するに当たっては,上記のとおり,制作過程における客観的な行為を検討し,その中で創作的表現を最終的に確定させる行為を行った者が誰かを判断することになる。そして,絵本の著作物が問題となった上記〔ノンタン事件〕の判示に照らせば,漫画の著作物において,創作的表現の核心部分は,扱うテーマやストーリーの構想,これを具体的に表現する「ネーム」の作成,さらに,

それらを漫画の形にする「下がき」や「ペン入れ」などにあり，そのような過程の分担者が，著作者であると認められることになろう。これに対し，決められたとおりに「仕上げ」の作業を行うような行為は，単なる補助的作業であり，そのような行為を分担したにすぎない者は，著作者とは認められないであろう。

(2) また，漫画は，言語的表現と絵画的表現が有機的に結合した著作物としての性質を有すると解されることから[4]，ストーリーの考案や絵を描くといった各作業がいずれも創作的寄与となる可能性がある。そのため，上記の各作業をそれぞれ別の者が担当したような場合，その担当者が共同著作者の1人と認められるか否かという形で，著作者の認定が問題となることもある[5]。

そのような場合については，創作行為を行っていない者であっても共同著作者と認めるといった見解もあるが，実質的にみて，通常の著作物の場合とのバランスを欠くといわざるを得ず，理論的にも，通常の場合と別異に解すべき十分な根拠が認められないというべきであり，上記の一般的な認定基準を適用するのが相当である[6]。上記〔ノンタン事件〕も，共同著作者の認定において，通常の著作者の認定と同様の基準を採用したものと解される。

## 5 共同著作物と二次的著作物の区別[7]

言語的表現と絵画的表現の有機的結合物とされる漫画の著作物においては，その言語的表現部分と絵画的表現部分とが，原作者と作画者とにより，分担されて作成される場合がある。

このような場合，原作者と作画者の相互の権利関係をめぐり，当該漫画が，

---

[4] 三村量一「漫画の著作物の複製権，翻案権の侵害」清永利亮，設樂隆一編『現代裁判法大系26 知的財産権』427頁（新日本法規，1999）
[5] 共同著作者全般については，Q45を参照。
[6] 上野達弘「著作者の認定」『新・裁判実務大系』223頁，同「共同著作の要件論」『理論と実務4巻』91頁
[7] この問題全般については，三村・前掲注4・427頁を参照。

共同著作物（著2条1項12号）であるのか，原作を原著作物とする二次的著作物（著2条1項11号）であるのかが問題となり得るが，この問題も，著作者の認定と同様，当該漫画の制作過程における各人の具体的関与の状態により判断されることになる。

すなわち，原作者から作画者に対してアイデアやストーリーの原案などが提供された後に，両者の話合い等を通じて具体的なストーリーが決定し，原作者が「ネーム」の作成にまで関与するような形態にあっては，漫画は両者の共同著作物というべきであろう。

これに対し，原作者が小説等の形式により原作を作成し，作画者が，これに基づいて「ネーム」を作成し，その後の作業を行っていくというような形態の場合には，作画者による創作行為が開始される前に，既に原作が言語の著作物として成立しているのであるから，漫画は原作を原著作物とする二次的著作物と解される。

## 6　参考文献

田村『概説』364頁，中山『著作権法』163頁，横山経通「著作者の認定」『理論と実務4巻』79頁，島並ほか『入門』69頁，高林『標準』108頁

（國分　隆文）

## Q44 著作者の表示と著作者の推定

**Q** 私は劇団を結成しミュージカルを上演しています。脚本は私が初稿を作成し，稽古などを通じて劇団員のアイデアを入れながら完成させていきますが，アイデア提供は補助的なもので，完成した脚本やポスターには私が著作者として表示されています。このような場合でも，劇団員は共同著作者となるのでしょうか。

**A** 著作権法14条は，著作物の原作品等に著作者として通常の方法により表示されている者は，その著作物の著作者と推定する旨規定しており，本問の場合であれば，脚本やポスターに著作者と表示され，これは通常の方法と解されることから，著作者であるとの推定が働くことになる。そうすると，他の劇団員らの関与が創作的なものであることを自ら主張立証しない限りは，他の劇団員が共同著作者とされることはない。本問で，劇団員のアイデア提供は補助的なものとされていることから，劇団員は脚本の創作に関与したものとはいえないと解され，共同著作者とされることはない。

### ▌解 説

#### 1 著作権法14条の趣旨

著作権は，著作物の創作の時に権利が発生し，権利の取得に届出等も要しないため，後になって自らが著作者であることを証明するのは困難な場合も多い。そこで著作権法14条は，このような場合の証明を容易にするための推定規定を置くことで，立証責任を転換したものとされている（『コンメンタール1』658頁〔三山裕三〕）。ベルヌ条約15条にも同旨の規定が置かれ，フランス著作権法113の1条等にも同様の推定規定が置かれている。

著作権法14条の要件は，(1)原作品への氏名等の表示又は公衆への提供若しくは提示の際に氏名等が表示されていること，(2)実名又は周知な変名が表示

されていること，(3)通常の方法による表示であること，の3つである。

## 2 推定の各要件

(1) 原作品への氏名等の表示又は公衆への提供若しくは提示の際の氏名等の表示

ここでいう原作品には，版画等ではオリジナルコピーと呼ばれる版画刷り等も含まれる。公衆への提供とは有形的な利用を，公衆への提示とは，無形的な利用の場合をそれぞれいい，例えば前者であれば書籍の奥付やCDのジャケット，後者であれば興行の立看板や映画のタイトル等への記載をいう。

(2) 実名又は周知な変名の表示

表示される名前としては，自然人のほか，法人の名称，芸名，筆名などの表示も可能であるが，変名の場合には周知であることを要し，実在人を社会的に認識できる場合であることが必要である。

(3) 通常の方法による表示

著作権法14条では，通常の方法により著作者として表示されることが必要であるとされている。ここでいう通常の方法とは，書籍であれば表紙，奥付，レコードであればラベル，ジャケット，映画であればタイトルなど，一般に社会慣行として行われている表示場所に，一般人に著作者として認識させ得る表示名による場合をいう。例えば暗示的文章が前書きにあるだけでは，通常の方法による表示とはいえないとされている（加戸『逐条講義』142頁）。また，出版元としての表示は，著作物の出版ないし発行の主体を指し示すものであり，著作者名としての表示ではない。知財高判平成18年2月27日（平成17年（ネ）第10100号）裁判所ウェブサイト〔ジョン万次郎像事件〕では，銅像の台座部分に表示されている通称が，本条にいう周知の変名に該当するとした。

## 3 本問へのあてはめ

著作権法14条の推定は法律上の事実推定であるから，著作物の原作品又は著作物の公衆への提供若しくは提示の際に著作者名として通常の方法により

氏名等が表示された場合は，それら通常の方法により表示された事実を主張立証すれば足りる。本問の場合，完成した脚本やポスターに著作者として表示されているということであるから，著作物の公衆への提供ないし提示の際に，通常の方法により氏名が表示されたものといえるであろう。

そして，これに対して著作者であると主張する者は，自らの単独著作物であると主張するのであれば自らその著作物を創作したことを，あるいは共同著作者のうちの一人であるとするならば自らの関与が創作的なものであることを，主張立証する必要がある。本問の場合，劇団員のアイデアを入れながら完成させたとはいえ，アイデア提供は補助的なものとされていることから，完成された脚本につき，他の劇団員の関与が創作的なものであったとの認定は困難であろうから，他の劇団員が共同著作者とされることはないものと考えられる。

### 4　裁判例

上記のとおり著作権法14条に著作者の推定規定が置かれ，解釈上も法律上の事実推定規定と解することで特段の問題はないが，具体的なあてはめについては，関与が創作的なものであるかの認定に困難を伴うこともある。

この点につき，東京地判平成16年3月19日判時1867号113頁〔ミュージカル脚本事件〕は，ミュージカルの脚本の著作者につき，脚本やポスター，パンフレットに著作者として表示されている劇作家は著作権法14条により著作者と推定され，著作者であることを主張する劇団員において，自らが著作者であることを主張立証すべきであるとした上で，稽古の際に台詞や言い回し等について良いアイデアを思いついた際にはこれを提供し，それに基づき脚本も補充修正されたという事案につき，脚本の創作についての劇団員の関与は補助的なものに過ぎないから，劇団員は著作者ということはできないと判断した。

また，上記〔ジョン万次郎像事件〕は，問題となったブロンズ像は塑像の作成，石膏取り，鋳造という3つの工程を経て制作されるものであるところ，その表現が確定するのは塑像の段階であるから，塑像における創作的表現を

行った者が銅像の著作者であるとした上で，銅像に通称が記入された者は，助手として準備をしたり粘土付け等に関与しただけであり，原告（被控訴人）のみが著作者であると認定した。著作物の創作過程に関する反対事実の証明によって本条の推定が覆された事例である。

どのような場合に共同著作者として認定されるかの問題の詳細については，Q45の解説を参照されたい。

## 5 参考文献

高林『標準』111頁，中山『著作権法』169頁

（今井　弘晃）

## Q45　共同著作の要件

**Q** 私は，Aからの企画を受け，移民問題に関するドイツ語の書籍を執筆しました。Aは，取材先の設定・準備や資料の提供もしてくれました。また，ドイツ人の友人のBは，私の原稿を見てドイツ語を訂正し，疑問点も指摘してくれましたので，私はこれを参考にして原稿を完成させました。A，Bも共同著作者となるのでしょうか。

**A** 著作権法2条1項12号は，2人以上の者が共同して創作した著作物であって，その各人の寄与を分離して個別的に利用することができないものを共同著作物というとしているところ，本件の著作物はドイツ語による通常の書籍として分離利用不可能なものと解される。そこにおいて，A，Bの関与が創作的なものであれば，A，Bも共同著作者とされることになり，関与の程度がそこまでに至らなければ共同著作者とされることはない。本問で，Aは取材先の設定・準備や資料の提供を行ったもの，Bはドイツ語を訂正し疑問点を指摘したものとされているから，いずれもその関与は補助的なものであり，表現について創作的に関与したものとまでは解されず，A，Bは共同著作者とされることはない。

### ▌解　説
#### 1　共同著作物の要件
　著作権法2条1項12号は，2人以上の者が共同して創作した著作物であって，その各人の寄与を分離して個別的に利用することができないものを共同著作物としている。共同著作物とされた場合には，財産権について共同著作者の共有となり，著作権法65条の制限を受けることとなるほか，人格権行使についても著作者全員の合意によらなければ行使することができないなどの制約を受けることになる（著64条）。
　共同著作物とされるための要件は，⑴分離利用不可能性，⑵共同創作性の

2つである。

## 2 分離利用不可能性の要件

このうち分離利用不可能性の要件は，著作者各人の寄与を分離して個別的に利用することが不可能な場合をいう。それとは逆に各人の寄与を分離して個別的に利用可能な著作物のことは結合著作物といい，それぞれが独立した著作物として，共同著作物とは区別される。結合著作物の例としては，歌詞と楽曲，小説と挿絵等があるとされる。裁判例には，イラストと説明文を結合著作物と判断したものがある（東京地判平成9年3月31日判時1606号118頁〔だれでもできる在宅介護事件〕）。

この点，闘病記の一部について，患者が書いてほしいことを口述し，婚約者が患者と対話しつつ自己の記憶に基づいて作文し，最後に患者が補充訂正した文章については，患者と婚約者の寄与を分離して個別的に利用することができないものであるとして共同著作物であるとし，一方，患者の文章を参考にし，これと類似した記述はあるものの，そのままの引用ではなく，患者の死後に婚約者が新たに作成したと認められる部分については，婚約者の単独著作物とした裁判例がある（大阪地判平成4年8月27日判時1444号143頁〔静かな焔事件〕）。

## 3 共同創作性についての学説

共同著作物において権利を取得するための創作性の程度については，通常の著作物において著作権を取得するための創作性の程度と何ら変わりがないとする見解（飯村敏明「外国人の関与」百選〔3版〕91頁など）と，共同著作においてはこれよりも緩やかな基準で足り，事実行為としての創作行為を行っているとはいえない者であっても共同著作者と認める見解（小泉直樹「共同研究と共有著作」百選〔2版〕119頁など）とがあるが，前者が通説であるとされる。また，各人の関与が創作性の程度に達しているかの判断は，関与の質的な面と量的な面とを総合して評価すべきであるとされている（牧野利秋「漫画の共同作成」百選〔3版〕97頁）。

### 4 裁判例

本問と関連する裁判例として，東京地判平成16年2月18日判時1963号102頁〔男たちよ妻を殴って幸せですか事件〕は，書籍の執筆に当たり，その企画，構想をし，資料の提供，取材旅行の設定を行ったほか，執筆された文章に関し加除修正等を行った者について，その者の思想，感情を創作的に表現すると評価される行為ということはできないから，共同著作者に該当しないとした。また，京都地判平成16年11月24日判時1910号149頁〔事実性と妥当性事件〕は，翻訳原稿について，単語等に対する指摘や修正及び具体的な修正の指摘がない下線等による注意喚起のみでは著作権を取得できる程度の創作的活動とはいえず，共同著作者とは認められないとした。また，〔英訳平家物語事件〕では，第1審（京都地判昭和52年9月5日判時871号18頁）と控訴審（大阪高判昭和55年6月26日無体集12巻1号266頁）とで判断が分かれたが，平家物語の原典を理解する能力のない外国人関与者の平家物語の翻訳著作物への寄与につき，英訳文の約半分について，校訂，ぎこちなさの除去等の作業をした場合につき，第1審では，翻訳は原典の理解力，日本語の精通性が重要な要素であり，その関与を翻訳とみるのは相当でないとしたが，控訴審では，対等の立場よりする創意工夫や精神的操作が存在するとして，共同著作者と認めた。

これら裁判例を参考にすると，本問におけるA，Bの関与については，Aは取材先の設定・準備や資料の提供を行い，ドイツ人のBは，原稿を見てドイツ語を訂正し，疑問点を指摘したにとどまるものであるから，その関与が創作的なものとはいえず，共同著作者となることはないものと解される。

その他，創作的関与について肯定し共同著作者と認めた裁判例として，口述表現を書き起こすにとどまらず創意を発揮して文章表現の創作を行ったと認められる者（東京地判平成20年2月15日（平成18年（ワ）15359号）裁判所ウェブサイト〔運命の顔事件〕），口述録音テープを基に文章構成や文体を考慮しながら重複部分を削除し，趣旨不明の部分を聞き質して書き改めたり，当時の気持ちの詳細や他の出来事の有無を尋ね，その結果を自分なりに取捨選択して文章を補充，訂正した者（上記〔静かな焔事件〕），原稿執筆者に具体的な気功法

の動作，注意点等を伝え，当該書籍にも原告独自の中国語表現が反映等されている者（大阪地判平成14年12月10日（平成13年（ワ）第5816号）裁判所ウェブサイト〔21世紀の健康法事件〕）などがある。

　一方，創作的関与を否定した裁判例として，アイデアの提供や助言及び上演をする上での工夫をしたにすぎない者（東京地判平成14年8月28日判時1816号135頁〔はだしのゲン事件〕），インタビューを受けて記事作成のための素材を提供したにすぎない者（東京地判平成10年10月29日判時1658号166頁〔「SMAP大研究」事件〕）などがある。

## 5　参考文献

高林『標準』112頁，髙部『著作権訴訟』60頁，中山『著作権法』166頁

（今井　弘晃）

## Q46　職務著作の要件（対価の有無）

**Q**　X社は毎年占い暦を発行していますが，暦の原稿は占い師のAに作成してもらっていました。AはX社の事務所で執筆し，必要な資料代，交通費等の経費はX社が負担していましたので，占い暦の著作者はAではなく，X社であると考えますがいかがでしょうか。

**A**　本問は，この占い暦の著作者（著2条1項2号）が誰かという問題である。事実行為として現に創作行為（本問ではこの占い暦に創作性があることを前提とする。）をした者は占い暦の原稿を作成した受託者Aであるから，言語又は図形の著作物（著10条1項1号・6号）であるこの占い歴についてX社が著作者になるか否かは，職務著作（著15条1項）の成否によることになる。本問では，対価支払の内容が主題となっているので，主にこの面からの検討を加えるが，社外の受託者に必要経費の支払やその他便宜を供与しただけでは，当該受託者の作成する著作物が「業務に従事する者がその職務上作成する」（著15条1項）ものになることはない。したがって，この占い暦に職務著作の規定は適用されず，X社は著作者にはならない。

## ▌解　説
### 1　職務著作の成立要件

著作権法15条1項は，プログラムの著作物を除いて，「法人その他使用者（以下この条において「法人等」という。）の発意に基づきその法人等の業務に従事する者が職務上作成する著作物……で，その法人等が自己の著作の名義の下に公表するものの著作者は，その作成の時における契約，勤務規則その他に別段の定めがない限り，その法人等とする。」と定めている。したがって，ある著作物につき，①その作成が法人等の発意に基づくこと，②その作成が(i)法人等の業務に従事する者の(ii)職務上されたものであること，③

その公表が法人等の著作名義の下にされたものであること，④その作成時に契約等に別段の定めのないこと（定めがあればそれに従えばよいからである。）との要件があれば，当該法人等がその著作物の著作者になることを定めている。法人等が著作者になる結果，著作権のみならず，著作者人格権も当該法人等に帰属することになる（著17条1項）。

なお，映画の著作物の著作者に関する著作権法16条の規定は，同法15条が適用される場合には適用されない（著16条ただし書）。その趣旨は，著作権法15条が適用されるならば，著作権法16条，29条1項を適用するまでの必要性がないことにあるが（榎戸道也「18　映画の著作物」『新・裁判実務大系』253頁，同「9　映画の著作物の著作権者をめぐる問題点」『理論と実務4巻』122頁参照），著作権法15条又は同法16条から導かれる著作者が異なった場合には，同法15条が優先適用されることを意味する（東京地判平成23年12月14日判時2142号111頁〔CM原版事件〕参照）。

職務著作の規定の趣旨としては，著作物作成のための資金を投下する法人等に著作権を帰属させて法人等の創作活動にイニシアティブを与えること，著作者を一元化して著作物の円滑な利用を図ること，当事者意思の推測，社会的実態の重視などが挙げられている。

## 2　法人等の業務に従事する者の意義

「法人等の業務に従事する者」であるか否かは，「法人等と著作物を作成した者との関係を実質的にみたときに，法人等の指揮監督下において労務を提供するという実態にあり，法人等がその者に対して支払う金銭が労務提供の対価であると評価できるかどうかを，業務態様，指揮監督の有無，対価の額及び支払方法等に関する具体的事情を総合的に考慮して」判断することになる（最二小判平成15年4月11日判時1822号133頁〔RGBアドベンチャー事件〕参照）[1]。業務従事者が法人等の役員である場合を含み，法人等と業務従事者との間に

---

〈1〉　この説示自体は当該事案に応じた限りのものであったが，その後，多様な事案における諸裁判例に引用され，一般的判断基準として定着している。

雇用関係があれば当然にこの要件は充足するが、それが正規の雇用関係でなければならない必要はなく（前掲〔RGB アドベンチャー事件〕参照）、業務従事者が法人等外部の受託者であっても、上記要件を充足するならば、「法人等の業務に従事する者」になり得る。

### 3 対価の授受の意義

対価の授受は、上記 2 の基準のとおり、「法人等の業務に従事する者」に該当するかについての重要な判断要素として考慮されることになる。ただし、対価は法人等から業務従事者に直接支払われなければならないものではないから、法人等から対価を受けていないが法人等の指揮監督下にはある場合（派遣労働者と派遣先との関係のような場合）に直ちに職務著作が成立しないとはいえない。逆に、法人等の指揮監督下になければ、いくら対価の授受があっても職務著作が成立することはない。もっとも、たとえ職務著作の成立が否定されても、黙示の著作権譲渡[2]や黙示の使用許諾[3]の成立の余地は残されている。

### 4 対価の授受と著作者認定

対価の支払は、労務提供（創作活動）に対してされなければならないから、いかに経費（創作準備費用）を支払っても「労務提供の対価」の支払にはならない。①占い師が委託者の事務所内で書籍を執筆し、その作成に必要な交通費、書籍費その他必要な費用を委託者において負担していたとしても、書籍作成そのものについての対価支払が認められないとして職務著作の成立を否

---

[2] 大阪地判平成 7 年 3 月28日知的裁集27巻 1 号210頁〔カタログ写真事件〕、知財高判平成18年 4 月12日（平成17年（ネ）第10051号）裁判所ウェブサイト〔ソニー・コンピュータエンタテインメント事件〕、知財高判平成18年 9 月13日判時1956号148頁〔グッドバイ・キャロル事件〕参照。

[3] 東京地判平成 5 年 1 月25日判時1508号147頁〔ブランカ事件〕、知財高判平成18年10月19日（平成18年（ネ）第10027号）裁判所ウェブサイト〔計装工業会講習資料事件〕、知財高判平成21年12月24日（平成21年（ネ）第10051号）裁判所ウェブサイト〔オートバイレース写真事件〕参照。

定した事例（東京地判平成17年9月28日判タ1222号254頁〔高島暦事件〕），②外部写真家の撮影した宣伝広告写真につき，法人等が取材数等に応じた報酬や経費を支払ったとしても，労務の提供に対してではなく仕事の完成とその引渡しに対する支払であったとして職務著作の成立を否定した事例（大阪地判平成17年1月17日判時1913号154頁〔セキスイツーユーホーム事件〕），③外部業者が作成した施工管理プログラムについて，対価の支払は労務の提供に対してではなく仕事の完成とその結果に対する支払であったとして職務著作の成立を否定した事例（大阪地判平成19年7月26日（平成16年（ワ）第11546号）裁判所ウェブサイト〔グラブ浚渫施工管理システム事件〕），④外部プログラマーが作成した病院用プログラムについて，個人的友人関係を前提として委託された業務内容やその成果に対する対価の支払であったなどとして職務著作の成立を否定した事例（東京地判平成22年12月22日（平成18年（ワ）第17244号）裁判所ウェブサイト〔DPC分析プログラム事件〕）がある。

（中村　恭）

## Q47 職務著作の要件（発意）

**Q** Xは大学に勤務する研究者で，大学が外部の団体と行った共同研究の報告書の一部を執筆しました。大学がXに無断で報告書を冊子として印刷・発行しましたが，その発行を止めさせることはできるでしょうか。

**A** 著作者又は著作権者は，著作権等を侵害する者に対してその侵害の停止等を請求することができ（著112条1項），「冊子として印刷・発行」することは複製権（著2条1項15号，21条）の行使に当たるので，本問で発行差止めが認められるかは，Xがこの報告書の著作者又は著作権者であるかどうかにかかる（本問では大学に対する利用許諾はないことを前提とする。）。ところで，「冊子」について事実行為として現に創作行為をしているのはXであるものの，この大学と雇用関係があるので，この報告書が職務著作（著15条1項）となれば，大学が著作者及び著作権者となり，Xの発行差止は認められない。本問では，職務著作の要件のうち，「法人等の発意」についての検討を加えるが，本件のような事案では大学に「発意」が認められるので，そのほかの職務著作の要件も充足されているならば，Xの発行差止めは認められない。

### ▍解　説

#### 1 職務著作規定の概要

著作権法15条1項は，①ある著作物の作成が法人等の発意に基づくこと，②その作成が(i)法人等の業務に従事する者の(ii)職務上されたものであること，③その公表が法人等の著作名義の下にされたものであること，④その作成時に契約等に別段の定めのないこととの要件があれば，当該法人等がその著作物の著作者になることを定めている（**Q46**参照）。法人等が著作者になる結果，著作権のみならず，著作者人格権も当該法人等に帰属するので（著17条1項），

逆にいえば，当該著作物の創作者は，著作者にも著作権者にもならないことになる。したがって，たとえ創作者といえども，著作者又は著作権者にのみ認められている権利は行使できないことになる。

## 2 「法人等の発意」の意義・趣旨

「法人等の発意に基づく」とは，「当該著作物を創作することについての意思決定が，直接又は間接に法人等の判断に係らしめられていること」と定式化されている。ここで「間接」とされているのは，法人等がその内部意思決定の結果として具体的な著作物の作成を業務命令として明示的に従業員等に指示したという典型的な場合のみならず，それ以外の場合も広く含まれ得るという意味である。従業員等からの自発的な作成申出を法人等が了承したように作成の端緒が従業員等にある場合を含むものであり，法人等が著作物の作成を明示的又は具体的に従業員等に指示する必要はないし，法人等が作成される著作物の具体的な内容を従業員等に指定する必要もない（東京地判平成8年9月27日判時1645号134頁及び東京高判平成10年2月12日判時1645号129頁〔四進レクチャー事件〕参照）。法人等が著作物を作成することを従業員等に命ずる場合のみならず，その著作物を作成することが想定される業務を従業員等に命ずることでも足りる（東京地判平成18年2月27日判時1941号136頁〔計装工業会講習資料事件〕。ただし，その控訴審・知財高判平成18年10月19日（平成18年（ネ）第10027号）裁判所ウェブサイトは公表要件を欠くとして職務著作の成立を否定した。）。また，法人等がその著作物の存在を認識しているか否かも問われない。法人等内で意見対立があり，当該著作物がその作成時において直ちに法人等に利用され得る状況にあることを要しない（知財高判平成18年12月26日判時2019号92頁〔宇宙開発事業団プログラム事件〕，東京地判平成23年1月28日判時2133号114頁〔NEW増田足事件〕）。

法人等が不要な業務を従業員等にさせる理由もないし，従業員等としても業務命令もないのに不要な業務をするべきでもないから，「発意」とは，従業員等として通常される職務の範囲内であったかということに尽きる。結局，ある著作物が当該従業員等の職務として作成されていれば「発意」も通常は

あるといえる関係にあるので，この要件は，むしろ，形式的には従業員等の職務の範囲内にありながら職務著作の成立が排除される場合もあり得るという消極的機能の方にその意義を見出すのが適切であろう。

### 3 「法人等の発意」の解釈

従業員等が法人等の海外委託研修中（休職扱いで給与一部支給）に作成したプログラムにつき，知財高裁は，「法人等と業務に従事する者との間に雇用関係があり，法人等の業務計画に従って，業務に従事する者が所定の職務を遂行している場合には，法人等の具体的な指示あるいは承諾がなくとも，業務に従事する者の職務の遂行上，当該著作物の作成が予定又は予期される限り，『法人等の発意』の要件を満たすと解するのが相当である。」と説示した上で，上記プログラムについて，「研修期間中の職務の遂行上，その作成が予定又は予期されていた」として，「法人等の発意」を肯定した（前掲〔宇宙開発事業団プログラム事件〕）。

さらに，知財高裁は，国立大学法人と地方公共団体等との間で締結された共同研究契約に基づく共同研究の参加者である国立大学法人の准教授が作成した共同研究報告書について，「法人等が第三者との間で締結した契約等に従って，業務に従事する者が所定の職務を遂行している場合には，法人等の具体的な指示あるいは承諾がなくとも，業務に従事する者の職務の遂行上，当該著作物の作成が予定又は予期される限り，『法人等の発意』の要件を満たす」と説示した上で，「准教授は国立大学法人側の研究担当者として共同研究に参加したので，国立大学法人の義務を履行するためにその従業者として契約内容に従った研究を実施，遂行すべき義務を負うとともに，これによって国立大学法人の指揮監督に服することになり，その研究成果も職務の遂行上その作成が予定された」として，「法人等の発意」を肯定した（知財高判平成22年8月4日判時2101号119頁〔北見工業大学事件〕）。

その後も，知財高裁は，外部業者が法人等の従業員に執筆を依頼した書籍について，一般論として上記と同様の説示をしている（知財高判平成23年3月10日（平成22年（ネ）第10081号）裁判所ウェブサイト〔病院経営管理本事件〕。ただし，

結論は否定。)。

　これら判断は，あくまで「直接又は間接の起因性の有無」についての事例判断であり，また，従来の「法人等の発意」についての判断基準の延長線上にあるものではあるが，今後は，比較的明確な基準である「予定又は予期可能性」が「法人等の発意」の判断についての中核になっていくものと考えられる（前掲〔NEW 増田足事件〕もこの基準に基づいて判断している。)。

## 4　「法人等の発意」の限界

　いかに法人の業務計画範囲内であり，従業者等の職務の遂行として予定又は予期されているような類いの著作物であっても，外部事業者から従業者個人に作成が依頼されて当該法人等の関与の全くないままに作成された著作物の場合には，作成に至る経過の中で当該法人等の判断が全く働いていないのであるから，そもそも「法人等の発意」の前提を欠き「法人等の発意」の要件を充足することはない（前掲〔病院経営管理本事件〕参照）。

（中村　恭）

## Q48　職務著作の要件（業務に従事する者）

**Q** アニメーション技術を学ぶために観光ビザで来日した外国人を見習いとして事務所に住み込ませ，アニメーションの作成をさせました。毎月の給与は支給していましたが，雇用契約は締結していません。当事務所の指示でこの外国人が作成したアニメーションは職務著作となるでしょうか。

**A** 著作権法15条1項は，一定の要件を満たす場合，当該著作物の作成者の使用者が著作者となる旨を定めている。本問では，同項が定める要件のうち，主に「業務に従事する者」を満たすか否かが問題となるが，最二小判平成15年4月11日判時1822号133頁〔RGBアドベンチャー事件〕は，「雇用関係の存否が争われた場合には，……『法人等の業務に従事する者』に当たるか否かは，法人等と著作物を作成した者との関係を実質的にみたときに，法人等の指揮監督下において労務を提供するという実態にあり，法人等がその者に対して支払う金銭が労務提供の対価であると評価できるかどうかを，業務態様，指揮監督の有無，対価の額及び支払方法等に関する具体的事情を総合的に考慮して，判断すべきものと解するのが相当である。」と判示している。したがって，本問においては，アニメーションを作成した外国人が事務所の指揮監督下にあって労務の提供をしたといえるか，事務所が支払った給与が外国人の労務の提供の対価であったといえるかを具体的事情に基づいて総合的に判断し，これが肯定されれば，他の要件を満たす限り，職務著作となる。

## 解　説

### 1　職務著作の概要

(1)　職務著作とは

著作権法15条1項は，職務上作成された著作物について，一定の要件の下

で，著作物作成者ではなく，法人その他使用者（以下「法人等」という。）を著作者とすることを定める。例えば，勤務先において広報課に所属する従業員が会社案内のパンフレットを作成した場合，当該パンフレットの著作者は，当該従業員ではなく，当該勤務先となる。これを講学上「職務著作」といい，著作者である法人等に当該著作物の著作権及び著作者人格権が原始的に帰属する（著17条1項）。

(2) 職務著作の趣旨

著作物の著作者となる者は，「著作物を創作する者」（著2条1項2号）であり，創作活動を行うのは自然人であるから，本来であれば著作者となるのは自然人である。しかし，法人等の内部においては多数の著作物が作成され，複数の従業員が1つの著作物の作成に関わる場合も多い。このような場合に，著作物作成者である従業員が著作者であるとすると，法人等は著作物を利用するに当たり，当該従業員の許諾を得なければならないことになりかねないから，法人等による著作物の利用に支障を来し，結果として法人等の業務に多大な影響を及ぼすことになる。また，ある著作物が法人等の著作名義で公表されているにもかかわらず，法人等が著作者でないということになると，著作物を利用したい第三者は，誰に利用許諾を求めるべきか分からないし，創作活動に関わった全員から許諾を受けることも困難であるから，著作物の利用を阻害することになってしまう。そこで，権利関係を単純明確にして，著作物の利用・流通の円滑化を図ることなどを考慮して，一定の要件を満たす場合には，法人等が著作者となることを認めたのが職務著作の制度である。

## 2　職務著作の要件

(1) 法人等の発意に基づくこと

「発意」とは，著作物作成の意思が直接又は間接に法人等の判断に係らしめられていることを意味し[1]，明示の発意がなくとも，黙示の発意があれば足りる。この点について，知財高判平成18年12月26日判時2019号92頁〔宇宙

---

[1] 加戸『逐条講義』144頁

開発事業団プログラム事件〕は，「法人等と業務に従事する者との間に雇用関係があり，法人等の業務計画に従って，業務に従事する者が所定の職務を遂行している場合には，法人等の具体的な指示あるいは承諾がなくとも，業務に従事する者の職務の遂行上，当該著作物の作成が予定又は予期される限り，著作権法15条1項にいう『法人等の発意』の要件を満たす」と判示している。

(2) 業務に従事する者

典型的には，法人等との間に雇用契約を締結している従業員が「法人等の業務に従事する者」に当たる。

前掲〔RGBアドベンチャー事件〕は，雇用関係の存否が争われた事案において，著作物作成者の在留資格の種別，雇用契約書の存否，雇用保険料，所得税等の控除の有無といった形式的な事由を主たる根拠として雇用関係の存在を否定した原審を破棄し，「雇用関係の存否が争われた場合には，……『法人等の業務に従事する者』に当たるか否かは，法人等と著作物を作成した者との関係を実質的にみたときに，法人等の指揮監督下において労務を提供するという実態にあり，法人等がその者に対して支払う金銭が労務提供の対価であると評価できるかどうかを，業務態様，指揮監督の有無，対価の額及び支払方法等に関する具体的事情を総合的に考慮して，判断すべきものと解するのが相当である。」と判示している。

雇用関係がない場合であっても「法人等の業務に従事する者」に当たる場合があるかについては，①法人等と雇用関係がある場合に限定されるとする考え方，②雇用関係に限らず，実質的な指揮監督関係にあれば，委任，請負等による者も広く含まれるとする考え方，③雇用関係の有無にかかわりなく，法人等の組織上又は事業上の一体関係の中に組み入れられていて，その指揮監督の下で，法人等によって割り当てられた職務を遂行する関係にある者が「法人等の業務に従事する者」に当たるとする考え方がある。

裁判例では，雇用関係にない場合でも，前掲〔RGBアドベンチャー事件〕の「法人等の指揮監督下において労務を提供するという実態にあり，法人等がその者に対して支払う金銭が労務提供の対価であると評価できるかど

うか」との基準に従って判断したものがある[2]。

(3) 職務上作成されたものであること

「職務」とは，具体的に命令された内容だけを指すものではなく，職務として期待されるものも含まれると解されている[3]。この点について，前掲〔宇宙開発事業団プログラム事件〕は，「業務に従事する者に直接命令されたもののほかに，業務に従事する者の職務上，……予定又は予期される行為も含まれる」と判示している。

(4) 法人等の名義で公表するものであること

「公表するもの」とは，法人等の著作名義で公表したものだけでなく，法人等の著作名義で公表することが予定されているものであれば足りるという意味である[4]。例えば，新聞社のカメラマンが新聞に掲載するために撮影した写真は公表していないものであっても，法人等の名義で公表するものであるといえる。

なお，プログラムの著作物については，この要件は要求されていない（著15条2項）。

(5) 契約，勤務規則その他に別段の定めがないこと

著作物が作成されたときに，契約，勤務規則その他において著作物作成者が著作者となる旨の規定がある場合には，著作物作成者が著作者であるという著作権法の原則に戻って，従業者が著作者となる。

## 3　本問の検討

本問では，事務所（A）の指示で外国人（B）がアニメーションを作成しているので，Aの発意に基づくものといえ，またAの名義で公表することが予定されていると考えられる。さらに，BはAの指示を受けてアニメーションを作成しているから，BがAの業務に従事する者といえれば，職務上作成

---

[2]　東京地判平成17年3月15日判時1894号110頁及びその控訴審である知財高判平成18年9月13日判時1956号148頁〔グッドバイ・キャロル事件〕
[3]　中山『著作権法』179頁
[4]　加戸『逐条講義』146頁

されたものであるという要件も満たすと考えられる。そして，Bが観光ビザで来日していることやAとの間で雇用契約書を作成していないという形式的事由のみをもって事務所の業務に従事する者との要件を否定するべきではなく，BがAの指揮監督下でアニメーションを作成したといえるか，AのBに対する給与がBによる労務の提供の対価といえるかを，具体的事情を総合的に考慮して判断し，これが肯定されれば，アニメーションは職務著作となるといえる。

（小川　雅敏）

## Q49 職務著作の要件（法人名義による公表）

**Q** 研修会から講師派遣を依頼された会社Aが，従業員Bを講師として派遣した際，Bが講習資料を作成しました。(1) 後任として派遣された講師CがBの作成した資料をテキストとして使用すること，(2) CがBの資料の数値などを最新のものにして利用することは，それぞれ著作権法上問題があるのでしょうか。

**A** 従業員Bが作成した講習資料は，法人等の発意に基づき，その法人等の業務に従事する者が，職務上作成する著作物といえるが，当該講習資料の体裁が，例えば，講習資料の表紙には，講習の主催者である研修会の名称が表示され，あるいは，テーマごとの各講義資料を合綴した資料集が作成され，資料集の表紙に研修会の名称が，各講義資料に各講師の所属部署・氏名等が表示されている場合などには，従業員Bが作成した講習資料は，会社Aの著作名義で公表されたということはできず，職務著作には該当しないから，講習資料の著作者は従業員Bとなる。

(1) 後任として派遣される講師Cが従業員Bの作成した資料をテキストとして使用する場合には，従業員Bの複製の許諾を得る必要があるが，引き継いだ際の事情等によっては，従業員Bが許諾していたと認められる場合がある。

(2) 同一性保持権の侵害となる改変は，社会通念上著作者の意に反するといえる場合の変更がこれに当たるという観点から検討すると，講師を務めた従業員Bの著作者としての立場や，講習資料という著作物の性質等からすると，資料の数値を最新のものにして利用することは，社会通念上著作者の意に反するということはできず，同一性保持権の侵害とはならない。

## ■ 解　説
### 1　職務著作の成否
#### (1)　著作者

　著作物の著作者が誰であるかが問題となる場合，著作者とは，著作物を創作する者をいう（著2条1項2号）ことから，通常は，当該著作物の現実の創作行為をした者が著作者に該当する。他方，法人その他の使用者（法人等）の従業者が職務上作成する著作物については，著作権法上，一定の要件の下で，著作者は，その法人等とするとされている（職務著作）。著作者は，著作権及び著作者人格権を享有する（著17条1項）ので，ある著作物が，職務著作に該当すると認められる場合には，当該法人等がこれら著作権等の帰属主体となり，職務著作に該当すると認められない場合には，現実の創作行為を行った者（従業者）が，これら著作権等の帰属主体となる。

#### (2)　職務著作

　職務著作は，①法人等の発意に基づき，②その法人等の業務に従事する者が，③職務上作成する著作物で，④その法人等が自己の著作の名義の下に公表するものであり（ただし，プログラム著作物を除く。），⑤作成時における契約，勤務規則等に別段の定めがない場合に認められる（著15条1項）。このうち，①法人等の発意に基づくとは，法人等が，創作の動機付けを行ったということだけではなく，当該作品の完成に至るまで指揮・監督（コントロール）が行われていることが含意されている（『コンメンタール1』675頁）とされる。また，②その法人等の業務に従事する者とは，その法人等との間で雇用契約関係にある者が典型とされ，「法人等と著作物を作成した者との関係を実質的にみたときに，法人等の指揮監督下において労務を提供するという実態にあり，法人等がその者に対して支払う金銭が労務提供の対価であると評価できるかどうかを，業務態様，指揮監督の有無，対価の額及び支払方法等に関する具体的事情を総合的に考慮して，判断すべき」（最二小判平成15年4月11日判時1822号133頁〔RGBアドベンチャー事件〕）とされる。③職務上作成するとは，自分に与えられた仕事として著作物を作成することをいう（加戸『逐条講義』145頁）。④その法人等が自己の著作の名義の下に公表するとは，法人等の名義で公表

される場合をいい，公表されるとすれば法人等の名義で公表される場合も含まれるとされる。法人等の名前と従業者の名前の双方が記載されている場合もあるが，従業者が，法人内部の職務分担として執筆したものと認められるものであれば，法人等の名義で公表されたものとなる。

(3) 著作権等侵害

前記のとおり，著作者は，当該著作物の複製権（著21条）等の著作権及び同一性保持権（著20条1項）等の著作者人格権を享有するから，当該著作物を複製して使用したり，内容を改変したりしようとする場合には，その者の許諾を得る必要がある。その者の許諾を得ずにこれらの行為がされると，著作権侵害又は著作者人格権侵害となる場合があり，侵害行為が成立する場合には，権利者は，侵害行為を行った者に対し，侵害行為の差止めや侵害行為を組成した物の廃棄を請求することができ（著112条），また，故意過失により侵害行為を行った者に対しては，不法行為に基づき損害賠償を請求することができる（民法709条，著114条）。

## 2 同一性保持権

著作者は，著作者人格権として同一性保持権を有し，その著作物及びその題号の同一性を保持する権利を有し，その意に反してこれらの変更，切除その他の改変を受けないものとされている（著20条1項）。ただし，例外的に，著作物の性質並びにその利用の目的及び態様に照らしやむを得ないと認められる改変（著20条2項4号）などの場合には，同一性保持権は及ばないものとされている。そして，同一性保持権の侵害となるような改変か否かについては，社会通念上著作者の意に反するといえる場合の変更か否かの観点から検討される。

## 3 本問における検討

本問と関連して，東京地判平成18年2月27日判時1941号136頁〔計装工業会講習資料事件〕の参考裁判例がある。

(1) 小問(1)について

　本問では，会社Aの従業員Bが著作物である講習資料を作成しているので，当該著作物が職務著作に該当するかが問題となる。そして，研修会から講師派遣を依頼された会社Aにおいて，講習資料を作成することが，講習の講師を務めることとともに用務として認識され，社外用務として承認されていた場合などには，会社Aが，これを従業員Bに伝えることをもって，講習資料の作成についての会社Aの判断がされたといえるから，会社Aの発意に基づくものといえる。また，Bは従業員であるから，会社Aの業務に従事する者である。さらに，研修会の講師を務めることが，会社Aの社外用務として承認され，その業務命令により担当する従業員が決められ，内容も会社Aの業務と密接に関連する場合などには，講習資料は，講師として派遣される従業員Bの職務として作成されたものといえる。しかし，講習資料の体裁が，例えば，講習資料の表紙には，講習の主催者である研修会の名称が表示され，あるいは，テーマごとの各講義資料を合綴した資料集が作成され，資料集の表紙には研修会の名称が，各講義資料に各講師の所属部署・氏名等が表示されている場合などには，講習資料は，会社Aの著作名義で公表されたということはできない。

　そうすると，このような場合，本問の講習資料は，職務著作に該当しないから，その著作者は，講習資料を作成した従業員Bとなる。そして，講習資料の著作権等は従業員Bに帰属するから，後任として派遣された講師Cが，当該講習資料を複製し，テキストとして使用する場合には，従業員Bの許諾を得ることが必要となる。しかし，講習が同一テーマで実施され，講習資料の大幅な変更が予定されない状況において，従業員Bが，上司から引継ぎの指示を受け，次年度から講師をCと交替するとともに，講習資料の原稿の電子データを留保なくCに交付したような場合，従業員Bは，Cが職務上，次年度の資料を作成するために従業員Bの講習資料を複製することを許諾していたと認められるであろうから，このような場合には，Cは，従業員Bが作成した講習資料をテキストとして使用することができることとなる。

(2) 小問(2)について

　本問においては，後任の講師Cは，従業員Bの資料の数値などを最新のものにして利用しているので，著作者である従業員Bの同一性保持権を侵害しているかが問題となる。そして，同一性保持権の侵害となる改変は，社会通念上著作者の意に反するといえる場合の変更がこれに当たるとの観点から検討した場合，本問の従業員Bが作成した講習資料は，受講者に対して講習内容の事実を正しく伝え，関連する最新情報を伝え，当該分野での経験に基づく専門知識を伝達することが期待・予定され，次年度の資料作成のための複製が許諾される場合には，講習の時期に合わせた修正がされ，用語も最新のものを選択することなどが求められているものであり，著作者である従業員Bも，このような事情を認識して講習資料を作成したものであろうから，そうすると，後任の講師Cによる改変が，資料の数値などを最新のものにして利用するというものである場合には，上記のような著作者の立場や講習資料の性質等から，いずれもやむを得ない改変（著20条2項4号）ということができると考えられる。したがって，そのような場合には，同一性保持権の侵害は成立せず，Cは，従業員Bの講習資料の数値などを最新のものにして利用することができるものと解される（なお，参考裁判例である前掲〔計装工業会講習資料事件〕は，計装士の技術維持のための講習用に作成された講習資料の事例である。）。

（菊池　絵理）

216　第3章　著作者

## Q50　写真の職務著作の要件・利用者の責任

**Q** 写真家Aが，広告制作会社Bから依頼を受けて撮影した写真が，Aの許諾なく当初予定されていた雑誌記事以外の新聞広告として用いられました。
(1)　Aの写真は職務著作に当たるのでしょうか。
(2)　写真の著作権がAにある場合，当該写真をBから譲り受けて新聞広告を出した広告主Cにも責任はあるのでしょうか。

**A** (1)　写真家Aの行為が，写真を撮影した上で，掲載される雑誌記事に適切なものを選び出し，そのフィルムを広告制作会社Bに引き渡すというものである場合などには，単なる労務の提供ではなく，仕事の完成とその引渡しであるから，写真家Aは「法人等の業務に従事する者」(著15条1項) に該当せず，写真は，職務著作に当たらない。
(2)　当該写真を写真家Aの許諾なく新聞広告として複製等により使用する場合，写真家Aに対する著作権侵害が問題となるが，広告の制作を業とするものではない広告主Cが，広告制作会社から，その顧客として広告用写真のフィルムを借り受け，これを使用する場合には，広告主Cが，その使用に当たり，広告制作会社から，別途著作権者の許諾が必要であると指摘されない限り，その写真を使用することが他者の著作権を侵害するものではないものと考えて，その写真を使用したとしても，注意義務に違反するものとはいえないから，そのような場合には，広告主Cに過失はなく，損害賠償責任を負わない。

## ■ 解　説

### 1　職務著作

職務著作とは，法人その他使用者 (法人等) の発意に基づき (①)，その法人等の業務に従事する者が (②) 職務上作成する著作物で (③)，その法人

等が自己の著作の名義の下に公表するもの（ただし，プログラム著作物を除く。）をいい（④），その作成時における契約，勤務規則その他に別段の定めがない限り（⑤），著作者は，当該法人等とされている（著15条1項）。

著作者とは，著作物を創作する者（著2条1項2号）のことをいい，著作者は，当該著作物の著作権及び著作者人格権を享有する（著17条）ので，原則として，創作行為を行った者が著作者となり，これらの著作権等の権利の帰属主体となる。これに対し，従業者が職務上作成する著作物については，例外的に，一定の要件の下で，職務著作として法人等が著作者となり，法人等が，著作権等の権利を原始的に享有するとされたものである。法人等が著作物を作成し出版するという形で，その著作物に関する社会的責任を負い，法人等として対外的信頼を得る場合が多いことから，そのようなものについては，その法人等を著作者とするという規定である（加戸『逐条講義』144頁）などとされている。

職務著作の要件は，上記の①ないし⑤である（著15条1項）が，このうち，①法人等の発意に基づくとは，著作物作成の意思決定が直接又は間接に使用者の判断に係っている（加戸『逐条講義』144頁）ことをいう。③職務上作成するとは，自分に与えられた仕事として著作物を作成することをいう（加戸『逐条講義』145頁）。④その法人等が自己の著作の名義の下に公表するとは，法人等の名義で公表される場合をいい，公表されるとすれば法人等の名義で公表される場合も含まれるとされる。

②「その法人等の業務に従事する者」については，著作物の作成者と法人等との間で雇用契約関係にある場合には，これに該当する。また，雇用関係の存否が争われる場合には，判例は，「法人等と著作物を作成した者との関係を実質的にみたときに，法人等の指揮監督下において労務を提供するという実態にあり，法人等がその者に対して支払う金銭が労務提供の対価であると評価できるかどうかを，業務態様，指揮監督の有無，対価の額及び支払方法等に関する具体的事情を総合的に考慮して，判断すべき」（最二小判平成15年4月11日判時1822号133頁〔RGBアドベンチャー事件〕）とする。これは，いわゆる観光ビザにより我が国に滞在した外国人で，アニメーションの企画等を業

とする会社において図画を作成したデザイナーについて，雇用関係の存在を否定した原審の判断には，違法があるとされた事例である（**Q48参照**）。

## 2　著作権侵害

　上記のとおり，ある著作物について，職務著作に該当する場合には当該法人等が，職務著作に該当しない場合には当該著作物を作成した者が，それぞれその著作者となる。そして，ある著作物を複製等により利用する場合には，その著作権者の許諾を得る必要があるから，著作権者に無断で，当該著作物を複製等により利用すると，複製権（著21条）等の著作権の侵害が問題となる。著作権侵害が成立する場合には，著作権者は，侵害行為を行った者に対して，侵害行為の差止めを求めたり（著112条1項），侵害行為を組成した物の廃棄を求めたり（著112条2項）することができる。また，故意過失により侵害行為を行った者に対しては，不法行為に基づき損害賠償を請求することができる（民法709条，著114条）。そして，過失の有無を検討する場合には，行為者が負うべき注意義務の内容及び注意義務違反の有無等が問題となる。

## 3　本問における検討

　本問と関連して，大阪地判平成17年1月17日判時1913号154頁〔セキスイツーユーホーム事件〕の参考裁判例がある。

　(1)　小問(1)について

　本問において，著作物である写真は，法人である広告制作会社Bの依頼を受けて，写真家Aが撮影したものであるから，職務著作の成否に関して，写真家Aが「法人等の業務に従事する者」に該当する否かが問題となる。

　そして，この点について検討する場合には，法人等と著作物を作成した者との関係を実質的にみたときに，その者が，法人等の指揮監督下において労務を提供するという実態にあり，法人等がその者に対して支払う金銭が労務提供の対価であると評価できるかどうかを，業務態様，指揮監督の有無，対価の額及び支払方法等に関する具体的事情を総合的に考慮して判断することとなる。本問において，写真家Aが，広告制作会社Bとの契約に基づいて

行った行為が，写真家Aが取材前に広告制作会社Bにおいて打合せを行い，写真家Aと広告制作会社Bの担当者が取材先に赴き，打合せに基づいて，両者が協議しながら多くの写真を撮影し，撮影したフィルムは，写真家Aが持ち帰り，現像した上，写真家Aにおいて，広告制作会社Bが直接関与しない中で，掲載に適した写真を選び出して，そのフィルムを広告制作会社Bに引き渡すが，引き渡さなかったフィルムは，写真家Aが廃棄するというものである場合などには，写真家Aの行為は，写真を撮影した上で，掲載される雑誌記事に適切なものを選び出し，そのフィルムを広告制作会社Bに引き渡すというものであって，その性質は，単なる労務の提供ではなく，仕事の完成とその引渡しということができる。したがって，そのような場合には，写真家Aは「法人等の業務に従事する者」（著15条1項）には該当せず，写真家Aが撮影した写真は，職務著作に該当しないこととなる。

(2) 小問(2)について

写真家Aの撮影した写真が職務著作に当たらない場合，写真の著作者は，写真家Aであり，著作権等は同人に帰属することになる。写真家Aは，当該写真が，当初予定されていた雑誌記事以外の新聞広告として用いられることは許諾していないから，当該写真について，このような使用をする場合には，写真家Aに対する著作権（複製権）侵害が問題となる。そして，本問において，広告主Cが，新聞広告への当該写真の掲載につき損害賠償責任を負うかどうかについては，広告主Cに故意過失が認められるか否かが問題となる。

この点，広告主Cは，広告制作を業とするものではないから，このような広告主Cが，広告制作会社から，その顧客として広告用写真のフィルムを借り受け，これを使用する場合には，基本的には，別途著作権者の許諾が必要であれば，貸出元の広告制作会社からその旨指摘されるであろうことを信頼することが許され，逐一，広告制作会社に対し，その写真の使用のために別途第三者の許諾が必要か否かを調査確認する注意義務を負うものではないと解されるものである。そうすると，広告主Cは，上記の使用に当たり，広告制作会社から，別途著作権者の許諾が必要であると指摘されない限り，その写真を使用することが他者の著作権を侵害するものではないものと考えて，

その写真を使用したとしても，注意義務に違反するものとはいえない。したがって，このような場合には，広告主Cには，過失がなく，損害賠償責任を負わないこととなる（前掲〔セキスイツーユーホーム事件〕は，広告写真家が広告制作会社の依頼により広告誌用に撮影した写真が，同じ広告主により新聞広告に利用された事案である。）。

（菊池　絵理）

## Q51 プログラムの職務著作の要件

**Q** 会社の研修の一環として行った留学中に，コンピュータ・プログラムを作成しました。会社からの明確な指示や命令がなくとも，当該プログラムが職務著作に当たる場合がありますか。

**A** 当該プログラムの作成が，留学の趣旨（研修の目的）に沿ったものであり，研修の成果として予定又は予期されているような性質のものであれば，作成者と会社間の契約等において，著作者に関し別段の定めがない限り，会社からの明確な指示や命令がなくとも，当該プログラムは職務著作に当たる。

### 解説
#### 1 職務著作
(1) 制度趣旨等

著作者とは著作物を創作する者をいい（著2条1項2号），著作物とは，思想又は感情を創作的に表現したものをいう（著2条1項1号）ところ，思想又は感情を創作的に表現することができるのは自然人のみであるから，元来，著作者となり得るのは自然人である。著作権法15条は，上記の前提に立ちつつ，著作権取引等の便宜を考慮し，法人等における実態（その業務に従事する者が指揮監督下における職務の遂行として法人等の発意に基づいて著作物を作成し，これが法人等の名義で公表されることが多い。）に鑑み，法人等を著作者と擬制し，所定の著作物の著作者を法人等とする旨規定したものである。

(2) コンピュータ・プログラムの著作物の場合（著15条2項）

著作権法15条2項は，プログラム著作物の場合，その多くが，企業などの法人において多数の従業員により組織的に作成され，その中には，本来公表を予定しないもの，無名又は作成者以外の名義で公表されるものも多いとい

う実態があるなどの特質に鑑み，公表名義を問うことなく，法人等が著作者となる旨定めている。

## 2 効果
職務著作の成立が認められると，法人等が著作者となり，著作権及び著作者人格権の双方が原始的に法人等に帰属する（著17条1項）。

## 3 要件
①法人その他使用者（法人等）の発意に基づくこと，②法人等の業務に従事する者が職務上作成したものであること，③法人等が自己の著作の名義の下に公表するものであること，④作成時における契約，勤務規則その他に別段の定めがないことである（プログラム著作物の場合は，③の要件が不要となる。）。

(1) ①法人等の発意に基づくこと

著作物の創作についての意思決定が，直接又は間接に法人等の判断に係らしめられていることをいい，例えば，法人等が著作物の作成を企画，構想し，業務従事者に具体的に作成を指示する場合や，業務従事者が法人等の承諾を得て著作物を作成する場合などが考えられる。なお，「法人等の発意」の範囲等は，要件②（業務従事者が職務上作成したものであること）と関連して判断されるべきものであり，法人等と業務従事者との間に正規の雇用関係があり，法人等の業務計画に従って，業務従事者が所定の職務を遂行している場合には，法人等の発意をより広く認める余地があり，事前に具体的な指示・承諾がない場合や，創作段階において具体的な指揮監督がない場合であっても，当該業務従事者の職務の遂行上，当該著作物の作成が予定又は予期される限り，「法人等の発意」の要件を満たすと解するのが相当である。

(2) ②業務従事者が職務上作成したものであること

ア 法人等の業務従事者であること

創作者と法人等の間に雇用契約関係があることが典型であるが，この場合に限定されず，法人等と創作者との関係を実質的にみたときに，法人等の指揮監督下において労務を提供するという実態にあり，法人等がその者に対し

て支払う金銭が労務提供の対価であると評価できるかどうかを，業務態様，指揮監督の有無，対価の額及び支払方法等に関する具体的事情を総合的に考慮して判断すべきである（最二小判平成15年4月11日判時1822号133頁〔RGBアドベンチャー事件〕）。

　　イ　職務上作成したものであること

　業務従事者が具体的に法人等から指示命令されたもののほか，業務従事者の職務上，作成が予定又は予期されているものも含まれる（知財高判平成18年12月26日判時2019号92頁〔宇宙開発事業団プログラム事件〕）。具体的には，法人等の業務の内容，著作物を作成する者が従事する業務の種類・内容，著作物作成行為の行われた時間・場所，著作物作成についての法人等による指揮監督の有無・内容，著作物の種類・内容，著作物の公表態様等の事情を総合勘案して判断するのが相当であるが（東京地判平成16年11月12日（平成16年（ワ）第12686号）裁判所ウェブサイト〔知的財産権入門事件〕），職務上，作成が予定又は予期されているものであれば，勤務時間外・勤務場所外で作成された場合であっても，「職務上作成したもの」に該当し得る。

　(3)　③法人等が自己の著作の名義の下に公表するものであること

　既に当該著作物が公表されている場合には，当該公表名義の体裁等からみて，法人等の名義で公表されたということができるかどうかを検討する。また，当該著作物が未公表である場合には，当該法人等の名義により公表が予定されていたか，仮に公表するとすれば法人等の名義を付されるべきものかを検討することになる。プログラム著作物の場合に，同要件が不要であることは前述のとおりである。

　(4)　④契約，勤務規則等に別段の定めがないこと

　契約，勤務規則等に別段の定めがある場合には，著作者の認定に当たり当該定めが優先する。


## 4　本問における解説

　本問において，会社と当該プログラム作成者との間には正規の雇用契約関係があると解されるから，当該プログラム作成者が会社との関係で業務従事

者に当たることは明らかである。また、法人等との間に正規の雇用関係がある業務従事者が、法人等の業務計画に従って所定の職務を遂行している場合で、当該職務の遂行上、当該著作物の作成が予定又は予期されている場合には、前述のとおり、法人等の発意を広く認めることとなり、かつ、当該著作物が職務上作成したものにも該当することになるから、職務著作の要件を全て満たし、契約等に別段の定めがない限り、当該プログラムは職務著作に当たることになる（プログラム著作物の場合には、法人等の名義による公表の要件は不要である。）。

そこで、本問において、当該プログラムの作成が、作成者の職務の遂行上、予定又は予期されていたものといえるかどうかを検討することになる。具体的には、当該プログラムは、会社の研修として行った留学中に作成されたものであるところ、留学中の当該作成者の職務は、研修の目的に沿った研究等を行うことであったと解されるところであるから、研修計画書等から研修の目的（留学の趣旨、内容等）を認定した上で、当該プログラムの作成が、研修の目的に沿うものであるか否かを検討することになろう。当該プログラムの作成が研修の目的に沿うものであれば、会社からの明確な指示・命令がなかったとしても、当該プログラムは、当該研修の成果として、その作成が職務上予定又は予期されていたものと評価され得るものと解されるから、当該プログラムの作成は、会社の発意に基づくものであり、かつ、作成者の職務上作成されたものとして、作成者と会社間の契約等において、著作者に関し別段の定めがない限り、職務著作の成立が認められることになろう。

## 5　参考文献

『コンメンタール1』666頁〔作花文雄〕，髙部『著作権訴訟』51頁，中山『著作権法』170頁，岡村『著作権法』128頁，高林『標準』117頁

（森川　さつき）

## Q52 映画の著作物の著作権者

**Q** 映画の著作物について，当該映画の原作者，脚本家，映画監督は，それぞれどのような権利を持ちますか。
映画の著作物の DVD 化をするに当たり，映画製作の際に既に報酬を支払っている脚本家や映画監督についても，許諾が必要となるのでしょうか。

**A** 映画の原作者，脚本家は，当該映画の著作物（著2条3項）の著作者ではないが，原著作物の著作者として，二次的著作物である当該映画の著作物に生ずる複製権（著21条），上映権（著22条の2），公衆送信権（著23条），頒布権（著26条1項），翻案権（著27条）を有する（著28条）。

映画監督は，当該映画の著作物の著作者と認められる場合でも，映画製作者に対し映画製作に参加することを約束しているときは，その著作権は映画製作者に帰属するから（著29条1項），著作権を有しない。ただし，著作者人格権は，著作者である映画監督が有する（著17条1項）。

脚本家は，当該映画の著作物に生ずる上記の各支分権を有するから，DVD 化するには脚本家の許諾を得る必要がある（著63条1項）。

映画監督は，当該映画の著作権が映画製作者に帰属した場合でも，著作者人格権である同一性保持権（著20条1項）を有するから，DVD 化に際してトリミングする（画面の一部削除）には，やむを得ないと認められる改変（著20条2項4号）を除き，映画監督からトリミングについて同意を得る必要がある。

### ■ 解 説
#### 1 概 要

著作権法は，著作物を創作する者を著作者と規定しており（著2条1項2号），この点は映画の著作物（著2条3項）でも同様である。しかし，映画の

著作物（特に劇場用映画）は多数の者が関与して作成されることが多く，映画の著作物を創作した者を容易に確定できない。そこで，著作権法は，映画の著作物に限り，著作者の要件を法定している。

著作権法16条本文は，「映画の著作物の著作者は，その映画の著作物において翻案され，又は複製された小説，脚本，音楽その他の著作物の著作者を除き，制作，監督，演出，撮影，美術等を担当してその映画の著作物の全体的形成に創作的に寄与した者とする。」と規定している。このように，「その映画の著作物において翻案され，又は複製された小説，脚本，音楽その他の著作物の著作者」（クラシカル・オーサーと呼ばれる。）は，映画の著作物の著作者から除外され，「制作，監督，演出，撮影，美術等を担当してその映画の著作物の全体的形成に創作的に寄与した者」（モダン・オーサーと呼ばれる。）が映画の著作物の著作者である。

## 2　映画の著作物において利用された著作物の著作者の権利

映画の著作物において利用された著作物の著作者は，固有の保護を受けることができるので，映画の著作物の著作者から除外されている。映画の著作物において「翻案」された小説，脚本等の著作物は，映画の著作物とは原著作物と二次的著作物の関係になるから，「翻案」された著作物の著作者は，原著作物の著作者として，二次的著作物である映画の著作物の著作者が有するものと同一の種類の権利を専有する（著28条）。具体的には，二次的著作物である映画の著作物に生ずる複製権（著21条），上映権（著22条の2），公衆送信権（著23条），頒布権（著26条1項），翻案権（著27条）を有する。また，映画の著作物において「複製」された音楽，美術等の著作物の著作者は，「複製」された著作物を映画の著作物の複製物により頒布する権利を専有する（著26条2項）。

## 3　映画の著作物の著作者

映画の著作物の著作者は，①「制作，監督，演出，撮影，美術等を担当し」，②「その映画の著作物の全体的形成に創作的に寄与した者」である。立法担

当者によれば，①について，「制作」は映画プロデューサー，「監督」は劇場映画における映画監督，「演出」はテレビ映画におけるディレクター，「撮影」は撮影監督，「美術」は美術監督あるいは特殊撮影監督の行為をそれぞれ念頭に置いて規定したものであり，②については，一貫したイメージを持って映画制作の全体に参加した者であって，部分的に創作的寄与をするにとどまる助監督やカメラ助手は含まれないと説明されている[1]。この点について，「映画の著作物のように，さまざまな素材の中から選び出し，1つの成果物へと一貫して作り上げる精神作業は総監督の手元に収斂することが多い点に注目して，撮影や美術などを担当した者は，総監督が選ぶべく提供される素材については著作者でありえても，映画の著作物として完結した成果物そのものについては著作者となりえない旨の考え」と「著作者の地位を総監督に収斂させることなく，撮影や美術等の面で全体的形成に創作的に寄与した者をも著作者に加える考え」があることが指摘されている[2]。前者の考え方では，映画の著作物の著作者は，総監督のように映画の制作過程全般に参画した者に限られるのに対し，後者の考え方では，そのような者に限らないから，その他に撮影や美術等の面でも映画の著作物の全体的形成に創作的に寄与した者がいる場合には，その者を含めて共同著作物になる。裁判例は，前者の考え方に近い傾向にある[3]。

なお，映画の著作物について，職務著作（著15条）が成立する場合には，著作者の要件の規定（著16条本文）の適用はない（著16条ただし書）。

## 4 映画の著作物の著作権の帰属

著作権法29条1項は，「映画の著作物……の著作権は，その著作者が映画製作者に対し当該映画の著作物の製作に参加することを約束しているときは，

---

[1] 加戸『逐条講義』150頁
[2] 斉藤『著作権法』135頁
[3] 東京地判平成14年3月25日判時1789号141頁〔宇宙戦艦ヤマト事件〕，東京地判平成15年1月20日判時1823号146頁〔マクロス事件Ⅱ〕，東京地判平成17年3月15日判時1894号110頁及びその控訴審である知財高判平成18年9月13日判時1956号148頁〔グッドバイ・キャロル事件〕

当該映画製作者に帰属する。」と規定する。映画の著作物の著作権が映画製作者に帰属するとは，著作権が著作者に原始的に発生すると同時に，何らの行為又は処分を要せずして法律上当然にその著作権が映画製作者に移転するという効果を発生することを意味する（法定譲渡説）と解される[4]。このように，映画の著作物について，著作者が映画製作者に対し参加約束をしているときは，その著作権が映画製作者に帰属するから，著作者人格権の帰属主体と著作権の帰属主体が分離することになる。

映画製作者とは，「映画の著作物の製作に発意と責任を有する者」をいい（著2条1項10号），映画の製作主体が映画製作者であり，法律上の権利・義務が帰属する主体であって経済的な収入・支出の主体になる者であると説明されている[5]。また，参加約束は，映画の著作物を製作する行為に参加する意思があることであり[6]，映画製作者と映画監督等の著作者との間の参加契約自体を指すのではないから，参加約束が認められない場合はまれである。そうすると，通常の場合，映画監督等の著作者は，著作権の法定譲渡により著作権を失うから，その経済的利益を確保するためには，参加契約において監督等の報酬や映画の二次的利用（DVD化，テレビ放映等）についての追加報酬等を取り決める必要がある。

もっとも，著作者人格権は，映画の著作物の著作者に帰属するから（著17条1項），映画監督等の著作者は，公表権（著18条1項），氏名表示権（著19条1項），同一性保持権（著20条1項）を有する。しかし，公表権については，著作権法29条の規定によりその映画の著作物の著作権が映画製作者に帰属した場合，当該著作物をその著作権の行使により公衆に提供し又は提示することについて，著作者は同意したものと推定される（著18条2項3号）。また，同一性保持権については，劇場映画をビデオ化やテレビ放映した際にトリミング（画面の一部削除）したことが「やむを得ないと認められる改変」（著20条2

---

[4] 加戸『逐条講義』216頁。これに対し，中山『著作権法』197頁は，映画の著作物の著作権が映画製作者に原始的に帰属する（原始帰属説）とする。
[5] 加戸『逐条講義』43頁
[6] 加戸『逐条講義』217頁

項4号)に当たると判断した裁判例がある[7]。

(小川　雅敏)

---

[7] 東京地判平7年7月31日判時1543号161頁〔スウィートホーム事件〕

## Q53 映画製作者の要件

**Q** 著作権法2条1項10号にいう「映画の製作に発意と責任を有する者」とは,具体的にどのような人を指しますか。

**A** 映画製作者(「映画の製作に発意と責任を有する者」)は,「映画の製作主体が映画製作者であり,法律上の権利・義務が帰属する主体であって経済的な収入・支出の主体になる者」[1]などと解されている。

例えば,テレビ放映されたアニメーション映画の著作権が争われた事案では,アニメーション映画の制作会社について,放送局との間で当該映画を製作する法律上の義務を負っており,かつ,当該映画の製作を行う法的主体として製作に関する収入・支出を自らの計算において行っているなどとして,映画製作者であると認められている。また,ロックバンドの解散コンサートのシーン等を中心とするドキュメンタリー映画の著作権が争われた事案では,映像制作事業を営む会社について,撮影を発注する主体として契約を締結し,かつ,撮影費用等に関する経済的な支出の主体であり,特に放送局との関係においては,作品に関する権利が帰属する主体として契約を締結し,放送権料に関する経済的な収入の主体であったということができるなどとして,映画製作者であると認められている。

### ■ 解 説
#### 1 概 要

著作権法は,映画の著作物(著2条3項)には多数の者が関与して作成されるなど他の著作物と異なる特性があるから,その著作者の要件について「映画の著作物の著作者は,……制作,監督,演出,撮影,美術等を担当してその映画の著作物の全体的形成に創作的に寄与した者とする。」(著16条本文)と

---
[1] 加戸『逐条講義』216頁

規定する一方で，映画製作者を「映画の著作物の製作に発意と責任を有する者をいう。」(著2条1項10号) と定義し，その著作権の帰属について，「映画の著作物……の著作権は，その著作者が映画製作者に対し当該映画の著作物の製作に参加することを約束しているときは，当該映画製作者に帰属する。」(著29条1項) と規定している。

## 2 映画製作者の意義

映画製作者とは，「映画の製作主体が映画製作者であり，法律上の権利・義務が帰属する主体であって経済的な収入・支出の主体になる者」とか，「映画製作のための経済的リスクを負担し，権利義務の主体となる者」[2] と解されている。このように，映画製作者には，映画製作についての法的責任主体であるとともに経済的責任主体であることが要求されている。もっとも，具体的事例において，映画製作者を判断するに当たっては，映画を製作しようとする者は，映画製作のために様々な契約を締結する必要が生じ，その契約により，多様な法律上の権利を取得し，また，法律上の義務を負担するから，これらの活動を実施する際に締結された契約により生じた，法律上の権利，義務の主体が誰であるかが重要な要素となる (東京地判平成18年12月27日判タ1275号265頁〔CRフィーバー大ヤマト事件〕参照)。

なお，「発意を有する」については，他人からの働きかけを受けて製作意思を有するに至った場合も含まれると解されている (東京高判平成15年9月25日(平成15年(ネ)第1107号)裁判所ウェブサイト〔マクロス事件Ⅱ〕控訴審判決参照)。

## 3 裁判例

前掲〔マクロス事件Ⅱ〕は，テレビ放映されたアニメーション映画の著作権が争われた事案において，「『映画製作者』の定義である『映画の著作物の製作に発意と責任を有する者』(著作権法2条1項10号) とは，その文言と著作権法29条の上記の立法趣旨からみて，映画の著作物を製作する意思を有

---

[2]　中山『著作権法』196頁

し、同著作物の製作に関する法律上の権利・義務が帰属する主体であって，そのことの反映として同著作物の製作に関する経済的な収入・支出の主体ともなる者のことである」とした上で，「毎日放送は，被控訴人に対し，本件テレビアニメの製作費用として，1話につき550万円を支払う義務を負うものとされていること，被控訴人は，毎日放送に対し，本件テレビアニメを約定の期限までに作成して納品する義務を負い，この義務に違反した場合には，損害賠償の責を負うものとされていること」，「被控訴人は，本件テレビアニメの製作に参加してからは，製作作業をしたA，控訴人S，B等に対し，製作作業に対する報酬を支払っていた……ことが認められ」，「上に述べたところによれば，被控訴人は，本件テレビアニメの製作意思の下に，毎日放送に対し，本件テレビアニメを製作する法律上の義務を負っており，かつ，本件テレビアニメの製作を行う法的主体として製作に関する収入・支出を被控訴人の計算において行っているということができる」などとして，本件テレビアニメについて，アニメーション映画の制作会社である被控訴人が映画製作者であると認めた。

また，知財高判平成18年9月13日判時1956号148頁〔グッドバイ・キャロル事件〕控訴審判決は，ロックバンドの解散コンサートのシーン等を中心とするドキュメンタリー映画の著作権が争われた事案において，一般論として前掲〔マクロス事件II〕と同様の判示をした上で，「解散コンサートを主催し，開催費用を負担したのはバウハウスのEであるが，本件作品に係るパビックへの支払い，機材調達等の撮影に関する事項は，対外的手続も含め，すべて1審原告会社が行っていること，本件作品の撮影方針等には，日本フォノグラム及びバウハウスは全く関与していないこと，1審原告会社は，自らTBSと交渉し，本件作品を放送させて，テレビ放送権料150万円の支払いを受けていることが認められ」，「これらの事実に照らすと，1審原告会社は，①パビックに対しては，撮影を発注する主体として契約を締結し，かつ，撮影費用等に関する経済的な支出の主体であり，②特にTBSとの関係においては，本件作品に関する権利が帰属する主体として契約を締結し，放送権料に関する経済的な収入の主体であったということができる」などとして，

本件作品について，映像制作事業を営む会社である1審原告会社が映画製作者であると認めた。

　さらに，前掲〔CRフィーバー大ヤマト事件〕は，テレビ放送用アニメーション映画及びこれに基づいて製作された劇場用映画の著作権が争われた事案において，「著作権法2条1項10号は，映画製作者について，『映画の製作に発意と責任を有する者』と規定しているところ，同規定は，映画の製作には，通常，相当な製作費が必要となり，映画製作が企業活動として行われることが一般的であることを前提としているものと解されることから，映画製作者とは，自己の責任と危険において映画を製作する者を指すと解するのが相当である。そして，映画の製作は，企画，資金調達，制作，スタッフ等の雇入れ，スケジュール管理，プロモーションや宣伝活動，配給等の複合的な活動から構成され，映画を製作しようとする者は，映画製作のために様々な契約を締結する必要が生じ，その契約により，多様な法律上の権利を取得し，また，法律上の義務を負担する。したがって，自己の責任と危険において製作する主体を判断するに当たっては，これらの活動を実施する際に締結された契約により生じた，法律上の権利，義務の主体が誰であるかが重要な要素となる」とした上で，「Zは，本件映画1の制作を企画し，スタッフの人選やテレビ局とのテレビ放映についての交渉を行っているが，本件証拠中には，上記スタッフやテレビ局と契約を締結した主体がZであったと認めるに足る証拠はない。また，本件映画1のための資金の調達についても，本件証拠上，Zが自己の名義で資金調達をしたものと認めるに足りない」などとして，原告が本件映画1（テレビ放送用アニメーション映画）の映画製作者と主張するZについて映画製作者であるとは認めなかった。

　　　　　　　　　　　　　　　　　　　　　　　　　（小川　雅敏）

## Q54 映画の著作者と著作権者（参加約束）・職務著作の要件

**Q** ミュージシャンのライブを，映像製作会社Ａの社員Ｂが撮影してドキュメンタリ映画を製作しました。この映画作品の著作者及び著作権者は，どのように考えたらよいでしょうか。

**A** 社員Ｂによる当該映画作品の製作が，映像製作会社Ａとの関係で職務著作の要件を満たす場合（①上記映画作品の製作がＡの発意に基づくものであり，②ＢがＡにおける職務上，上記映画作品を製作したものであり，③Ａの名義の下で当該映画作品が公表され，④ＡＢ間の雇用契約に別段の定めがない場合）には，当該映画作品の著作者及び著作権者は映像製作会社Ａとなる。他方，当該映画の製作が職務著作の要件を満たさない場合には，当該映画の全体的形成寄与者である社員Ｂが当該映画の著作者となる一方，社員Ｂとの間の参加約束を要件として，当該映画作品の製作に発意と責任を有する者（映画製作者）が当該映画の著作権者となる。

## ▌解　説

### 1　映画の著作物の著作者と著作権者

(1) 概　論

著作者とは著作物を創作した者をいい（著2条1項2号），著作者は著作権を享有するものとされる（著17条1項）から，著作物の創作時点において，著作者と著作権者は一致するのが通常である。しかし，劇場用映画を想定すれば明らかなとおり，映画の著作物については，その形成過程に多数の者が関与するのが通常であることから，権利関係の明確化のため，著作権法は，映画著作物の著作者及び著作権者に関し，下記(2)でみるとおり，原則としてその映画の全体的形成寄与者を著作者とする一方，その著作権は，映画著作者が映画製作者に対し製作参加約束をしている場合には，原則として映画製作者に集中して帰属するものと定めている（著29条1項）。なお，放送用映画・

有線放送用映画の場合については別に定めが設けられており（著29条2項，3項），放送権等のみが映画製作者としての当該放送事業者（有線放送事業者）に帰属し，その他の支分権は著作者人格権とともに著作者である全体的形成寄与者に帰属するものとされている。また，当該映画著作物が職務著作に該当する場合には，著作権法16条及び29条の適用が排除され，当該法人（映画製作者）が著作者となり，かつ，著作権の帰属主体となる（著15条1項）。

(2) 映画の著作物の著作者（著16条）

著作権法16条は，映画の著作物の著作者は，制作，監督，演出，撮影，美術等を担当してその映画の著作物の全体的形成に創作的に寄与した者とすると定めている。「全体的形成に創作的に寄与した者」とは，創ろうとしている映画に対して一貫したイメージを持ちながら，創作活動全体にわたり参画した者をいうものとされ，肩書き等から一義的に全体的形成寄与者が定まるものではなく，創作面での具体的な関与の有無・範囲・程度に照らして実質的に判断すべきものとされている。

(3) 映画の著作物の著作権者（著29条）

　ア　映画の著作権の法定帰属

著作権法29条1項本文は，映画の著作物の著作権は，その著作者が①映画製作者に対し②当該映画の著作物の製作に参加することを約束しているときは，原則として映画製作者に帰属すると定めている。上記(2)のとおり，映画の著作物の著作者は，原則としてその全体的形成寄与者とされているが，その著作権を，参加約束があることを要件として，映画製作者へ当然に帰属させることを定めたものである（法定帰属）。

　イ　①「映画製作者」

「映画製作者」とは，「映画の著作物の製作に発意と責任を有する者」（著2条1項10号）をいうとされる。同条の文言に加え，著作権法29条の趣旨（①従来，映画の著作物の利用については，映画製作者と著作者との間の契約によって，映画製作者が著作権の行使を行うものとされていたという実態があったこと，②映画の著作物は，映画製作者が巨額の製作費を投入し，企業活動として製作し公表するという特殊な性格の著作物であること，③映画に

は著作者の地位に立ち得る多数の関与者が存在し，それら全ての者に著作権行使を認めると映画の円滑な市場流通を阻害することになること）を考慮すると，「映画製作者」とは，映画の著作物を製作する意思を有し，同著作物の製作に関する法律上の権利義務が帰属する主体であって，そのことの反映として同著作物の製作に関する経済的な収入・支出の主体ともなる者のことであると解すべきである[1]。

　　ウ　②「参加約束」

　「参加約束」があるというためには，当該映画の著作者に映画著作物の製作行為に参加する意思があり，映画製作者がこれを承認していれば足り，文書による必要はなく，口頭によるものが含まれ，また，黙示のものであっても足りる。裁判例中には，映画製作者が放送局との製作契約に基づきテレビアニメを製作することを知った上で，総監督としてテレビアニメの製作に参加し，上記製作作業に対する報酬も上記映画製作者を通じて受け取っていた事実から，参加約束の存在を認定したものがある[2]。

(4)　職務著作に該当する場合

　映画の著作物が職務著作に該当する場合には，著作権法16条ただし書で同条の適用が，29条各項括弧書きで同条の適用が各排除されているので，著作権法15条1項に定める職務著作の要件（①法人等の発意に基づくこと，②法人等の業務に従事する者が職務上作成するものであること，③法人等の名義の下に公表するものであること，④契約等に別段の定めがないこと）を満たせば，映画の著作物の著作者は当該法人等となり，著作者と著作権者が一致することになる。

(5)　職務著作と参加約束

　上記(4)でみた職務著作の要件のうち，②（従業員等が職務上作成するものであること）については，法人等と雇用関係にある場合のみならず，法人等と著作物を作成した者との関係を実質的にみて，具体的事情を総合的に考慮

---

[1]　東京地判平成17年3月15日判時1894号110頁〔グッドバイ・キャロル事件〕参照。
[2]　東京地判平成15年1月20日判時1823号146頁〔マクロス事件Ⅱ〕参照。

し，その者が法人等の指揮監督下において労務を提供するという実態にあり，法人等がその者に対して支払う金銭が労務提供の対価であると評価できる場合も含むものと解されている（最二小判平成15年4月11日判時1822号133頁〔RGBアドベンチャー事件〕）。そうすると，映画の著作物の全体的形成寄与者と映画製作者との間の具体的事情（映画製作による当該映画作品の内容面への関与の程度等）によっては，参加約束があったというにとどまらず，全体的形成寄与者が，映画製作者の指揮監督下で，映画製作行為を行ったものとして，職務著作の成立が認められる場合もあり得るものと解される。

## 2 本問における解説

社員Bはミュージシャンのライブの撮影を行ってドキュメンタリ映画を製作したというのであるから，映画の全体的形成に創作的に寄与した者に当たり，原則として，当該映画作品の著作者に当たることになる（著16条）。ただし，前記1(4)でみたとおり，映画の著作物が職務著作に該当する場合には，映画の著作物の著作者に関する規定（著16条）及び映画の著作物の著作権の帰属に関する規定（著29条）の適用が排除されるので，まずは，社員Bによる上記映画の製作が，映像製作会社Aとの関係で職務著作の要件を満たすか否かを検討することになり，職務著作の要件を満たす場合（具体的には，①当該映画作品の製作が映像製作会社Aの発意に基づくものであり，②社員Bが職務上当該映画作品を製作し，③映像製作会社Aの名義の下に当該映画作品が公表され，④AとBの間に別段の定めがない場合）には，当該映画作品の著作者は映像製作会社Aとなり，著作権もAに帰属することになる。職務著作が成立しない場合には，映像製作会社Aにつき，著作権法29条1項に基づく著作権の帰属（法定帰属）の成否を検討することになり，映像製作会社Aが当該映画作品の製作に発意と責任を有する者と認められる場合で，社員Bとの間で参加約束が認められる場合には，映像製作会社Aに著作権の帰属（法定帰属）が認められる。なお，当該映画の製作の発意者が映像製作会社A以外の者である場合には，上記の者と当該映画の著作者との関係を具体的事情に応じて検討し，職務著作が成立する場合には著作者及び著作権者は上記

の者となるし，職務著作が成立しない場合であっても上記の者が当該映画につき発意と責任を有する者ということができ，かつ，参加約束も認められる場合には，著作権法29条1項に基づき，著作権は上記の者に帰属することになる。

## 3 参考文献

『コンメンタール1』666頁〔作花文雄〕，『コンメンタール1』684頁〔小林康恵〕，『コンメンタール2』109頁〔岡邦俊〕，岡村『著作権法』141頁，松村＝三山『要説』263頁，『新・裁判実務大系』247頁〔榎戸道也〕

〔森川　さつき〕

第4章

# 著作権の効力

## Q55　上演権・演奏権の侵害

**Q** 私は社交ダンスの教室を開いています。レッスンの際には市販のCDを再生していますが，受講者は10名程度ですし，鑑賞が目的ではなく，あくまでもレッスンのための再生ですから，著作権の侵害にはならないと思いますが，いかがでしょうか。

**A** 本問における社交ダンス教室が，レッスンを受講するために特段の人的関係や資格を要求しないものであり，かつ，受講料等の金員を受領してレッスンを行うものであるとすれば，レッスンの際に市販の音楽CDを再生する行為は，音楽著作物を公に演奏する行為であり，かつ，演奏権が及ばない場合（著38条）に該当しないものとして，当該音楽CDの著作権者から許諾を受けない限り，演奏権（著22条）を侵害するものとなる。

### ■ 解　説

#### 1　上演権・演奏権の概要

「著作者は，その著作物を，公衆に直接見せ又は聞かせることを目的として（以下「公に」という。）上演し，又は演奏する権利を専有する。」（著22条）ものとされており，このうち，上演する権利を「上演権」，演奏する権利を「演奏権」と呼ぶ。

「上演」とは，演奏（歌唱を含む。）以外の方法により著作物を演ずることをいう（著2条1項16号）。「上演・演奏」は，録音物又は録画物を再生すること（公衆送信又は上映に該当するものを除く。）を含むものとされている（著2条7項前段）から，CD，DVDなどの録音・録画物を再生する行為も「上演・演奏」に当たることになる。

## 2 「公に」の要件

(1) 「公に」の意義

「公に」とは，公衆に直接見せ又は聞かせることを目的として行うことをいう（著22条）。

(2) 「公衆」の意義

「公衆」とは，一般に，不特定の社会一般の者をいう場合に用いられるが，著作権法2条5項は，「公衆」には特定かつ多数の者が含まれることを明らかにしている。これは，著作物が不特定一般の者のために用いられる場合のみならず，特定の関係にある者であっても，多数人のために著作物を用いる場合には，著作物の利用価値が大きいことを意味するから，上記利用に見合った対価を著作権者に還流させるべきであり，このような利用行為に対し，著作権者の権利が及ぶものとするのが相当であるとの判断によるものであると解される[1]。

(3) 「公に」の要件該当性

このような法の趣旨に鑑みれば，著作物の「公衆」に対する利用行為に当たるか否かは，著作物の種類・性質や利用形態を前提として，著作権者の権利を及ぼすことが社会通念上適切か否かという観点を勘案して判断するのが相当であり，著作物の利用主体とその利用行為を受ける者との間に契約ないし特別な関係が存することや，著作物利用の一時点における実際の対象者が少数であることは，必ずしも公衆であることを否定するものではない。また，どの程度の数が多数に当たるかという点についても一義的に定まるものではなく，著作物の性質や利用形態に応じて判断すべきことになる。

## 3 上演権・演奏権が及ばない場合

(1) 要 件

公表された著作物は，①営利を目的とせず，かつ，②聴衆又は観衆から料金を受けない場合であって，③当該上演，演奏について実演家に対し報酬が

---

[1] 名古屋地判平成15年2月7日判時1840号126頁〔社交ダンス教室事件〕参照。

支払われない場合には，公に上演・演奏することができるものとされている（著38条1項）。

(2) ①非営利目的

当該利用行為の直接の結果として現実の利得が発生しないのみならず，間接的な営利効果を目的とするものでもないことを要する。例えば，店舗への集客等のため音楽をBGMとして流すことや，企業の宣伝用の無料コンサート等は，直接・間接に営利を目的とするものというべきであるから，非営利目的のものに当たらない。

(3) ②料金の非徴収

料金とは，著作物の提供又は提示につき受ける対価をいい，いずれの名義をもってするかを問わないから（著38条1項括弧書き），例えばチャリティーコンサートにおいて，入場料に代えて集められた寄付金等であっても「料金」に当たり得る[2]。また，上演等に要する諸経費に充当することを目的として金員を徴収する場合であって，収益金を見込んでいない場合であっても，上記金員は料金に該当する。

(4) ③実演家等に対し報酬を支払わないこと

実演家等と著作権者との保護のバランスから，実演家等に対し報酬を支払う場合には，著作権者に対してもその著作物利用の対価を支払うべきものとの趣旨から出たものであり，出演料等の名目を問わず，実演の提供に対する反対給付と評価されるものであれば，報酬に該当する。

4　本問における検討

市販の音楽CDを再生することは，音楽著作物の演奏に当たるところ，社交ダンス教室におけるダンス指導に当たり，音楽を流すことは必要不可欠であると考えられるから，設問のケースにおいて，音楽著作物の利用は，組織的，継続的に行われているものと評価することができる。また，当該社交ダ

---

[2]　東京地判平成15年1月28日（平成13年（ワ）第21902号）裁判所ウェブサイト〔ハートフルチャリティーコンサート事件〕参照。

ンス教室において，受講生となるために特段の資格や人的関係等を要求していないとすれば，教師の人数や教室として使用している施設の規模等の人的・物的条件が許容する限り，受講を希望する者は，所定の入会金を支払って受講を申し込むなどすることにより，誰でも受講生の資格を得ることができるのであって，この意味で，受講生は不特定の者であるということができる。

そうすると，上記著作物の性質や利用形態等に鑑み，設問のケースは，音楽著作物の利用に際して音楽著作権者の権利を及ぼすことが社会通念上適切であると解される場合に当たり，上記受講生は，社交ダンス教室経営者との関係で「公衆」に当たるものと解され，レッスン1回当たりの受講者数が10名程度であることは，上記評価を覆すものではないというべきである。以上によれば，設問のケースにおいてレッスンの際にCDを再生することは，音楽の著作物を公に演奏する行為に当たる。

また，社交ダンス教室において，音楽は鑑賞目的で流されるものではなく，ダンス指導のために使用されるものであり，受講生がレッスンに当たり支払う受講料等は，ダンス指導の対価として収受されるものであり，音楽の演奏に対し収受されるものではないが，社交ダンス指導に当たり，音楽を流すことは必要不可欠であり，音楽著作物の利用はダンス指導と不可分の関係にあるものということができる。そうすると，当該社交ダンス教室において，受講生から，入会金，受講料等の名目で，実費（施設を維持するために最低限必要な費用）を超える金員を受領しているとすれば，当該ダンス教室におけるダンスレッスンは営利性を有するものであり，CDの再生行為（音楽著作物の利用行為）は，上記営利行為と一体不可分な行為として，営利目的行為に当たるということになる。また，上記のとおり，ダンス指導に当たり，音楽を流すことが不可欠であることに鑑みれば，受講生の支払う受講料等は，音楽著作物の利用に対する対価としての性質も有するものというべきであり，上記受講料等は，音楽著作物の演奏に対する料金に当たるというべきことになる。以上によれば，設問のケースは演奏権が及ばない場合（著38条1項）に当たらない。

以上のとおり，設問のケースが，受講生に特段の人的関係や資格による限定を要求しないものであり，かつ，受講生から受講料等の金員を受領してレッスンを行うものであるとすれば，レッスンに当たり市販の音楽CDを再生する行為は，音楽を公に演奏するものに当たり，かつ，演奏権が及ばない場合（著38条）にも該当しないから，当該CDに係る音楽著作物の著作権者（日本音楽著作権協会〔JASRAC〕が信託を受け，管理する著作物である場合には，同協会）から上記演奏に関し許諾を受けない限り，演奏権（著22条）を侵害するものとなる。

## 5 参考文献

 中山『著作権法』217頁，275頁，髙部『著作権訴訟』285頁，『コンメンタール1』850頁〔龍村全〕，『コンメンタール2』297頁〔本山雅弘〕，加戸『逐条講義』270頁

（森川　さつき）

## Q56 図書館における著作物の利用

**Q** 私の執筆した書籍が海外で無断で翻訳・出版されており，その翻訳本が日本の図書館に置かれ，閲覧・謄写・貸与がされています。原著作物の著作権者として，これら図書館の行為を差し止めることはできるでしょうか。

**A** 著作権法上，閲覧については差止めを求めることができないが，謄写・貸与については，一定の場合に差止めが認められる可能性がある。

### 解 説

#### 1 はじめに

設問の翻訳本（以下「本件翻訳本」という。）は，もともと執筆された書籍（原著作物）を翻訳することにより創作した著作物として，原著作物とは別の著作物（二次的著作物）になる（著2条1項11号）。設問のように原著作物の著作者（著作権者）に無断で翻訳されたものであるとしても，著作権法上，二次的著作物に係る著作権の成立には原著作物を適法に改変したものであることが要件とされていないから，本件翻訳本には新たに著作権が発生する。

ただし，二次的著作物に係る著作権が発生しても，原著作物の著作者の権利には影響がなく（著11条），二次的著作物の原著作物の著作者は，当該二次的著作物の利用に関し，著作権法21条～28条に規定する権利で，当該二次的著作物の著作者が有するものと同一の種類の権利を専有する（著28条）。したがって，設問における書籍（原著作物）の著作者（原著作者）は，二次的著作物である本件翻訳本の利用について，翻訳者が有するものと同一の権利（支分権）を有することになる。

本問において問題となるのは，本件翻訳本の謄写，貸与について，原著作物の著作者が本件翻訳本に対して有する複製権，貸与権の侵害の成否である

(なお，本件翻訳本の閲覧が著作権法上問題とならないことは，後記4で説明する。)。

## 2 謄写について

「複製」とは,「印刷,写真,複写,録音,録画その他の方法により有形的に再製すること」をいい（著2条1項15号）,著作者は,その著作物を複製する権利（複製権）を専有する（著21条）。

本件翻訳本を謄写する行為は,本件翻訳本を複写することにより有形的に再製するものとして「複製」に該当するから,無許諾でこれを行えば,原則として,本件翻訳本について原著作者が有する複製権を侵害することになる。

もっとも,著作権法は,国立国会図書館及び図書,記録その他の資料を公衆の利用に供することを目的とする図書館その他の施設で政令で定めるもの（公共図書館や大学図書館等）が,その利用者の求めに応じ,その調査研究の用に供するために,公表された著作物の一部分の複製物を一人につき1部提供する場合には,その営利を目的としない事業として,図書館等の図書,記録その他の資料（図書館資料）を用いて著作物を複製することを認めている（著31条1項1号）。これは,図書館等の果たすべき公共的奉仕機能に着目し,図書館等が利用者の求めに応じて行う複写サービスを厳格な条件の下に許容することを定めたものである。

したがって,設問における図書館が著作権法31条1項所定の施設に該当し,かつ,そこで行われている本件翻訳本の謄写（複製）が上記の要件（①利用者の求めに応じてであること,②利用者の調査,研究の用に供するためであること,③公表された著作物の一部分であること,④図書館利用者一人につき1部を提供すること）を満たす場合には,複製権の侵害は成立せず,原著作物の著作者がその差止めを求めることはできない。

## 3 貸与について

(1) 著作者は,その著作物（映画の著作物を除く。）をその複製物（映画の著作物において複製されている著作物にあっては,当該映画の著作物の複製物を除く。)

の貸与により公衆に提供する権利（貸与権）を専有する（著26条の3）。

この貸与権は，貸レコード業を規制するため，昭和59年の著作権法改正（昭和59年法律第46号）により新たに設けられた権利であるが（当時の条文は26条の2），同改正時に著作権法附則4条の2（書籍等の貸与についての経過措置）が設けられ，書籍と雑誌（主として楽譜により構成されているものを除く。以下同）については，当分の間，貸与権の規定は適用されないこととされた。これは，上記改正によりいきなり貸与権が行使されると，既に存在する貸本業をめぐって社会的な混乱が予想されるなどの理由から，書籍及び雑誌を貸与権の適用除外としたものである。

その後，上記附則4条の2は，平成16年改正法（平成16年法律第92号，平成17年1月1日施行）により削除され，平成17年1月1日から書籍及び雑誌の貸与にも貸与権の規定が適用されることになったが，同改正法附則4条により，同法の公布の日（平成16年6月9日）の属する月の翌々月の初日において現に公衆への貸与の目的をもって所持されている書籍又は雑誌の貸与については，上記附則4条の2の規定は，平成16年改正法の施行後もなおその効力を有するとされ，平成16年8月1日において現に公衆への貸与の目的で所持されていた書籍又は雑誌の貸与については，引き続き貸与権の規定は適用されないこととされた。

なお，著作権法附則4条の2には，貸本業者とそれ以外の業者とを区別する規定はなく，同附則の文言上，貸与権の規定が適用されない書籍又は雑誌には，主として楽譜により構成されているものを除くとするほかには何ら限定はないから，貸与権の適用が除外される書籍及び雑誌は，貸本業者が所持するものに限定されるものではない。また，上記附則4条の2は，貸与権の規定が適用されない書籍又は雑誌につき，違法複製物を除くなどの限定も付されていないから，当該書籍等が適法なものか否かにより上記附則の適用の有無が異なるものでもない（ただし，当該書籍等が違法であることを知って貸与する行為が著作権侵害とみなされることについては，後記(3)のとおりである。）。したがって，本件翻訳本が平成16年8月1日時点において現に公衆への貸与の目的で図書館に所

蔵されていた場合には，上記附則4条の2の適用を受け，原著作物の著作者が有する貸与権は及ばないことになる。
(2) さらに，著作権法は，公表された著作物（映画の著作物を除く。）について，営利を目的とせず，かつ，その複製物の貸与を受ける者から料金を受けない場合には，その複製物（映画の著作物において複製されている著作物にあっては，当該映画の著作物の複製物を除く。）の貸与により公衆に提供することができることを定めている（著38条4項）。

これは，昭和59年の著作権法改正により貸与権が創設されたことに伴い，同改正前から図書館，視聴覚ライブラリーなどの社会教育施設をはじめとする公共施設において，様々な視聴覚資料の貸出しが行われていた実態を踏まえ，これを改正後も円滑に行うことができるようにする公益上の必要性があることから，一定の要件の下に著作物の複製物の貸与を認め，貸与権を制限したものである。

設問における図書館の貸与が上記の条件を満たす場合にも，原著作物の著作者が本件翻訳本に対して有する貸与権は及ばないことになる。
(3) なお，本件翻訳本は原著作物の著作者に無断で翻訳することによって作成されたものであるが，仮に図書館がその情を知って本件翻訳本を貸与した場合には，原著作者の著作権を侵害する行為とみなされる（著113条1項2号，2条1項19号）。したがって，原著作物の著作者は，そのような例外的な事情がある場合には，本件翻訳本の貸与について，著作権に基づく差止請求権を行使することができる。

## 4 閲覧について

著作権法において「閲覧権」のような支分権はなく，著作権者といえども，当該著作物の閲覧自体を制限することはできないから（なお，著作権法上の「貸与」とは，使用の権原を取得させる行為をいうが（著2条8項），図書館等において書籍を利用者に閲覧させる行為は，利用者に使用権原を取得させるものではないから，「貸与」には当たらない。），著作権法上，その差止めを求めることはできない。

## 5 参考判例

知財高判平成22年8月4日判時2096号133頁〔北朝鮮の極秘文書事件(控訴審)〕,東京地判平成22年2月26日判時2096号140頁〔北朝鮮の極秘文書事件(第1審)〕

(鈴木　和典)

## Q57 書籍・CDの並行輸入

**Q** 日本では高価な書籍やCDをアジア諸国の市場から安価に輸入し，これを日本で販売することを計画しています。法律上何か問題があるでしょうか。

**A** 当該書籍やCDがいわゆる海賊版である場合には，その輸入する行為自体が著作権を侵害するものとみなされる（著113条1項1号）。
　また，CDについては，真正品であっても，それが専ら国外において頒布することを目的とするものであり，これを日本国内で頒布することにより著作権者又は著作隣接権者の利益が不当に害されることとなる場合には，当該著作権又は著作隣接権を侵害するものとみなされる場合がある（著113条5項）。

### 解　説
#### 1　書籍やCDが海賊版の場合
　著作権法113条1項1号は，「国内において頒布する目的をもって，輸入の時において国内で作成したならば著作者人格権，著作権，出版権，実演家人格権又は著作隣接権の侵害となるべき行為によって作成された物を輸入する行為」は，「当該著作者人格権，著作権，出版権，実演家人格権又は著作隣接権を侵害する行為とみなす。」と規定している。したがって，設問の書籍やCDが違法複製物（外国における著作権侵害行為によって作成された物のほか，著作権の存在しない外国において著作権者等の許諾を得ないで行う複製行為のように，当該外国では適法とされるが，我が国でそれが行われたら侵害行為となるべき行為によって作成された物を含む。いわゆる海賊版。）である場合には，これを日本国内において頒布する目的をもって輸入する行為は，著作権を侵害する行為とみなされる。
　また，著作権を侵害する物品を輸入することは，関税法の規定（関税法69

条の11第1項9号）によっても禁止されている。

## 2 書籍やCDが真正品の場合

　仮に設問の書籍やCDが違法複製物（いわゆる海賊版）ではなく，適法に作成された物（真正品）であった場合，著作者は，「その著作物（映画の著作物を除く。）をその原作品又は複製物（映画の著作物において複製されている著作物にあっては，当該映画の著作物の複製物を除く。）の譲渡により公衆に提供する権利」（譲渡権）を専有するから（著26条の2第1項），これをアジア国内の市場から輸入し，日本国内において販売することについては，譲渡権の侵害の成否が問題となる。これは，一般に「消尽」といわれている問題である。

　「消尽」（Erschöpfung, exhaustion）とは，著作権者自身又はその許諾を受けた者が，著作物の原作品又は複製物を販売等の方法によりいったん市場の流通に置くと，以後の頒布には頒布権が及ばないことをいう。「消尽」論は，もともと特許権について論じられてきたもので，特許法に明文の規定はないものの，特許権者又は適法な製造販売権を有する者により特許製品が販売されたときは，特許権は使い尽くされたものとして，もはや同一物について特許権を行使することはできないという理論である。最三小判平成9年7月1日民集51巻6号2299頁〔BBS並行輸入事件〕や最一小判平成19年11月8日民集61巻8号2989頁〔プリンタ用インクタンク事件〕も，①社会公共の利益との調和，②商品の自由な流通の阻害の防止，③特許権者の二重利得の禁止等を根拠として，特許権の国内消尽を肯定している。

　そして，著作権についても，頒布権（著26条）の認められる映画の著作物を除き，「消尽」論は妥当するものとされ，著作権法26条の2第2項1号は，第一譲渡により譲渡権が国内消尽することを明らかにしているほか，同項5号は，国外において適法に公衆に譲渡された著作物についても譲渡権が消尽すること（国際消尽）を定めている。

　このように，著作権法上，いわゆる並行輸入（輸入総代理店を通さずに，個々の業者が海外で購入した商品を個別に輸入すること）は明文で肯定されており，外

国において，その国の譲渡権に相当する権利（その国に応じて権利の具体的内容は異なり得る。）を侵害することなく，譲渡権に相当する権利を有する者又はその承諾を得た者により著作物が譲渡された場合，我が国における譲渡権は消尽する。その結果，当該著作物が我が国に輸入，販売されても，著作権者は，それに対して譲渡権を行使することができない。

### 3　国外頒布目的商業用レコードの特則

ところで，音楽著作物などは，レコードやCDの形で世界各国で販売され，かつ国際的に流通する可能性が高いため，海外でその国の経済状況に合わせて国内よりも廉価で販売されたレコードやCDなどが国内に還流し，その結果，国内のレコード製作者のみならず，そこに録音された音楽著作物の著作者の経済的利益が圧迫されるおそれが生じていることが指摘されていた。

例えば，アジア市場での異なる価格体系の下で安価に生産された国外頒布目的商業用レコードが国内に還流し，販売されることにより，国内販売価格による国内レコード市場の秩序が損なわれ，権利者の経済的利益に影響を与えているという実態があり，また，当該還流により受ける経済的影響の大きさを懸念して，権利者が積極的な海外展開に踏み切ることができないという状況にあるとされていた。

そこで，このような音楽著作物の著作権者（団体）やレコード製作者らの強い要請もあり，平成16年の著作権法改正により113条5項の規定が設けられ，国外頒布目的商業用レコード（国内において頒布することを目的とする商業用レコード（国内頒布目的商業用レコード）と同一の商業用レコードであって，専ら国外において頒布することを目的とするもの）について，一定の期間に限って，情を知って頒布する目的で輸入し，国内で頒布し又は頒布目的で所持する行為をみなし侵害として規制することができるようになった。同項が適用されるための要件は，次のとおりである（次頁【参考】図参照）。

① 専ら国外のみにおいて頒布することを目的とする商業用レコード（国外頒布目的商業用レコード）であって，先にあるいは同時に日本で発行されている商業用レコード（国内頒布目的商業用レコード）と同一のものである

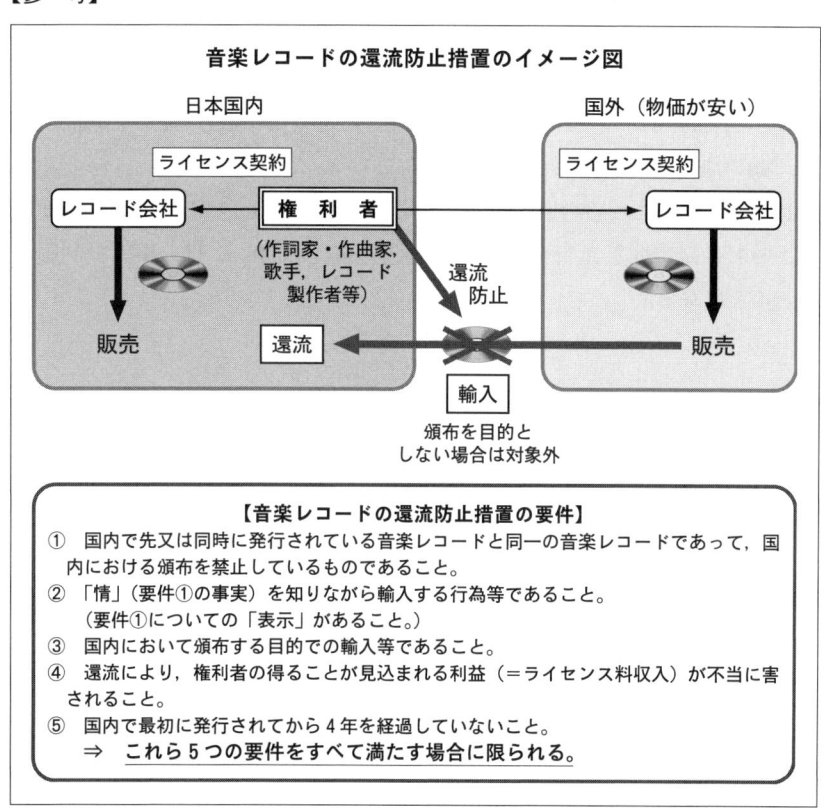

## 【参　考】

### 音楽レコードの還流防止措置のイメージ図

日本国内　　　　　　　　　　　国外（物価が安い）

ライセンス契約　　　　　　　　ライセンス契約

レコード会社 ← 権利者（作詞家・作曲家，歌手，レコード製作者等）→ レコード会社

↓　　　　　　　還流防止　　　　　　　↓

販売　　　還流 ←──✕── 輸入　　　販売

頒布を目的としない場合は対象外

【音楽レコードの還流防止措置の要件】
① 国内で先又は同時に発行されている音楽レコードと同一の音楽レコードであって，国内における頒布を禁止しているものであること。
② 「情」（要件①の事実）を知りながら輸入する行為等であること。
（要件①についての「表示」があること。）
③ 国内において頒布する目的での輸入等であること。
④ 還流により，権利者の得ることが見込まれる利益（＝ライセンス料収入）が不当に害されること。
⑤ 国内で最初に発行されてから4年を経過していないこと。
⇒ <u>これら5つの要件をすべて満たす場合に限られる。</u>

（文化庁ホームページより転載）

こと
② 輸入者等が①の事実を知っていること
③ 日本国内で頒布する目的での輸入等であること
④ 「国外頒布目的商業用レコード」の国内頒布（還流）により権利者の得ることが見込まれる利益が不当に害されること（国外頒布目的商業用レコード1枚当たりのライセンス料を，それと同一の国内頒布目的商業用レコード1枚当たりのライセンス料で除した数が0.6以下である場合。平成16年12月6日付け16庁房第306号社団法人日本レコード協会会長あて文化庁次長通知）

⑤ 「国内頒布目的商業用レコード」が日本国内において最初に発行された日から起算して7年以内で，政令で定める期間（著作権法施行令により4年間）を経過していないこと（改正法施行の際現に発行されている「国内頒布目的商業用レコード」については，改正法施行の日から政令で定める期間（4年間）を経過していないこと）

したがって，これらの要件を満たす場合においては，国外頒布目的商業用レコードに録音された音楽著作物の国内還流（並行輸入）は，事実上制限されることになる。

（鈴木　和典）

## Q58 貸与権侵害と共同不法行為

**Q** 当社（X社）は，A社との間で，代金請求業務を委託しているB社を使用者としてコンピュータ・プログラムの使用許諾契約を締結しました。その後，同業務の委託先をC社に変更したことから，当該プログラムの複製物を貸与して当該プログラムをC社に使用させておりましたところ，A社から貸与権侵害であると主張されました。当社（X社）及びC社は著作権侵害の責任を負わなければならないのでしょうか。

**A** 1　X社の責任について

　X社とC社との間に，親子会社等の何らかの人的な結合関係があり，C社が「特定」の者に該当すると認められる場合には，当該コンピュータ・プログラムの複製物を「公衆に」提供したということはできず，貸与権を侵害することはなく，X社は著作権侵害に基づく責任を負うことはない。他方，このような人的な結合関係が認められない場合には，C社に対する当該コンピュータ・プログラムの複製物の貸与は「公衆に」対する提供に当たり，A社の貸与権を侵害するものといえ，X社は，著作権侵害の責任を負うことになる。

2　C社の責任について

　上記1においてX社が著作権侵害の責任を負う場合であっても，被貸与者であるC社の行為が独自に著作権侵害を構成することはない。もっとも，C社において，X社が権限なく貸与行為を行っていることを知りながら貸与を受けた場合には，共同不法行為者として著作権侵害の責任を負うことがある。

## 解　説
### 1　貸与権の概要，「公衆に提供する」の意義

　映画の著作物以外の著作物の著作者は，その著作物の複製物を公衆に貸与する権利（貸与権）を専有する（著26条の3）ため，その複製物を公衆に貸与するには原則として著作権者の許諾が必要となる。この貸与権は，貸レコード業をはじめとする著作物の複製物のレンタル業を規制するために，昭和59年の著作権法改正により新しく設けられた権利である。

　著作権法26条の3は，貸与行為について「貸与により公衆に提供する」と規定するが，「貸与」とは，「いずれの名義又は方法をもってするかを問わず，これと同様の使用の権原を取得させる行為を含むもの」（著2条8項）であり，有償・無償を問わず，実質的に貸与に相当する行為を含むものである。また，「公衆」とは，少数を含む不特定の者のほか，特定かつ多数の者を含むとされており（著2条5項），「公衆」の概念には，「特定かつ少数の者」は含まれないと解されている。また，ここにいう「特定」とは，家族関係や友人関係など行為者との間に個人的な結合関係があるものを意味すると解されている[1]。

　この点，特定の第三者の使用に供されることのみを許諾されたコンピュータ・プログラムにつき，当該コンピュータ・プログラムの著作権者の許諾を得ることなく，グループ企業内の当該第三者以外の者にコンピュータ・プログラムを貸与した行為が「公衆に」対する提供に該当するか否かが問題となった事案において，「著作権法26条の3にいう『公衆』については，同法2条5項において特定かつ多数の者を含むものとされているところ，特定かつ少数の者のみが貸与の相手方になるような場合は，貸与権を侵害するものではないが，少数であっても不特定の者が貸与の相手方となる場合には，同法26条の3にいう『公衆』に対する提供があったものとして，貸与権侵害が成立する」，「プログラムの著作物について，リース業者がリース料を得て当

---

[1]　加戸『逐条講義』70頁，73頁，203頁，『コンメンタール2』50頁，中山『著作権法』236頁

該著作物を貸与する行為は，不特定の者に対する提供行為と解すべきものである。けだし，『特定』というのは，貸与者と被貸与者との間に人的な結合関係が存在することを意味するものと解されるところ，リース会社にとってのリース先（すなわちユーザ）は，専ら営業行為の対象であって，いかなる意味においても人的な結合関係を有する関係と評価することはできないからである」と判示した裁判例がある（東京地判平成16年6月18日判時1881号101頁〔NTTリース事件〕）。

なお，公共の図書館等における図書の貸与のように，営利を目的とせず，かつ，その複製物の貸与を受ける者から料金を受け取らずに行われる貸与については貸与権が制限され，著作権者の許諾を得なくても，著作物の複製物を貸与により公衆に提供することができることとされている（著38条4項）。

## 2 本問における検討

(1) X社の責任について

X社は，当該コンピュータ・プログラムの複製物をC社に貸与して使用させており，この貸与により当該コンピュータ・プログラムを「公衆に」提供したといえれば，Xの行為はA社の貸与権を侵害することとなる。

本件における当該コンピュータ・プログラムの貸与はC社のみを対象としたものであり，「少数の者」に対する提供である。X社とC社との間に，親子会社等の何らかの人的な結合関係がありC社が「特定」の者に該当すると認められる場合には，当該コンピュータ・プログラムの複製物を「公衆に」提供したということはできず，貸与権を侵害することはなく，X社は著作権侵害の責任を負うことはない。他方，このような人的な結合関係が認められない場合には，C社に対する当該コンピュータ・プログラムの複製物の貸与は「公衆に」対する提供に当たり，A社の貸与権を侵害するものといえ，X社は，著作権侵害の責任を負うことになる。

また，X社は，A社との間の使用許諾契約において，当該コンピュータ・プログラムの使用者をB社のみにする旨合意しており，プログラムの使用者をC社に変更することについて，著作権者であるA社の許諾を得ているとい

うことはできない。

　なお，X社はC社に対して代金請求業務を委託していることから，当該コンピュータ・プログラムの複製物の貸与は営利を目的とするものと認められるため，著作権法38条4項により貸与権が制限されることはない。

(2)　C社の責任について

　上記(1)においてX社が著作権侵害の責任を負う場合であっても，著作権法上，貸与行為について一定の行為が著作権（貸与権）侵害とされているにもかかわらず，被貸与者の行為について著作権を侵害する旨定める規定はなく，みなし侵害行為（著113条）にも該当しないことから，被貸与者であるC社の行為が独自に著作権侵害を構成することはない。

　もっとも，C社において，X社が権限なく貸与行為を行っていることを知りながら貸与を受けた場合には，X社の行為に意を通じて加功したものとして，共同不法行為者として著作権侵害の責任を負うことがある。

（坂本　康博）

## Q59 著作権法47条の「小冊子」

**Q** 絵画の展示会で、展示している絵画のカタログを販売しようと考えています。著作権法47条では「小冊子」であれば著作物を掲載できるとありますので、著作権者の許諾は必要ないと思いますが、問題はあるでしょうか。

**A** 販売を考えているカタログにおいて、展示する絵画の解説、当該絵画に関する資料的要素がどの程度記載されているか、当該カタログの紙質、装丁、判型、当該カタログにおける展示作品の複製の規模や態様、質等の諸般の事情を総合的に考慮して検討し、当該カタログが実質的にみて市場で取引されている鑑賞用の画集等と同様のものといえるような場合には、著作権法47条の「小冊子」には該当せず、当該カタログの販売については著作権者の許諾が必要となる。

### ▌解　説
#### 1　「小冊子」の意義とその判断

絵画をカタログに掲載することは、原則として、当該絵画の複製権（著21条）の侵害に該当するが、著作権法47条は、同法25条の展示権を侵害することなく、美術の著作物又は写真の著作物を原作品により公に展示する者は、観覧者のために著作物の解説又は紹介をすることを目的とする小冊子に当該著作物を掲載することができると規定し、複製権を制限している。

これは、従前、美術作品や写真作品を公に展示する際には、観覧者の観覧の便宜を図るために展示作品を解説又は紹介したカタログや目録等に展示作品を複製して掲載することが通常行われており、また、その複製態様も、一般に市場において取引される鑑賞用の画集や写真集等と異なっていたため、このような限定的な範囲の非本質的な利用に限って複製を認めることにしたものである[1]。

このような趣旨からすれば，著作権法47条の規定する「観覧者のためにこれらの著作物の解説又は紹介をすることを目的とする小冊子」とは，観覧者のために展示された著作物の解説又は紹介をすることを目的とする小型のカタログ，目録又は図録等を意味し，実質的にみて鑑賞用の画集等と同様のものといえるようなものは「小冊子」には含まれないものと解するのが相当である。「小冊子」が展示された作品の解説又は紹介を目的とするものである以上，具体的には，当該冊子の構成・内容において著作物の解説，著作物に関する資料的要素がどの程度含まれているか，当該冊子の紙質，装丁，判型，当該冊子における展示作品の複製の規模や態様，質等の諸般の事情を総合的に考慮して，「小冊子」の該当性を判断することになろう（東京地判平成元年10月6日判タ710号234頁〔レオナール・フジタ展カタログ事件〕，東京地判平成9年9月5日判時1621号130頁〔『ガウディとダリの世界』展カタログ事件〕，東京地判平成10年2月20日判時1643号176頁〔バーンズコレクション事件〕等参照)[2]。

## 2 本問における検討

販売を考えているカタログが著作権法47条の「小冊子」に該当するか否かは，その構成・内容において展示する絵画の解説，当該絵画に関する資料的要素がどの程度記載されているか，当該カタログの紙質，装丁，判型，当該冊子における展示作品の複製の規模や態様，質等の諸般の事情を総合的に考慮して検討・判断されるものであり，実質的にみて市場で取引されている鑑賞用の画集等と同様のものといえるような場合には，著作権法47条の「小冊子」には該当せず，当該カタログの販売については著作権者の許諾が必要となり，許諾を得ることなく販売した場合には著作権を侵害することとなる。

なお，当該カタログが「小冊子」に該当し著作権法47条により複製が認められる場合，著作物の出所を明示しなければならない（著48条1項1号）。

（坂本　康博）

〈1〉　加戸『逐条講義』309頁，『コンメンタール2』406頁
〈2〉　『コンメンタール2』410頁，岡村『著作権法』277頁等参照。

## Q60　映画の著作物の著作権の存続期間

**Q** 過去に公開された映画のうち，著作権の保護期間を過ぎたものをDVDとして販売したいと考えますが，(1) 個人名義で公表された作品と，団体名義で発表された作品では，保護期間が変わりますか。(2) 外国作品と日本作品では，保護期間が変わりますか。

**A** (1) 著作権法54条1項は，映画の著作物の著作権の保護期間は，その著作物の公表後70年又は未公表であれば創作後70年と定めており，この保護期間は，個人名義で公表された作品と団体名義で発表された作品とで変わることはない。ただし，現行の著作権法54条1項は，昭和46年1月1日に施行された著作権法（昭和45年法律第48号）が平成15年法律第85号により改正され（以下，この法律を「平成15年改正法」，この改正を「平成15年改正」という。），平成16年1月1日から施行されたものであるところ，平成15年改正法附則2条は，平成15年改正法54条1項の規定は，この法律の施行の際現に改正前の著作権法による著作権が存する映画の著作物について適用し，この法律の施行の際，現に改正前の著作権法による著作権が消滅している映画の著作物については，なお従前の例によると定めている。また，平成15年改正法附則3条は，著作権法（昭和45年法律第48号）の施行前に創作された映画の著作物であって，同法附則7条の規定によりなお従前の例によることとされるものの著作権の存続期間は，旧著作権法（明治32年法律第39号）による保護期間の満了日が平成15年改正法54条1項の規定による保護期間の満了日の後の場合には旧著作権法による保護期間の満了日までの間とすると定めている。旧著作権法の下においては，独創性を有する映画の著作物の著作権の保護期間について，著作者が個人（自然人）であって，その個人が著作者である旨が実名で公表された場合には，著作者の死後38年（旧著作権法22条ノ3，3条，52条1項），団体の著作名義をもって公表された場合には，そ

の公表の時から33年とされていた（旧著作権法22条ノ3，6条，52条2項）。

　　したがって，平成15年改正法附則3条が適用される場合には，個人が著作者である旨が実名で公表された作品と団体の著作名義をもって公表された作品とで保護期間が変わる場合がある。具体的には，個人が著作者である旨が実名で公表された作品の保護期間は，著作者が存命であれば勿論のこと，その死亡時期によっては，この附則の適用により，現行の著作権法54条1項（平成15年改正法54条1項）所定の保護期間（公表後70年）より長くなる場合がある。他方，団体の著作名義をもって公表された作品の保護期間は，現行の著作権法54条1項所定の保護期間より長くなることはない。

(2)　外国作品であっても，ベルヌ条約等の条約により我が国が保護の義務を負う著作物に該当するのであれば，著作権法による保護を受けるので（著6条3号），原則として，外国作品と日本作品とで保護期間が変わることはない。ただし，外国作品の本国において定められる著作権の保護期間が著作権法54条1項に定める保護期間よりも短い場合には，その本国における保護期間によることとされているので（著58条），このような外国作品については，日本作品よりも保護期間が短くなる。

## 解　説
### 1　映画の著作物の著作権の保護期間

　著作権の保護期間とは，著作権の存続期間を意味し，保護期間の満了により著作権は消滅する。著作権法51条は，著作権の保護期間は，別段の定めがある場合を除き，著作物の創作時を始期とし，その終期は著作者の死後（共同著作物にあっては，最終に死亡した著作者の死後）50年間とする旨定めている。映画の著作物の著作権の保護期間を定めた著作権法54条1項の規定は，この別段の定めに当たる。

　著作権法54条1項は，映画の著作物の特殊性に鑑み，映画の著作物の著作権の保護期間について，その著作物の公表後70年又は未公表であれば創作後70年と定めている。このように映画の著作物について著作者の死亡時を基準

としていない現行法の下では，個人名義で公表された作品と団体名義で発表された作品とで保護期間が変わることはない。

　一方，過去に公開された映画が，著作権法（昭和45年法律第48号）が施行された昭和46年1月1日より前に創作されたものである場合には，旧著作権法の適用が問題となり得る。旧著作権法は，映画の著作物の著作権の保護期間について，独創性を有するかどうか（旧著作権法22条ノ3），著作名義が自然人の実名か，無名・変名か又は団体名義か（同法3条，5条，6条）によって取扱いを異にし，著作者が個人（自然人）であって，その個人が著作者である旨が実名で公表された場合には，著作者の死後38年（同法22条ノ3，3条，52条1項），団体の著作名義をもって公表された場合には，その公表の時から33年とされていた（同法22条ノ3，6条，52条2項）。

　旧著作権法を全面改正した著作権法（昭和45年法律第48号）は，54条1項で，映画の著作物の著作権の保護期間について，その著作物の公表後50年又は未公表であれば創作後50年と定めていたが，施行日である昭和46年1月1日時点で，旧著作権法による著作権が消滅していない場合には，54条1項が適用され，また，旧著作権法による著作権の存続期間が54条1項の規定による存続期間よりも長いときは，旧著作権法による存続期間による旨定められていた（著附則2条1項，7条）。

　この54条1項は平成15年改正により改正され，映画の著作物の著作権の保護期間は，著作物の公表後70年又は未公表であれば創作後70年に延長されたが，前述のとおり，独創性を有する映画の著作物の著作者が個人（自然人）であって，その個人が著作者である旨が実名で公表された場合には，著作権法附則7条により，なお従前の例によることとされ，その旧著作権法による著作権の保護期間が現行の著作権法54条1項（平成15年改正法54条1項）所定の保護期間よりも長いときは，旧著作権法による存続期間が適用されることになる（平成15年改正法附則3条）。

　この点に関する判例として，最一小判平成21年10月8日判時2064号120頁〔チャップリン映画DVD事件〕（著作者が自然人である著作物の旧著作権法による著作権の存続期間については，当該自然人が著作者である旨がその実

名をもって表示され，当該著作物が公表された場合には，仮に団体の著作名義の表示があったとしても，当該著作者の死亡の時点を基準に定められる旨判示したもの）がある。

## 2 保護期間の算定

映画の著作物の著作権の保護期間の終期の計算は，著作物が公表された日又は創作された日のそれぞれ属する年の翌年から起算すると定められており（著57条），公表された年又は創作された年の翌年から70年を経過した年の末日（12月31日）の終了をもって保護期間は満了する（民法141条）。旧著作権法下における保護期間の終期の計算も，同様の計算方法による（旧著作権法9条）。

この点に関する判例として，最三小判平成19年12月18日民集61巻9号3460頁〔シェーン事件〕（昭和28年に団体の著作名義をもって公表された独創性を有する映画の著作物は，平成15年改正法による保護期間の延長措置の対象となる同法附則2条所定の「この法律の施行の際現に改正前の著作権法による著作権が存する映画の著作物」に当たらず，その著作権は平成15年12月31日の終了をもって存続期間が満了した旨判示したもの）がある。

## 3 保護期間の特例

著作権法58条は，著作物の保護期間の相互主義を定めるベルヌ条約及びTRIPS協定（「世界貿易機関（WTO）を設立するマラケシュ協定」の附属書一Cである「知的所有権の貿易関連の側面に関する協定」）の規定により，ベルヌ条約の加盟国（同盟国）又は世界貿易機関の加盟国を本国とする著作物で，その本国における著作権の保護期間が我が国の著作権法51条から54条までに定める保護期間よりも短い場合には，その本国における保護期間による旨定めている。

したがって，著作権法58条が適用される外国作品については，日本作品よりも保護期間が短くなる。

（大鷹　一郎）

第 5 章

# 著作権の制限

## Q61 「フェア・ユース」の法理と著作権法改正の経過

**Q** 米国では,「フェア・ユース」と認められる場合には著作権の行使が制限されるという考え方があり,それを参考にして平成24年に著作権法の改正が行われたと聞きましたが,その経過と内容を説明して下さい。

**A** 平成24年の著作権法改正(平成24年法律第43号,以下「改正著作権法」という。)では,米国の著作権法107条(排他的権利の制限)の規定なども参考に,著作権の権利行使に関する一般的な制限規定が設けられた。

改正された条文では,①著作物の創作に当たって付随して対象となる著作物の複製又は翻案(改正著作権法30条の2。例えば,写真撮影や録画などを行う際に,その背景として,本来の対象以外の著作物が付随的に写ってしまう「写り込み」のように,その著作物の利用を主たる目的としない他の創作行為に伴い付随的に生ずる当該著作物の複製又は翻案であって,それが本来の写真等の著作物の軽微な構成部分となるもの),②著作物の適法な利用についての検討の過程における利用(改正著作権法30条の3。例えば,キャラクターの使用についてその著作権者と利用契約を締結するか否かの検討の過程で,必要と認められる限度で当該キャラクターを内部資料に載せて利用すること),③技術の開発又は実用化のための試験の用に供するための著作物の利用(改正著作権法30条の4。例えば,公表されている著作物を,著作物の録音,録画に関するデジタル技術の開発や実用化の試験のために,必要と認められる限度で利用すること)は,著作権の侵害とならない。

ただし,これらに該当する行為であっても,著作物の種類や用途,利用等の態様に照らし著作権者の利益を不当に害しないことが要件とされる。

## ▍解 説
### 1 著作権の権利行使についての一般的制限

　著作権法は,「著作物」などの情報について,著作者の権利の保護を図り,独占的な権限を付与するとともに,その公正な利用に留意しつつ,文化の発展に寄与することを目的としている（著1条）。したがって,当該情報の流通促進を図ることにより,一層の文化の発展が実現するような場合は,その権利を一定の範囲で制限することも許されるであろうし,より公共的な目的や社会的な要請の観点から,著作権の権利が制限されるのも当然のことといわなければならない。著作権法30条以下が,著作権の制限に関する個別の規定を設けているのもこの趣旨からである。

　また,1976年に立法化された米国著作権法107条（排他的権利の制限）が,「批評,解説,ニュース報道,教授,研究又は調査等を目的とする著作権のある著作物のフェア・ユースは,著作権の侵害とならない。著作物の使用がフェア・ユースとなるか否かを判断する場合に考慮すべき要素は,以下のものを含む。(1) 使用の目的及び性質（使用が商業性を有するか又は非営利的教育目的かを含む。）(2) 著作権のある著作物の性質 (3) 著作権のある著作物全体との関連における使用された部分の量及び実質性 (4) 著作権のある著作物の潜在的市場又は価値に対する使用の影響」と規定する（抄）のも,同様の趣旨からであり,著作権の利用が「フェア・ユース」（公正使用）に該当する場合には,著作権侵害とならないとされる（本解説末尾【参考】参照）。

　さらに,ベルヌ条約の9条では,一定の要件の下に著作物の複製が認められ,TRIPS協定により複製権を含む著作権一般についての制限規定を設けるための「スリーステップテスト」が示されている（本解説末尾【参考】参照）。

### 2 日本版フェア・ユース規定の検討

　我が国においても,知財戦略の一環として,技術の進歩や新たなビジネスモデルの出現に柔軟に対応するとともに,既存の著作物の利用を積極的に促進する観点から,著作権法に設けられた個別の制限規定とは別に,米国著作権法の上記規定などを念頭に置いた権利制限の一般規定として,日本版フェ

ア・ユース規定を導入すべきとの意見が高まり，知的財産推進計画2009や同計画2010に「権利制限の一般規定について，これまでの検討結果を踏まえ，2010年度中に法制度整備のための具体的な案をまとめ，導入のために必要な措置を早急に講ずる。」などと規定された。

そこで，文化庁の文化審議会著作権分科会法制問題小委員会において，集中的に討議が行われ，平成22年4月の「権利制限の一般規定に関する中間まとめ」を経て平成23年1月「文化審議会著作権分科会報告書」が公表され，これらを踏まえて著作権法改正案が国会に提出され，平成24年6月に改正著作権法が成立した。

また，これと並行して，平成21年には，インターネット等に関する著作物の利用の円滑化（絵画等のネットオークションなどにおける複製・公衆送信の適法化，ネット検索サービスにおける著作物の一部の複製等の適法化など，著47条の2，47条の5～8）や，障害者の情報利用の機会確保（公共図書館における視覚障害者向け録音図書作成や聴覚障害者のための映画等への字幕や手話の付与の適法化，著37条3項，37条の2）が立法化された。

## 3　改正著作権法の内容

改正著作権法のうち権利制限の規定の概略は，回答欄に記載のとおりであり，これらの規定は，平成25年1月1日から施行される。同規定は，著作権の権利行使を大幅に制限するものではないが，写真などにおける「写り込み」のような形式的侵害であっても，私的使用のための複製（著30条）や引用（著32条）などの規定に該当しないことによる萎縮的効果があると指摘されていたことを念頭に置いて，著作権の利用の円滑化を図るものである。

また，改正著作権法では，著作物の公益的な利用の円滑化を図る観点から，国立国会図書館による図書館資料の自動公衆送信にかかる規定の整備（改正著作権法31条）と，公文書等の管理に関する法律等に基づく利用に係る規定の整備（改正著作権法18条3項・4項，42条の3）が行われ，情報通信技術を利用した情報提供の準備に必要な情報処理のための利用が認められた（改正著作権法47条の9）。さらに，著作物の違法利用や違法流通を防止するため，著作権等

の保護を強化する観点から，著作権等の技術的保護手段に係る規定の整備（改正著作権法2条1項20号，30条1項2号，120条の2）と，違法ダウンロードの刑事罰化（改正著作権法119条3項）が行われた。

## 4 改正著作権法に対する意見

改正著作権法の権利制限の規定に対しては，賛成及び反対の双方の立場から意見が表明されている（Q62参照）。また，違法ダウンロードの刑事罰化についても，違法なダウンロードの常態化を防止するために役立つとの意見がある一方で，過剰な取締りにつながるおそれがあるとの指摘がある。

## 【参　考】

### 1 アメリカ合衆国著作権法
（排他的権利の制限）

**107条** 第106条及び第106条Ａの規定にかかわらず，批評，解説，ニュース報道，教授（教室における使用のために複数のコピーを作成する行為を含む），研究又は調査等を目的とする著作権のある著作物のフェア・ユース（コピー又はレコードへの複製その他第106条に定める手段による使用を含む）は，著作権の侵害とならない。著作物の使用がフェア・ユースとなるか否かを判断する場合に考慮すべき要素は，以下のものを含む。

(1) 使用の目的及び性質（使用が商業性を有するか又は非営利的教育目的かを含む）
(2) 著作権のある著作物の性質
(3) 著作権のある著作物全体との関連における使用された部分の量及び実質性
(4) 著作権のある著作物の潜在的市場又は価値に対する使用の影響

上記のすべての要素を考慮してフェア・ユースが認定された場合，著作物が未発行であるという事実自体は，かかる認定を妨げない。

## 2 ベルヌ条約パリ改正条約
**第9条（複製権）**
(2) 特別の場合について(1)の著作物の複製を認める権能は，同盟国の立法に留保される。ただし，そのような複製が当該著作物の通常の利用を妨げず，かつ，その著作者の正当な利益を不当に害しないことを条件とする。

## 3 著作物の複製を認めるための（TRIPS協定により著作権一般についての制限規定を設けるための）「スリーステップテスト」

①特別の場合について，②当該複製が当該著作物の通常の利用を妨げず，③その著作者の正当な利益を不当に害しないこと。

（清水　節）

## Q62 平成24年著作権法改正

**Q** 平成24年の著作権法改正に関しては，著作権の行使に一定の制限を設ける改正を行うことにより著作権の利用が進むという考え方がある一方で，著作権者の団体などが改正に反対していたそうですが，どのような対立があるのでしょうか。

**A** 近年のデジタル技術や情報通信技術の発展を背景に，従来想定されていなかったコンテンツの利用形態が出現しているが，現行の著作権法は，個別具体的な権利制限規定を設けているだけで，これらの規定に該当しない行為は，権利者の利益を不当に害しないものであっても形式的に違法になってしまうのではないかとの指摘がなされていた。そこで，技術の進歩に柔軟に対応するとともに，既存の著作物の利用を積極的に促進する観点から，権利者の利益を不当に害しないと認められる一定の範囲内で，権利行使に関する一般的な制限規定を設けることで，著作権法の改正が行われた（Q61参照）。

これに対し，著作権者やその団体からは，法改正をしなければならないほどの重大な著作権の利用の制限問題は発生していないとの反対意見や，一般規定の導入によりこれまで裁判例によって違法であるとされていた行為がすべて適法になるとの誤解等に基づいて，違法行為が増加するなどの懸念が表明されている。

### 解説
#### 1 著作権の権利行使についての一般的制限

我が国の著作権法は，30条以下において，個人的又は家庭内などにおける限られた範囲内での私的使用（著30条）や図書館などにおける非営利的使用（著31条）を目的とする複製を一定の範囲で許容するとともに，公表された著作物を引用して利用することを許し（著32条），その他にも公共的目的を有す

る場合や障害者のためである場合などには，一定の範囲で著作権の行使を制限する旨の個別の規定を設けている。

しかし，著作権の権利行使について一般的な制限規定は設けられていない。このため，従来から，実質的に著作権の侵害に該当しないような形式的侵害まで違法とされてしまい，それを救済する手段がないのではないかと指摘されていた。

例えば，家族を写真撮影や録画した場合に他人の作成したキャラクターなどの著作物が背景などとして画面に入り込んでしまう「写り込み」が生じたときに，この映像をブログなどとしてインターネット上で公開すること（画像だけでなく，家族の声を録音した場合に，他人の作曲した音楽がバックミュージックとして録音されてしまうこともある。）や，私的な生活とはいえない会社内などにおいて，上司が個人的に使用する新聞や文献を依頼されて部下が複写することは，前記の「引用」や「私的使用のための複製」には該当せず，著作権や著作隣接権の侵害となるのではないかといわれていた。また，デジタル化やネットワーク化の技術の研究開発のために，既存の著作物を試験的に利用することが必要となる場合があるが，これらは著作物の本来的な使用とは異なるのであるから，著作権の侵害に該当しないことを明確にすべきと指摘されていた。

さらに，映像や音楽のデジタルコンテンツのネット上などでの流通の促進を図るために，著作権の権利制限を幅広く規定する必要があるとする意見もあった。

## 2 平成24年の著作権法改正

そこで，平成24年に著作権法改正（平成24年法律第43号，以下「改正著作権法」という。）が行われ，著作物の利用の円滑化を図る観点などから，著作権の権利行使に関する制限規定が設けられた（Q61参照）が，利用形態の多様化が進む一方で，著作物の違法利用・違法流通が常態化しているとして，技術的保護手段に関する規定の整備なども行われた。

いわゆる「写り込み」に関しては，一定の条件を満たせば著作権侵害にな

らないと規定され（改正著作権法30条の 2 ），このほか，著作物の利用の円滑化とデジタル化・ネットワーク化の技術の研究開発を図る観点から，著作物の利用を検討する過程における著作物の利用（改正著作権法30条の 3 ）や，技術開発や実用化試験のための著作物の利用（改正著作権法30条の 4 ），情報通信技術を利用した情報提供の準備に必要な情報処理のための利用（改正著作権法47条の 9 ）についても，著作権侵害にならないとする規定が設けられた。また，国会図書館が絶版などの資料を図書館などに配信（自動公衆送信）をできるとともに，図書館がこれら資料の一部複製を行えるとされ（改正著作権法31条 3 項），公文書等の管理に関する法律等に基づく利用に係る規定も整備された（改正著作権法18条 3 項， 4 項，42条の 3 ）。

　これらの著作権の制限に関する規定とともに，ネット上で常態化しているといわれる著作物の違法利用や違法流通を防止するため，著作権等の保護を強化する観点から，著作権等の技術的保護手段に係る規定の整備（改正著作権法 2 条 1 項20号，30条 1 項 2 号，120条の 2 ）と，違法ダウンロードの刑事罰化（改正著作権法119条 3 項）も行われた。

## 3　法改正に対する賛成・反対意見

　今回の改正著作権法に関しては，文化庁の文化審議会著作権分科会法制問題小委員会において法改正の討議が行われていた段階から，賛成及び反対の双方の意見が寄せられていた。

　賛成の立場からは，「既存の著作物の利用の円滑化が図られる」，「著作物の利用について，形式的侵害があることによる萎縮的効果が低減される」，「デジタル化やネットワーク化の技術の研究開発や検証に役立つ」などの意見がある。また，今回の法改正が，特定の場面を想定した限定的な権利制限規定の整備となったことから，「コンテンツビジネス促進やネット社会の発展のために，公正な利用（フェア・ユース）を包括的に許容し得るより幅広い一般的権利制限規定を設けるべきである」との意見もある。

　一方，著作権法改正に反対していた作家，写真家などの著作権者やその団体の立場からは，「賛成意見が指摘するような，意図していなかった写り込

みなどの著作権の形式的侵害や，会社内におけるわずかな営業的利用に対しては，実際に著作権者が権利行使を行うような事例はなかったから，これらを理由として法改正を行うべき必要性はない」,「法改正が行われて権利制限の一般規定が導入されると，これまで裁判例によって違法であるとされていた行為がすべて適法になるとの誤解等に基づく思いこみ侵害や，すべて許されるであろうとの独自の判断による居直り侵害などの，違法行為が増加する」などの意見が示されている。

今回の改正著作権法において，著作権保護の観点から，著作物の違法利用・違法流通を防止するために，技術的保護手段を回避する行為を規制したことや，違法な著作物をダウンロードする行為についても罰則を設けたことは，上記の反対意見を配慮したものといえよう。

（清水　節）

## Q63　私的使用のための複製の限界

**Q** 私は，TVで放送された映画を録画するのが趣味で，今度，家で近所の人を集めて上映会をしようと思いますが，お金をもらわなければ問題とならないでしょうか。

**A** 映画を上映する行為は，それが，①営利を目的とせず，②聴衆・観衆から料金を受けないで，かつ③上映者等の介在者に報酬が支払われなければ，著作権法38条1項に定める営利を目的としない上演等に当たり，許容される（映画の著作物の著作権者の上映権侵害に当たらない。）。

　上映するに当たって，TVで放送された映画を録画する行為は，当初から不特定の近所の人を集めて上映会をする目的でなされたのであれば，それらの人々から料金を受け取るか否かにかかわらず，著作権法30条1項に定める私的使用のための複製の範囲を超えるものとして，許容されない（映画の著作物の著作権者の複製権侵害に当たる。）

　当初は個人的に又は家族内で鑑賞する目的で映画を録画したものであったとしても，不特定の近所の人を集めて録画した映画の上映会を行った場合には，それらの人々から料金を受け取るか否かにかかわらず，著作権法30条1項に定める目的（私的使用目的）以外の目的のために著作物を使用したものとして，著作権法49条1項1号によって，著作権法21条の複製を行ったものとみなされ，複製につき著作権者の許諾がない限り，許容されない（複製権侵害に当たる。）。

### ■　解　説
#### 1　著作権の制限

　著作権法は，「著作物……に関し著作者の権利及びこれに隣接する権利を定め，これらの文化的所産の公正な利用に留意しつつ，著作者等の権利の保護を図り，もって文化の発展に寄与すること」を目的とする（著1条）もの

であるから，著作権者等の権利という私権と著作物の公正な利用という公益との調整のため，著作者等の権利を定める一方で，著作権の制限に関する規定（著30条〜49条）を設けている。

以下では，本設例と関係する私的使用のための複製（著30条）と営利を目的としない上演等（著38条）について説明する。

## 2　私的使用のための複製及び複製物の目的外使用[1]

(1) 私的使用のための複製

著作権法30条1項は，著作権の目的となっている著作物について，「個人的に又は家庭内その他これに準ずる限られた範囲内において使用すること」（私的使用）を目的とするときは，一定の場合を除き，その使用する者が複製することができる旨を規定し，私的使用のための複製に原則として著作権が及ばないことを明らかにしている。

同条項にいう「個人的に」とは，「一人で」という趣旨であり，組織的な活動の一環として行われる場合には，「個人的に」とは解されない。

また，「家庭内」とは，「同一家庭内」との意味であり，複数の家庭内での使用は許容されない。

さらに「これに準ずる限られた範囲内」の意義については，3，4人程度のごく少人数の家族に準ずる親しい友人等とする見解から，10名程度までのサークルや同好会もこれに当たるとする見解があるが，いずれにせよ家族に準ずる程度の親密かつ閉鎖的な関係があることが必要であり，このような人数を上回るような多数の者への提供や，多数でなくとも不特定の者への提供はこれに含まれないというべきであろう。

(2) 複製物の目的外使用

複製行為を行った当初は，著作権法30条1項に定める私的利用目的での複製であり，著作権が及ばないとしても，その複製物を私的使用目的以外の目的のために頒布し，又は当該複製物によって当該著作物を公衆に提示した場

---

[1]　加戸『逐条講義』221頁以下，『コンメンタール2』127頁以下〔宮下佳之〕

合は，著作権法49条1項1号によって，同法21条の複製行為を行ったものとみなされる。

したがって，この場合は，複製につき著作権者の許諾がない限り，複製権侵害となる。

## 3 営利を目的としない上演等[2]

著作権法38条1項は，公表された著作物について，①営利を目的とせず，②聴衆・観衆から料金を受けないで，かつ③上映者等の介在者に報酬が支払われない場合には，公に上演し，演奏し，上映し，又は口述することができる旨を規定する。

同条項にいう「営利を目的とせず」は，これを著作物の利用による直接的な営利の促進に限定すべき文言はないので，間接的な営利的効果を目的とする利用行為もこれに該当しないというべきである。例えば，無料の映画の試写会であっても，それが商品宣伝のために行われたものである場合には，間接的な営利的効果を目的として行われているものであるから，この要件を充足するものではない。

## 4 設例について

設例について，著作権との関係では，映画を上映する行為と，それに当たってTVで放送された映画を録画する行為が問題となる。

(1) 映画を上映する行為について

前記のとおり，著作権法38条1項は，公表された著作物について，①営利を目的とせず，②聴衆・観衆から料金を受けないで，かつ③上映者等の介在者に報酬が支払われない場合には，公に上演し，演奏し，上映し，又は口述することができる旨を規定するので，この要件を全て充足するような映画の上映行為は，その映画の著作物の著作権者の上映権侵害には当たらず，許容される。

---

〈2〉 加戸『逐条講義』270頁以下，『コンメンタール2』297頁以下〔本山雅弘〕

したがって，設例のように，近所の人に無償で鑑賞させるもので，何かしらの商品等の宣伝等の間接的な営利的効果を得ることを目的とするものではなく，かつ，その上映会の開催を手伝ってくれる者がいた場合に，その者に報酬が支払われたりしていなければ，著作権法上，上映権侵害という問題にはならないものと考えられる。

(2) 映画を録画する行為について

映画を録画する行為は，その映画の著作物を複製する行為に当たる（著2条1項15号）。

個人的に（一人で）又は家庭内で鑑賞する目的で映画を録画する行為は，著作権法30条1項に定められた私的使用のための複製として許容されるものであることは明らかである。

設例のように「近所の人」の人を集めて上映会をする場合，複数の家庭にわたって複製物が使用される結果となるし，近所付き合いの程度や，メンバーの特定・固定の有無といった事情にもよるが，不特定の「近所の人」を対象とするもので，ごく少人数の家族に準ずる親しい友人等の関係であるとか，サークルや同好会のような関係であるとはいえず，家族に準ずる程度の親密かつ閉鎖的な関係があるとまではいえないことが通常であろうから，そのような上映会を開催することを目的として映画を録画する行為は，参加者から料金を受け取るか否かにかかわらず，著作権法30条1項に定める私的使用のための複製の範囲を超えるものとして，映画の著作物の著作権者の複製権侵害に当たり，許容されないものというべきであろう。

また，当初は個人的に又は家族内で鑑賞する目的で映画を録画したものであったとしても，不特定の「近所の人」を集めて録画した映画の上映会を行った場合には，それらの人々から料金を受け取るか否かにかかわらず，前記と同様の理由によって著作権法30条1項に定める私的使用目的以外の目的のために著作物を使用したものとして，著作権法49条1項1号によって，著作権法21条の複製を行ったものとみなされ，複製につき著作権者の許諾がない限り，複製権侵害に当たり，許容されないものと考えられる。

〔上田　真史〕

## Q64　私的使用のための複製と会社での利用

**Q** 私の会社では，会議の際の各人の資料として市販されている書籍をコピーして配布したり，営業で出かける際に住宅地図をコピーして利用していますが，個人的な使用として許されるでしょうか。

**A** 私的使用のための複製（著30条）には当たらず，違法とされる可能性が高い。

### 解　説
#### 1　私的使用のための複製
著作権法30条１項は，
「著作権の目的となっている著作物（以下この款において単に「著作物」という。）は，個人的に又は家庭内その他これに準ずる限られた範囲内において使用すること（以下「私的使用」という。）を目的とするときは，次に掲げる場合を除き，その使用する者が複製することができる。
　一　公衆の使用に供することを目的として設置されている自動複製機器（複製の機能を有し，これに関する装置の全部又は主要な部分が自動化されている機器をいう。）を用いて複製する場合」
と定めている。
よって，著作権法30条１項によってコピー行為が許容されるためには，
① 「私的使用を目的とする」こと
② 複製の手段が，公衆の使用に供することを目的として設置されている自動複製機器によるものでないこと
が必要である。
以下，順に検討する。

## 2 「私的使用を目的とする」こと

(1) 著作権法30条1項の意義

著作権法30条1項の立法趣旨としては，私的領域内で行われる複製は，捕捉が困難である一方，権利者に与える影響は少ないことから，権利行使を認める必要がないという点にあるとされている。

(2) 会社の業務遂行における使用と私的使用目的

ア 裁判例及び通説

裁判例及び通説とも，以下のとおり，会社等において，内部的とはいえ業務上利用するために著作物を複製する行為は，私的使用に該当しないとしている。

「企業その他の団体において，内部的に業務上利用するために著作物を複製する行為は，その目的が個人的な使用にあるとはいえず，かつ家庭内に準ずる限られた範囲内における使用にあるとはいえないから，同条所定の私的使用には該当しないと解するのが相当である。」(東京地判昭和52年7月22日無体集9巻2号534頁〔舞台装置設計図事件〕)

「『私的使用』……は，自分自身で使うとか，自分の家族に使わせるとか，自分の所属する閉鎖的グループに使わせるとかいった場合を指します。……会社等における内部的利用のための複製行為は，よく問題になりますけれども，著作権法上の『家庭内に準ずる限られた範囲内』での使用には該当いたしません。実際には，会社等の中でも，ゼロックスやリコピーなどの複写機器が大いに利用されているでしょうが，正面切ってそれを著作権法上適法化するわけにはまいりません。」(加戸『逐条講義』225頁)

「30条の要件としては，個人的関係という私的領域での使用目的複製に限られる。企業等の内部で使用する目的で複製した場合には，頒布目的が無くとも私的使用目的とはいえない。現実にはこの要件を満たさない複製が企業や大学等で広く行われており，それらは違法な複製であるが，このような侵害については，権利者と複製者が適当な条件で契約できる場がない限り，事実上野放し状態となりかねない。しかしこのような行為が違法であることは間違いなく，それが日本複写権センターや日本音楽著作権協会の行っている

対価徴収の根拠となっている。」(中山『著作権法』245頁)

　イ　私的使用目的に該当し得るとする説

　もっとも，以下のとおり，会社内での複製であっても，一定の場合には私的使用目的に含まれる場合があるとする説もある。

　「一般には，会社内での複製は，私的使用目的を欠くので，30条1項に該当しないと解されている（……）。もちろん，解釈論としては，社内会議のために内部資料としてコピーを配布するような行為は，私的使用目的を超えるといわざるを得ない。しかし，たとえば，……既に部署で購入してある数冊の書籍から現在の企画に関連する部分だけをコピーして一冊のファイルにする行為や，部署で購入済みの書籍につき遠方の会議に出席している部長からの問い合わせに答えるためにファックスで関連頁を送る行為（……）などに関してまで，著作権者の許諾を得なければならないと解する必要はないであろう。いずれも複製物一つ分に関しては購入時に対価を支払済みである……。これらの行為については，企業内複製といえども私人の自由を確保する30条1項を（類推）適用することで時代錯誤の過剰規制を防ぐべきであろう。」(田村『概説』200頁)

　「会社における会議用資料や研究用の参考資料として文献等を必要な限度でコピーして配布することはしばしば行われており，また利用者が権利者に許諾を求めることも実際上困難ですので，こうした行為がすべて著作権侵害行為に該当するとして一切許されないと考えることには若干抵抗を感じます。……会社内の同じ部署の人達が10人程度の小規模で会議や研究会を行う際の資料としてコピーするような場合には，『これに準ずる限られた範囲内』に該当するということも文言上必ずしも無理ではないと思われます。

　あるいは……その利用の態様次第では，権利の濫用（民法1条3項）として，権利者の権利行使自体が認められないということもあり得ると考えます。」(TMI総合法律事務所編『著作権の法律相談〔第2版〕』236頁〔升本喜郎〕(青林書院，2005))

　(3)　検　討

　上記のとおり，会社の業務上の利用であっても私的使用目的に該当するか

については，説が分かれているが，否定するのが判例・通説である。

本問にあてはめると，会議の際の資料としてのコピーも，営業で出かける際の住宅地図のコピーも，いずれも会社の業務上利用するためのコピーであるから，私的使用目的とは認められない可能性が高いといえる。

もっとも，上記(2)イのとおり，一定の場合に私的使用目的に当たるとする有力な説も存在しており，その問題意識は理解できる。

本問でも，住宅地図を一冊丸ごと持ち運ぶのが重くて不便なため該当ページのみをコピーするような場合を考えると，コピーを認めないといかにも不都合である。また著作権者は一冊販売した分の利益は得ることができているのであるから，著作権者に権利行使を認める必要性にも乏しいと考えられる。したがって，具体的な態様によっては，私的使用目的と認められ，又は権利者の権利行使が権利濫用とされ，個人的な使用として許される可能性はあると考える。

## 3 公衆の使用に供することを目的として設置されている自動複製機器によるものでないこと

仮に私的使用目的と認められたとしても，会社のコピー機によるコピーの場合，「公衆の使用に供することを目的として設置されている自動複製機器によるものでないこと」との要件を充足しないのではないかが問題となる。

しかし，著作権法附則5条の2は「著作権法第30条第1項第1号及び第109条第2項第2号の規定の適用については，当分の間，これらの規定に規定する自動複製機器には，専ら文書又は図画の複製に供するものを含まないものとする。」としている。

コピー機は「専ら文書又は図画の複製に供するもの」に該当するため，「公衆の使用に供することを目的として設置されている自動複製機器によるものでないこと」との要件は充足すると考えられる。

（石神　有吾）

## Q65　教科書等への使用

**Q**　小学生向けの国語ドリルの発行を計画していますが，教科書や試験問題への使用については著作権が及ばないと聞きました。教科書に掲載されている作品であれば，それを利用してドリルの問題を作っても著作権侵害にならないと考えていいですか。

**A**　小説等の著作物を著作権者の許諾なく書籍等に掲載してこれを発行する行為は，著作権者が当該著作物について有する著作権（複製権，著21条）を侵害することとなるのが原則である。

　他方，著作権法は，著作権の制限規定として，公表された著作物を，教科用図書に掲載すること（著33条1項）や試験問題として複製すること（著36条1項）を認める規定を置いていることから，これらの規定が適用されるのであれば，著作権の侵害とはならない。

　しかし，市販の国語ドリルの場合には，文部科学大臣の検定を経るなどの要件を欠くことが明らかであるから，著作権法33条1項の「教科用図書」には当たらない。

　また，市販の国語ドリルの問題については，試験又は検定の公正な実施のために，その問題としていかなる著作物を利用するかということ自体を秘密にする必要性があり，そのために当該著作物の複製についてあらかじめ著作権者から許諾を受けることが困難であるといった事情はないことから，著作権法36条1項の「試験又は検定の問題」にも当たらない。

　したがって，教科書に掲載されている作品（小説等の著作物）を著作権者の許諾なく市販の国語ドリルの問題として掲載してこれを発行する行為については，著作権法33条1項又は36条1項の適用はなく，原則どおり，当該作品についての著作権（複製権）を侵害するものと考えられる。

## 解　説
### 1　教科用図書への掲載や試験問題としての複製に関する著作権法の規定

　小説等の著作物を著作権者の許諾なく書籍等に掲載する行為は，著作権者が当該著作物について有する著作権に含まれる権利のうち，複製権（著21条）を侵害することとなるのが原則であるが，他方で，著作権法は，著作権者の利益と著作物の公正な利用という公益との調整の観点から著作権の制限規定（著作権法第2章第3節第5款）を置き，一定の場合には，著作権者の許諾なしに著作物の複製等を行うことを許容している。

　このような著作権の制限規定の一つとして，公表された著作物について，教科用図書への掲載を認める著作権法33条1項や試験問題としての複製を認める同法36条1項がある。

(1)　教科用図書への掲載

　著作権法33条1項は，公表された著作物について，学校教育の目的上必要と認められる限度において，教科用図書に掲載することができる旨を規定しており，また，ここでいう「教科用図書」とは，「小学校，中学校，高等学校又は中等教育学校その他これらに準ずる学校における教育の用に供される児童用又は生徒用の図書であって，文部科学大臣の検定を経たもの又は文部科学省が著作の名義を有するものをいう。」としている。

　本条は，教科用図書においては，教育の目的・性格上最も適切な著作物を利用できるようにする必要があることから，著作権者への補償金の支払を義務付けた上で（著33条2項），学校教育の目的上必要と認められる限度に限って，公表された著作物の掲載を認めたものである。

(2)　試験問題としての複製

　著作権法36条1項は，公表された著作物について，入学試験その他人の学識技能に関する試験又は検定の目的上必要と認められる限度において，当該試験又は検定の問題として複製することができる旨を規定している。

　本条は，入学試験等の人の学識技能に関する試験又は検定に当たっては，それを公正に実施するために，問題の内容等の事前の漏えいを防ぐ必要性があるため，あらかじめ著作権者の許諾を受けることは困難であること，他方，

試験問題としての利用には，著作物の顕在的・潜在的市場に悪影響を与えることが少ないことなどの理由から，営利目的の場合には著作権者への補償金の支払を義務付けた上で（著36条2項），試験又は検定の目的上必要と認められる限度に限って，公表された著作物の複製を認めたものである（中山『著作権法』269頁）。

## 2　市販の国語ドリルの問題への使用に著作権制限規定が適用されるか

(1)　教科用図書への掲載に当たるか

前述のとおり，著作権法33条1項の「教科用図書」は，小学校，中学校，高等学校等における教育の用に供される図書であって，「文部科学大臣の検定を経たもの又は文部科学省が著作の名義を有するもの」に限られるが，市販の国語ドリルがこれに当たらないことは明らかである。

したがって，市販の国語ドリルの問題への使用について，著作権法33条1項は適用されない。

なお，著作物を教科用図書に掲載するという複製行為が許容されることと，その教科用図書を利用した更なる複製行為が許容されるかどうかの問題とは，別個の問題であって，当該複製行為自体について，著作権法33条1項の適用が問題となる。

(2)　試験問題としての複製に当たるか

この点については，本問の場合と同様に小学校の国語教科書に掲載されている著作物を市販の国語ドリルに掲載したことが著作権法36条1項の「試験又は検定の問題」としての複製に当たるか否かが争われた東京地判平成16年5月28日判時1869号79頁〔国語教科書事件〕の判断が参考となる。すなわち，同判決は，著作権法36条の規定の趣旨が前記1(2)のとおりのものであることを前提とした上で，「試験又は検定の公正な実施のために，その問題としていかなる著作物を利用するかということ自体を秘密にする必要性があり，そのために当該著作物の複製についてあらかじめ著作権者から許諾を受けることが困難である試験又は検定の問題でない限り，著作権法36条1項所定の『試験又は検定の問題』ということはできない」との解釈を示し，問題とさ

れた各教材は，いずれも一般書店で販売されている家庭用学習教材であって，上記のような事情は認められないから，「試験又は検定の問題」としての複製には当たらないものとした（東京地判平成15年3月28日判時1834号95頁〔国語教科書準拠教材事件〕も，教科書準拠教材への掲載について同旨の判断をしている。）。

著作権法36条の規定の趣旨について，前記1(2)のような理解を前提とする限り，〔国語教科書事件〕判決の判断に特段の異論はないものと思われ，本問の場合も同様の結論となる。

(3) その他の問題

〔国語教科書事件〕判決の事案において，被告は，著作物を市販の国語ドリルに掲載したことが著作権侵害とならないことの理由として，著作権法36条1項のほかに，①同法32条1項の「引用」に当たる旨及び②米国で認められている公正利用（フェア・ユース）の法理が法の一般原則として適用される旨を主張した。

これに対し，同判決は，市販の国語ドリル（引用する側の著作物）とその問題として掲載される著作物（引用される側の著作物）との間には，主従関係の存在などの「引用」に当たるための要件（詳細は，Q66参照）が欠けるとして，被告の上記①の主張を排斥し，また，仮に，我が国においてフェア・ユースの法理を適用ないし類推適用すべき場合があるとしても，市販の国語ドリルについては，被告主張の要件のうち使用の目的及び性格の要件を欠き，同法理を適用ないし類推適用すべき場合に当たらないとして，被告の上記②の主張も排斥した。

いずれも当然の判断であろう。

（大西　勝滋）

## Q66 引用の要件

**Q** 私は，Ａの社会活動には批判的な意見を持っています。そこでインターネットで見つけたＡの写真を風刺をこめて滑稽な姿に改変し，批評を加えたビラを作成して街頭で配布しようと考えていますが，このような引用は著作権法32条の要件を満たすでしょうか。

**A** 著作権法32条１項は，公表された著作物を引用して利用することについて，それが「公正な慣行に合致するものであり，かつ，報道，批評，研究その他の引用の目的上正当な範囲内で行なわれるもの」である限り，著作権を侵害しないものとしてこれを許容している。

　本問におけるビラの作成，配布行為については，当該ビラが専らＡの社会活動を批判する内容を記載した宣伝用のビラと考えられること，Ａの容姿を写した写真を殊更滑稽な姿に改変して掲載するというものであり，改変の程度が大きく，かつ，Ａへの侮蔑的内容を含むと考えられることなどからすれば，そのような引用が，「引用の目的上正当な範囲内である」とも，「公正な慣行に合致する」とも認め難く，著作権法32条１項の適法な引用の要件を満たさないものとされる可能性が高いと思われる。

### ▍解　説
#### 1　問題の所在

　本問におけるＡの容姿を撮影した写真（本件写真）については，その撮影者の思想又は感情を創作的に表現したものといえる限り，当該撮影者を著作者とする「写真の著作物」（著２条１項１号，10条１項８号）ということができる。

　したがって，本件写真に一部改変を加えたものを掲載したビラ（本件ビラ）を作成し，これを街頭で配布する行為については，本件写真についての著作権（複製権，譲渡権等）の侵害となることが考えられ，また，著作者人格

権（氏名表示権，同一性保持権）の侵害となることも考えられる。

　このうち，著作権侵害の成否との関係においては，著作権の制限規定として，公表された著作物を引用して利用することを認める著作権法32条1項の適用が問題となり，これが認められれば，著作権侵害は否定されることとなる。

## 2　適法な引用の要件

(1)　著作権法32条1項は，適法な引用の要件として，「公正な慣行に合致するものであり，かつ，報道，批評，研究その他の引用の目的上正当な範囲内で行なわれるもの」であることを求めている。

　そして，最高裁の判例（最三小判昭和55年3月28日民集34巻3号244頁〔モンタージュ写真事件〕）においては，旧著作権法（明治32年法律第39号）30条1項2号（「自己ノ著作物中ニ正当ノ範囲内ニ於テ節録引用スルコト」を適法とする規定）の解釈として，「引用とは，紹介，参照，論評その他の目的で自己の著作物中に他人の著作物の原則として一部を採録することをいい，引用を含む著作物の表現形式上，引用して利用する側の著作物と，引用されて利用される側の著作物とを明瞭に区別して認識することができ，かつ，右両著作物間に前者が主，後者が従の関係があると認められる場合でなければならない」との判断[1]が示されている。

　〔モンタージュ写真事件〕判決の上記判断については，「明瞭区別性」及び「主従関係」の2要件を適法な引用の要件としたものであり，また，現行の著作権法32条1項の解釈としてもそのまま妥当するとの理解が従来から一般的なものとされ，その後の下級審裁判例においても，上記2要件への当てはめによって適法な引用であるか否かを判断しているものが多い[2]。

---

〈1〉　当該最判は，風景写真に加工を加えたモンタージュ写真を作成し，雑誌に掲載した行為について，著作者人格権（同一性保持権）の侵害の成否が問題となった事案であり，著作権の制限規定である著作権法32条1項の「引用」に関する判示部分は傍論というべきである。

(2) 〔モンタージュ写真事件〕判決の2要件のうち，明瞭区別性については「引用」であるための当然の要件と考えられ，この点が問題となることは少ない。

他方，主従関係の要件については，引用する側とされる側の量的な比較のみによって判断されるものではなく，引用の目的や態様等の様々な要素を総合して判断されるものであるとの理解が一般的である。例えば，美術論文中に藤田嗣治の絵画を複製掲載した行為が適法な引用に当たるか否かが争われた東京高判昭和60年10月17日判時1176号33頁〔藤田嗣治事件〕においては，「右主従関係は，両著作物の関係を，引用の目的，両著作物のそれぞれの性質，内容及び分量並びに被引用著作物の採録の方法，態様などの諸点に亘って確定した事実関係に基づき，かつ，当該著作物が想定する読者の一般的観念に照らし，引用著作物が全体の中で主体性を保持し，被引用著作物が引用著作物の内容を補足説明し，あるいはその例証，参考資料を提供するなど引用著作物に対し付従的な性質を有しているにすぎないと認められるかどうかを判断して決すべきもの」とされている。

(3) 他方，近時においては，〔モンタージュ写真事件〕判決の2要件を前提として，主従関係の要件の中に様々な要素を盛り込む判断手法について，判断基準が不明確かつ不安定となること，そもそも上記2要件と著作権法32条1項の文言との関係が明確でないことなどから批判も強く，むしろ条文の文言に忠実に，①引用であること，②公正な慣行に合致すること，③引用の目的上正当な範囲内であることの3要件について，目的，効果，採録方法，利用の態様等の諸要素を総合して判断すべきとする見解[3]が有力である。

また，近時の裁判例においても，〔モンタージュ写真事件〕判決の2要件に言及することなく，当該事案において認められる具体的な事情に

---

〈2〉 これらの裁判例については，中山『著作権法』258頁の注37）を参照。
〈3〉 飯村敏明「裁判例における引用の基準について」著作権研究26号91頁，中山『著作権法』259頁，高林『標準』167頁など

基づいて,「公正な慣行に合致」及び「引用の目的上正当な範囲内」の各要件を満たすか否かを判断しているものが相当数見られる[4]。

このように,著作権法32条1項の文言上の要件と〔モンタージュ写真事件〕判決の2要件との関係については,なお定説を見ない状況にあることからすると,適法な引用か否かの判断に当たっては,必ずしも〔モンタージュ写真事件〕判決の2要件のみにとらわれる必要はなく,具体的な事案に応じて適切な判断手法を選択すべきものと思われる。

### 3 本問の検討

本問の検討に当たっては,類似の事案に関する〔創価学会写真ビラ事件〕判決(前掲注4参照)の判断が参考となる。同事件は,原告(創価学会)の名誉会長である甲の肖像写真(原告写真1)について,カラーから白黒にして背景と下半身をカットする加工を施した写真(本件ビラ写真)をビラ(本件写真ビラ)に掲載し,これを配布した行為について,原告写真1に係る著作権(複製権,翻案権,譲渡権)の侵害の成否等が問題となった事案であり,その中で,本件ビラ写真の掲載が原告写真1の適法な引用に当たるか否かが争点の一つとされた。そして,本判決は,本件写真ビラの内容や本件ビラ写真の掲載態様等を詳細に認定した上で,「本件写真ビラは,専ら,公明党,原告及び甲を批判する内容が記載された宣伝用のビラであること,原告写真1の被写体の上半身のみを切り抜き,本件写真ビラ全体の約15パーセントを占める大きさで掲載し,これに吹き出しを付け加えていること等の掲載態様に照らすならば,原告の写真の著作物を引用して利用することが,前記批判等の目的との関係で,社会通念に照らして正当な範囲内の利用であると解することはできず,また,このような態様で引用して利用することが公正な慣行に合致すると解することもできない。」として,適法な引用には当たらないと判断し

---

[4] 〔絶対音感事件〕(東京地判平成13年6月13日判時1757号138頁(第1審),東京高判平成14年4月11日(平成13年(ネ)第3677号・第5920号)裁判所ウェブサイト(控訴審)),〔創価学会写真ビラ事件〕判決(東京地判平成15年2月26日判時1826号117頁),〔絵画鑑定書事件〕控訴審判決(知財高判平成22年10月13日判時2092号135頁)

た。

　以上のような判断を参考に本問における本件ビラの作成，配布行為について検討するに，本件ビラの内容や本件写真の掲載態様等の詳細が不明なため確定的な結論を出すことは困難ではあるが，本件ビラが専らAの社会活動を批判する内容を記載した宣伝用のビラと考えられること，Aの容姿を写した写真を殊更滑稽な姿に改変して掲載するというものであり，改変の程度が大きく，かつ，Aへの侮蔑的内容を含むと考えられることなどからすれば，「引用の目的上正当な範囲内である」との要件及び「公正な慣行に合致する」との要件を満たすものとは認め難く，著作権法32条1項の適法な引用には当たらないとされる可能性が高いものと思われる。

（大西　勝滋）

## Q67　絵画の鑑定書と引用

**Q** (1)　著作権法32条1項にいう「引用」が認められる具体的な要件は何ですか。
(2)　絵画の鑑定書を作成するに当たり，当該絵画の縮小コピーを裏面に添付しましたが，これは「引用」といえるでしょうか。

**A** (1)　著作権法32条1項にいう「引用」に該当する場合には，他人の公表された著作物を，その権利者の許諾を得ることなく，利用することができるので，その限度において，著作権が制限される。この著作権が制限される適法な「引用」の要件として，著作権法32条1項は，①公表された著作物の引用であること，②その引用が公正な慣行に合致すること，③報道，批評，研究その他の引用の目的上正当な範囲内で行われるものであることを定めている。

(2)　美術の著作物である絵画について，その絵画の鑑定書に当該絵画の縮小コピーを裏面に添付して利用する行為が，著作権法32条1項にいう「引用」といえるかどうかは，個別事案ごとの判断となる。これを肯定した事案として，知財高判平成22年10月13日判時2092号135頁〔絵画鑑定書事件〕がある。〔絵画鑑定書事件〕判決は，著作権法32条1項の規定により，他人の著作物を引用して利用することが許されるためには，②及び③の要件が必要であるとした上で，「引用としての利用に当たるか否かの判断においては，他人の著作物を利用する側の利用の目的のほか，その方法や態様，利用される著作物の種類や性質，当該著作物の著作権者に及ぼす影響の有無・程度などが総合考慮されなければならない」と判示し，②及び③の要件を判断するに当たっての具体的考慮要素を示している。そして，〔絵画鑑定書事件〕判決は，鑑定対象の絵画を特定し，「鑑定証書」の偽造を防ぐためには，鑑定対象である絵画のカラーコピーを添付する必要性・有用性があること，著作物の鑑定業務が

適正に行われることは，著作物の価値を高め，著作権者等の権利の保護を図ることにつながることなどを考慮すると，著作物の鑑定のために当該著作物の複製を利用することは，②の要件にいう「引用の目的」に含まれるとした上で，カラーコピー部分のみが「鑑定証書」と分離して利用に供されるとは考え難いこと，カラーコピー付きの「鑑定証書」は，所有者の直接又は間接の依頼により作製されたものであり，絵画と所在を共にすることが想定されており，絵画と別に流通することも考え難いことに照らすと，「鑑定証書」の作製に際して，絵画を複製したカラーコピーを添付することは，その方法ないし態様としてみても，社会通念上，合理的な範囲にとどまるものであり，また，著作権者が絵画の複製権を利用して経済的利益を得る機会が失われることも考え難いことなどの事情を総合考慮すれば，「鑑定証書」の作製に際して，その裏面に絵画を複製したカラーコピーを添付したことは，その方法ないし態様において，その鑑定に求められる公正な慣行に合致し，かつ，その引用の目的上も，正当な範囲内のものであるといえるから，②及び③の要件をいずれも充足するとして，本件のカラーコピーの作製は絵画の複製に該当するが，著作権法32条1項にいう「引用」として許されると判断した。

## 解　説
### 1　著作権法32条1項の「引用」
　著作権法32条1項の規定の趣旨は，社会的に著作物の引用が広く行われている実態にあることと，著作物自体が先人の文化遺産を母体としてできあがっていくものであることから，公表された著作物の引用が公正な慣行に合致し，かつ，目的上正当な範囲にとどまる場合には，他人の公表された著作物を権利者の許諾を得ることなく適法に引用して利用することができるとしたことにある（加戸『逐条講義』242頁）。著作権法32条1項の規定の文言によれば，同項が定める適法な「引用」の要件は，前述のとおり，①公表された著作物の引用であること，②その引用が公正な慣行に合致すること，③報道，批評，研究その他の引用の目的上正当な範囲内で行われるものであることに

294　第5章　著作権の制限

あるということができる。

　ところで，著作権法は，2条において「用語」を定義する規定をおいているが，「引用」の用語については，定義規定が存在しないことから，①の要件にいう「引用」とは，いかなる意味を有するかが問題となる。この「引用」の意義について直接判示した最高裁判決は見当たらないが，旧著作権法（明治32年法律第39号）30条1項2号にいう「引用」の意義について判示した最三小判昭和55年3月28日民集34巻3号244頁〔モンタージュ写真事件〕がある。旧著作権法30条1項本文は，「既ニ発行シタル著作物ヲ左ノ方法ニ依リ複製スルハ偽作ト看做サス」と規定し，同項2号は，「自己ノ著作物中ニ正当ノ範囲内ニ於テ節録引用スルコト」と規定していた。〔モンタージュ写真事件〕最高裁判決は，「旧著作権法30条1項2号にいう引用とは，紹介，参照，論評その他の目的で自己の著作物中に他人の著作物の原則として一部を採録することをいい，引用を含む著作物の表現形式上，引用して利用する側の著作物と，引用されて利用される側の著作物とを明瞭に区別して認識することができ，かつ，右両著作物間に前者が主，後者が従の関係があることを要する。」と判示した。以来，現行の著作権法の下においても，下級審では，〔モンタージュ写真事件〕最高裁判決が示した「明瞭区別性」と「主従関係」の2要件を充足するかどうかによって，適法な「引用」に該当するかどうかが判断されて来た経緯がある。しかし，最近では，〔モンタージュ写真事件〕最高裁判決は，旧法下の条文を前提に，「明瞭区別性」及び「主従関係」の2要件が必要であることを判示したものであり，この2要件を文言が異なる現行法下の著作権法32条1項の条文解釈にそのまま持ち込むことに疑問を呈し，引用が適法とされる場合の要件を再構成しようとする学説や裁判例があらわれており（例えば，学説としては，上野達弘「引用をめぐる要件論の再構成」森泉章ほか編『著作権法と民法の現代的課題　半田正夫古稀記念論集』326頁（法学書院，2003），飯村敏明「裁判例における引用の基準について」著作権研究26号91頁，田村義之「著作権法32条1項の「引用」法理の現代的意義」コピライト554号2頁，中山『著作権法』260頁等が，裁判例としては，2要件について言及することなく，「公正な慣行に合致」し，「引

用の目的上正当な範囲内」かどうかを判断した東京地判平成13年6月13日判時1757号138頁〔絶対音感事件〕、東京地判平成15年2月26日判時1826号117頁〔創価学会写真ビラ事件〕等がある。)、いまだに、定説が定まらない状況下にあるといえる。もっとも、著作権法32条1項後段が定める「公正な慣行に合致」し、「引用の目的上正当な範囲内」かどうかの審理判断を行うという点においては方向性が一致しているといえる。

## 2 絵画の鑑定書に絵画の縮小コピーを添付して利用する行為の「引用」該当性

前掲〔絵画鑑定書事件〕判決は、前述のとおり、鑑定書の作製に際して、その裏面に絵画を複製したカラーコピーを添付して利用した行為について、著作権法32条1項にいう「引用」に該当するとして、複製権侵害にならないと判断していることからすると、個別事案においては、「引用」に該当すると判断されることはあり得るといえよう。もっとも、この判決に対しては、前述の①の要件についての検討を行わないまま適法な「引用」の成立を認めた点で問題があるなどの指摘もされている(茶園成樹「鑑定証書に添付するために絵画の縮小コピーを作製する行為が著作権法32条1項にいう引用としての利用にあたるとされた事例」L&T51号87頁以下、作花文雄「『引用』概念による公正利用と法制度上の課題―『美術品鑑定証書』事件における引用要件の混迷―」コピライト2011年9月号34頁以下等。)。

なお、絵画の鑑定書に絵画の縮小コピーを作製して添付して利用する行為が許されるかどうかについては、インターネットを利用した美術の著作物等の譲渡等の申出に伴う複製等を権利者の許諾を得ることなくできる旨を規定した著作権法47条の2の類推適用の可否を検討することがふさわしいとの見解も紹介されているところであり(前掲茶園92頁以下)、この点も併せて検討されるべきであろう。

(大鷹　一郎)

第6章

# 著作権の利用

## Q68 登録の有無と著作権

**Q** 私は，会員制の食品販売を行っており，会員募集のパンフレットを配布しています。

ところが，パンフレットの説明図と文章がＡの著作権を侵害しているとの警告を受けました。この図と文章は事業の内容を簡単に説明したもので，創作性などないと思いますが，Ａは類似の図と文章について著作権の登録を受けています。登録がある以上，Ａには著作権があるのでしょうか。

**A** 著作権登録によって，Ａが侵害されたと主張する図や文章について，創作性があることが法律上推定されるわけではない。

また著作権登録における審査の実情を考慮すれば，著作権登録には創作性を推認する事実上の効果もないと解される。

したがって，登録があるからといって，Ａに著作権があることにはならない。

### ▌解 説
#### 1 著作権登録制度の概要

特許権などと異なり，著作権は，著作物を作成すれば，登録手続等を経なくても権利が発生し，それを行使することができる（著17条2項）。

しかし，著作権法では，権利変動を公示するため又はその他特別な目的のために，登録制度が設けられている。

著作権登録には，以下のような種類がある（解説末尾【参考】も参照）。

(1) 実名の登録（著75条）
(2) 第一発行年月日等の登録（著76条）
(3) 創作年月日の登録（著76条の2）
(4) 著作権の登録（著77条）

(5) 出版権の登録（著88条）
(6) 著作隣接権の登録（著104条）

## 2 登録手続

　登録は，文化庁長官が著作権登録原簿（ただし出版権については出版権登録原簿。著作隣接権については著作隣接権登録原簿。）に記載し，又は記録して行う（著78条1項，88条2項，104条）。

　著作権登録は，原則として申請又は嘱託に基づき行われ（著令15条），申請に当たっては，申請者の氏名及び住所，著作物の題号，登録の原因及びその発生年月日等を記載した申請書（著令20条）と添付書類（著令21条）を提出する必要がある。

　文化庁長官は，申請について審査をし，登録を申請した事項が登録すべきものでないとき，申請書が方式に適合しないとき等の場合には，登録の申請を却下する（著令23条）。

　登録手続の詳細については，文化庁[1]及び一般財団法人ソフトウェア情報センター[2]の各ホームページを参照。

## 3　著作権登録と創作性の有無

(1)　創作性の意義

　著作物とは，「思想又は感情を創作的に表現したものであって，文芸，学術，美術又は音楽の範囲に属するものをいう。」とされている。

　そこで，著作物と認められ著作権が発生するためには，思想又は感情を創作的に表現したものであること，すなわち創作性の有無が問題となる。

(2)　法律上の推定

　著作権登録には，上記1(1)ないし(6)の種類があるが，いずれの著作権登録についても，法律上，登録により著作物性が推定されるとはされていない。

---

[1] http://www.bunka.go.jp/chosakuken/touroku_seido/
[2] http://www.softic.or.jp/touroku/index.html

すなわち，実名の登録（著75条）によって推定されるのは著作者であることのみであって，創作性があることが推定されるわけではない。また，第一発行年月日等の登録（著76条），創作年月日の登録（著76条の2）によって推定されるのは，登録に係る年月日において最初の発行，最初の公表又は創作があったことのみであって，やはり創作性それ自体が推定されるわけではない（以上につき，東京地判平成23年4月27日（平成22年（ワ）第35800号）裁判所ウェブサイト〔模様入りおにぎり具事件〕参照）。

また，著作権，出版権，著作隣接権の登録についても，第三者に対抗できるという効果（対抗要件の具備）が認められるだけであって，登録対象とされた作品の創作性それ自体が推定されるわけではない。

以上のとおり，著作権登録には，法律上，登録により創作性が推定されるという効果はない。

(3) 事実上の推定

著作権法75条1項，76条1項，77条1項は，いずれも，「著作物について……登録を受けることができる。」とされていることからすれば，登録を受けるためには「著作物」と認められることが必要であり，登録を受けることができれば，文化庁長官が「著作物」と認めたということであり，創作性が事実上推定されるようにも思われる。

しかし，文化庁長官による審査は，いわゆる形式審査により行われ，法令の規定に従った方式により申請されているかなど却下事由に該当しないかどうかの審査にとどまるものであるから，著作権に関する登録により著作物性を有することについて事実上の推定が及ぶと解することはできない（前掲〔模様入りおにぎり具事件〕参照）。

## 4 本問への当てはめ

Aが著作権の登録を受けていても，そのことによって法律上あるいは事実上，創作性が推定されるわけでないことは上記のとおりである。

したがって，登録があるからといって，そのことからAに著作権があることにはならない。

また，事業の内容を簡単に説明した程度のものであれば，ありふれた表現として創作性が認められず，Aの著作権は否定される可能性が高いと考えられる（東京地判平成23年6月10日（平成22年（ワ）第31663号）裁判所ウェブサイト〔バイナリーオートシステム事件〕参照）。

【参　考】

| | 申請権者 | 登録事項 | 効　果 |
|---|---|---|---|
| 実名の登録<br>（著75条） | 無名又は変名で公表された著作物の著作者等 | 著作者の実名 | 登録に係る著作物の著作者と推定される。<br>52条2項2号により著作権の保護期間が著作者の死後50年間となる。 |
| 第一発行年月日等の登録<br>（著76条） | 著作権者又は無名若しくは変名の著作物の発行者 | 第一発行年月日又は<br>第一公表年月日 | 登録に係る年月日において最初の発行又は最初の公表があったものと推定される。 |
| 創作年月日の登録<br>（著76条の2） | プログラム著作物の著作者 | 創作年月日 | 登録に係る年月日において創作があったものと推定される。 |
| 著作権の移転<br>（著77条） | 登録権利者及び登録義務者<br>（原則として共同申請であるが，登録権利者の単独申請も可能） | 著作権の移転<br>著作権を目的とする質権の設定等 | 当該権利変動について，第三者に対抗することができる。 |
| 出版権の登録<br>（著88条） | 登録権利者及び登録義務者<br>（原則として共同申請であるが，登録権利者の単独申請も可能） | 出版権の設定・移転<br>出版権を目的とする質権の設定等 | 出版権の設定・移転，質権の設定等について，第三者に対抗することができる。 |
| 著作隣接権の登録<br>（著104条，77条） | 登録権利者及び登録義務者<br>（原則として共同申請であるが，登録権利者の単独申請も可能） | 著作隣接権の移転<br>著作隣接権を目的とする質権の設定等 | 当該権利変動について，第三者に対抗することができる。 |

（石神　有吾）

## Q69 ©表示

**Q** 書籍や商品などに見られる©表示には，どのような意味がありますか。また，著作権の保護期間が満了している著作物に©表示を付すことは，問題となるのでしょうか。

**A** Ⓒ表示（○の中にＣの表示。マルＣマークともいう。）は，1952年に制定された万国著作権条約が定める表示であり，著作権の享有に何ら方式の履行を要しない無方式主義の国の著作物が，方式の履行を義務付ける方式主義の国で保護されるための条件として，全ての複製物に最初の発行時から，Ｃ表示，著作権者名，第一発行年の表示を要求する制度である。

日本の著作権法は，17条2項で無方式主義を定めており，日本国内においては，Ｃ表示の有無によって著作権の保護の有無が法的に左右されることはない。

このように，Ｃ表示は我が国の著作権法上の制度ではないから，著作権の保護期間が満了している著作物にＣ表示を付しても，著作権法上の問題は生じない。ただし，別途，不正競争や一般不法行為の成否が問題になることはあり得る。よって，当該著作物にＣ表示を付す場合には，合理的理由の有無について十分な検討が必要である。

## 解説

### 1 方式主義と無方式主義

我が国の著作権法上，著作権の存続期間は，著作物の創作の時に始まるものとされており（著51条1項），また，著作者人格権及び著作権の享有には，いかなる方式の履行をも要しないものとされている（著17条2項）。すなわち，著作権は著作物の創作と同時に，申請，審査，登録等の何らの手続（方式）を採らなくても自動的に発生する。これを無方式主義という。

無方式主義は，1886年に制定されたベルヌ条約5条(2)で定められたもので

あり，同項は，本国以外の同盟国での権利の享有及び行使には，いかなる方式の履行をも要せず，その享有及び行使は，著作権の本国における保護の存在にかかわらないと定め，本国以外での保護について無方式主義を採ることを明らかにしている。我が国は明治32年（1899年）に同条約に加盟するとともに，同年制定した旧著作権法で我が国を本国とする著作物の保護についても無方式主義を採用した。

これに対し，著作権の享有に何らかの方式（政府機関への登録等）を必要とするのが方式主義である。かつてはアメリカなど幾つかの国がこの方式主義を採用していたが，現在，方式主義を採る国はごく少数（平成22年3月現在，カンボジア，ラオスのみ）に限られている。

## 2 Ⓒ表示の制度

万国著作権条約（パリ改正条約）は，2条において「いずれかの締約国の国民の発行された著作物及びいずれかの締約国において最初に発行された著作物は，他のいずれの締約国においても，当該他の締約国が自国において最初に発行された自国民の著作物に与えている保護と同一の保護及びこの条約が特に与える保護を受ける。」とした上で，3条1項において，「締約国は，自国の法令に基づき著作権の保護の条件として納入，登録，表示，公証人による証明，手数料の支払又は自国における製造若しくは発行等の方式に従うことを要求する場合には，この条約に基づいて保護を受ける著作物であって自国外で最初に発行されかつその著作者が自国民でないものにつき，著作者その他の著作権者の許諾を得て発行された当該著作物のすべての複製物がその最初の発行の時から著作権者の名及び最初の発行の年とともにⒸの記号を表示している限り，その要求が満たされたものと認める。Ⓒの記号，著作権者の名及び最初の発行の年は，著作権の保護が要求されていることが明らかになるような適当な方法でかつ適当な場所に掲げなければならない。」と定めている。このように，Ⓒ表示は，万国著作権条約に基づく制度であり，著作権の享有に何ら方式の履行を要しない無方式主義の国の著作物が，方式の履行を義務付ける方式主義の国で保護されるための条件として，全ての複製物

に最初の発行時から，Ⓒ表示，著作権者名，第一発行年の表示を要求する制度である。

## 3　日本国内において著作物にⒸ表示を付けることの意味

前記のとおり，日本の著作権法は，17条2項で無方式主義を定めており，Ⓒ表示の有無によって著作権の保護の有無が法的に左右されるものではない（したがって，日本国内においては，Ⓒ表示がなくても著作権の保護を受けられないということはなく，逆にⒸ表示があっても直ちに著作権の保護を受ける著作物として認められるわけではない。）。要するに，Ⓒ表示の有無とこれを表示した著作物が日本国内において保護されるか否かは，法律上は全く無関係であり，日本国内においては，少なくとも法的には全く意味がない表示ということになる。ただし，その現実的機能としては，著作権者名及び第一発行年の表示と相まって，著作権の存続を積極的に表明するとともに，当該著作物を無断で使用する場合には著作権侵害になることを需要者又は取引者に対し警告する機能（警告的機能）を有するとの指摘がある（後記〔ピーターラビット事件〕）。

## 4　著作権の保護期間が満了している著作物にⒸ表示を付すことの是非

著作権の保護期間が満了している著作物にⒸ表示を付す行為の適法性が争われた事例として，大阪地判平成19年1月30日判時1984号86頁〔ピーターラビット事件〕がある。

同事件は，絵本「The Tale of Peter Rabbit（邦題「ピーターラビットのおはなし」）」の中の絵柄（原画）を使用したタオルの販売を企画した原告が，同絵柄の著作権の日本における商品化許諾業務を行っている被告に対し，①日本における同絵柄の著作権が存続期間満了により消滅したことを理由に，被告が原告に対して同著作権に基づく差止請求権を有しないことの確認を求めるとともに，②同著作権が期間満了により消滅した後も被告がライセンス商品にⒸ表示等を表示させることは，商品の品質又は内容及び被告商品化業務に係る役務の質又は内容を誤認させる不正競争行為（不正競争防止法2条1項13

号）に該当すると主張して，被告が同表示を使用することやライセンシーにこれを使用させること等の差止めと，③不正競争防止法4条又は民法709条の不法行為（一般不法行為）に基づく損害賠償を求めた事案である。

　裁判所は，①については，Ⓒ表示の有無によって著作権の保護の有無が法的に左右されるものではないが，現実には需要者又は取引者に対して警告するという機能を有することも否定できないとして，確認請求を認容した。しかし，②③については，被告表示につき，そもそも万国著作権条約の保護要件を満たす著作権表示に該当するものとそうでないものとを区別した上で，(i)タオルの絵柄が著作権による保護の対象となる著作物であるということは，「品質」の通常の用語の意味から離れるから，誤認表示の対象となる商品の品質ということはできず，また，同号の「商品の内容」に関する誤認表示とは需要者の需要を不当に喚起するような表示であることを要するが，需要者は絵柄が著作権の保護を受ける著作物であるか否かによってこれを購入するか否かを決定しているものではないから，同表示は不正競争防止法2条1項13号の「商品の内容」に関する誤認表示には該当しない，(ii)同表示が被告の役務（商品化許諾業務）の質及び内容を誤認させるか否かについては，これらの表示を原画付近に付した場合には，ベアトリクス・ポターの原画を使用するには被告から使用許諾を受けなければならないとの誤認を生じさせる表示に該当するが，これらの表示が付されている絵柄は，原画を原著作物とする二次的著作物であり，新たに付与された創作部分について原画の著作権とは別の著作権が生ずるから，同創作的部分に存在を根拠に被告表示を直ちに虚偽の表示であるということはできない，(iii)一般不法行為の成否については，不正競争防止法2条1項13号の不正競争に該当しない行為を民法上の不法行為として損害賠償責任を負わせることは，きわめて例外的な場合に限られ，被侵害利益の重大性，行為態様の悪質性に照らして違法性が極めて高いものに限られるが，本件はこれに該当しないとの理由で，いずれの請求も棄却した。

　この判決は，結論として不正競争防止法2条1項13号の不正競争及び一般不法行為の成立を否定したが，これは，被告表示が付されている絵柄には，

著作権の保護期間が満了した絵柄だけでなく，同絵柄を原画とする二次的著作物としての絵柄が含まれていたことが影響している。また，同判決が指摘するとおり，万国著作権条約では，ある著作物が著作権の保護に関して方式主義を採用している締結国で著作権の保護を受けるためには，既に著作権の保護期間が満了している国を含め，著作権者の許諾を得て発行された全ての複製物について著作権表示をすることが要求されていることからすると，著作権の保護期間が満了している著作物にＣ表示を付すことが一概に違法であるということはできないが，事情によっては，上記不正競争ないし一般不法行為が成立することもあり得る。よって，当該著作物にＣ表示を付す場合には，合理的理由の有無について十分な検討が必要である。

(寺田　利彦)

## Q70　著作隣接権等の譲渡

**Q**　レコード会社がレコードを制作販売しようとする際，音楽家との間で，将来立法されるような権利まで視野に入れて，それを利用した販売も可能となるような契約を結びたいと考えています。どのような内容の契約を締結すればよいでしょうか。

**A**　レコード会社がレコードを制作販売しようとする際には，実演家である音楽家やレコード製作者である所属事務所との間で，これらの者がレコード原盤について有する著作隣接権等一切の権利の包括的譲渡を受けることを内容とする契約を締結することが多いようであるが，その際に，将来立法により認められる権利も含むこと，あるいは将来生ずるあらゆる利用方法を含むことを契約書の文言上明確にしておくことが考えられる。

### 解　説
#### 1　契約による権利処理

音楽家は，レコードに収録される楽曲の演奏，歌といった実演について，実演家の著作隣接権（著91条以下）を有している。また，音楽家の多くは，音楽事務所に所属しており，その音楽事務所が，レコード原盤の制作時における費用を負担することにより，レコード製作者として著作隣接権（著96条以下）を有していることもある。したがって，レコード会社は，レコードを制作販売しようとする際には，実演家やレコード製作者である所属事務所との間で契約を締結することにより，これらの権利関係の処理をしておく必要がある。具体的には，実演家から委任を受けた所属音楽事務所との間で，レコード会社が，実演家や音楽事務所がレコードについて有する一切の権利の包括的な譲渡を受けるといった内容の契約を締結する等して，権利処理が行われることになる。

## 2 契約後に権利が創設された場合に関する裁判例

ところで、テクノロジーの発展等により、著作物につき新たな利用方法が生じ、これに伴い、これまで存在しなかった権利（支分権）が著作権ないし著作隣接権として立法されることがある。例えば、平成9年の著作権法改正により、それまでにはなかった送信可能化権が著作権及び著作隣接権として創設された（著23条、92条の2、99条の2等）。このように、契約を結んだ当時には存在しなかった権利が立法により創設されたり、予想もしなかった著作物の新たな利用方法が生じたりした場合に、その権利や利用方法が契約の範囲に含まれるかどうかが争いになることがある。

この点に関し判示した裁判例として、東京地判平成19年1月19日判時2003号111頁〔THE BOOM事件〕がある。事案は、音楽家である丙の実演を収録したレコード原盤につき、丙の所属事務所でありレコード原盤の制作費を負担したレコード製作者である甲が、レコード会社乙との間で、レコード原盤に関し甲、丙（丙については甲が丙の委任に基づき契約を締結する権限を有していた。）の有する著作隣接権等一切の権利を何らの制限なく独占的に乙に譲渡し、乙はレコードの売上げに応じて甲に印税を支払う（丙に対しては甲を通じて印税が支払われる。）ことを内容とする譲渡契約を締結していたところ、契約が結ばれた後に、著作権法の改正により実演家やレコード製作者に著作隣接権として認められた送信可能化権が、上記譲渡契約による譲渡の対象となるかどうかが争われたものである。甲は、譲渡契約が締結された時点で法的権利として存在していない送信可能化権が譲渡されることはなく、契約締結当時においてサーバにアップロードされた楽曲をダウンロードして聴取するという音楽配信サービスが何ら想定されていなかったから、契約における意思解釈としても当事者間における送信可能化権を譲渡する意思は認められないなどとして、送信可能化権は譲渡の対象とはなっていないと主張した。これに対し、乙は、譲渡契約の解釈として、譲渡契約によりレコード製作者の著作隣接権を含む一切の権利が包括的に譲渡されたと解するのが当事者の目的に適合し、社会的、経済的合理性を有するなどとして、送信可能化権が譲渡契約の対象となっていると主張した。裁判所は、譲渡契約における権利譲渡条

項については，当該条項の文言自体及び契約書中の他の条項のほか，契約当時の社会的な背景事情の下で，当事者の達成しようとした経済的又は社会的目的及び業界における慣習等を総合的に考慮して，当事者の意思を探求し解釈すべきものであるとした上で，①本件各契約には，原盤に関し甲の有する「一切の権利」を「何らの制限なく独占的に」譲渡する旨の規定があること，②それによりレコード会社である乙において原盤に対する自由でかつ独占的な利用が可能となったこと，③そこでは著作隣接権の内容が個々に問題にはならず，原盤に対する自由でかつ独占的な利用を可能ならしめる一切の権利が問題となっていること，④他方，アーティスト丙の所属事務所である甲は，レコード会社から収益を印税の形で受け取り，レコード製作者の権利の譲渡の対価を収受することができること，⑤このような関係は，音楽業界において長年にわたる慣行として確立していること，といった事情を総合的に考慮すると，譲渡契約により，原盤に関して甲の有する一切の権利が何らの制約なしに乙に譲渡されたものと解され，送信可能化権も譲渡契約の対象となり，改正法が施行された時点でいったんレコード製作者である甲に付与されたものが，同時に譲渡契約の権利譲渡条項によりそのまま甲から乙に譲渡されたことになるとして，送信可能化権が譲渡契約の対象となると判断した。

## 3 将来立法により創設される権利等も視野に入れた契約条項の在り方

上記平成19年東京地判によれば，譲渡契約中に包括的な権利譲渡条項がある場合においては，事案ごとに，諸般の事情を考慮して当該条項を解釈した上で対象の範囲を定めることになるため，事案によっては異なる判断となる可能性がないとはいえない。そうすると，レコード会社が，音楽家等との間でレコードの制作販売に関する契約を締結する場合には，単に包括的な権利譲渡条項を定めるだけでなく，契約の対象範囲を明確にし，後日の紛争を防止するとの観点から，契約条項中に，将来立法により認められる権利も含むこと，あるいは将来生ずるあらゆる利用方法を含むこと，を契約書の文言上明確にしておくことが考えられる。もっとも，このような文言を入れたとしても，レコード会社が取得する収益と比べて音楽家等が取得する対価が極め

て少ないという事態が生じるようなことがあれば，紛争を誘発したり，場合によっては当該条項が公序良俗違反（民法90条）等を理由に無効と判断されたりする危険がないわけではない。そのような事態を避けるという見地からは，契約において，音楽家等の取得する対価につき，レコード会社が取得する収益に対応して支払われるようにするなど，適切な対価が支払われるように定めをしておくのが望ましいといえる（上記の裁判例でも，送信可能化権が譲渡の対象に含まれるとする解釈の根拠の一つとして，レコード製作者が印税という形で権利の譲渡の対価を収受することができること，を挙げている。）。

## 4 参考文献

中山『著作権法』322頁

（阿部　正幸）

## Q71 著作権法28条と原著作者の権利行使

**Q** 私は，S曲の作曲者ですが，著作権の管理はA協会に委託しています。Bは，S曲を無断でT曲に改変してテレビ番組のテーマ音楽とし，CDも出しています。私は，B，番組を放送しているテレビ局，CDの製作会社及びT曲の著作権を管理しているA協会に対し，それぞれどのような請求ができるでしょうか。

**A** S曲の作曲者は，S曲を作曲することにより，S曲に係る著作権（著21条〜28条）及び著作者人格権（著18条〜20条）を取得する。また，T曲がS曲の二次的著作物である場合，S曲の作曲者は，T曲の著作者が有するものと同一の種類の権利を専有する（著28条）。

S曲の著作者は，上記著作権の全部又は一部を譲渡することができるが（著61条1項），著作権を譲渡する契約において，著作権法27条又は28条に規定する権利が譲渡の目的として特掲されていないときは，これらの権利は，譲渡した者に留保されたものと推定される（著61条2項）。そのため，A協会との契約において，S曲に係る著作権法27条及び28条の権利が譲渡の目的として特掲されていない限り，同権利はS曲の著作者に留保される。

S曲の著作者に上記権利が留保されている場合，同人は，著作権及び著作者人格権に基づき，番組を放送しているテレビ局，CDの製作会社及びT曲の著作権を管理しているA協会に対し，T曲の放送，CDの製造販売及び利用許諾の差止めを求めることができる。また，B及び上記テレビ局らに故意，過失がある場合，著作権侵害及び著作者人格権侵害を理由とする損害賠償を請求することができる。

## 解 説
### 1 著作権と著作者人格権
(1) 著作者の取得する権利

S曲の作曲者（以下「X」という。）は，S曲を作曲することにより，S曲に係る著作権（著21条～28条）及び著作者人格権（著18条～20条）を取得する。

(2) 著作者から著作権管理協会に対する著作権の譲渡

Xは，S曲に係る著作権の管理をA協会に委託している。著作権は，その全部又は一部を譲渡することができ（著61条1項），音楽産業においては，作曲家（又は，作曲家から当該作曲に係る著作権を譲渡された音楽出版社）が，その著作権を日本音楽著作権協会（通称「JASRAC」）のような著作権等管理事業者に信託的に譲渡することが多い（なお，著作者人格権は，著作者の一身に専属するものであり，これを他人に譲渡することはできない（著59条））。

著作権を譲渡する契約において，著作権法27条（翻訳権，翻案権等）又は28条（二次的著作物の利用に関する原著作者の権利）に規定する権利が譲渡の目的として特掲されていないときは，これらの権利は，譲渡した者に留保されたものと推定される（著61条2項）。著作権を譲渡する場合，著作物を原作のままの形態において利用することは通常予定されているが，どのような付加価値を生み出すか予想のつかない二次的著作物の創作及び利用は，譲渡時に通常予定されていない利用態様であり，著作権者に明白な譲渡意思があったとはいい難いため，上記規定が設けられたものである。したがって，著作権の譲渡契約中に，法27条及び28条の権利を譲渡する旨が明確に記載されておらず，例えば，「譲渡人の有する全ての著作権及び将来取得することあるべき全ての著作権を譲渡する」という記載がされているだけでは，法27条の権利や法28条の権利が譲渡の目的として特掲されているものと解することはできないというべきである（この点について判断した事案として，東京地判平成15年12月26日判時1847号70頁（平成15年（ワ）第8356号）〔記念樹・音楽出版社事件③〕を参照）。

本件では，XA間の契約において，S曲に係る法27条及び28条の権利が譲渡の目的として特掲されていない限り，これらの権利はXに留保される。以下，これらの権利がXに留保されているものとして解説する。

## 2 Bらによる権利侵害行為

(1) S曲の改変による権利侵害

Bは，Xに無断で，S曲をT曲に改変した。S曲の著作者であるXは，「その著作物及びその題号の同一性を保持する権利を有し，その意に反してこれらの変更，切除その他の改変を受けない」（著20条1項）とされているので，Bの上記行為は，S曲に係るXの著作者人格権（同一性保持権）を侵害する。

また，Bの上記行為は，その改変の内容如何によって，S曲に係る複製権（著21条）又は編曲権（著27条）を侵害する。

すなわち，著作物の「複製」とは，「既存の著作物に依拠し，その内容及び形式を覚知させるに足りるものを再製すること」（最一小判昭和53年9月17日民集32巻6号1145頁〔ワン・レイニー・ナイト・イン・トーキョー事件〕参照）であり，「編曲」とは，「既存の著作物である楽曲に依拠し，かつ，その表現上の本質的な特徴の同一性を維持しつつ，具体的表現に修正，増減，変更等を加えて，新たに思想又は感情を創作的に表現することにより，これに接する者が既存の著作物である楽曲の表現上の本質的な特徴を直接感得することのできる別の著作物である楽曲を創作する行為」（東京高判平成14年9月6日判時1794号3頁〔どこまでも行こう事件〕参照）であると解されている。

したがって，T曲の一部にS曲にない新たな創作的な表現が含まれていれば編曲権の侵害となり，そのような表現が含まれていなければ複製権の侵害となる（音楽の著作物における複製権，翻案権の侵害の有無について判断した事案として，前掲〔どこまでも行こう事件〕及びその原審である東京地判平成12年2月18日判時1709号92頁を参照）。

以下，BがT曲を作曲した行為がXの編曲権を侵害するものとして解説する。

(2) T曲をテレビ番組のテーマ音楽とし，CDを製作販売することによる権利侵害

ア　著作者人格権の侵害

Bは，T曲をテレビ番組のテーマ音楽とし，CDを出すことによって公衆

に提供又は提示しているが，その際，Xの実名又は変名をT曲の原著作物の著作者名として表示していない。S曲の著作者であるXは，「その著作物の原作品に，又はその著作物の公衆への提供若しくは提示に際し，その実名若しくは変名を著作者名として表示……する権利を有する。その著作物を原著作物とする二次的著作物の公衆への提供又は提示に際しての原著作物の著作者名の表示についても，同様とする。」（著19条1項）とされているので，Bの上記行為は，S曲に係るXの著作者人格権（氏名表示権）を侵害する。

　　イ　著作権の侵害

　Xは，S曲の著作者として，S曲の二次的著作物であるT曲の利用に関し，T曲の著作者であるBが有するものと同一の種類の権利を専有する（著28条）。

　テレビ局（以下「C局」という。）がT曲をテレビ番組のテーマ音楽として放送する場合，その放送ごとにT曲の放送用録音が行われる。これらの行為は，BとC局が共同して，上記法28条の権利を有するXの複製権（著21条）及び放送権（著23条）を侵害するものである。

　また，CDの製作会社（以下「D社」という。）がT曲のCDを製作販売する行為は，BとD社が共同して，法28条の権利を有するXの複製権（著21条）及び譲渡権（著26条の2）を侵害するものといえる。

　(3)　T曲の著作権を管理しているA協会による権利侵害

　T曲の著作権を管理しているA協会は，C局及びD社に対し，T曲についての利用許諾を与えていたものである。このようなA協会の行為は，C局及びD社による上記(2)の権利侵害を惹起したものといえる。

## 3　Xが行うことのできる請求

　上記1及び2で解説した内容を前提にすると，Xは，Bらに対し，次のような請求をすることが可能である。

　(1)　Bに対する請求

　Xは，Bに対し，著作権侵害及び著作者人格権侵害による損害賠償を請求することができる。

(2) テレビ局に対する請求

Xは，C局に対し，著作権又は著作者人格権に基づき，T曲の放送の差止めを求めることができる（著112条1項）。

また，テレビ局であるC局は，放送事業及び放送番組の制作等を業とする法人であり，その放送する番組や音楽等が他人の著作権及び著作者人格権を侵害することのないよう注意を尽くす義務がある。C局がこの注意義務を怠った（過失があった）といえる場合，Xは，C局に対し，著作権侵害及び著作者人格権侵害による損害賠償を請求することができる[1]。

(3) レコード会社に対する請求

Xは，D社に対し，著作権又は著作者人格権に基づき，T曲のCDの製作販売の差止めを求めることができる（著112条1項）。

また，レコード会社であるD社は，音楽を市場に供給することを業とする，音楽業界の専門の団体であり，T曲のCDの製作販売に当たり，T曲が他人の楽曲の著作権及び著作者人格権を侵害するものでないことを調査し，確認すべき注意義務がある。D社がこの注意義務を怠った（過失があった）といえる場合，Xは，D社に対し，著作権侵害及び著作者人格権侵害による損害賠償を請求することができる[2]。

(4) A協会に対する請求

Xは，A協会に対し，著作権又は著作者人格権に基づき，T曲の利用許諾の差止めを求めることができる（著112条1項）。

また，T曲の著作権を管理しているA協会は，その業務の性質上，自ら管理し著作物の利用者に利用を許諾する音楽著作物が他人の著作権及び著作者人格権を侵害することのないよう注意を尽くす義務がある。A協会がこの注意義務を怠った（過失があった）といえる場合，Xは，A協会に対し，著作権

---

[1] どのような場合にテレビ局の過失が認められるか，及び過失が認められる場合の損害の算定方法については，東京地判平成15年12月19日判時1847号70頁（平成14年（ワ）第6709号）〔記念樹・音楽出版社事件①〕を参照。

[2] どのような場合にレコード会社の過失が認められるか，及び過失が認められる場合の損害の算定方法については，東京地判平成15年12月19日判時1847号70頁（平成13年（ワ）第3851号）〔記念樹・音楽出版社事件②〕を参照。

侵害及び著作者人格権侵害による損害賠償を請求することができる[3]。

(山門　優)

---

[3] どのような場合に著作権管理協会に過失が認められるか，及び過失が認められる場合の損害の算定方法については，前掲〔記念樹・音楽出版社事件③〕(JASRACの過失を認定したもの) 及びその控訴審である東京高判平成17年2月17日 (平成16年 (ネ) 第806号・第2708号) 裁判所ウェブサイト (JASRACの過失を否定したもの) を参照。

## Q72 テレビ番組の再放送と著作権者の許諾

**Q** テレビ番組に使用する楽曲を，音楽家Aに依頼して作曲，編曲，演奏してもらいました。その番組を再放送するためには，改めてAの許諾を得ることが常に必要なのでしょうか。

**A** Aは，テレビ番組に使用する楽曲（以下「本件楽曲」という。）を作曲，編曲，演奏したものであり，本件楽曲の著作者としての著作権（著21条～28条）及び同曲の実演家としての著作隣接権（著89条1項，90条の2～95条の3）を有する。また，著作権者は，他人に対し，その著作物の利用を許諾することができ，同許諾を得た者は，その許諾に係る利用方法及び条件の範囲内において，上記許諾に係る著作物を利用することができる（著63条1項，2項）。

したがって，本件楽曲をテレビ番組に使用する者が，Aから本件楽曲の提供を受けるに当たって，その番組を再放送することについても許諾を得ていた場合は，改めてAの許諾を得る必要はない。一方，上記許諾を得ていなかった場合は，改めてAの許諾を得る必要がある

著作物の利用許諾契約においては，許諾対象，許諾期間，使用態様等が定められ，これらの内容を前提として使用料金が定められることが通常であるが，実務上は，著作物の利用許諾契約について契約書が作成されないことも少なくない。また，上記の点について当事者間で明示の合意がされていないこともある。その場合，著作物利用許諾契約の内容を解釈するに当たっては，当該契約が締結された経緯，提供された著作物の性質ないし制作過程，著作者に支払われた対価の額，契約締結後の当事者の言動等の事情を総合的に考慮して判断する必要がある。

## ▌解　説
### 1　著作権と著作隣接権
　Aは，本件楽曲を作曲，編曲，演奏したものであり，本件楽曲の著作者としての著作権（著21条～28条）及び同曲の実演家としての著作隣接権（著89条1項，90条の2～95条の3）を有する。

　本件楽曲がAに無断でテレビ番組に使用された場合，Aは，本件楽曲の使用者に対し，著作権侵害及び著作者人格権侵害に基づく損害賠償を請求することができる。

### 2　著作物の利用の許諾
　著作権者は，他人に対し，その著作物の利用を許諾することができ，同許諾を得た者は，その許諾に係る利用方法及び条件の範囲内において，上記許諾に係る著作物を利用することができる（著63条1項，2項）。

　したがって，本件楽曲をテレビ番組に使用することにつきAの許諾を得た者は，その利用許諾契約で定められた利用方法及び条件の範囲内において同曲をテレビ番組に使用することができる。

　テレビ番組は，第一次利用としての最初の放送がされた後，再放送されることがある。本件楽曲が使用された番組を再放送すれば，本件楽曲も再使用される関係にあるから，同番組を再放送するためには，そのことについてAの許諾を得る必要がある。また当該テレビ番組が再放送される地域（全国放送なのか，特定の地域のみでの放送なのか）についても，Aの許諾を得る必要がある。

　以上のとおり，本件楽曲をテレビ番組に使用する者が，Aから本件楽曲の提供を受けるに当たって，その番組を再放送することについても許諾を得ていた場合は，改めてAの許諾を得る必要はない。一方，上記許諾を得ていなかった場合は，改めてAの許諾を得る必要がある[1]。

---

〈1〉　なお，公表された著作物を放送しようとする放送事業者は，その著作権者に対し放送の許諾につき協議を求めたがその協議が成立せず，又はその協議をすることができないときは，文化庁長官の裁定を受け，かつ，通常の使用料の額に相当するものとして文化庁長官が定める額の補償金を著作権者に支払って，その著作物を放送することができる（著68条1項）。

## 3 著作物の利用許諾契約の解釈

(1) 著作物の利用許諾契約において定められる事項

著作物の利用許諾契約においては，許諾対象，許諾期間，使用態様等が定められ，これらの内容を前提として使用料金が定められるのが通常である。もっとも，実務上は，著作物の利用許諾契約について契約書が作成されないことも少なくない。そのため，契約後に，契約内容の解釈や著作物利用の対価等をめぐって紛争になるケースもみられる（東京地判平成17年12月22日判時1930号133頁〔「ふるさと三国志」再放送事件〕，知財高判平成23年8月9日判時2126号125頁〔「愛の劇場」オープニング楽曲事件〕等参照。）。

本件では，Aから本件楽曲の提供を受けるに当たって，依頼者からAに対し，本件楽曲の使用されるテレビ番組名や本件楽曲の使用態様（オープニングテーマ，エンディングテーマとして使用するなど）について説明がされ，本件楽曲の作曲，編曲及び実演に対する対価も支払われているものと思われる。しかし，当事者間において，本件楽曲の許諾対象，許諾期間，使用態様，対価の性質等を明記した契約書が作成されていない場合，又は，当該番組の放送方法（再放送を含むか）について当事者間で明示の合意がされていない場合，例えば，Aから，本件楽曲の利用許諾は放送1回分に利用することを前提とした許諾であり，Aに支払われた対価も上記許諾に対するものにすぎないから，上記番組を再放送するときは，改めてAの許諾を得てその対価を支払う必要がある，などと主張されるおそれがある。

このような場合，本件楽曲の利用許諾契約において本件楽曲を再放送することの許諾がされていたか否か（明示ないし黙示の合意があったか否か）について，同契約の内容を解釈する必要がある。

(2) 著作物利用許諾契約を解釈するための手法

著作物利用許諾契約の内容を解釈するに当たっては，当該契約が締結された経緯，提供された著作物の性質ないし制作過程，著作者に支払われた対価の額，契約締結後の当事者の言動等の事情を総合的に考慮して判断する必要がある。本件は，テレビ番組に使用する楽曲の利用許諾契約であり，同契約の内容に当該番組を再放送することの許諾も含まれているか否かを判断する

に当たっては，次のような点を考慮することになるものと思われる（同様の点が争点となった事案として，前掲〔「ふるさと三国志」再放送事件〕を参照）。

① 本件楽曲の性質（テレビ番組と一体となって使用されることが当然の前提となっているものか。）

② 当該テレビ番組の性質（再放送されることが通常あり得るものか。）

③ 本件楽曲の制作過程（依頼者からAに対し，本件楽曲の利用方法についてどのような説明がされたか，また，Aがそのような利用方法を知り得たか。）

④ テレビ番組の再放送の状況（再放送の回数，期間，頻度等。また，Aが上記再放送を知り得たか。）

⑤ 利用許諾契約締結後の当事者の言動（当該テレビ番組が再放送された後の当事者の言動。例えば，Aが，同番組の再放送の事実を認識しながら長期間にわたって許諾料の支払を求めることがなかったかなど。）

⑥ Aに支払われた対価の額（楽曲の利用許諾契約の適正な対価は，Aの音楽家としての客観的評価，本件楽曲の内容，演奏時間，使用用途，当該番組における本件楽曲の重要性等の要素によって総合的に決定される。この点からみて，Aに支払われた対価の額は，再放送を含む利用許諾の対価として相当な金額かなど。）

（山門　優）

## Q73　出版社の権利

**Q** 　出版社が書籍を出版するには，(1)　著作権を譲り受ける，(2)　出版権を設定する，(3)　利用許諾を受けるなどの方法が考えられますが，出版社の権利にどのような違いが生じますか。

**A** 　(1)は複製許諾，著作権譲渡及び第三者・侵害者に対する差止め・損害賠償ができ，翻案も特掲すればできる。(2)は第三者・侵害者に対する差止め・損害賠償ができ，出版権譲渡も承諾があればできる（翻案，複製許諾はできない。）。(3)は翻案，複製許諾及び利用権譲渡が合意すればでき，独占的な許諾であれば限定的に侵害者に対する差止め・損害賠償ができる（第三者に対する差止め・損害賠償や非独占的な許諾における侵害者に対する差止め・損害賠償はできない。）。

### 解　説
#### 1　出版権の概要
(1)　出版権の意義・性質

　出版とは，頒布の目的をもって，著作物を原作のまま印刷その他の機械的又は化学的方法により文書又は図画として複製することをいい，出版権とは，そのような複製を行う権利をいう（著80条1項）。「頒布の目的をもって」複製することをいうため，私的使用目的の複製を含まない。また，「原作のまま」複製することをいうため，点字による複製を含まない。さらに，「印刷その他の機械的又は化学的方法により」複製することをいうため，手書きによる複製を含まない。「文書又は図画として」複製することをいうため，レコードや録音・ビデオテープ，CD・DVDへの複製も含まない。電子書籍への複製を含むか争いがあるが，直接の可視・可読性を有さない情報としての電子書籍を含まないと解する。

　出版権は，多額の資本を投下して出版を行っている出版社にその経済的利

益を独占的に享受させる必要性があることから認められた沿革を有している。そのようなことから，出版権は，著作物に対する直接的かつ排他的な支配を許す準物権的な利用権としての法的性質を有しており，特許法の専用実施権（特許法77条）の法的性質と類似している。このため，出版権は，登録すれば第三者に対抗することができるし（著88条。ただし，専用実施権は登録が効力要件（特許法98条1項2号）），侵害者に対する差止請求権や損害賠償請求権も有する（著112条，114条）。

　出版権は，著作物の複製権者と出版を引き受ける者との間で締結する諾成契約としての出版権設定契約により，設定される（著79条）。

　出版権は，複製権者と出版を引き受ける者との間の信頼関係を基礎として設定されることから，出版権者は，他人に対して複製を許諾することができないし（著80条3項），複製権者の承諾を得なければ，譲渡し，又は質権の目的とすることができない（著87条）。出版権者は，複製権者も許諾すれば，複製を許諾し得る見解も有力であるが，著作権法80条3項の文言に反する上，被許諾者が複製権者に対して負う義務や許諾の存続期間・消滅事由等が条文上明らかでなく，許諾し得ないと解する。

(2)　出版権の効力・消滅事由

　出版権者は，設定行為で定めるところにより，出版権を専有する（著80条1項）。このため，出版権者は，前記のとおり，出版権の目的である著作物を出版する者（複製権者を含む。）に対し，差止請求権や損害賠償請求権を有する。この差止請求権や損害賠償請求権の行使が設定行為で定めた範囲内に限られるか否かについては（例えば豪華本の出版権を設定したところ，第三者から文庫本が出版された。），争いがあるが，設定契約で出版権の範囲を限定した以上，条文どおり，限られると解する。

　他方，出版権者は，設定行為に別段の定めがない限り，原稿等の引渡しを受けた日から6か月以内に出版する義務や慣行に従い継続して出版する義務を負う（著81条）。また，著作者人格権を保護する見地から，出版権者は，改めて複製する場合，著作者にその旨を通知する義務を負うとともに，著作者が正当な範囲内において著作物に修正又は増減を加えたとき，これに応じる

義務を負う（著82条）。

出版権の存続期間は，設定行為で定めるところによるが，設定行為に定めがないときは，設定後最初の出版があった日から3年を経過した日に消滅する（著83条）。

また，出版権は，出版権者が著作権法81条の各義務に違反した場合に複製権者が所定の通知等を行うことや，著作物の内容が複製権者である著作者の確信に適合しなくなった場合に当該著作者が所定の通知等を行うことによっても，消滅する（著84条）。

## 2 著作権譲渡，出版権設定及び利用許諾間の相違点等

著作権譲渡，出版権設定及び利用許諾間の相違点は別表のとおりである。

期間・場所等の範囲を限定することにつき，著作権譲渡と出版権設定は，条文上認められているが，準物権の設定・変更に当たるため，合理的な限界があるものと解されている（東京地判平成6年10月17日判時1520号130頁〔ポパイベルト事件〕，東京地判平成9年9月5日判時1621号130頁〔「ガウディとダリの世界」展カタログ事件〕）。これに対し，利用許諾は，債権の設定に当たるため，限界がない。この著作権譲渡と出版権設定の物権的性質と利用許諾の債権的性質の違いは，排他性を公示する登録の可否に現れ，ひいては，出版社と競合する権利を譲渡されたり設定されたりした第三者や無権限の侵害者に対する差止め・損害賠償の可否等に現れる。もっとも，独占的利用許諾については，これを保護する必要性から，対抗力を有しないものの，限定的な差止めや損害賠償が認められるものと解する（差止めについては東京地判平成14年1月31日判時1818号165頁〔トントゥぬいぐるみ事件〕，損害賠償については東京地判平成3年5月22日判時1421号113頁〔英語教科書録音テープ事件〕）。

このため，出版社にとっては，対抗力の有無や権利義務の内容を総合すれば，著作権譲渡が最も有利であり，次いで出版権設定，独占的利用許諾，非独占的利用許諾の順に不利になる。しかし，実務上，著作権譲渡は著作権者が不利になるという理由で好まれず，出版権設定も出版社側の制約が多い点で難点があり，利用許諾（出版許諾契約）が最も活用されているのではないか

と思われる。もっとも,「原稿買取契約」等,直ちには属性を判定できない場合も多く,慎重な判断を要する(東京地判昭和50年2月24日判タ324号317頁〔秘録大東亜戦史事件〕,東京地判昭和50年4月16日判タ326号322頁〔ボーリング速成入門事件〕,東京地判昭和59年3月23日判時1110号125頁〔太陽風交点事件〕,東京高判平成元年6月20日判時1321号151頁〔原色動物大図鑑事件〕)。

【参考】著作権譲渡,出版権設定及び利用許諾間の相違点

(括弧内条数は明記ない限り著作権法)

|  | 著作権譲渡 | 出版権設定 | 利用許諾 ||
| --- | --- | --- | --- | --- |
|  |  |  | 独占的 | 非独占的 |
| 期間・場所等の範囲限定 | 可(61条1項。限度に争いあり。) | 可(80条1項。争いあり。) | 可 ||
| 出版社による翻案 | 特掲すれば可(61条2項) | 不可(80条1項) | 合意あれば可 ||
| 出版社による複製許諾 | 可(63条1項) | 不可(80条3項。争いあり。) | 合意あれば可 ||
| 出版社による譲渡 | 可(61条1項) | 複製権者の承諾あれば可(87条) | 著作権者の承諾あれば可(63条3項) ||
| 出版社の法定義務 | なし | 出版・通知・修正増減義務(81条・82条) | なし ||
| 期間 | 合意による。無ければ著作権存続期間 | 合意による。なければ初出版日から3年(83条) | 合意による。無ければ著作権存続期間 ||
| 著作権者による出版 | 不可 | 不可(80条1項) | 合意による | 可 |
| 著作権者による他契約 | 禁止 | 禁止(80条1項) | 禁止 | 可 |
| 登録 | 可(77条1号) | 可(88条1項) | 不可 ||

|  |  |  |  |  |
|---|---|---|---|---|
| 第三者の出現に対し | 出版社→第三者 | 先立つ登録あるか第三者が背信的悪意者であれば，差止・損害賠償可 | 差止・損害賠償不可 | |
| | 出版社→著作権者 | 損害賠償可 | | 損害賠償不可 |
| | 著作権者→第三者 | 差止・損害賠償不可 | | |
| 侵害者の出現に対し | 出版社→侵害者 | 差止・損害賠償可 | 著作権者による差止の代位行使。債権侵害なら損害賠償可 | 差止・損害賠償不可 |
| | 出版社→著作権者 | 損害賠償不可 | | |
| | 著作権者→侵害者 | 差止・損害賠償不可 | 差止[1]・損害賠償可 | |
| 著作権者の破産による解除 | | 解除されない | 登録あれば解除されない（破産法56条1項） | 解除され得る（破産法53条1項） |

（志賀　勝）

---

[1] 出版権につき最二小判平成17年6月17日判時1900号139頁〔安定複合体構造探索方法事件〕

第 7 章

# 著作者人格権

## Q74 氏名表示権

**Q** AとBとで共同で著作した書籍につき、表紙にはBの名前しかなく、Aの名前ははしがきに示されているだけでした。このような場合、Aは氏名表示権の侵害を主張することはできるでしょうか。

**A** はしがきで明確にAが共同著作者である旨明記されている場合等を除き、原則として、Aは、氏名表示権の侵害を主張することができる。

### 解 説
#### 1 著作者人格権の概要

著作者人格権とは、著作者が創作した著作物に対して有する人格的利益を保護する権利をいう。

著作権法には、著作者人格権として、①未公表の著作物を公衆に提供し、又は提示する権利（公表権、著18条）、②著作物の原作品に、又は著作物の公衆への提供若しくは提示に際し、氏名若しくは名称（実名）若しくは雅号、筆名、略称その他実名に代えて用いられるもの（変名）[1]を著作者名として表示し、又は著作者名を表示しないこととする権利（氏名表示権、著19条）、③著作物及びその題号の同一性を保持する権利（同一性保持権、著20条）並びに④著作者の名誉又は声望を害する方法により著作物を利用する行為を禁止する権利（著113条6項）が規定されている。著作権法以外では、判例上、著作者が創作した著作物に対して有する人格的利益として、公立図書館で閲覧に供されている著作物によって思想、意見等を公衆に伝達する利益が認められている（最一小判平成17年7月14日民集59巻6号1569頁〔船橋市西図書館事件〕）。

著作者人格権は、著作物が人の思想や感情を表現したものであり人格の発

---
〈1〉 実名・変名の意義については著作権法14条参照。

露であることから認められたものである。そのようなことから，著作者人格権は，著作者が著作物を創作することによって財産権としての著作権（著作財産権）と共に原始的に発生するが（著17条2項），著作財産権とは異なり，一身専属的な権利として，譲渡も相続もできず（著59条，民法896条），著作者の死亡や解散（職務著作の場合（著15条））等によって消滅する。もっとも，著作者が存在しなくなった後に著作者が存在していれば著作者人格権の侵害となるべき行為を許すと，著作者の生前における人格的利益も十分に保護されているとはいえなくなるなどといった理由から，著作物を公衆に提供し，又は提示する者による上記行為を原則として禁止している（著60条）。

著作者は，著作者人格権の侵害者に対する差止請求権や損害賠償請求権，謝罪広告等の名誉回復措置等請求権を有する（著112条，115条，民法709条）。共同著作物の著作者人格権の行使は，著作者全員の合意が必要であるが（著64条1項），差止請求は他の著作者の同意を得ないですることができる（著117条1項）。損害賠償請求も単独ですることができるか争いがあるが，結果が他の著作者に及ぶものではなく，他の著作者の著作者人格権と抵触するわけではないから，できるものと解する（東京地判昭和55年9月17日判時975号3頁〔地のさざめごと事件〕）。

著作者人格権は，人格的利益を保護する権利であるから，争いはあるものの，これを放棄することができないものと解するが，同意によって侵害行為の違法性を阻却することができる（著18条2項，3項，20条1項参照）。

## 2 氏名表示権の概要

(1) 氏名表示権の内容

氏名表示権は，前記1のとおり，著作物の原作品に，又は著作物の公衆への提供若しくは提示に際し，実名若しくは変名を著作者名として表示し，又は著作者名を表示しないこととする権利をいい，①著作物に著作者名を表示するか否かを決定する権利，及び，②著作者名を表示する場合に実名かそれ以外の変名を著作者名として表示することを決定する権利を指す。

原作品は1つしか存在しないことから，これを公衆に提供し，又は提示し

なくても，原作品に対しては氏名表示権を行使することができるのに対し，複製物や二次的著作物は複数存在し得ることから，複製物及び二次的著作物に対してはこれを公衆に提供し，又は提示するに際して氏名表示権を行使することができるにすぎない（著19条1項)[2]。著作者名を表示する場合は，著作者名として表示することを要するが，(3)で後述する。

複製権や翻案権の侵害が成立する事案では，著作権者の許諾がなく，著作者名の表示もない事案が大半であるため，氏名表示権の侵害も同時に成立する場合が多い。

(2) 氏名表示権の制限

氏名表示権は，前記1のとおり，著作者の同意がある場合の外，次の制限がある。

すなわち，まず，著作物を利用する者は，著作者の別段の意思表示がない限り，その著作物につき既に著作者が表示しているところに従って著作者名を表示すれば，氏名表示権の侵害とならない（著19条2項。東京高判昭和51年5月19日判時815号20頁〔モンタージュ写真事件（控訴審)〕）。

また，著作物の利用の目的及び態様に照らし著作者が創作者であることを主張する利益を害するおそれがないと認められるときは，公正な慣行に反しない限り，著作者名の表示を省略しても，氏名表示権の侵害とならない（著19条3項。適用肯定例として東京地判平成13年7月25日判時1758号137頁〔バス車体絵画事件〕，大阪地判平成17年1月17日判時1913号154頁〔セキスイツーユーホーム事件〕。適用否定例として東京地判平成5年1月25日判時1508号147頁〔ブランカ事件〕，東京地判平成16年5月28日判時1869号79頁〔国語教科書事件〕。）。スーパーマーケット等で流れているBGMが典型例である。

さらに，情報公開関係法令により，著作物を公衆に提供し，又は提示する場合において，その著作物につき既に著作者が表示しているところに従って著作者名を表示したり部分開示の際に個人の著作者名を省略したりしても，

---

〈2〉 なお，書籍の表題と著作者だけを紹介する際に著作者名を誤った場合は，複製としての著作物を公衆に提示したとはいえないため，氏名表示権の侵害とはならないと解される。

氏名表示権の侵害とならない（著19条4項）。

(3) 表示方法

著作者名を表示する場合は，著作者名として表示することを要する[3]。その侵害を肯定した裁判例として，①写真家Xが撮影したイルカの写真34枚を収録したCD-ROM「Dolphin Blue」をジャケットと中身の写真で紹介した月刊情報誌「CD-ROM Fan」につき，ジャケット写真中にXの文字が見えたとしても，ジャケットの写真の一部として出ているにすぎず，著作者の氏名を表示するものとして記載されていないとした事案（東京地判平成11年3月26日判時1694号142頁〔Dolphin Blue事件〕），②Xが執筆・撮影した映画「ちぎれ雲」の脚本をAが小説化した単行本「ちぎれ雲」の奥付に「著者A」，その前頁に「本書は，映画『ちぎれ雲』を小説化したものです。スタッフ　脚本・監督X」と表示するだけでは，原著作者として表記されたとは認められないとした事案（東京地判平成12年4月25日（平成11年（ワ）第12918号）裁判所ウェブサイト〔ちぎれ雲事件〕）がある。また，侵害を否定した裁判例として，①Y執筆の「小さな悪魔の背中の窪み─血液型・病気・恋愛の真実─」の一部につき，Xが執筆した「『血液型と性格』の社会史」の一部を翻案したものであるが，「（『「血液型と性格」の社会史』，X著，などを参考にしました）。」と記載してあるから，原著作者がXであることがかろうじて看取できるとした事案（東京地判平成10年10月30日判時1674号132頁〔血液型と性格事件〕），②主人公の心情を描写するためにXが著作した中国語の詩9編の翻訳文が掲載された私小説「XO醬男と杏仁女」の末尾に「本文中引用の詩　X著『徳彪西的月亮』より」と記載してあるから，著作者の氏名を表示しているとした事案（東京地判平成16年5月31日判時1936号140頁〔XO醬男と杏仁女事件〕）がある。

---

[3] なお，著作権法に基づいて他人が著作権者の許諾なく著作物を利用する場合には，著作物の出所（題号や著作者名等）を利用の態様に応じ合理的と認められる方法及び程度により明示することも要するが（出所明示義務，著48条），この義務は著作者人格権に基づく義務ではなく，この義務に違反しても，著作者人格権違反とはならないと解されている。

## 3 あてはめ

　本問も、著作権法19条1項にいう「著作者名として表示」したといえるか否かが問題になる。Bは、表紙に示されているため、「著作者名として通常の方法により表示」され、著作者として推定されるのに対し、Aは、はしがきに示されているだけであるため、「著作者名として通常の方法により表示」されておらず、著作者として推定されないことを考慮すると（著14条）、はしがきでの説明にもよるが、通常、Aを「著作者名として表示」したことにはならず、氏名表示権の侵害を主張することができると思われる。

（志賀　勝）

## Q75 同一性保持権

**Q** (1) ゲームソフトに使用するメモリーデータを改変することを目的とする改造ツールを使用することは，ゲームソフトの著作権を侵害することになるのでしょうか。(2) このような改造ツールを販売する行為は，著作権侵害に当たるのでしょうか。

**A** (1) ゲームソフトに使用するメモリーデータを改変することを目的とする改造ツールを使用することは，ゲームソフトの著作者が有する同一性保持権を侵害することになる場合がある。
(2) このような改造ツールを販売する行為は，ゲームソフトの著作者が有する同一性保持権を侵害する行為に該当する場合があり，その場合，改造ツールを販売する者は，ゲームソフトの著作者に対し不法行為の責任を負うことになる。

### 解 説
#### 1 ゲームソフトと同一性保持権について

著作者は，著作者人格権の一つとして，その著作物の同一性を保持する権利，すなわち，著作物又はその題号に不本意な改変が加えられることのない権利を有する（著20条1項）。これを同一性保持権といい，著作物に具現化された著作者の思想，感情の表現の完全性，全一性を保つ必要があるという趣旨とともに，文化的な要請という観点から定められたものである[1]。ゲームソフトは，著作権法2条1項1号の著作物であるといえるから，ゲームソフトの著作者は，そのゲームソフトについて同一性保持権を有する[2]。

---

[1] 加戸『逐条講義』169頁
[2] 髙部眞規子「判解」平成13年度（上）113頁参照。なお，ゲームソフトが映画の著作物に当たるとした原審の判断を正当として是認した事例として，最一小判平成14年4月25日民集56巻4号808頁〔中古ソフト事件〕がある。

## 2 ゲームソフトに使用するメモリーデータを改変することを目的とする改造ツールの使用について（設問(1)）

(1) ゲームソフトに改造データを使用することが問題となった事例として，最三小判平成13年2月13日民集55巻1号87頁〔ときめきメモリアル事件〕がある。

　この事件で問題となったゲームソフト「ときめきメモリアル」は，プレイヤーが主人公として架空の高校の生徒となり，あこがれの女生徒から愛の告白を受けるのにふさわしい能力を備えるための努力を積み重ねるという内容の恋愛シミュレーションゲームである。このゲームに被告が輸入，販売するメモリーカードのデータを使用すると，主人公のパラメータが本来ならばあり得ない高い数値に置き換えられ，その結果，必ずあこがれの女生徒から愛の告白を受けることができるようになり，また，入学当初から本来は登場しない女生徒が登場することになる。このゲームソフトについて著作者人格権を有するゲームメーカーである原告は，上記メモリーカードを輸入，販売する被告に対し，同一性保持権の侵害を主張して不法行為に基づく損害賠償を請求した。

　この判決は，パラメータにより主人公の人物像が表現され，その変化に応じてストーリーが展開されるゲームソフトについて，パラメータを本来ならばあり得ない高い数値に置き換えるメモリーカードを使用することによって，主人公の人物像が改変され，その結果，上記ゲームソフトのストーリーが本来予定された範囲を超えて展開されるなど判示の事実関係の下においては，当該メモリーカードの使用は，上記ゲームソフトを改変し，その著作者の有する同一性保持権を侵害すると判断した。

(2) 上記〔ときめきメモリアル事件〕判決と同様の考え方に立てば，改造ツールを使用することによって，当該ゲームソフトのストーリー等が本来予定された範囲を超えて変更される場合には，上記ツールの使用は，当該ゲームソフトを改変し，その著作者が有する同一性保持権を侵害すると判断されることになる[3]。

(3) なお，〔ときめきメモリアル事件〕判決は，メモリーカードを使用し

て同一性保持権を侵害した主体が誰かという点については，明示していない[4]。

この点に関連して，一般のユーザーが私的領域において改造ツールを使用することが同一性保持権の侵害に当たるかについて，次のような見解が主張されている。

① 著作権の制限規定は著作者人格権である同一性保持権については適用がない（著50条）から，形式的には私的使用のための改変も同一性保持権の侵害に当たる[5]。

② 私的使用のための改変は，公表に至らない限り著作者の人格的利益を害しないから，同一性保持権の侵害に当たらない[6]。

③ 改変の具体的態様及びそれにより害され得る著作者の人格的利益の内容などを踏まえ，同一性保持権の侵害と評価し得る実質的な違法性があるか否かを判断する[7]。

④ 改変が私的領域にとどまるという事情を著作権法20条2項4号の「やむを得ないと認められる改変」の要素として考慮し，同号の諸要素を総合的に考慮して同一性保持権の侵害の成否を判断する[8]。

上記③，④の見解においては，具体的な事案の内容によって，同一性保持権の侵害の成否が決せられることになる[9]。

---

[3] 同様の判断をした事例として，東京高判平成16年3月31日判時1864号158頁〔DEAD OR ALIVE 2事件〕がある。
[4] 髙部・前掲注2・120頁
[5] 髙部・前掲注2・120頁以下。同解説は，実際には，ユーザーの行為には可罰的な違法性まではなく，著作者が差止めや損害賠償を請求することも想定しにくく，実効性も乏しいと指摘する。
[6] 岡村久道「判批」『判例著作権法』579頁
[7] 作花文雄「判批」判評512号36頁
[8] 上野達弘「判批」民商125巻6号748頁
[9] なお，③，④の見解は，〔ときめきメモリアル事件〕判決の事案において，ユーザーの行為が同一性保持権の侵害に該当することについて消極に解している。

## 3 改造ツールを販売する行為について（設問(2)）

(1) 〔ときめきメモリアル事件〕判決は，専らゲームソフトの改変のみを目的とするメモリーカードを輸入，販売し，他人の使用を意図して流通に置いた者は，他人の使用により，ゲームソフトの同一性保持権の侵害を惹起したものとして，ゲームソフトの著作者に対し，不法行為に基づく損害賠償責任を負うと判断した。

(2) 前記2(3)のとおり，〔ときめきメモリアル事件〕判決は，同一性保持権を侵害した主体が誰かという点については明示していない。この点に関しては，次の2つの考え方が可能である[10]。

① ユーザーの行為が同一性保持権の侵害に当たると解し，改変のためのメモリーカードを提供した者は，ユーザーの侵害行為を幇助した者として共同不法行為（民法719条2項）の責任を負う。

② 改変のためのメモリーカードを提供した者が，ユーザーを手足として同一性保持権を侵害しており，侵害の主体として責任を負う。

(3) 上記①の考え方に立てば，改造ツールを使用するユーザーの行為が同一性保持権の侵害に当たる場合には，その改造ツールを販売した者は，ユーザーの侵害行為を幇助した者として共同不法行為の責任を負うことになる。

他方，上記②の考え方に立てば，改造ツールを販売した者が，ユーザーを手足として同一性保持権を侵害した主体であると評価できる場合には，上記ツールを販売した者は，同一性保持権の侵害について不法行為の責任を負うことになる。

上記のいずれの考え方によっても，同一性保持権を侵害する不法行為に該当すると判断される場合には，改造ツールを販売した者は，ゲームソフトの著作者に対し損害賠償責任を負うことになる[11]。

（小川　卓逸）

---

[10] 高部・前掲注2・126頁
[11] なお，改造ツールを販売する者に対する差止請求が認められるかという点については，高部・前掲注2・127頁以下を参照。

第 8 章

# 著作権侵害と
# その救済手続

## Q76 発信者情報開示請求権

**Q** 当社の製作したレコードを複製したファイルがピア・トゥ・ピアのファイル交換ソフトを用いてインターネット上で違法にやり取りされているようですが，誰がこのようなやり取りをしているのか分かりません。上記ファイルをやり取りできるようにした者を突き止めるにはどうしたらよいでしょうか。

**A** レコードを複製したファイルをピア・トゥ・ピアのファイル交換ソフトを用いてインターネット上でやり取りできるようにすることは，レコード製作者の送信可能化権を侵害する行為に該当する。レコード製作者は，上記ファイルをやり取りできるようにした者がインターネットに接続する際に利用しているプロバイダに対して，プロバイダ責任制限法4条1項の発信者情報開示請求権を行使することによって，上記プロバイダが保有する上記の者に係る情報（氏名，住所，電子メールアドレス等）を得ることができる。

### ▌解説

#### 1 プロバイダ責任制限法4条1項の発信者情報開示請求権について

特定電気通信[1]による情報の流通によって自己の権利を侵害されたとする者は，次の①，②のいずれにも該当するときに限り，開示関係役務提供者（当該特定電気通信の用に供される特定電気通信設備[2]を用いる特定電気通信役務提供者[3]）に対し，当該開示関係役務提供者が保有する当該権利の侵害に係る発

---

[1] 不特定の者によって受信されることを目的とする電気通信の送信（プロバイダ責任制限法2条1号）。インターネット上のウェブページ，電子掲示板等はこれに該当する。総務省総合通信基盤局消費者行政課『プロバイダ責任制限法〔改訂版〕』18頁（第一法規，2011）参照。

[2] 特定電気通信の用に供される電気通信設備（プロバイダ責任制限法2条2号）

信者情報（氏名，住所その他の侵害情報の発信者の特定に資する情報であって総務省令で定めるもの）の開示を請求することができる（プロバイダ責任制限法4条1項）。

① 侵害情報の流通によって当該開示の請求をする者の権利が侵害されたことが明らかであるとき。

② 当該発信者情報が当該開示の請求をする者の損害賠償請求権の行使のために必要である場合その他発信者情報の開示を受けるべき正当な理由があるとき。

①の「権利が侵害されたことが明らかであるとき」とは，権利が侵害されたことが明白であるという趣旨であり，不法行為等の成立を阻却する事由の存在をうかがわせるような事情が存在しないことまでを意味する。また，②の「発信者情報の開示を受けるべき正当な理由があるとき」とは，開示を請求する者が発信者情報を入手することの合理的な必要性が認められることを意味し，具体例としては，損害賠償請求権を行使する場合のほか，一般民事上又は著作権法上の差止請求や発信者に対する削除要求等を行う場合が挙げられる[4]。

そして，この規定によって開示を受けることができる発信者情報は，総務省令[5]に定められており，具体的には，発信者の氏名，住所，電子メールアドレス，侵害情報に係るIPアドレス等である。

## 2 設問について[6]

(1) ファイル交換ソフトと送信可能化権の侵害について

レコード製作者（著2条1項6号）は，著作隣接権として，そのレコー

---

[3] 特定電気通信設備を用いて他人の通信を媒介し，その他特定電気通信設備を他人の通信の用に供する者（プロバイダ責任制限法2条3号）

[4] ①，②の要件について，総務省・前掲注1・54〜58頁参照。

[5] 特定電気通信役務提供者の損害賠償責任の制限及び発信者情報の開示に関する法律第4条第1項の発信者情報を定める省令

[6] ファイル交換ソフトの利用によるレコード製作者の送信可能化権の侵害に関する発信者情報開示請求権の事例として，東京地判平成17年6月24日判時1928号78頁，東京地判平成18年9月25日判タ1234号346頁，東京地判平成23年11月29日（平成23年（ワ）第22642号）裁判所ウェブサイト等がある。

ドを送信可能化する権利を専有する（著96条の2）。そして，送信可能化とは，公衆の用に供されている電気通信回線に接続している自動公衆送信装置に情報を記録・入力することや，あるいはそのような情報が記録・入力されている自動公衆送信装置を公衆の用に供されている電気通信回線に接続することなど，著作権法2条1項9号の5イ又はロ所定の方法により自動公衆送信（公衆からの求めに応じ自動的に行う公衆送信。著2条1項9号の4）し得るようにする行為をいう[7]。

　レコードを複製したファイルをコンピュータ内の記録媒体に取り込み，インターネットに接続し，ピア・トゥ・ピア[8]のファイル交換ソフトを用いてインターネット上で上記ファイルを交換できるようにすることは，上記ファイルを不特定の同ソフトの利用者からの求めに応じインターネット回線を経由して自動的に送信し得る状態にするものであるから，レコード製作者が当該レコードについて有する送信可能化権を侵害する行為に該当する。

(2)　プロバイダ責任制限法4条1項の発信者情報開示請求権の行使について

　ア　ピア・トゥ・ピアのファイル交換ソフトを利用したファイルの送信は，不特定の同ソフトのユーザーによって受信されることを目的とするものであるから，プロバイダ責任制限法2条1号の「特定電気通信」に該当すると解される[9]。

　イ　設問のように，レコードを複製したファイルをファイル交換ソフトでやり取りできるようにした者（以下「本件侵害者」という。）は，インターネットの接続サービスを提供するプロバイダ（以下「経由プロバイダ」という。）を介してインターネットに接続しており，その際，経由

---

[7]　中山『著作権法』221頁参照。
[8]　ユーザー同士が情報を直接やり取りする通信方式。互いのコンピュータを共有する機能があるため，仲介するサーバに情報をアップロードすることを要しないことに特徴がある。作花『詳解』626頁参照。
[9]　前掲注6東京地判平成17年6月24日，東京地判平成16年6月8日判タ1212号297頁，東京高判平成16年5月26日判タ1152号131頁参照。

プロバイダからIPアドレスを割り当てられている。そこで，まず，調査会社に依頼するなどして本件侵害者のIPアドレスを把握し，そのIPアドレスから本件侵害者が利用している経由プロバイダを特定することが必要である。

そして，不特定の者によって受信されることを目的とするファイル交換ソフトを利用したファイルの送信（前記ア）を電気通信設備を用いて媒介する経由プロバイダは，プロバイダ責任制限法2条3号の「特定電気通信役務提供者」に該当し，同法4条1項の「開示関係役務提供者」に該当すると解される[10]。

そこで，本件侵害者が利用している経由プロバイダを特定できた場合には，その経由プロバイダに対してプロバイダ責任制限法4条1項の発信者情報開示請求権を行使することになる。

ウ　前記(1)のとおり，本件侵害者の行為は，レコード製作者の送信可能化権を侵害する行為に該当し，違法性阻却事由の存在をうかがわせるような事情もないため，権利侵害が明白であるといえる（前記1の①）。また，レコード製作者が発信者に対して損害賠償請求や差止請求を行う場合には，正当な理由があると認められる（前記1の②）。

よって，レコード製作者は，本件侵害者が利用している経由プロバイダに対して，プロバイダ責任制限法4条1項の発信者情報開示請求権を行使することができ，これによってレコード製作者は，上記経由プロバイダが保有する本件侵害者に係る情報（氏名，住所，電子メールアドレス等）を得ることができる。

（小川　卓逸）

---

[10]　最一小判平成22年4月8日民集64巻3号676頁参照。

## Q77 写真の著作物の著作権侵害と差止請求

**Q** 以前私が写真家として勤めていた出版社から，同出版社に就職する前に私が撮影した写真と，在籍中に私が撮影した写真の双方が含まれている写真集が，私に無断で出版され，私の氏名の表示はどこにもありません。これらについて，どのような請求をすることができるでしょうか。

**A** 撮影した写真が著作物に当たり，職務著作が成立しないとすれば，複製・譲渡の許諾，複製権及び譲渡権の譲渡並びに氏名表示権不行使の意思表示をしていたと認められない限り，複製権，譲渡権及び氏名表示権の侵害を主張することができ，出版に係る写真集の差止め，廃棄等の請求，損害賠償請求，名誉回復措置の請求（謝罪広告の請求など）をすることができる。

### ▌解　説

#### 1　写真の著作物性

著作権法は，写真の著作物を著作物の例示として規定する（著10条1項8号）。写真についての定義規定は置かれていないが，「写真の製作方法に類似する方法を用いて表現される著作物」も写真の著作物に含まれる旨が規定されており（著2条4項），物体の像などを物理・化学的手段でフィルム等に影像として記録する一般的な写真のほか，デジタル写真なども，著作権法の保護を受け得る。

著作権法の保護を受けるためには，当該写真が著作物である必要があり，思想又は感情を創作的に表現したもの（著2条1項1号）であるか否かが問題となる。例えば，版画をできるだけ忠実に再現することを目的として撮影された平面的な版画の写真は，写真の著作物ではないとされている[1]。ここでの創作性は，まず，シャッターチャンス，シャッタースピード・絞りの選択，

アングル，ライティング，構図・トリミング，レンズ・カメラの選択，フィルムの選択，現像・焼付等において発揮される[2]。その他，被写体の選択，被写体自体の構成においても写真の著作物としての創作性を考慮することができるか否かについては，考え方の対立がある[3]。

## 2　著作者及び著作権の帰属

(1)　著作物を創作した者が著作者となるほか，職務上作成する著作物について，一定の要件のもと，創作した者の使用者が著作者となる場合（職務著作）があり（著15条），会社に在籍している間に撮影した写真などについては，その成否が問題となる。

職務著作が成立するための要件は，①使用者の発意があること，②使用者の業務に従事する者により作成されたこと，③職務上作成されたものであること，④使用者の名義で公表されるものであること[4]，⑤契約，勤務規則その他に別段の定めがないことである（著15条1項）。

使用者の発意は，著作物の作成についての使用者の具体的な指示や承諾があった場合に認められるほか，使用者とその業務に従事する者との間に雇用関係があり，使用者の業務計画に従って業務に従事する者が所定の職務を遂行している場合には，使用者の具体的な指示又は承諾がなくとも，業務に従事する者の職務の遂行上当該著作物の作成が予定又は

---

[1]　東京地判平成10年11月30日判時1679号153頁〔版画写真事件〕
[2]　中山『著作権法』92頁ほか
[3]　加戸『逐条講義』123頁，作花『詳解』102頁，小泉直樹「廃墟写真事件控訴審」ジュリ1426号146頁などは，被写体の選択，構成が創作性の一事情となり得るとし，東京高判平成13年6月21日判時1765号96頁〔西瓜写真事件（控訴審）〕は，被写体の工夫についても考慮要素として掲げている。他方，中山『著作権法』94～95頁，田村『概説』96頁，高林『標準』26頁，髙部『著作権訴訟』330頁などは，それ自体は写真の創作性とは切り離して考えるべきであるとする。知財高判平成23年5月10日判タ1372号222頁〔廃墟写真事件〕は，廃墟という撮影対象自体をもって表現上の本質的な特徴があるとはいえないとして，著作権侵害を否定している。
[4]　プログラムの著作物については，使用者の名義で公表するものであることは要件とされていない（著15条2項）。

予期される限り認められると解されている[5]。使用者の業務に従事する者であるといえるか否かは、使用者との間の雇用関係の有無、使用者の指揮監督下において労務を提供し、労務提供の対価として金銭が支払われていると認められるか否かによって決せられる。職務上作成されたものであるといえるためには、具体的な命令に従って作成された場合のみならず、その作成が業務に従事する者の職務として期待されている場合も含まれる[6]。

(2) 本件のように、写真集に使用されて出版され、当該写真集に撮影者の氏名の表示もない場合には、複製権（著21条）、譲渡権（著26条の2）及び著作者人格権としての氏名表示権（著19条）の侵害の成否が問題となる。

複製とは、印刷、写真、複写、録音、録画その他の方法により有形的に再製することをいうとされる（著2条1項15号）。複製権は譲渡することも可能であり（著61条）、複製を許諾することも可能である（著63条1項）。

譲渡権とは、映画以外の著作物をその原作品又は複製物の譲渡により公衆に提供する権利であるが、譲渡権を有する者などにより公衆に譲渡された著作物については適用されないなど、消尽についての規定が設けられている（著26条の2第2項）。

氏名表示権とは、著作物の原作品に、又はその著作物の公衆への提供若しくは提示に際し、著作者の実名若しくは変名を著作者名として表示し、又は著作者名を表示しないこととする権利をいう（著19条1項）。氏名表示権は、著作者人格権の一つであるから、著作者の一身に専属し、譲渡することができない（著59条）。

もっとも、著作物の利用の目的及び態様に照らし著作者が創作者であることを主張する利益を害するおそれがないと認められるときは、公正な慣行に反しない限り、氏名の表示を省略することができる（著19条3項）。また、当該著作物の利用者との間で氏名表示権を行使しない旨の

---

[5] 知財高判平成18年12月26日判時2019号92頁〔宇宙開発事業団プログラム事件〕
[6] 各要件の内容については、中山『著作権法』171〜184頁など。

合意をすることなども可能である。

### 3 侵害に対する救済

(1) 著作権侵害に対する民事的な救済手段としては，差止請求・侵害の停止及び予防に必要な措置の請求（著112条），損害賠償請求（民法709条）・不当利得返還請求（民法703条）及び名誉回復措置の請求（謝罪広告，訂正広告など。著115条）がある。

損害賠償請求等については他の解説に譲ることとして，ここでは，差止請求について検討する。

(2) 差止請求は，現に行われ，又は将来行われるおそれがある侵害行為の停止又は予防を請求するものである。故意，過失は要件とされていない（なお，譲渡権の侵害が問題とされる場合には，著作権法113条の2において，侵害となる場合が限定されている。）。

ア　差止請求が認められると，当該差止めに係る行為について判決の既判力，執行力が生ずることから，①その内容が十分特定されたものであること，②必要かつ十分なものであることが重要となる。

差止めの内容の特定としては，行為態様及び差止対象の特定が問題となるところ，行為態様の特定は，侵害に係る支分権の内容に沿ったものとすべきである点に注意を要する[7]。著作物を複製して出版する場合など複製権及び譲渡権の侵害がある場合には，複製及び譲渡の差止めを求めることになり，製本することなど，出版に当然伴うものの，直接著作権等を侵害するものとはいえない行為を含めることはできないと解される[8]。差止対象の特定については，複製などを求める場合に，著作物そのものを掲げるのみでは複製の成否いかんが執行段階で

---

[7] 高林『標準』246頁（複製と譲渡について，複製された書籍の販売の差止めを複製権に基づいて求めることはできず，販売行為の差止めは譲渡権侵害を理由として請求するのが理論的であるとする。)，高部『著作権訴訟』135頁

[8] 高部『著作権訴訟』138頁。なお，譲渡権侵害がある場合の差止めの対象行為として，複製及び頒布が掲げられることがあるが，頒布は，貸与を含む概念である（著2条1項19号）ことからすると，端的に譲渡を対象としてよいのではないかと思われる。

問題となり得ることから、複製物そのもの（例えば著作物の複製を含む書籍）を掲げ、それについての複製を差し止める必要がある[9]。

差止めが必要かつ十分なものであるか否かは、侵害が差止対象の一部にとどまる場合（書籍の一部に著作権侵害が認められる場合など）に問題となる。この場合、侵害部分が可分であれば（論文集のうち1論文のみが侵害である場合など）、当該部分を含む当該書籍の差止めを命ずるべきであろうとされ[10]、不可分の場合には、上記のような限定をせずに差止めを命ずるべきであるとされている[11]。

イ　差止請求が認められるためには、差止めの必要性、すなわち、侵害行為が行われ、又は将来行われるおそれがあることが必要である。侵害予防請求を認める前提としての将来侵害行為が行われるおそれについては、過去の侵害行為の態様、反復の度合い、侵害行為を中止した理由、過去の侵害組成物・作成物等の廃棄の有無、侵害者の現在の態度、侵害準備行為の有無等の事情を勘案して判断される[12]。

ウ　差止請求訴訟においては、被疑侵害者から当該差止請求が権利濫用（民法1条3項）であり許されない旨の主張がされることがある。権利の行使が権利の濫用となるか否かは、客観的な利益状況の衡量のみならず、主観的な要因をも考慮し、一般に、両面を総合的に考察することによって判断されており[13]、著作権侵害の場面でも同様に解されよう。主観的要素としては、権利者の不当な意図が考慮されることが多いが、近時、そのような不当性が認められない事案において差止請求を権利の濫用であるとして排斥した裁判例もある[14]。もっとも、

---

[9]　髙部『著作権訴訟』139頁
[10]　髙林『標準』248頁
[11]　髙部『著作権訴訟』143頁。なお、書籍の一部を削除等したものは、元の書籍と同一の書籍とはいえない場合もあると考えられ、その場合には、書籍全体を差し止めることになろう。
[12]　小松一雄「著作権侵害行為の差止請求権」『新・裁判実務大系』524頁
[13]　大判昭和10年10月5日民集14巻1965頁〔宇奈月温泉事件〕、四宮和夫『民法総則〔第4版〕』31頁（弘文堂、1987年）、山本敬三『民法講義Ⅰ（総則）〔第2版〕』530～531頁（有斐閣、2005）など

多くの事案では，権利者の主観面の不当性を考慮して権利濫用の成否を判断しているものと思われる[15]。

(山田　真紀)

---

[14]　那覇地判平成20年9月24日判時2042号95頁〔首里城事件〕。なお，この裁判例について，競争政策的な観点を著作権侵害による差止請求の可否の判断に取り入れたものと解する余地があるとする論考がある（泉克幸「著作権法と競争政策」コピライト2012年3月号2頁）。

[15]　知財高判平成19年5月31日判時1977号144頁〔東京アウトサイダーズ事件〕，知財高判平成23年3月23日判時2109号117頁〔やわらかい生活事件〕など

## Q78 著作物利用者の調査義務

**Q** (1) 電気通信事業者であるＡが，放送事業者であるＢから委託を受けてテレビドラマを放送した場合に，Ｂについてテレビドラマの著作権の侵害が成立しても，Ａに責任が生じないのはどのようなときでしょうか。
(2) Ａが出版社，Ｂが作家，著作物が書籍だった場合はどうでしょうか。

**A** (1) テレビドラマの著作権侵害事実について具体的な警告を受けていたなどの事情がない限り，電気通信事業者Ａは著作権侵害についての損害賠償責任を負わない。
(2) 出版社Ａは，著作権侵害の有無等について十分な調査を尽くしたといえるような事情がない限り，著作権侵害についての損害賠償責任を免れない。

### ▍解　説

#### 1　電気通信事業者

　電気通信事業者とは，電気通信設備（電気通信，すなわち，有線，無線その他の電磁的方式により，符号，音響又は影像を送り，伝え，又は受けることを行うための機械等の電気的設備）を用いて他人の通信を媒介し，その他電気通信設備を他人の通信の用に供する役務を他人の需要に応ずるために提供する事業（放送法118条１項に規定する放送局設備供給役務に係る事業を除く。）を営む者として登録等を受けた者である（電気通信事業法２条５号）。

#### 2　電気通信事業者が行う電気通信役務の提供

　電気通信事業者は，電気通信役務を他人の需要に応ずるために提供するのであり，例えば，テレビ番組の衛星放送を行う放送事業者（放送法２条26号）から委託を受け，当該放送事業者が制作，編集等を行った放送番組を放送す

るために，送信を受けた同番組の影像，音声の信号を通信衛星に伝送することとなる。通信衛星に伝送するためには，放送番組の信号を圧縮し，符号化し，高周波の放送波に変調するなどの処理を行うこととなり，通信衛星に伝送された放送波は，衛星によって地上に送られ，アンテナ，専用受信機などを通して信号処理が行われ，利用者が通常のテレビ番組として視聴することができるようになる。

## 3 放送に係る著作権

著作権法上の放送とは，公衆送信，すなわち，公衆によって直接受信されることを目的として行う無線通信又は有線電気通信の送信（著2条1項7号の2，なお一定の例外が同号括弧内で規定されている。）のうち，公衆によって同一の内容の送信が同時に受信されることを目的として行う無線通信の送信をいう（著2条1項8号）。著作権者は，公衆送信を行う権利を専有するところ（著23条1項），上記のとおり，放送は，公衆送信の一種であるから，著作権者は，著作物を放送する権利を専有することとなり，著作権の制限規定（著34条など）に該当せず，著作権者の承諾を得ないでされた著作物の放送は，当該著作物についての著作権を侵害するものとなる。

## 4 電気通信事業者を介して行う放送による著作権侵害とその救済

著作権の侵害に対する民事的救済としては，当該著作権侵害行為の差止請求（著112条1項），それによって受けた損害についての損害賠償請求（民法709条）などが認められている。差止請求には，著作権を侵害する者又は侵害するおそれがある者に対してすることができると規定されている（著112条1項）ところ，ここでいう侵害する者又は侵害するおそれがある者とは，侵害行為の主体をいい，侵害行為の教唆や幇助と評価される行為をしたのみである者は含まれないと解するのが一般である[1]。

放送事業者が電気通信事業者を通じて放送を行う場合，当該行為は著作権

---

[1] 中山『著作権法』475～476頁，高林『標準』263頁，高部『著作権訴訟』151～154頁など

法上の放送に該当し、当該放送事業者は放送行為の主体であるとみることに異論はないと思われるが、電気通信役務を提供する電気通信事業者が放送行為の主体であるということができるかについては議論があり得るところである。テレビ番組の衛星放送のために電気通信役務を提供する場合を例に考えると、電気通信事業者の行う行為は、放送事業者から送信された放送番組の制作や編集に関わるものではなく、同番組の影像、音声の信号を瞬時に機械的に圧縮、変調等の処理をして通信衛星に伝送することであり、このような機械的な処理をすることをもって放送行為の主体とみることはできないといい得るからである⟨2⟩。この点の検討は、侵害主体性に係る他の解説に譲ることとするが、電気通信事業者を放送行為の主体とみることができず、差止請求を求めることができないとしても、放送の幇助行為者として不法行為責任を問い得るといえよう。

## 5 過失の有無

ある放送番組を放送することが著作権侵害になる場合、そのことを知らずに、放送事業者による当該放送番組の放送のために電気通信役務を提供した電気通信事業者については、著作権侵害の幇助行為に過失があったといえるかが問題となる。

過失とは、一般に、予見可能性を前提とした結果回避義務の違反であるとされており、著作権侵害における過失も同様に解することができる。

放送事業者による放送のために電気通信役務を提供した電気通信事業者の過失を考えるについては、音楽著作物の上映又は演奏の主体とはいえないカ

---

⟨2⟩ ここで前提としている例と同様の事案（テレビドラマの著作権者が、通信衛星を利用したデジタル多チャンネル放送番組の放送業務等を行う電気通信事業者に対し、著作権侵害による損害賠償請求をした事案）において、東京地裁は、当該電気通信事業者は、放送番組の制作、編集等に関与することが予定されていなかったこと、放送番組の信号を瞬時かつ機械的に処理してリアルタイムで伝送するものにすぎなかったことから、放送の主体であるとはいえないと判断し（東京地判平成21年4月30日判時2061号83頁）、知財高裁もその判断を是認した（知財高判平成21年10月28日判時2061号75頁〔苦菜花事件〕）。電気通信事業者についてインターネットにおけるプロバイダと同様の位置付けがされた事案であるといえようか。

ラオケ装置のリース業者について，一定の場合に，リース契約の相手方が当該著作権者との間で著作物使用許諾契約を締結し又は申込みをしたことを確認した上でカラオケ装置を引き渡すべき条理上の注意義務を負うとした判例（最二小判平成13年3月2日民集55巻2号185頁〔ビデオメイツ事件〕）で示された，リース業者の条理上の注意義務の発生根拠となる事情が参考になる。上記判例は，①カラオケ装置の危険性（同装置の利用によって使用される音楽著作物の大部分が著作権の対象であり，著作権侵害を生じさせる蓋然性の高い装置であること），②被害法益の重大性，③リース業者の社会的地位（リース業者はこのようなカラオケ装置を賃貸に供することによって営業上の利益を得ている者であること），④予見可能性（カラオケ装置利用店の経営者が著作物使用許諾契約を締結する率が高くないことは公知の事実であったこと），⑤結果回避可能性（リース業者は，著作物使用許諾契約締結又はその申込みの有無を容易に確認することができること）を根拠に，上記の注意義務があると判断した[3]。

これを前記の場合における電気通信事業者について検討すると，電気通信役務を提供することにより大部分が著作物であると解される放送番組が放送されることとなり，それにより著作権侵害の結果が生ずること，電気通信事業者はこのような電気通信役務を提供することにより営業上の利益を得ていることは，上記判例の事案におけるカラオケ装置のリース業者と同様であるといえるが，予見可能性については，事情を大きく異にするといえる。放送事業者が放送番組の使用について許諾を得ていない率が高いなどの事情が一般的に認められるものではなく，著作権侵害が疑われる具体的な事情がなければ，予見可能性を肯定することは難しいといえる。また，結果回避可能性についても，一般に，カラオケ装置を利用する店舗が同装置による音楽著作物の上映又は演奏について許諾を得る方法は著作権管理事業者との著作物使用許諾契約の締結であって，その点の確認をすることにより結果回避可能と

---

[3] 過失が予見可能性を前提とした結果回避義務違反であると解されているが，この判例において示された④及び⑤の要素は，条理上の注意義務を肯定するための一般的抽象的な予見可能性，結果回避可能性であると理解することができると思われる。

判断し得るカラオケ装置の場合と異なり，放送番組の放送についての使用許諾の実態は多様であることから，その点の確認又は調査をすることをどこまで要求し得るかの問題があるといえる。電気通信事業者の場合には，送信を受けた放送番組を瞬時に機械的に処理して伝送することや，大量の情報を処理すること，放送番組の内容に関与することが想定されていないといえることからすれば，結果回避可能性を認めることは相当困難であるといえよう。

テレビドラマの著作権者が，通信衛星を利用したデジタル多チャンネル放送番組の放送業務等を行う電気通信事業者に対し，著作権侵害による損害賠償を請求し，このような場合の電気通信事業者には，当該ドラマに係る使用の許諾等の事前調査確認義務があり，その違反があったと主張した事案において，知財高裁は，電気通信事業者は，放送事業者等との委託契約上，当該ドラマの制作，編集等について関与することが想定されておらず，放送事業者から受信した当該ドラマの信号を瞬時かつ機械的に処理してリアルタイムでそのまま通信衛星に向けて伝送したにすぎないことを示して，このような場合の電気通信事業者は，著作権者等から，相当の期間を置いた上で，個別具体的な放送番組の内容について著作権侵害のおそれがある旨，しかるべき根拠を示した資料等に基づいて指摘，通知，警告等がされたような特段の事情がない限り，あらかじめ，提供される個々の放送番組の内容等について個別具体的かつ直接的に把握した上で著作権の侵害があるか否かを調査確認する注意義務を負うことはないと判断しているところ[4]，この判断は前記〔ビデオメイツ事件〕判例の考え方に沿ったものといえる[5]。

## 6 作家から委託を受けて書籍を出版した出版社の過失

作家から委託を受けて書籍を出版した出版社については，それによる著作

---

[4] 前掲注2〔苦菜花事件〕参照。
[5] その他，インターネットの電子掲示板上に著作権侵害発言があった場合に，発言の記載自体から容易に著作権侵害を認識し得るなどの事情の下で，著作権者等から著作権侵害の事実の指摘を受けた当該掲示板運営者に，著作権侵害の過失を認めた事案（東京高判平成17年3月3日判時1893号126頁〔2ちゃんねる事件〕）も同様の判断枠組にあるものと理解し得ると思われる。

権侵害の損害賠償責任の過失が認められることが多い[6]。出版社は，書籍等の発行について，出版に係る契約上，当該書籍等の企画，編集に関与することとされ，また，契約上の定めが明確にないとしても，一般にそのような関与が求められていると考えられ，複製等の主体と解される。著作権侵害に当たる行為を直接行っている者については，著作物に対する支配を及ぼしていることからすれば，著作権侵害についての過失が否定されることは少ないものといえるであろう[7]。電気通信事業者の置かれている状況とは異なるこのような事情が，多くの事案において著作権侵害の過失が肯定されていることに影響しているといえると思われる。

(山田　真紀)

---

[6] 東京地判昭和53年6月21日判タ366号343頁〔日照権事件〕(日照権に関する論文に関する著作権侵害の事案)，東京地判平成2年6月13日判タ742号187頁〔改訂薬理学事件〕(薬理学に関する書籍の改訂版の出版の事案)，東京地判平成2年4月27日判タ742号201頁〔樹林事件〕(美術作品を掲載する美術雑誌の発行会社が著作権侵害に関する調査義務を尽くしていないとされた事案)，東京地判平成5年1月25日判時1508号147頁〔ブランカ事件〕(旅行情報誌への写真掲載について発行会社に著作権侵害に係る調査義務違反があるとされた事案)，東京地判平成6年4月25日判時1509号130頁〔城の定義事件〕(城に関する書籍について，企画，発行に関わった発行会社に過失があるとされた事案)など。過失が否定された事案(東京地判平成7年5月31日判時1533号110頁〔ぐうたら健康法事件〕，医師の講演資料等を基にした書籍の発行について，出版社が地方の小出版社であること，著作者が同地域の名の知られた医師であること等から，出版社の過失を否定した事案)もあるが，同事案については批判もある(高林『標準』252頁)。

[7] 高林『標準』251頁，髙部『著作権訴訟』163頁

## Q79　カラオケ装置のリースと著作物使用許諾

**Q** スナックAはリース業者Bからリースされたカラオケ装置を使用して営業していますが，著作物使用許諾契約を締結していません。Aの資力は十分ではないので，資力のあるBに対し著作権侵害の損害賠償を請求できるでしょうか。

**A** リース業者Bには，カラオケ装置がスナック等で使用される場合，スナック等が著作権者との間で著作物使用許諾契約を締結し又はその申込みをしたことを確認した上でカラオケ装置を引き渡すべき条理上の義務がある。通常，リース業者Bはその義務を果たしていないと考えられるので，リース業者Bには注意義務違反行為があり，著作権者は，リース業者Bに対し，不法行為に基づく損害賠償を請求することができる。ただし，リース業者BがスナックAにカラオケ装置を引き渡した際にはスナックAは著作物使用許諾契約を締結していたが，その後解除していたような場合には，著作権者は，直ちに，リース業者Bに対し損害賠償を請求することはできない。

### ▌解　説
#### 1　カラオケ装置の利用と不法行為責任
　スナック等の飲食店の店舗においてカラオケ装置が使用される場合，通常，著作権者が著作権を有する歌詞，楽曲について，客や従業員が歌唱し，また，カラオケ装置においてその歌詞，楽曲の上映，再生がされることとなる。ここで，飲食店等の経営者が，客に歌唱を勧め，音楽著作物を演奏，上映して公衆に直接見せ又は聞かせるためにカラオケ装置を使用し，もって店の雰囲気作りをし，客の来集を図って利益を上げることを意図しているときは，経営者は，音楽著作物の著作権者の許諾を得ない限り，演奏権，上映権を侵害したこととなり，不法行為に基づく損害賠償責任を免れることはできない

(最三小判昭和63年3月15日民集42巻3号199頁〔クラブキャッツアイ事件〕)。

したがって，スナックAは，カラオケ装置を使用するためには，著作権者の許諾を得なければならない。本件で，スナックAは，著作権者との間で著作物使用許諾契約を締結していないというのであるから，そこで演奏等された音楽著作物の著作権侵害について，不法行為に基づく損害賠償責任を負うこととなる。

## 2 リース業者の注意義務

スナックAが不法行為に基づく損害賠償責任を負うとしても，著作権者が，スナックAだけでなくリース業者Bに対しても損害賠償責任を追及できるかは別問題である。著作権者としては，リース業者Bに対しても損害賠償責任を追及できるとすれば，本件のようにスナックAの資力に問題がある場合であっても，確実に賠償を得ることができる。

リース業者は，カラオケ装置を提供しているので，スナック等の飲食店がそれを使用することによって不法行為をした場合には，客観的には，その不法行為を容易にするという幇助行為をしているといえる。

ここで，リース業者が，リースの時点において，飲食店が具体的に著作権許諾契約を締結せずに，違法行為をする意図を有していることを知ってあえてリースをしていたことが認められるなどの特別の事情があるとすると，リース業者には，飲食店による不法行為を故意に幇助したとして損害賠償責任を負うといえる。

もっとも，上記のような特別な事情がない場合には，一般には，リース業者に注意義務違反の過失行為があるといえるか否かによって，不法行為に基づく損害賠償責任の有無を決している。したがって，カラオケ装置のリース業者にどのような注意義務が認められるのかが問題となる。

この点について，最二小判平成13年3月2日民集55巻2号185頁〔ビデオメイツ事件〕は，リース業者は，カラオケ装置が専ら音楽著作物を上映し又は演奏して公衆に直接見せ又は聞かせるために使用されるものであるときは，そのリースに当たって，「リース契約の相手方に対し，当該音楽著作物の著

作権者との間で著作物使用許諾契約を締結すべきことを告知するだけでなく，上記相手方が当該著作権者との間で著作物許諾契約を締結し又は申込みをしたことを確認した上でカラオケ装置を引き渡すべき条理上の注意義務を負う」とした。すなわち，リース業者には，上記のような内容の条理上の作為義務があり，その義務を尽くしていない場合には，作為義務違反があるとして，過失が認められ，カラオケ店の経営者と共同不法行為責任を負う。上記の作為義務の根拠として，同判決は，(1)カラオケ装置により上映等される音楽著作物の大部分が著作権の対象であることに鑑みれば，カラオケ装置は，一般的にカラオケ装置利用店の経営者による著作権侵害を生じさせる蓋然性の高い装置であること，(2)著作権侵害は刑罰法規にも触れる犯罪行為であること，(3)カラオケ装置のリース業者は，カラオケ装置を賃貸に供することによって営業上の利益を得ていること，(4)一般にカラオケ装置利用店の経営者が著作物使用許諾契約を締結する率が必ずしも高くないことは公知の事実であり，リース業者としては，リース契約の相手方が著作物使用許諾契約を締結し又は申込みをしたことなどが確認できない限り，著作権侵害が行われる蓋然性を予見すべきものであること，(5)リース業者は，著作物使用許諾契約を締結し又は申込みをしたかを容易に確認することができ，著作権侵害回避のための措置を講ずることが可能であることを挙げた。

　したがって，リース業者Bは，カラオケ装置がスナック等で使用される場合には，スナックが著作権者との間で著作物使用許諾契約を締結したか等を確認した上でカラオケ装置を引き渡すべき条理上の義務を負う。本問では，通常スナックAは，著作物使用許諾契約を締結していなかったと考えられ，また，リース業者Bは，カラオケ装置を引き渡すに当たって，スナックAが著作物使用許諾契約を締結したことを確認していなかったと考えられるから，リース業者Bは，スナックAにおける著作権侵害行為について，損害賠償責任を負う（これに対して，スナックAが，リース業者Bに対して，著作物使用許諾契約を締結したとの虚偽の事実を告知していて，その際の具体的な事情に照らしてリース業者BがスナックAが主張する契約締結を信じたとしても不合理とはいえないなどの事情がある場合には，リース業者Bは上記の注

意義務を尽くしていたといえるから，その義務違反を理由とする責任を負わない。)。なお，リース業者の上記の注意義務は，リース契約に基づいてカラオケ装置を引き渡す際の注意義務である。リース業者Bが，スナックAにカラオケ装置を引き渡した際にはスナックAが著作物使用許諾締結を締結していて，リース業者Bは，それを確認してカラオケ装置を引き渡したが，その後，スナックAが，著作物使用許諾契約を解除するなどして，著作物使用許諾契約が締結されていない状態となることも考えられる。そのような場合には，リース業者Bとしては，上記に述べた条理上の注意義務は尽くしているから，現在，スナックAが著作物使用許諾契約を締結していないとしても，リース業者Bが，上記に述べたところの条理上の注意義務違反により責任を負うということはない（具体的な状況に応じ，上記に述べたのとは別個の条理上の注意義務違反が問題となることは別論である。)。

(柴田　義明)

## Q80 損害賠償額の算定方法

**Q** Aが，自ら撮影した映像をDVDとして4,000円で販売しようとしたところ，その映像を無断で使用したDVDが300円で出回っていました。Aが，損害賠償を請求しようとする場合に，著作権法114条に基づく損害賠償額はどのように算定すればよいでしょうか。

**A** Aが，撮影した映像を利用したDVDを実際に4,000円で販売している場合に，その映像を無断で使用した別のDVDが販売されたことにより，自己のDVDが販売できなくなれば，その販売できなくなった数量を立証することにより，得られるはずだった利益を損害の額として，著作権の侵害者に対して，損害賠償を求めることができる。その損害額の算定が困難である場合には，著作権法114条1項に基づいて，自己のDVD一枚当たりの利益に侵害者が販売した枚数を乗じた額を損害として請求できる余地がある。また，同条2項に基づいて，侵害者が受けた利益を自己の損害額と推定することも可能である。

しかし，実際にDVDを販売していない場合や，販売することが確実でない場合には，上記の114条1項の規定は適用できず，同条2項の規定も適用できないとする見解がある。これらの規定が適用できない場合であっても，著作権法114条3項に基づいて，「その著作権又は著作隣接権の行使につき受けるべき金銭の額に相当する額」を自己の損害額として請求できる。この使用料相当額は，実務上，侵害者が販売した侵害品の価格に販売数量を乗じた額に一定の使用料率を乗じて算定されることが多いが，侵害者が販売した侵害品の価格が非常に安価であるような場合には，同種商品の一般的価格が基準とされることもあるから，DVDが実際に販売された300円ではなく，4,000円程度を基準として使用料相当額が算定されることがある。使用料率についても，業者間での協定などより若干高めに認定される場合もある。

## 解　説
### 1　不法行為などによる損害賠償の考え方
　不法行為や債務不履行により損害を受けた者は，その相手方に対して，財産的損害と精神的損害との賠償を求めることができる（民法709条，710条）が，財産的損害については，既にある財産が減少したという「積極的損害」と，得られるはずであった財産が得られなかったという「消極的損害」の双方が考えられる。著作権や特許権などの知的財産権が権利者の承諾なく利用されて侵害されたような場合は，通常，権利者が当該知的財産権を行使して得られるはずの利益が，侵害行為が行われたことにより得られなかったという消極的損害，すなわち「逸失利益」が問題となる。

　この逸失利益の算定については，自らがその知的財産権を実施した物品の販売などを行っている場合に，侵害行為が行われて同様の物品が販売されたことに基づいて自らの販売量が減少したときには，その相当因果関係及び減少した数量を立証することにより，得られるはずだった逸失利益を損害額として，侵害者に対して，賠償を求めることができる。しかし，侵害行為による物品の販売と自らの物品の販売量の減少との相当因果関係の立証は，必ずしも容易ではない。なぜなら，権利者が自らの物品の販売量の減少を立証できたとしても，それは，消費者の嗜好，好みの変化や物品自体の陳腐化によるかもしれないし，侵害行為によらない同様の物品が販売されたことが原因かもしれないからである。

　そこで，著作権法や特許法などの知的財産法は，このような権利者にとっての不利な状況を改善するため，損害額の立証を容易にする規定を設けて（著114条，特許法102条など），権利者の保護を図っている。

### 2　著作権114条の趣旨
　上記の趣旨で設けられた著作権114条は，1項において，侵害行為によって生成された物等が譲渡などされた場合にその譲渡された数量に著作権者（著作隣接権者を含む。以下同じ。）が販売することができた物の単位数量当たりの利益の額を乗じて得た額を，一定の条件の下で損害の額とすることを認め

ている。また，同条2項は，侵害者が侵害行為によって受けた利益の額を，著作権者の損害の額と推定している。

　しかし，著作権法114条1項の規定は，著作権者が物品を販売等することができなかったことによる逸失利益の算定の立証軽減を図ったものであるから，自らが当該著作権を利用した物品を販売等していない場合には適用することができないと解されている。また，同条2項についても，従前は同様の理由により，適用を否定する見解が有力であったが，知財高判平成25年2月1日（平成24年（ネ）10015号）裁判所ウェブサイト〔ごみ貯蔵カセット事件〕は，特許権侵害の損害の算定に際し，特許法102条2項の規定の適用について，日本国内における当該特許権の実施を要件としない旨を判示した。この判決が，著作権侵害における損害の算定についてどのように影響するか，今後の検討課題である。

　以上の条文と異なり，著作権114条3項は，著作権者が「著作権（著作隣接権を含む。以下同じ。）……の行使につき受けるべき金銭の額に相当する額を自己が受けた損害の額」とすると規定し，自己の著作権を利用していない著作権者であっても，当該著作権の使用料相当額を損害として請求することを認めたと解されている。この条項は，平成12年の著作権法改正（平成12年法律第56号）により「通常受けるべき金銭」との規定から「通常」の文言が削除されたものであるが，これは，損害額の算定に当たり，社会一般の相場によることなく，当該侵害事件の具体的事情に基づいて使用料相当額を決めるべきであるとの考えを反映したものである。

## 3　著作権114条3項に基づく損害の算定

　著作権114条3項に基づいて使用料相当額を算定する場合には，著作権の性質・内容，著作権者の利用状況，他者への利用許諾状況などの様々な要素が考慮されるが，実務上，侵害者が販売した侵害品の価格に販売数量を乗じた額に一定の使用料率を乗じて算定されることが多い。この場合の一定の使用料率の認定に関しては，上述したように，一般的相場として業者間での協定や著作権者の約定による取決めがあるとしても，これは正規の使用許諾に

基づく場合の使用料率であるから，必ずしもこれに拘束されることなく，過去の著作権侵害に対する使用料相当額を算定するという観点から検討すべきであり，上記の取決め等を若干上回る料率が認定されることもある（東京高判平成16年6月29日（平成15年（ネ）第2467号・第3787号・第3810号）裁判所ウェブサイト〔国語教科書準拠教材事件〕）。

　また，侵害者が販売した侵害品の価格に関しても，当該商品が不当廉売されたり非常に安価で販売されているような場合には，同種商品の一般的価格が認定されることもある。例えば，東京地判平成22年4月21日判時2085号139頁〔SL・DVD事件〕は，使用料相当額を算定する基準の価格として，侵害品のDVDがいわゆる100円ショップの廉売品であることを理由に，その販売価格300円ではなく，同種DVD商品の価格を考慮して一枚4,000円と認定した。さらに，販売数量についても，実際に販売された数量でなく，返品された数量や在庫の数量も含むとする見解が有力である。

### 4　設問の検討

　設問の場合，Aが，DVDを実際に販売している場合や，販売することが確実な場合には，著作権法114条1項に基づいて，自己のDVD一枚当たりの利益に侵害者が販売した枚数を乗じた額を損害として請求したり，同条2項に基づいて，侵害者が受けた利益をA自身の損害額として請求できる余地がある。

　しかし，そうでない場合であっても，著作権法114条3項に基づいて，使用料相当額を損害として請求できる。その算定に当たっては，侵害者が販売した侵害品の価格に販売数量を乗じた額に一定の使用料率を乗じることが多いが，事案に応じて，侵害者が販売した侵害品の価格が非常に安価であるような場合には，同種商品の一般的価格が基準とされる場合があるし，使用料率についても，業界間での協定などより若干高めに認定される場合がある。

（清水　節）

## Q81 放送での無断使用と損害額

**Q** Aが撮影してホームページ上に公開している写真が，Aに無断でキー局のテレビ番組に使用され，全国ネットで放送されてしまいました。(1) テレビ局（キー局）に対して損害賠償を請求したいと考えていますが，損害額はどのように算定すべきでしょうか。(2) 写真の無断使用の場合に，通常の使用料の10倍の金額が損害額として請求される例があるという話を耳にしたのですが，このような請求が認められるのでしょうか。

**A** (1) 写真が，その著作権者である写真の撮影者に無断で，キー局であるテレビ局により，全国ネットのテレビ番組に使用されたときは，写真の撮影者である著作権者は，著作権（複製権及び公衆送信権）侵害を理由として損害賠償を請求することができるところ，この場合の損害額は，著作権法114条3項に基づき，「著作権……の行使につき受けるべき金銭の額に相当する額」として，全国ネットのテレビ放送1回当たりの無断使用の損害額に，当該写真がAに無断で全国ネットでテレビ放送された回数を乗じて算定される。そして，全国ネットのテレビ放送1回当たりの写真の無断使用の損害額は，全国ネットのテレビ放送1回当たりの同種写真の使用料の相場を参考としつつ，事案における個別の事情や著作権侵害の態様等を考慮して算定される。

(2) 写真の無断使用の場合に，通常の使用料の10倍の金額が損害額として請求されるとしても，原則として，裁判所において，著作権法114条3項の使用料相当額が通常の使用料の10倍の金額とされることにはならない。ただし，写真の貸出業界において，写真の無断使用の場合に，通常の使用料の10倍の金額を支払うとの業界慣行が存在することが立証されれば，その業界慣行に沿って，通常の使用料の10倍の金額が損害額として認められる可能性は否定できない。

## ▌解　説
### 1　著作権侵害の損害額

　不法行為に基づく損害賠償（民法709条）を請求する場合，その損害の発生及び損害額については原告が立証する必要があるのが原則である。

　もっとも，著作権侵害による損害の額の立証は，一般に困難であることから，著作権法は，著作権侵害による損害の額について，特別の規定を置いている。すなわち，著作権法114条1項は，侵害者の譲渡数量に，著作権者の単位数量当たりの利益額を乗じた額を損害額とすることができると定め，同条2項は，侵害者の利得の額を損害額と推定すると定め，同条3項は，著作物の使用料相当額を損害額とすることができると定めている。著作権者としては，これらの規定によらず，通常の不法行為と同様に損害の主張・立証を行うことが可能であるが，著作権法114条の規定を用いて損害の主張・立証を行うことが多い。

　これらの特別の規定のうち，著作権法114条3項の使用料相当額は，著作権者が自ら著作物の利用を行っていない場合や，著作権法114条1項や同条2項の主張立証が困難な場合であっても請求することができ，最低限の損害賠償額として保証する点に意義があるとされている。

　著作権法114条3項の使用料相当額は，平成12年の著作権法改正において，「通常受けるべき金銭の額に相当する額」から「受けるべき金銭の額に相当する額」へと，「通常」の文言が削られたことから，正規に事前許諾を得る場合の使用料の相場にとらわれず，当該事案の個別具体的な事情を考慮して算定すべきものと考えられている。その額は，一般には，著作権者の権利利用状況や市場開発努力，著作物の重要性，他の者への利用許諾の状況などを考慮して決定される（高林『標準』257頁参照）。

　著作権法114条3項の使用料相当額の算定の基礎として用いられたものとしては，①第三者が定めた使用料規程（写真の使用許諾等の管理を業としている大手事業者が定める使用料（大阪地判平成17年3月31日（平成15年（ワ）第12075号・平成16年（ワ）第5010号）裁判所ウェブサイト〔「編集会議」写真事件〕），写真の貸出業者が定める使用料金表（東京地判平成10年11月26日判時1676号112頁〔ドトー

ルコーヒー事件〕），電子書籍のレンタル配信サービス事業者が定めるレンタル配信料（東京地判平成20年2月26日（平成19年（ワ）第15231号）裁判所ウェブサイト〔社保庁LAN電子掲示板事件〕），社団法人日本音楽著作権協会（JASRAC）の音楽著作物使用料規程等），②権利者自身が第三者に許諾する場合の使用料（知財高判平成18年9月26日（平成18年（ネ）第10037号・第10050号）裁判所ウェブサイト〔「江戸考古学研究事典」事件〕，東京地判平成15年11月12日判時1856号142頁〔「アラウンド・ザ・ワールド」イラスト事件〕）がある。他方，権利者が定める使用料規程であっても，著作権等管理事業法に基づく著作権等管理事業者の登録を受けた株式会社アジア著作協会が定める使用料規程については，利用者団体の意見聴取義務が十分に履行されておらず，合理性がないとして，使用料相当額の算定の基礎とすることが否定された（東京地判平成22年2月10日（平成16年（ワ）第18443号）裁判所ウェブサイト〔通信カラオケ事件〕）。

## 2 写真が無断でテレビ番組に使用された場合の使用料相当額

写真が，その著作権者である写真の撮影者に無断で，キー局であるテレビ局により，全国ネットのテレビ番組に使用されたときは，写真の撮影者である著作権者は，複製権（著21条）及び公衆送信権（著23条1項）の侵害を理由として損害賠償を請求することができる。

その場合の損害額としては，自ら撮影した写真をホームページ上に公開していた場合のように，著作物が譲渡又は公衆送信の対象となっていなかった場合には，著作権法114条1項の推定規定を用いることはできず，写真がテレビ番組に使用された場合には，同条2項に基づき，著作権侵害による侵害者の利得の額を算定することも難しいとして，同条3項により使用料相当額を損害額とする請求をするのが通常である。

著作権法114条3項の使用料相当額の算定に当たっては，まず，主要な写真の貸出業者（フォトライブラリー業者）の写真使用料金表などによって，全国ネットのテレビ放送において写真を使用する場合の1枚当たりの使用料の相場を把握する。その上で，(i)当該写真の性質（商業的利用を想定したものか，私的な写真か等），(ii)当該写真の利用価値（希少性のあるものかどうか，時

事性を有するものかどうか，他の写真と代替性を有するものかどうか等），(ⅲ)当該写真の無断使用行為の態様等の個別具体的な事情を考慮して，全国ネットのテレビ放送1回当たりの当該写真の使用料相当額を算定する。

そして，このように算定された全国ネットのテレビ放送1回当たりの当該写真の使用料相当額に，テレビ放送の回数を乗じることにより，著作権法114条3項の使用料相当額が算定される。

なお，全国ネットのテレビ放送における写真の無断使用の際の侵害行為（公衆送信行為）の回数については，①キー局自らが自己の放送エリア内においてした公衆送信（放送）行為と，ローカル局と共同してローカル局の放送エリア内においてした公衆送信（放送）行為とをそれぞれ個別に数える見解（東京地判平成16年6月11日判時1898号106頁〔デンバー元総領事写真事件（第1審）〕）と，②番組ごとに1回と数える見解（東京高判平成17年3月24日（平成16年（ネ）第3565号・第4989号）裁判所ウェブサイト〔同事件（控訴審）〕）とがあるが，キー局のテレビ番組が，ローカル局においても同一の内容で同一の時間帯に放送されるような場合においては，キー局のテレビ番組が，キー局及びローカル局によって，全国一斉に放送されたものとして，番組ごとに1回の侵害行為（公衆送信行為）があったと考えるのが合理的である。

## 3 著作権法114条3項の使用料相当額が通常の使用料の数倍とされることがあるか

上記1で述べたように，著作権法114条3項の使用料相当額は，正規に事前許諾を得る場合の使用料の相場にとらわれず，当該事案の個別具体的な事情を考慮して算定すべきものと考えられている。他方，著作権法114条3項は，民法709条に基づく損害賠償における損害額を規定したものであって，懲罰的損害賠償を認めたものではないから，逸失利益以上の金員の損害賠償請求が認められるわけではなく，正規に使用許諾を得る場合の使用料の相場からかけ離れたような使用料相当額が認められるわけではない（早稲田祐美子「著作権侵害による損害」『新・裁判実務大系』540頁，知的財産裁判実務研究会編『知的財産訴訟の実務』184頁〔古庄研〕（法曹会，2010））。

したがって，写真の無断使用の場合に，通常の使用料の10倍の金額が損害額として請求されるとしても，原則として，裁判所において，著作権法114条3項の使用料相当額が通常の使用料の10倍の金額とされることにはならない。ただし，写真の貸出業界において，写真の無断使用の場合に，通常の使用料の10倍の金額を支払うとの業界慣行が存在することが立証されれば，その業界慣行に沿って，通常の使用料の10倍の金額が損害額として認められる可能性は否定できない。

前掲〔デンバー元総領事写真事件（第1審）〕は，写真の無断使用の場合に通常の使用料の10倍の金額を請求する旨の日本写真家協会のウェブサイトの記載や，写真貸出料金表の記載があったとしても，そのような業界慣行が存在するとの証明はないとして，著作権法114条3項の使用料相当額を通常の使用料の10倍の金額とすることを否定した。

また，前掲〔「江戸考古学研究事典」事件〕は，著作権者が，絵画の無断複製行為に対して通常の使用料の3倍の額を請求していたと主張した事案において，使用料を超える額を著作権法114条3項の規定に基づく損害額として請求することができないと判示した。

## 4 著作者人格権の侵害

写真が無断で放送された場合には，著作権侵害のほか，著作者人格権（氏名表示権（著19条1項）や同一性保持権（著20条1項））の侵害も問題となり得る。著作者人格権侵害に基づく損害の額については，著作権法114条の規定は適用されないので，事案の内容を総合考慮して慰謝料の額が定められることが多い（前掲・知的財産裁判実務研究会編『知的財産訴訟の実務』185頁〔古庄研〕）。

（東崎　賢治）

## Q82　名誉回復等のための「適当な措置」

**Q**　Aが制作した彫像につき，Bの氏名が刻印されたプレートがはめられた上で，市場に流通し，Cの所有物となっています。この場合，著作権法115条にいう「措置」として，AはBあるいはCに対してどのような請求ができますか。

**A**　Aは，自分が彫像の著作者である事実を証明して，Bに対し，①著作者人格権（氏名表示権）を有することの確認と，②銅像の所有者であるCに宛てて彫像の制作者がAであること及び制作者の表示をAに改めるよう通知すること，あるいは，彫像の制作者がAである旨の告知広告を請求することができる。

### 解　説

#### 1　著作者人格権の概要

著作物の著作者は，財産権としての著作権と人格権としての著作者人格権を取得する。著作者人格権には，公表権（著18条），氏名表示権（著19条），同一性保持権（著20条）及び名誉声望保持権（著113条6項）がある。

#### 2　著作権法14条の推定

本設問においては，彫像にはBの氏名が刻印されたプレートがはめられているので，著作権法14条によりBが彫像の著作者であると推定されることになる。したがって，同条による推定の効果を争うAは，反対事実すなわちBではなく自分が彫像の著作者であることを証明する必要がある。同事実が証明できれば，同条の推定は覆り，Aは，彫像の著作者として著作者人格権を行使できることとなる。

知財高判平成18年2月27日（平成17年（ネ）第10100号）裁判所ウェブサイト〔ジョン万次郎像事件〕は，ブロンズ像について，塑像の作成，石膏取り，

鋳造という3つの工程を経て制作されるが、その表現が確定するのは塑像の段階であるから、塑像を制作した者、すなわち、塑像における創作的表現を行った者が像の著作者というべきであるとしている。したがって、Aは、Bではなく自分が塑像の創作的表現を行ったとの事実を証明する必要がある。

上記事実が証明できれば、彫像にはBの氏名が刻印されたプレートがはめられて、真の著作者ではないBが著作者として表示されているというのであるから、現状はAの氏名表示権が侵害されているということができる。

### 3 著作権法115条の「措置」

著作者人格権が侵害された場合、差止請求及び損害賠償請求ができることはもちろんであるが、それだけでは、人格権としての著作者人格権の回復に十分ではないことから、著作権法115条は、著作者に、著作者であることを確保し、又は訂正名誉若しくは声望を回復するために適当な措置を請求することができるとしている。

この「措置」としては、訂正広告や謝罪広告が考えられるが、上記〔ジョン万次郎像事件〕判決では、著作権法115条の名誉回復のため適当な措置として、像の所有者ないし管理者に対し、制作者が原告であること及び制作者の表示を原告に改めるよう通知することを認めており、本設問においても同様の請求が認められると考えられる。

上記判決は、たとえAとBとの間で像をB名義で公表する合意があったとしても、そのような合意は著作権法の趣旨に反し無効であると判示しているが、この点については、著作権法19条1項は、氏名表示権を著作者の「実名若しくは変名を著作者名として表示し、又は著作者名を表示しないこととする権利」と規定しており、これ以外の態様での著作者表示については氏名表示権の問題は生じず、著作権法121条の適用のない場面においては、誤認的でない限り契約自由の原則が妥当するところになるのではないかとの指摘がある（土肥一史「名誉回復等措置(2)—適当な措置」百選〔4版〕218頁）。

## 4　駒込大観音事件

　著作権法115条の「措置」が問題となった裁判例として，〔駒込大観音事件〕がある。事案は，Xの亡兄Dが制作した仏像「駒込大観音」について，Yらによる仏頭部のすげ替え，展示行為は同一性保持権及び名誉声望保持権の侵害に当たるとして，XがYらに対し，もとの仏頭部に原状回復すること等を求めたというものであるが，第1審（東京地判平成21年5月28日（平成19年（ワ）第23883号）裁判所ウェブサイト）は，Yらのすげ替え行為は，著作者であるDが生存していたとしたならば，その著作者人格権（同一性保持権）の侵害となるべき行為（著60条）に当たるから，Xは，Dの遺族として，著作権法116条1項，115条に基づき，訂正するために適当な措置として，仏像の仏頭部をもとの仏頭部に原状回復することを認めた。これに対し，第2審（知財高判平成22年3月25日判時2086号114頁）は，Yらのすげ替え行為は，著作権法113条6項の「（著作者であるDが生存しているとしたならば，）著作者の名誉又は声望を害する方法によりその著作物を利用する行為に」該当するとして，116条1項に基づく115条の適当な措置として，本件において原状回復措置を命ずることは適当ではなく，事実経緯を告知・摘示した広告をすれば十分であるとした。同事案は改変された仏像が一般公衆の観覧に供されているという事実が前提となっているが，本設問でも，彫像が一般公衆の観覧に供されているような場合には，同様の広告を請求できると考えられる。

## 5　著作権法115条の「措置」についての2類型説と3類型説

　著作権法115条について，①「著作者であることを確保」する措置，②「訂正」措置，③「その他著作者の名誉若しくは声望を回復するために適当な措置」の3類型の措置を定めているとする見解（3類型説）と，「訂正」を「その他著作者の名誉若しくは声望を回復するための適当な措置」の例示と考え，同条は①「著作者であることを確保」するために適当な措置と，②「著作者の名誉若しくは声望を回復」するために適当な措置の2類型を定めているとする見解（2類型説）があるが，上記第1審判決は，3類型説を採用し，「訂正」するために適当な措置を請求する場合には著作者の名誉又は声望が毀損

されたことは要件とならないとした。最二小判昭和61年5月30日民集40巻4号725頁〔モンタージュ写真事件（第2次上告審）〕は、旧著作権法36条ノ2（現115条と同様の規定）についてではあるが、「著作者の声望名誉とは、著作者がその品性、徳行、名声、信用等の人格的価値について社会から受ける客観的な評価、すなわち社会的声望名誉を指すものであって、人が自己自身の人格的価値について有する主観的な評価、すなわち名誉感情は含まれないと解すべきである」とした上、当該事案においては原告の社会的声望名誉が毀損された事実が認められないことから、著作者人格権に基づく謝罪広告請求は認められないとし、名誉回復措置請求には著作者の社会的声望名誉の毀損が要件となると判示している。そうすると、2類型説に立った場合には、「訂正」請求は、名誉回復請求に含まれるから、著作者の名誉又は声望が毀損されたことが要件となる。この点、高林『標準』262頁は、「訂正」は名誉声望が毀損された場合に限らず請求することができ、「その他の名誉声望を回復するための適当な」措置に限って名誉声望を毀損されたことを要件とするものと解すべきであるとしている。

## 6　強制執行

　これまで説明したように、AはBに対し、著作者人格権（氏名表示権）を有することの確認のほか、彫像の所有者であるCに宛てて彫像の制作者がAであること及び制作者の表示をAに改めるよう通知すること、あるいは、彫像の制作者がAである旨の告知広告を請求することができるが、その勝訴判決を得てもBが任意にこれを履行しないことも考えられる。その場合、Aは強制執行を求めることになる。通知については、民事執行法174条によりこれを擬制することができ、Aは勝訴判決をCに送付又は提示することにより通知の効果を生じさせることができる。広告については、民事執行法171条により代替執行ができ、一定内容の広告を特定の新聞紙・雑誌等に掲載すべき旨の判決に基づき、債務者の費用で、新聞社等と契約して広告を掲載させることになる。

　　　　　　　　　　　　　　　　　　　　　　　　　　（岡本　岳）

## Q83 存続期間の誤認と過失の有無

**Q** 昭和20年代半ばに劇場で公開された日本映画について，著作権の存続期間が満了していると思い，DVDを独自に作成して販売しました。その後，映画を撮影した監督から著作権を譲り受けたとする映画会社から，著作権侵害を理由として損害賠償を請求されていますが，支払わなければならないでしょうか。

**A** 映画が劇場公開されたのは，昭和20年代半ばであるから，昭和45年法律第48号による改正前の著作権法（旧著作権法）の適用が問題となる。旧著作権法における映画の著作権の存続期間については，自然人である映画監督が著作者であることを前提とする旧著作権法3条の適用か，興行名義である映画会社を手がかりとする同法6条の適用かが問題となるが，最高裁は，映画監督の実名が表示されているような映画では，映画会社の表示があったとしても，旧著作権法3条が適用され，映画監督の死亡の時点を基準に著作権の存続期間が定められるとしている（最一小判平成21年10月8日判時2064号120頁〔チャップリン映画DVD事件〕参照）。

そうすると，本問のように映画監督が表示されていると考えられる劇場公開の映画のDVDを無断で作成した場合，映画監督から映画会社に譲渡された映画の著作権侵害が問題となる。そして，最高裁は，上記のような行為をする者に著作権の存続について調査を尽くすことを求め，著作権侵害についての過失責任が容易に免れられないことを明らかにしている（最三小判平成24年1月17日判時2144号115頁〔「暁の脱走」DVD事件〕参照）。

したがって，本問では，DVD作成時において，映画監督の死亡の時点を基準として38年（旧著作権法22条の3，3条1項，9条，52条1項）が経過していないのであれば，映画の著作権を譲り受けたとする映画会社からの損害賠償請求に応じなければならないということになる。

## ▍解　説
### 1　映画の著作物についての旧著作権法の定め
　著作権法29条1項によると映画の著作権は映画製作者である映画会社であることが原則であり，同法54条1項によると，映画の著作権の存続期間は，公表のときを基準に定められている。しかし，昭和46年1月1日から施行された同法の改正附則5条1項によれば，映画の著作権の帰属を定めた著作権法29条1項の規定は，施行前に製作された映画の著作物には適用されず，従前の例によるとされている。また，同法改正附則7条によれば，現行著作権法が施行される前に公表された映画の著作物の著作権の存続期間は，当該著作物の旧法による著作権の存続期間が現行の著作権の規定により長いときは，なお従前の例によるとされている。したがって，本問については，旧著作権法の規定に基づいて検討する必要がある。

### 2　旧著作権法下における映画の著作権の存続期間について
　旧著作権法には映画の著作物について特別の規定はないが，何が著作物であるかについては旧著作権法下でも，現行法と同じ考え方が採られると考えられる。そして，映画は多数の者が関与して創り出される総合著作物であることから，その著作者は，その全体的形成に創作的に寄与した者が誰であるかを規準として判断すべきと考えられ，これによれば，劇場公開されるような映画であれば，映画監督が，その全体的形成に創作的に寄与した者として著作者であると考えることが自然である。
　なお，旧著作権法6条には，団体名義で興行された著作物は，興行の時点を著作権存続期間の基準とする旨の規定があるが，同規定は，その規定の文言，位置に鑑み，著作権の存続期間を定めた規定にとどまるから，同規定から興行名義者を著作者であることが帰結されるわけではない。ただ，旧著作権法6条は，法的安定性を確保する見地から，団体名義で発行又は興行された著作物について，その著作権の存続期間を，団体名義の発行又は興行の時点を基準とする旨を定めているため，自然人である映画監督の死亡の時点を著作権存続期間の基準とする同法3条との関係が問題となり得るところであ

る。そしてこの点について，最一小判平成21年10月8日判時2064号120頁〔チャップリン映画DVD事件〕は，「著作者が自然人である著作物の旧法による著作権の存続期間については，当該自然人が著作者である旨がその実名をもって表示され，当該著作物が公表された場合には，……仮に団体の著作名義の表示があったとしても，旧法6条ではなく旧法3条が適用され，上記時点（当該著作者の死亡の時点）を基準に定められる。」と判示している。

したがって，本問における映画の詳細は不明であるが，劇場公開されたような映画であれば，映画会社はもとより，自然人である映画監督の名前も表示されているであろうことから，その事実を前提とすると，当該映画の著作権の存続期間は，旧著作権法22条の3，3条1項，9条，52条1項の規定に基づき，映画監督の死亡の時点を規準として38年間ということになる。

### 3 本問における著作権侵害の有無及び損害賠償責任の有無

以上によれば，DVD作成時が当該映画監督の死亡の時点から38年を経過する前であれば，DVD作成行為は映画の著作権を侵害する行為であるということになる。

そして，本問では損害賠償が請求されており，これは不法行為に基づく請求と解されるが，その請求が認められるためには，侵害者とされるDVD作成者に，著作権侵害について故意又は過失があったことが必要である。

上記検討してきたとおり，古い映画の著作権については，法適用及びその解釈に多くの複雑困難な問題があることから，侵害者とされる者が，法適用等について誤解していたような場合に過失を問うことが困難ではないかということが問題となる。

しかしながら，映画会社のみならず映画監督も表示されているような通常の劇場公開されたような映画についての旧著作権法の適用問題については，既に上記のとおり最高裁判決で判断基準が示されている。また，映画の著作物の著作者は，その全体的形成に創作的に寄与した者と考えるのが自然であって，これに映画監督が当たると解することが困難ではない一方，その当時，これを排除して，映画会社製作の映画について一律に旧著作権法6条が

適用されるとしたり，職務著作が成立するとしたりする下級裁の裁判例や有力な学説があったりしたわけではない。

したがって，映画に表示されている映画監督の生存の有無，死亡時期を調査することなくしたDVDの作成行為は，もし著作権の存続期間内であるのなら，少なくとも過失があったといわなければならないことになる。そして，この点は，近時，言い渡された最高裁判例（最三小判平成24年1月17日判時2144号115頁〔「暁の脱走」DVD事件〕参照）においても明らかにされており，本問のような古い映画のDVDを作成しようとしている者には，適用すべき法及び事実関係について十分な調査が求められているといえる。

　　　　　　　　　　　　　　　　　　　　　　　　（森崎　英二）

## Q84 演奏行為と演奏主体

**Q** 私が経営するレストランにて，(1) ミュージシャンを雇って客に生演奏を聞かせる，(2) ミュージシャンが主催する生演奏会に利用してもらう，(3) サークル等での貸切の演奏会等に利用してもらう，といったことを考えていますが，それらの行為に著作権法上の問題はあるでしょうか。

**A** レストランにおいて，ミュージシャン等が，著作権者の許諾を得ないで音楽著作物の生演奏をした場合，その音楽著作物の著作権者が専有する演奏権を侵害することとなるが，著作物の利用（演奏・歌唱）の主体は，著作権法上の規律の観点から規範的に判断すべきもので，演奏・歌唱を管理・支配し，それによって営業上の利益を受ける者が侵害行為の主体と評価され，演奏権侵害による法的責任を負う。

　レストランの経営者がミュージシャンを雇って客に著作権者の許諾を得ていない音楽著作物の生演奏を聞かせる場合（設例(1)），レストランがこれを企画し，客からライブチャージを徴収していれば，その演奏はレストランの管理の下に行われており，それによる収益はレストランに帰属するから，レストランの経営者が音楽著作物の演奏権の侵害行為の主体と評価され，演奏権侵害による法的責任を負う。

　ミュージシャンが主催する生演奏会の場合（設例(2)），ミュージシャンがこれを企画し，客からライブチャージを徴収していれば，レストランの経営者が，その演奏を管理・支配し，それによる直接の収益を得るものではないから，レストランの経営者が音楽著作物の演奏権の侵害行為の主体と評価されるものではない。

　サークル等での貸切の演奏会等の場合（設例(3)），サークル等のメンバーが行う演奏は，それらメンバーの自由に委ねられており，レストランとは無関係に行われることが多く，また，レストランがその演奏自体によって

収益を得ているものではないから，レストランの経営者が音楽著作物の演奏権の侵害行為の主体と評価されるものではない。

## ■ 解　説
### 1　著作権（演奏権）侵害の行為主体性（著作物の利用主体性）
(1)　演奏権及びその侵害

著作者は，その著作物を，公衆に直接聞かせることを目的として，音楽（歌唱を含む。）を演ずる権利，すなわち演奏権を専有する（著22条，2条1項16号）。

したがって，著作権者の許諾を受けていない者が，公衆に対し（「公衆」とは，不特定かつ多数だけではなく，特定かつ多数を含む。著2条5項），その著作権者の著作物を演奏する行為は，当該著作権者の演奏権を侵害する行為となる。

(2)　演奏権侵害の行為主体性（音楽著作物の利用主体性）

レストランのような飲食店，社交場において，その経営者と契約したミュージシャンが著作権者の許諾を得ないで音楽著作物の生演奏をした場合，その音楽著作物の著作権者が専有する演奏権を侵害するものであることは明らかである。

そのような場合における音楽著作物の利用主体は誰と捉えるべきか。

名古屋高決昭和35年4月27日下民11巻4号940頁〔中部観光事件〕は，キャバレー，ダンスホール等の社交場における楽団の演奏について，演奏の管理・支配性と，演奏による利益の帰属というメルクマールを用いて，演奏の利用主体が社交場の経営者であるとの判断を初めてした。

物理的な演奏行為を現実に行う者だけでなく，著作権法上の規律の観点から演奏行為を規範的に捉え，演奏・歌唱を管理・支配し，それによって営業上の利益を受ける者を演奏行為の主体と評価し，社交場の経営者をもって演奏の主体（直接侵害者）としての責任（演奏の差止請求を受ける，演奏権侵害の不法行為責任を負う等）を負わせることについては，上記裁判例以降，ほぼ異論がないところとなっている。

なお，このように著作物の利用主体を規範的に捉える考え方は，その後，

カラオケ管理にも適用され，最三小判昭和63年3月15日民集42巻3号199頁〔クラブキャッツアイ事件〕は，スナック等の経営者が，カラオケ装置と音楽著作物である楽曲の録音されたカラオケテープとを備え置き，客に歌唱を勧め，客の選択した曲目のカラオケテープの再生による伴奏により他の客の面前で歌唱させるなどして，店の雰囲気作りをし，客の来集を図って利益を上げることを意図しているときは，その経営者は，音楽著作物の著作権者の許諾を得ない限り，客による歌唱につき，その歌唱の主体として演奏権侵害による不法行為責任を負う旨を判示している。

## 2 設例について

上記を踏まえて，各設例について説明する。

(1) 設例(1)の場合

レストランの経営者がミュージシャンを雇って客に著作権者の許諾を得ていない音楽著作物の生演奏を聞かせる場合，前記1(2)のとおり，演奏の管理・支配性と，演奏による利益の帰属をメルクマールとして，レストランの経営者をもって演奏の主体（直接侵害者）と捉えることは，異論がないものと考えられる。

大阪高判平成20年9月17日判時2031号132頁及びその原審である大阪地判平成19年1月30日判時2000号103頁〔デサフィナード事件〕は，レストランが主催する生演奏会について，現実に演奏行為を行うのはミュージシャンであるものの，その内容を最終的に企画するのはレストランであること，レストランが客からライブチャージを徴収した上で，ミュージシャンに演奏料を支払うことを認定した上で，これらの認定事実からすると，その演奏はレストランの管理の下にあり，演奏による収益もレストランに帰属するとして，そのような形態における生演奏の主体は，レストランの経営者であると判断した。

(2) 設例(2)の場合

ミュージシャンが主催する生演奏会の場合，演奏する曲目の選定，演奏会に関する宣伝広告，チケット販売等は，ミュージシャンの側で行い，そのラ

イブチャージはミュージシャンが取得するのが一般的であるから，レストランは，その演奏を管理・支配しているものではないし，基本的に演奏による直接の利益を得ているものでもない。

　このような場合，レストランにおいて，そのような生演奏会を店の営業政策の一環として取り入れ，そのような雰囲気を好む客の来集を図って営業上の利益を増大させることを意図していた可能性もないではなく，一定程度の利益が生じることもあるかもしれないが，管理・支配性と，利益の帰属というメルクマールからすると，規範的にみて，レストランの経営者をもって，著作物利用の行為主体と評価することは困難であろう。

　前記〔デサフィナード事件〕第1審判決は，演奏の管理・支配性と演奏による利益の帰属というメルクマールの他に，管理著作物の利用許諾の確認義務といった観点も踏まえて，経営者について著作物利用の行為主体性を認めたが，同控訴審判決は，上記メルクマールによって，レストランの経営者の行為主体性を否定する結論を採った。

(3) 設例(3)の場合

　サークル等での貸切の演奏会等の場合，レストランは，場所及び楽器，音響装置及び照明装置を客に提供し，演奏を勧誘しているものの，そのような演奏会等の参加者が，第三者の管理する音楽著作物をそもそも演奏するかどうか，いかなる楽曲を演奏するか，備付けの楽器を使用するかどうか，音響装置及び照明装置の操作等について，それら参加者の自由に委ねられているものであって，レストランがその演奏を管理しているものとはいえないし，参加者による演奏行為は，専らその会合における他の参加者に聴かせることを目的としたもので，他の一般客を集めるために行われるものではないから，その演奏行為によってレストランが直接的に収益を得ているものでもない。

　したがって，このような貸切営業における演奏については，その行為主体をレストランの経営者と捉えることは困難であると考えられ，前記〔デサフィナード事件〕第1審判決及び控訴審判決は，いずれもレストランの経営者の行為主体性を否定した。

（上田　真史）

## Q85　録画，配信サービスと侵害主体

**Q**　A社は，居住者からのリクエストによりテレビ番組をサーバに録画し，居住者がいつでも見られるようにする機器を製作し，集合住宅向けに販売し，集合住宅の管理者であるBが居住者の共同利用のため設置しています。
(1)　この機器を用いて番組を選定し，録画をして鑑賞している居住者の行為は，著作権を侵害していますか。
(2)　この機器を集合住宅の居住者の共同利用のために設置している設置者Bは，複製権や送信可能化権などの著作権を侵害していますか。
(3)　この機器を販売するA社は，複製権や送信可能化権などの著作権を侵害していますか。

**A**　本問の機器が集合住宅に設置され，その集合住宅の居住者が，この機器を利用した場合，その居住者は，自ら機器を操作してテレビ番組を録画し，そのデータを，電機通信回線を介して送信を受けて再生し，視聴することになる。この行為については，テレビ番組の著作権について，複製権，送信可能化権などの著作権侵害が問題となる。

これらの行為を物理的になす居住者は，自らの居室で録画番組のデータを受け取って個人的に鑑賞するために当該操作をしているだけであるから，その複製は私的複製の問題となるし，またその送信について，送信可能化権の前提となる公衆云々を問題にする余地がないので，いずれについても著作権侵害ということはできない。

設置者は，居住者の行為を容易にしているが，居住者に著作権侵害が成立しない以上，幇助者として責任を問われない。また，設置者として機器利用者の利用行為の過程を管理，支配し，かつ，その利益が帰属しているのであれば，設置者を，上記著作権利用行為をしている者と規範的に評価し，侵害主体性を認めることができるが，それは，機器設置による利用関

係についての事実関係に基づき判断される必要がある。

　機器を販売したＡ社についても，その事実関係から，機器利用者の利用行為の過程を管理，支配し，その利益が帰属しているのであれば，上記著作権利用行為をしている者と規範的に評価し，侵害主体性を認めることができるが，それも，結局，機器設置による利用関係についての事実関係いかんによる。

## ■ 解　説
### 1　居住者による著作権利用行為について

　本問の機器が集合住宅に設置され，その集合住宅の居住者が，この機器を操作して録画指示，再生指示をする場合，その過程において，テレビ番組はサーバに記録保存され，サーバから各居住者の住宅の再生機に電気通信回線を介してテレビ番組のデータが送信され，各居住者の再生機によって再生されて視聴に供される。したがって，その過程において，テレビ番組の著作権の複製権侵害，あるいはデータ送信の前提となる送信可能化権の侵害が問題となる。

　複製権侵害の点については，その機器の利用による複製は，あくまで各居住者が自宅で視聴することを目的としてされているから，私的使用目的の複製を認めた著作権法30条1項によって適法とされる。

　また送信可能化権侵害の点についても，集合住宅に設置されている機器及び機器から各家庭の居住者に送信網が設置されている点は，これを一体的に見ると公衆送信がされているということができるが，各居住者の視点からすると，あくまで自分が録画したものを再生しているにすぎず，これは家庭内に設置されるビデオデッキとテレビとの関係と何ら変わらないから，これについて公衆を対象とする送信可能化権の侵害は観念できない。

### 2　著作権の物理的利用行為者以外の侵害主体性

　著作権の物理的利用行為者以外の者の著作権侵害を問う法律構成としては，幇助による構成と，「カラオケ法理」の適用による構成が考えられる。

幇助による構成は，著作権法112条１項に基づくものであるところ，この規定に基づき差止請求まで認め得るかは争いがある。また，幇助による構成の場合，物理的利用主体の行為が著作権侵害と評価できることが前提となる。

著作権の利用主体について物理的に捉えるのではなく，規範的に捉える考え方として「カラオケ法理」が知られている。これは，カラオケ装置を設置し，客に歌唱させて利益を得ていたスナック経営者につき，著作権の直接利用者の行為を管理，支配し，そこに利益が帰属していることを指摘して著作権侵害の主体性を認めたいわゆる〔クラブキャッツアイ事件〕（最三小判昭和63年３月15日民集42巻３号199頁）を嚆矢とする考え方である。この法理による場合，適用対象の主体以外の物理的利用主体の行為が著作権侵害であると評価されるか否かは問題とならない。

## 3 当該機器の設置者について

(1) 集合住宅において多数の居住者が共同利用するために本問の機器を設置している者は，各居住者の著作権利用行為を容易にしているといえるから，幇助していると評価できる。しかし，直接の行為者である各居住者の行為が著作権侵害を構成しないことは上記１のとおりであるから，本問において設置者に幇助者の責任を問題とする余地はない。

(2) 設置者が，機器を設置することによって，各居住者の著作権利用行為の過程を管理，支配し，その利益が帰属しているのであれば，設置者の当該行為を規範的に評価して著作権の利用主体であるという余地がある。しかしながら，設置者の関与の在り方は多様であるから，その評価は，具体的な事実関係いかんによる（本問の類似事例を取り扱った大阪地判平成17年10月24日判時1911号65頁〔選撮見録事件（第１審）〕は，設置者に著作権の侵害主体性を認め，販売者をその幇助者と認定したが，その控訴審の大阪高判平成19年６月14日判時1991号122頁は，著作権の侵害主体性を設置者について認めず，かえって販売者について認めている。なお，最一小判平成23年１月20日民集65巻１号399頁〔ロクラクⅡ事件〕の金築裁判官の補足意見は，「カラオケ法理」の適用には，社会的，

経済的側面を含めた総合的観察を行うことが相当である旨を指摘している。）。

**4 当該機器の販売者について**

(1) 当該機器の販売者は，当該機器を販売することによって利益を得ている。そして販売者の行為が，この販売にとどまらず，その保守管理を，対価を得て継続的に行い，また各居住者の機器利用のために必要な番組表の提供を継続しているような場合には，販売者が，各居住者の著作権利用行為の過程を管理，支配し，その利益が帰属しているといえ，その点から，販売者を著作権の利用主体であると見る余地がある。

(2) また，「カラオケ法理」の適用により，設置者について著作権侵害の主体性が認められるのなら，販売者の行為は，この設置者の著作権侵害を容易にしている行為であると評価し，その観点で，販売者に著作権侵害についての幇助者としての責任を問う余地がある。なお，販売者の行為を，設置者に対する幇助行為とした場合において，販売者に損害賠償請求のみならず差止請求まで認められるかについては争いがある。これを肯定する学説，裁判例もあるが，著作権法には，特許法101条のような間接侵害の規定が置かれていないことから，これを否定する学説，裁判例もあり，実務においては，その決着をみていない。

（森崎　英二）

## Q86 インターネット上の共有サービスにおける侵害主体

**Q** ホームページ上の動画投稿・共有サービスで，私の著作物が無断で投稿・共有されています。どのように対処すればよいでしょうか。サービスの運営者に対して，配信の差止請求をすることはできないでしょうか。

**A** 著作物が無断で投稿・共有されている場合には，著作権者は，プロバイダ責任制限法著作権関係ガイドライン第2版（「著作権関係ガイドライン」）に従って，動画投稿・共有サービスの運営者（「運営者」）に対して，投稿の削除を求めることができる（ただし，強制力はない。）。

また，著作権者は，動画投稿・共有サービスへの投稿者（「投稿者」）に対し，著作権侵害に基づく差止め（投稿の削除）を請求することができる。著作権者が投稿者を自力で特定することは困難な場合が多いが，いわゆるプロバイダ責任制限法に基づき，発信者情報の開示を請求することにより，投稿者を特定するために必要な情報を得ることが可能である。

さらに，著作権者は，一定の場合には，運営者自身が著作権侵害の主体であるとして，動画投稿・共有サービスの運営者に対して配信の差止めを請求することができる。

運営者自身が著作権侵害の主体であると認められるかどうかは，①動画投稿・共有サービスの内容・性質及び構成の特徴，②侵害の過程における支配管理の程度，③侵害行為により生じた利益の帰属，④侵害態様，など事案ごとの個別具体的な事情を考慮して判断される。

### ▍解　説
### 1 プロバイダ責任制限法著作権関係ガイドラインによる送信防止措置の申出

平成13年11月，特定電気通信役務提供者の損害賠償責任の制限及び発信者

情報の開示に関する法律（「プロバイダ責任制限法」）が制定され，平成14年5月に施行された。そして，インターネット上での著作権及び著作隣接権を侵害する情報の流通に関して，著作権者等及び特定電気通信役務提供者（プロバイダ責任制限法2条3号。「プロバイダ等」）の行動基準を明確化するものとして，プロバイダ責任制限法ガイドライン等検討協議会著作権関係WGによって，平成15年11月，著作権関係ガイドラインが策定されている。

著作権関係ガイドラインは，著作権を侵害された者等からの申出が著作権関係ガイドラインの要件を満たす場合，速やかに，必要な限度において，当該侵害情報の送信を防止するために削除等の措置を講ずることをプロバイダ等に求めており，著作権を侵害された者は，著作権関係ガイドラインに基づく送信防止措置の申出を行うことにより，プロバイダ等が侵害情報の送信を防止するために削除等の措置を講ずることを期待することができる。

著作権関係ガイドラインはプロバイダ等の義務を定めたものではないから，プロバイダ等に対する強制力はないが，プロバイダ等が，少なくとも著作権関係ガイドラインに従った取扱いをした場合については，裁判手続においてもプロバイダ等が民事上の責任を負わないものと判断されると期待されることから，プロバイダ等の自主的な対応に際して著作権関係ガイドラインでの取扱いが重要な指針となるものと考えられ，プロバイダ等は，通常，著作権関係ガイドラインに沿った対応をとることが期待される。

そして，動画投稿・共有サービスの運営者は，動画投稿・共有サービスのサーバという「特定電気通信設備」（プロバイダ責任制限法2条2号）を他人の通信のために運用しており（同条3号），「特定電気通信役務提供者」として，ここにいう「プロバイダ等」に該当する。

このように，著作権関係ガイドラインに基づく送信防止措置の申出は，プロバイダ等の協力を一定程度期待することができ，また，裁判手続を必要としない点で簡便な方法であるため，まずは，著作権関係ガイドラインに基づき，運営者に対して，投稿の削除を求めるのがよい。

ただし，著作権関係ガイドラインに基づく送信防止措置の申出を行うことができるのは，権利侵害があることを容易に判断できる一定の類型の侵害態

様（例えば，情報の発信者が著作権侵害であることを自認している場合や，著作物等の全部又は一部を丸写ししたファイルである場合等）に限定されている上，運営者が申出に従わない場合には送信防止措置を強制することができない。

## 2 投稿者に対する差止請求

著作物が無断で投稿・共有されている場合には，著作権者は，投稿者に対し，著作権（複製権及び公衆送信権（送信可能化を含む。））侵害に基づく差止め（投稿の削除）を請求することができる。

もっとも，投稿が匿名で行われると（通常匿名で行われることが多いと考えられる。），投稿者を自力で特定することは困難なことが多い。

そこで，投稿者を自力で特定することができない場合には，プロバイダ責任制限法4条に基づき，プロバイダ等に対し発信者情報の開示を請求することにより，投稿者を特定するために必要な情報を得ることが可能である。具体的には，著作物を無断で投稿・共有され著作権を侵害された著作権者は，運営者が保有する投稿者の氏名，住所等の情報の開示を請求することができる（Q76参照）。

発信者情報の開示を請求する際には，まずは，平成23年9月，プロバイダ責任制限法ガイドライン等検討協議会が策定した「プロバイダ責任制限法発信者情報開示関係ガイドライン第2版」の規程に従い，必要書類を揃え書面等によって請求手続を行うとよい。発信者情報の開示請求権はプロバイダ責任制限法により定められた法的権利であるから，プロバイダ等が開示に応じない場合には，裁判手続により開示を求めることも可能である。

ただし，多数の投稿者が入れ替わり動画の削除・投稿を繰り返す場合のように，投稿者に対する差止請求が実効性を持たない場合も考えられる。

## 3 動画投稿・共有サービスの運営者に対する差止請求

(1) 著作権侵害の主体に関する一般法理

判例・通説によれば，著作権侵害に基づく差止めは，直接行為者に対して

のみ認められると考えられている。すなわち，著作権法には，特許法101条のように，侵害の予備的・幇助的行為（間接侵害）を侵害行為とみなす規定がないから，著作権を直接侵害した者でなければ，著作権侵害の責任を負わない。

　動画投稿・共有サービスに著作物が無断で投稿された場合には，一般的には，その投稿者が，その動画を投稿するという作為により，著作権を侵害したのであるから，投稿者が直接行為者であり，他方，サービスの運営者は，投稿のための場所を提供し，動画を投稿するという作為を容易にしたにすぎず，物理的に観察する限り直接行為者とはいえないため，運営者に対する差止請求は認められないようにも思われる。

　しかし，これでは，上記のように投稿者に対する差止請求が実効性を持たない場合には，著作権者の保護が実質的に図れないことになるという問題がある。

　そこで，いわゆる〔クラブキャッツアイ事件〕最高裁判決（最三小判昭和63年3月15日民集42巻3号199頁）以降，著作権法上の侵害行為者が誰であるかを検討するに当たっては，規範的に見て，法律上侵害者として責任を負うべき主体と評価すべき者が誰であるか，という法的観点から決すべきであると一般的に考えられている。

(2)　動画投稿・共有サービスの運営者の著作権侵害主体性

　上記のような，規範的に見て，法律上侵害者として責任を負うべき主体と評価すべき者が誰であるか，という法的観点からは，次のような場合には，運営者に対する差止請求が認められる。すなわち，①問題とされる行為の内容・性質及び構成の特徴，②侵害の過程における支配管理の程度，③当該行為により生じた利益の帰属，④侵害態様，の諸点を総合考慮し，自らコントロール可能な行為により当該侵害結果を招来させてそこから利得を得た者として，侵害行為を直接に行う者と同視できる場合である（知財高判平成22年9月8日判時2115号102頁〔パンドラTV事件〕）。具体的に考慮される要素は事案ごとに異なるが，例えば，以下のような考慮に基づき評価される。

ア ①問題とされる行為の内容・性質及び構成の特徴

以下の諸要素等を考慮した結果，著作権等を侵害する事態を生じさせる蓋然性が極めて高く，そのことを運営者も認識しているといえる場合には，運営者が侵害行為を直接に行う者と同視される方向に作用する。

(i) サービスが動画配信サイトと同様の機能を有する（動画が不特定多数の視聴に供される）こと
(ii) 動画ファイルの投稿が匿名でされ得ること
(iii) 動画ファイルの分類カテゴリーに，著作権侵害の蓋然性が高いと推測されるものが存在すること
(iv) 著作権を侵害する動画が多数投稿されていること
(v) 著作権侵害を繰り返すユーザに対する再発防止のための実効的手段がないこと

イ ②侵害の過程における支配管理の程度

以下の諸要素等を考慮した結果，運営者が動画投稿・共有サービスを管理支配しているといえる場合には，運営者が侵害行為を直接に行う者と同視される方向に作用する。

(i) 動画ファイルが記録されかつ公衆送信を行う機器であるサーバを，運営者が管理支配していること
(ii) サービスを利用するには，運営者の提供するシステムの設計に従う必要があること
(iii) 動画の内容を認識して一定の動画を推奨したり削除したりしていること

ウ ③当該行為により生じた利益の帰属

動画投稿・共有サービスにおいて複製及び公衆送信（送信可能化を含む。）される動画ファイル数と運営者の利益額とに相関関係がある場合には，運営者が侵害行為を直接に行う者と同視される方向に作用する。

エ ④侵害態様

(i) 投稿されている動画ファイルのうち，著作権を侵害するものの割合が高いことや，(ii) 権利侵害の防止・解消について消極的な姿勢に終始してい

ることは，運営者が侵害行為を直接に行う者と同視される方向に作用する。

## 4　送信防止措置の申出・差止め以外の対処方法

　まず，著作権者は，投稿者に対して，著作権（複製権及び公衆送信権（送信可能化を含む。））侵害を理由として，不法行為に基づく損害賠償請求を行うことができる。

　次に，物理的な直接行為者ではない運営者に対しても，前記3(2)の諸要素等を総合考慮して運営者が著作権侵害を生じさせた主体であると規範的に評価でき，かつ，著作権侵害について故意又は過失がある等の不法行為の要件を満たせば，著作権（複製権及び公衆送信権（送信可能化を含む。））侵害を理由として，不法行為に基づき損害賠償責任を追及することができる。

　また，運営者が著作権侵害を生じさせた主体であると規範的に評価できない場合であっても，直接行為者である投稿者を「教唆した者」又は「幇助した者」（民法719条2項）に当たるといえる場合には，運営者に対し，共同不法行為に基づき損害賠償責任を追及することができる。

　なお，運営者の損害賠償責任は，プロバイダ責任制限法3条に基づき一定の場合に制限されることに注意が必要である。ただし，同条に基づく損害賠償責任の制限は，プロバイダ等が「発信者」（プロバイダ責任制限法2条4号）に該当する場合については適用されない（プロバイダ責任制限法3条1項ただし書）。

（東崎　賢治）

## Q87　インターネット上の転送サービスと侵害主体（公衆送信）

**Q** 放送事業者Aが地上波で放送しているテレビ番組について、Bが、利用者の所有する転送のための機器を管理してインターネットを通じて利用者が当該番組を視聴できるようにするサービスを、有償で提供しています。Aは、Bに対して、どのような権利に基づいて差止請求ができますか。

**A** 放送事業者Aは、その放送について送信可能化権（著99条の2）を有している。

　そして、本問のサービスにおいて、Bが、利用者の所有する転送のための機器をテレビアンテナに接続し、当該テレビアンテナで受信されたテレビ放送が当該転送機器に継続的に入力されるように設定した上、Bの事務所に設置して管理しているような場合は、当該転送機器を用いて行われる送信は自動公衆送信（著2条1項9号の4）に該当し、当該転送機器は自動公衆送信装置（著2条1項9号の5イ参照）に該当する。

　そうすると、インターネットに接続している自動公衆送信装置である機器にテレビ放送を入力する行為は、当該放送の送信可能化（著2条1項9号の5）に当たるといえ、Aは、Bに対して、送信可能化権に基づき、差止請求をすることができる（著112条1項）。

　また、上記のような場合、テレビアンテナから利用者の端末にテレビ番組を送信することは、当該番組の公衆送信（著2条1項7号の2）に当たるといえる。したがって、転送されたテレビ番組についてAが著作権を有する場合は、Aは、Bに対して、公衆送信権（著23条1項）に基づいても差止請求をすることができる（著112条1項）。

## ▌解　説
### 1　Aの有する権利

　放送事業者は，その放送又はこれを受信して行う有線放送を受信して，その放送を送信可能化する権利（送信可能化権）を専有する（著99条の2）。したがって，放送事業者Aは，送信可能化権に基づいて差止請求をすることが考えられる。

　また，著作者は，その著作物について，公衆送信（自動公衆送信の場合にあっては，送信可能化を含む。）を行う権利（公衆送信権）を専有する（著23条1項）。したがって，Aが，放送しているテレビ番組の制作者等であるなどの理由で，当該テレビ番組について著作権を有していれば，公衆送信権に基づいて差止請求をすることが考えられる。

　もっとも，Bは，利用者の所有する転送のための機器を管理している者であるから，送信の主体（送信可能化権及び公衆送信権の侵害主体）となるのは，機器の所有者たる利用者であって，機器の管理者たるBではないとも考えられる。そうすると，本問のサービスは，利用者が自分自身への送信を行っているものにすぎず，送信可能化権や公衆送信権の侵害は存在しないことになる。

### 2　送信可能化権
(1)　自動公衆送信装置

　送信可能化（著2条1項9号の5）とは，公衆の用に供されている電気通信回線に接続している自動公衆送信装置に情報を入力するなどの方法により自動公衆送信し得るようにする行為をいう。したがって，送信可能化においては，自動公衆送信装置の使用が前提とされている。

　自動公衆送信装置とは，「これを公衆の用に供する電気通信回線に接続することにより，情報を自動公衆送信することが可能となる機能を有する装置」であり，サーバやホストコンピュータがこれに該当する（『コンメンタール1』193頁）。そして，「自動公衆送信することが可能となる機能を有する装置」について，装置自体が公衆により直接受信され得る無線通信又は有線電機通信の送信（著2条1項7号の2［公衆送信］の定義を参照）を行う機能を有す

るものでなければならないと考えれば，利用者の端末機器への転送機能しか持たない機器は，自動公衆送信装置とはいえないことになる。

しかし，著作権法では，送信可能化行為は，自動公衆送信（著2条1項9号の4）の準備段階の行為（後に送信されれば自動公衆送信となるもの）として，規制の対象とされている。そうすると，装置を使用して行われる送信が自動公衆送信（1対多数）といえる場合には，装置自体において単一の機器宛て（1対1）に送信する機能しかない場合であっても，自動公衆送信装置に当たると解釈することができる。

したがって，送信の主体から見て受信者が公衆に当たるのであれば，一利用者への送信を行う機器であっても自動公衆送信装置となり，送信可能化権の侵害が起こり得ることになる。

この点，判例も，公衆の用に供されている電気通信回線に接続することにより，当該装置に入力される情報を受信者からの求めに応じ自動的に送信する機能を有する装置は，これがあらかじめ設定された単一の機器宛てに送信する機能しか有しない場合であっても，当該装置を用いて行われる送信が自動公衆送信であるといえるときは，自動公衆送信装置に当たるというべきである旨判示している（最三小判平成23年1月18日民集65巻1号121頁〔まねきTV事件〕）。

(2) 送信の主体

利用者が希望するテレビ番組を視聴できるようにすることを目的とするサービスにおいて，通常，機器からの送信は，各利用者の指示により行われるものと考えられ，サービスの提供者は，送信の有無を決定することも，各利用者による決定に関与することもない。

もっとも，自動公衆送信は，入力される情報を受信者からの求めに応じ自動的に送信できる装置の使用を前提としているから，利用者による指示は，この「受信者からの求め」に相当するものであって，送信の主体性を示すものとはいえない。自動公衆送信の主体は，その装置が受信者からの求めに応じ情報を自動的に送信することができる状態を作り出す者と解される。そして，インターネットを通じたサービスについては，機器がインターネットに

接続していれば，当該機器に情報が入力されることによって，情報が送信され得ることになるから，当該機器に情報を入力する者が送信の主体であると解釈できる。前掲〔まねきTV事件〕判決も同様の判示をしている。

したがって，サービスの提供者が，機器をテレビアンテナに接続し，そこで受信されたテレビ放送が継続的に当該機器に入力されるように設定した上，当該機器をその事務所に設置して管理しているような場合は，利用者が当該機器を所有しているとしても，当該機器にテレビ放送の入力をしている者はサービスの提供者であり，当該機器を用いて行われる送信の主体であるとみることができる（情報が継続的に入力されている場合でなく，既に情報が蓄積されている装置をインターネットに接続するような場合は，情報の入力行為者を送信の主体とみることが適切ではない場合もあろう。）。

(3) 公　衆

著作権法にいう公衆は，特定かつ多数の者を含むから（著2条5項），不特定又は多数の者となる。そして，特定の者とは，行為者との間に個人的な結合関係があるものを指す（『コンメンタール1』361頁）。

したがって，利用者が，サービスの提供者との関係等を問題にされることなく，契約を締結して対価を支払えば，当該サービスを利用できるのであれば，送信の主体であるサービスの提供者からみて，受信者たる利用者は，不特定の者として公衆に当たる。

## 3　公衆送信

公衆送信とは，公衆によって直接受信されることを目的として無線通信または有線電機通信の送信を行うことをいう（著2条1項7号の2）。

本問のサービスにおいて，テレビアンテナから機器までの送信の主体はBであり，当該機器から利用者の端末機器までの送信の主体も，既に検討したとおりBである。

したがって，テレビアンテナから利用者の端末機器に番組を送信することは，当該番組の公衆送信に当たるといえる。

（達野　ゆき）

## Q88　インターネット上の転送サービスと侵害主体（複製）

**Q** 放送事業者Aが地上波で放送しているテレビ番組について，Bが，自らが所有・管理する機器を用いて，利用者から指示のあったテレビ番組を録画し，インターネットを通じて当該利用者が当該番組を視聴できるようにするサービスを，有償で提供しています。Aは，Bに対して，どのような権利に基づいて差止請求ができますか。

**A** テレビ番組の録画は，複製（著2条1項15号）に該当し，私的使用のための複製（著30条1項）といった制限規定の適用を受ける場合でない限り，当該テレビ番組についての複製権を侵害する行為となる。

そして，テレビ番組の複製物を取得することを可能にするサービスにおいて，サービスの提供者が，その管理，支配下において，テレビアンテナで受信した放送を複製機器に入力していて，当該複製機器に録画の指示がされるとテレビ番組の複製が自動的に行われる場合には，その録画の指示をサービスの利用者がするものであっても，サービスの提供者はその複製の主体であると考えられる。

したがって，本問のサービスがこのような内容のものであれば，Bは複製の主体であるといえ，Aは，Bに対して，複製権に基づいて差止請求ができる（著112条1項）。

### ▌解　説

#### 1　Aの有する権利

放送事業者は，その放送又はこれを受信して行う有線放送を受信して，その放送に係る音又は影像を録音し，録画し，又は写真その他これに類似する方法により複製する権利（複製権）を専有する（著98条）。したがって，放送事業者Aは，音又は影像の複製権（著作隣接権）に基づいて，差止請求をすることが考えられる。

また，著作者は，その著作物を複製する権利（複製権）を専有する（著21条）。したがって，Aが，放送しているテレビ番組の制作者であるような場合は，Aは，著作物の複製権（著作権）に基づいて，差止請求をすることが考えられる。

もっとも，Bは，利用者から指示のあったテレビ番組を録画（複製）している者であるから，複製の主体（複製権の侵害主体）となるのは，録画の指示を行っている利用者であって，サービスの提供者たるBではないとも考えられる。そうすると，本問のサービスにおいては，利用者が，私的使用のための複製（著30条1項）を行っているにすぎないから，Aの権利の侵害は存在しないことになる。

## 2 複製権とその制限

複製とは，印刷，写真，複写，録音，録画その他の方法により有形的に再製することをいう（著2条1項15号）。

もっとも，著作物の複製権については，その制限規定として私的使用のための複製を認める規定が存在し，著作権の目的となっている著作物は，個人的に又は家庭内その他これに準ずる限られた範囲において使用することを目的とするときは，著作権法30条1項1号ないし3号に規定される場合を除き，その使用する者が複製することができるとされている（著30条1項）。そして，この制限は，放送事業者の有する音又は影像の複製権についても及ぶ（著102条1項による30条1項の準用）。

したがって，複製が，その複製物を使用する者により，著作権法30条1項に規定する目的で行われるときは，一定の場合を除き，複製権侵害とはならない。そのため，複製への関与者が複数存在する場合，複製の主体を誰と見るかが，複製権侵害の成否に影響してくることになる。

## 3 複製の主体

(1) 複製への関与の態様

本問のサービスにおいて，録画の指示を行うのは利用者であるから，複製

行為を，複製機器の操作という，物理的，自然的側面から観察し，録画の指示を利用者が自由に行っている点を重視すれば，複製の主体は，サービスの提供者ではなく，利用者と考えられる。この場合，サービスの提供者による複製機器の管理は，機器の機能を滞りなく発揮させるための技術的前提となる環境，条件等を，利用者に代わって整備するものにすぎないと評価されることになる。

しかし，放送を受信して，テレビ番組に係る情報を複製機器に入力する行為がなければ，利用者が録画の指示をしても，テレビ番組の複製をすることは，およそ不可能である。

したがって，放送の受信，入力の過程を誰が管理，支配しているかという点は，録画の主体の判断において極めて重要な意義を有するといえる。

(2) 複製の主体の認定

複製の行為の主体を誰とみるかは法的判断である。そして，著作物の利用は，社会的，経済的側面を持つ行為であるから，複製行為の主体を判断するに当たっては，単に物理的，自然的に観察するだけでは足りず，社会的，経済的側面をも含め，総合的に観察すべきといえる。

したがって，複製の主体の判断に当たっては，複製の対象，方法，複製への関与の内容，程度等の諸要素を考慮して，誰が当該著作物の複製をしているといえるかが判断される。複製への関与には様々な形態があり得るが，複製への何らかの関与があれば，それだけで複製の主体であると認められるわけではない。

複製の主体を，どのような範囲・基準で認定するかを明確にすることは困難であるが，放送番組等の複製物を取得することを可能にするサービスにおいて，サービスの提供者が，その管理，支配下において，テレビアンテナで受信した放送を複製機器に入力していて，当該複製機器に録画の指示がされると放送番組等の複製が自動的に行われる場合には，サービスの提供者を複製の主体ということができる。このような場合，サービスの提供者は，単に複製を容易にするための環境等を整備しているにとどまらず，その管理，支配下において，放送を受信して複製機器に対してテレビ番組に係る情報を入

力するという，複製の実現における枢要な行為をしているといえる。そして，複製時におけるサービス提供者の各行為がなければ，サービスの利用者が録画の指示をしても，放送番組等の複製をすることはおよそ不可能だからである。

　この点，判例も，上記のような場合は，サービスの提供者を複製の主体というに十分である旨判示している（最一小判平成23年1月20日民集65巻1号399頁〔ロクラクⅡ事件〕）。

## 4　本問での検討

　本問でAの差止請求が認められるためには，まず，本問のサービスにおいて，Bが，その管理，支配下において，テレビアンテナで受信した放送を複製機器に入力していることが必要となる。どのような事実関係があれば入力行為が行われているといえるかは問題であるが，Bが，機器をテレビアンテナに接続し，当該テレビアンテナで受信されたテレビ放送が当該機器に継続的に入力されるように設定した上，当該機器をBの事務所に設置して管理しているような場合は，当該機器にテレビ放送の入力をしている者はBであるといえよう。

　なお，サービスが有償であることは，複製の主体を判断するに当たり，考慮すべき重要な要素となるものではあるが，必ずしも必須の要素となるものではない。

（達野　ゆき）

## Q89　ストレージサービスの侵害主体

**Q**　利用者がパソコンで取り込んだ音楽を，当社のサーバにアップロードした上で，いつでも携帯電話で聴けるようにするサービスを考えています。
(1)　利用者個人による電子化も，著作権侵害になるのでしょうか。
(2)　アップロードされたデータには利用者しかアクセスできませんが，複製権や自動公衆送信権などを侵害するとして，当社にも責任が及ぶのでしょうか。

**A**　(1)　利用者が音楽CDなどをパソコンで電子化する行為は，私的使用目的であれば，原則として著作権侵害にはならない。
(2)　サービス提供者は，サーバの役割や管理状況及び複製の仕組み等によっては，複製権侵害及び自動公衆送信権侵害の責任を負う可能性がある。

### ▍解　説
#### 1　本問のサービス
　本問のサービス（以下「本件サービス」という。）は，音楽ファイルのストレージサービス（インターネット上でファイル保管用のディスクスペースを提供してユーザーのデータを保存させるサービス）である。

#### 2　利用者個人による電子化
(1)　本件サービスでは，利用者は，音楽CDなどを電子化して（例えばMP3ファイル，WMAファイルなどに変換する。）パソコンに取り込み，当該音楽ファイルを，インターネット回線等を通じて，サービス提供者のサーバ（以下「本件サーバ」という。）に送信する。
(2)　利用者が音楽CDなどを電子化する行為は，有形的再製，すなわち実

質的に同一のものを作るものであり,「複製」(著2条1項15号)に該当する(「複製」の意味については,中山『著作権法』210頁以下参照)。

著作権者の許諾を得ない複製は,原則として著作権侵害となるが,私的使用のための複製の場合には,例外的に著作権者の権利行使が制限されることがある(著30条1項柱書き)。

本問における利用者個人による電子化は,当該音楽を個人的に聴くことを目的にしているといえることから,私的使用のための複製に当たり,著作権侵害は成立しないと考えられる(なお,私的使用のための複製であっても,著作権法30条1項各号の場合には,著作権侵害が成立する。)。

## 3 サービス提供者の責任

(1) 問題の所在

本件サービスで,利用者から送信された音楽ファイルは,本件サーバに蔵置され,その後,利用者の求めに応じて,利用者の携帯電話に送信される。

ここで,サービス提供者は,①本件サーバへの蔵置,②利用者の携帯電話への送信を物理的に行っているわけではない。そのため,サービス提供者が,その行為主体として,複製権侵害や自動公衆送信権侵害の責任を負うかが問題となる。

(2) 著作権の間接侵害

著作権法112条1項は,差止請求の相手方につき「著作者人格権,著作権,出版権,実演家人格権又は著作隣接権を侵害する者又は侵害するおそれがある者」と規定している。ここでいう「侵害する者」に,侵害行為を物理的に行う者が含まれることに異論はないが,それ以外の方法で著作権侵害に関与した者については,種々の議論がある(この問題は,著作権の間接侵害といわれる。中山『著作権法』475頁以下参照)。

この問題に関し,〔クラブキャッツアイ事件〕最高裁判決(最三小判昭和63年3月15日民集42巻3号199頁)は,客が歌唱(演奏)行為を行うカラオケスナックで,物理的には演奏行為をしていないカラオケスナックの経営者について,①著作物の利用についての管理・支配の帰属と,②著作物の利用による利益

の帰属という 2 つの要素を踏まえ,「著作権法上の規律の観点から」著作権侵害の主体と認めた。

同判決以降,著作権の間接侵害については,カラオケボックスの経営者について侵害主体とされた判決があり(東京地判平成10年 8 月27日判時1654号34頁〔ビッグエコー上尾店事件〕等),また,デジタル化,ネットワーク化に伴い,いわゆるクラウドサービスの提供者についても侵害主体とされた判決がある(最高裁判決として,最三小判平成23年 1 月18日民集65巻 1 号121頁〔まねき TV 事件〕,最一小判平成23年 1 月20日民集65巻 1 号399頁〔ロクラク II 事件〕)。

(3) MYUTA 事件

本問と同様に,音楽専用のストレージサービスの提供者について著作権侵害が問題となった裁判例として,〔MYUTA 事件〕がある。

同事件判決(東京地判平成19年 5 月25日判時1979号100頁。なお,同事件は第一審で確定した。)は,①当該サービスにおけるサーバの役割や管理状況及び複製の仕組み等について詳細な事実関係を認定した上で,サーバへの蔵置の主体はサービス提供者であり,利用者ということはできない旨判示した。また,②利用者の携帯電話への送信の主体についても,上記①と同様にサービス提供者であるとした上で,さらに,当該サーバは,利用者からの求めに応じて自動的に音楽ファイルを送信する機能を有しており,当該サーバから利用者の携帯電話への送信は,「公衆」である利用者からの求めに応じ,利用者によって直接受信されることを目的として自動的に行われることから,自動公衆送信に該当する旨判示した。

(4) 本問におけるサービス提供者の責任

ア 侵害主体性について

本件サービスについても,サーバの役割や管理状況及び複製の仕組み等により,サービス提供者が,複製権侵害,自動公衆送信権侵害の主体と判断される可能性がある。

なお,〔MYUTA 事件〕判決によるとストレージサービスの提供一般が問題視され得るという見解もあるが(山神清和「判批」判評591号201頁),同判決では,例えば,利用者が個人レベルで CD 等の楽曲の音源データを携帯電話で

利用することが，技術的に相当程度困難であることや，サービス提供者が当該サービスの利用に必要不可欠なユーザーソフトを作成，提供していることなどの事情も考慮されており，このことからすれば，ストレージサービスの提供者というだけで直ちに侵害主体性が認められることにはならないと思われる。

　　イ　自動公衆送信該当性について

　サービス提供者が主体となる場合に，サーバへの蔵置については，私的使用のためとはいえず複製権侵害が成立するが，利用者の携帯電話への送信については，「自動公衆送信」（著2条1項9号の4）に当たるかが別途問題となり得る。

　「自動公衆送信」とは，「公衆送信」（著2条1項9号の2）のうち，公衆からの求めに応じ自動的に行うものであるところ，「公衆送信」は，直接公衆に受信させるものでなければならず，ポイント・ツー・ポイントの送信は含まれないと解される（中山『著作権法』221頁。「公衆」の定義については，著2条5項）。

　本件サービスにおいて，サービス提供者にとって，送信の相手方である利用者は，不特定の者（所定の会員登録をすませれば誰でも利用できるのであり，サービス提供者が会員登録をする利用者をあらかじめ選別したり，選択したりすることはないと考えられる。）であることから「公衆」に該当し，上記送信は「自動公衆送信」に該当するといえる（上記〔MYUTA事件〕判決も同旨）。

　なお，自動公衆送信については，上記〔まねきTV事件〕最高裁判決においても，サービス提供者による送信行為が「自動公衆送信」に該当する旨判示されている。

（網田　圭亮）

## Q90 ファイル交換ソフトにおけるサーバ管理者の侵害主体

**Q** A社はピア・トゥ・ピア技術を用いて，A社中央サーバにインターネットで接続された利用者のパソコンに蔵置された音楽ファイルから他の利用者が好みのものを選択してダウンロードできるサービスを提供しています。このサービスで著作権が侵害された場合，その侵害の主体はどのように考えたらよいでしょうか。

**A** 1 音楽ファイルを蔵置した利用者は，著作権侵害（複製権侵害，自動公衆送信権侵害及び送信可能化権侵害）の責任を負う。

2 A社は，①A社の行為の内容・性質，②利用者のする送信可能化状態に対するA社の管理・支配の程度，③A社の行為によって受ける同社の利益の状況等の事情により，著作権侵害（自動公衆送信権侵害及び送信可能化権侵害）の責任を負う可能性がある。

### ▌解 説
1 本問のサービス
(1) ピア・トゥ・ピア技術（以下「P2P技術」という。）とは，ネットワークに接続される最終端末同士でメッセージやデータなどの直接のやり取りを可能にする技術のことをいう。

本問のサービス（以下「本件サービス」という。）は，このP2P技術を用いたファイル交換サービスである（なお，P2P技術を用いたファイル交換サービスには，①センターサーバにおいて各ユーザーのファイルの所在情報を管理し，他のユーザーに当該情報を提供する方式（ハイブリッド型）と，②センターサーバが存在しない方式（ピュア型。例えば，Winnyなど。）があるところ，本件サービスは前者である。）。

(2) 本件サービス（ハイブリッド型P2P）の場合，利用者は，A社（サービス提供者）が提供する専用のファイル交換用ソフトウェアを，あらかじ

め自分のパソコンにインストールするなどし，送信側の利用者が，自分のパソコンの特定のフォルダ（以下「共有フォルダ」という。）に音楽ファイルを蔵置した状態で中央サーバに接続すると，他の利用者は，中央サーバを介して当該ファイルの情報を入手できるようになり，好みのものを選択してダウンロードすると，送信側の利用者のパソコンから自動的に，当該ファイルが受信側の利用者のパソコンに送信される仕組みとなっている。

## 2 送信側の利用者の責任について

(1) 送信側の利用者は，音楽CDなどを電子化して（例えばMP3ファイル，WMAファイルなどに変換する。）パソコンに取り込んだ上で，当該音楽ファイルを共有フォルダに蔵置し，その後，パソコンを中央サーバに接続する。

(2) 送信側の利用者による音楽CDなどを電子化する行為は，「複製」（著2条1項15号）に該当する。

　著作権者の許諾を得ない複製であっても，私的使用目的であれば，著作権者の権利行使が制限される場合があるが（著30条1項柱書き），その場合でも，私的使用以外の目的のために，当該複製物によって著作物を公衆に提示した場合には，複製を行ったものとみなされる（著49条1項1号）。

　したがって，送信側の利用者による音楽CDなどの電子化については，公衆に送信する目的であった場合には，複製権侵害が成立する。また，当初は私的使用目的であった場合であっても，その後，当該音楽ファイルを共有フォルダに蔵置し，自分のパソコンを中央サーバに接続して，公衆が当該音楽ファイルを受信して音楽を再生できるようにしたことにより，複製権侵害が成立する（いずれにしても，複製権侵害が成立する。）。

(3) また，送信側の利用者が，当該音楽ファイルを共有フォルダに蔵置し，パソコンを中央サーバに接続した時点で送信可能化権侵害が，当該音楽ファイルが受信側の利用者のパソコンに送信された時点で自動公衆送信

権侵害が，それぞれ成立する。

## 3 A社の責任について
(1) 問題の所在

本件サービスでは，音楽ファイルは，送信側の利用者から受信側の利用者に直接送信されており，A社は，音楽ファイルの送信を物理的に行っているわけではない。そのため，A社がその送信可能化権侵害及び自動公衆送信権侵害の主体といえるかが問題となる（著作権の間接侵害といわれる問題である。Q89参照）。

特に，本件サービスでは，音楽ファイルは中央サーバを経由することなく送信されるため，A社の関与は，最三小判昭和63年3月15日民集42巻3号199頁〔クラブキャッツアイ事件〕の事案（カラオケスナックの経営者の場合）と比較しても，より間接的であるように思われ，同事件最高裁判決を前提にしても，侵害主体性が認められるかが問題となる。

(2) ファイルローグ事件判決について

本問と同様に，音楽ファイルに関するP2P技術を用いたファイル交換サービス（ハイブリッド型P2P）の提供者について著作権侵害が問題となった裁判例として，〔ファイルローグ事件〕がある。

〔ファイルローグ事件〕第1審中間判決（東京地中間判平成15年1月29日判時1810号29頁）は，サービス提供者が送信可能化権及び自動公衆送信権を侵害していると解すべきかについて，「①被告（注：サービス提供者。以下同じ。）……の行為の内容・性質，②利用者のする送信可能化状態に対する被告……の管理・支配の程度，③被告……の行為によって受ける同被告の利益の状況等を総合斟酌して判断すべきである」とした上で，①当該サービスは，音楽ファイルの交換に関する部分については，利用者に，市販のレコードを複製した音楽ファイルを自動公衆送信及び送信可能化させるためのサービスという性質を有すること，②当該サービスにおける利用者の送信可能化行為及び自動公衆送信は，サービス提供者の管理の下行われていること，③利用者に音楽ファイルの送信可能化行為をさせること及び音楽ファイルを他の利用者

に送信させることは，サービス提供者の営業上の利益を増大させる行為と評価できることを踏まえ，サービス提供者が，送信可能化権及び自動公衆送信権の侵害主体であると解するのが相当である旨判示した。

なお，同事件控訴審判決（東京高判平成17年3月31日（平成16年（ネ）第405号）裁判所ウェブサイト）も，サービス提供者の侵害主体性を認めた（同事件仮処分決定・東京地決平成14年4月11日判時1780号25頁でも，サービス提供者の侵害主体性が認められている。)。

(3) 本問について

本件サービスについても，①A社の行為の内容・性質，②利用者のする送信可能化状態に対するA社の管理・支配の程度，③A社の行為によって受ける同社の利益の状況等の事情により，A社が，送信可能化権及び自動公衆送信権の侵害の主体と判断される可能性がある。

なお，P2P技術を用いたファイル交換サービスは，利用者間でのファイル交換を目的とするもので，著作権を侵害しない態様での利用も想定される。この点に関して，〔ファイルローグ事件〕第1審中間判決では，サービス提供者の侵害主体性を認めるに当たって，サービス提供者の行為の内容・性質として，当該サービスは，市販のレコードを安価に取得したいと希望する者にとって極めて魅力的であって，実際にも，当該サーバが送受信の対象とする音楽ファイルの約96.7％が市販のレコードを複製した電子ファイルに関するもので，そのほとんどが違法な複製に係るものであること，サービス提供者は，当該サービス開始当時から上記事態に至ることを十分に予想していたと認められるが，著作権侵害を防止する実効性のある措置を講じていないことなどの事情が考慮されている。

本件サービスにおいても，例えば，A社が，著作権侵害のファイルを探知し，削除するフィルタを設置するなど，著作権侵害を防止する措置を取っているような事情がある場合には，その侵害主体性が否定される余地がある（潮海久雄「著作権侵害の責任主体」野村豊弘，牧野利秋編集代表『現代社会と著作権法　斉藤博先生御退職記念論集』222頁（弘文堂，2008年）参照）。

（網田　圭亮）

## Q91 インターネット掲示板における運営者の責任

**Q** インターネットの掲示板上に当社の出版物の内容がそのまま掲示板の利用者の発言として転載されています。当社は，掲示板の運営者に対して，当該発言の自動公衆送信の差止めと損害賠償を請求することができるでしょうか。

**A** 著作権者に無断で，著作物をインターネットの掲示板上に転載することは，送信可能化権，自動公衆送信権を侵害したことになる。本問では，掲示板の利用者（書込者）の発言内容は，出版物の内容をそのまま転載したもの（デッドコピー）なので，出版物の内容が著作物である限り，自動公衆送信権侵害は明白であるといえる。出版社が著作権者である場合，出版社は，直接侵害者である掲示板の利用者（書込者）に対して自動公衆送信の差止めと損害賠償を請求できるが，上記のとおり，侵害が明白であり，かつ，掲示板の運営者に対して，侵害内容を告知し，削除を要求したにもかかわらず，運営者がこれを放置したなどの一定の事情があれば，運営者に対しても，自動公衆送信の差止めと損害賠償を請求できる。

### ■ 解 説
#### 1 問題の所在（インターネットを通じた著作権侵害）

インターネットのウェブサイト上に他人の著作物を無断で掲載した場合，自動公衆送信権，送信可能化権の侵害となる（著23条）。

平成9年改正により，放送権と有線放送権に，自動公衆送信権が加えられ，公衆送信権にまとめられた。自動公衆送信は，その前段階として送信可能化を含み（著23条1項），送信可能化とは，公衆の用に供されている電気通信回線（例：インターネット回線）に接続している自動公衆送信装置（例：サーバー）やその記録媒体に情報を入力・記録すること（著2条1項9号の5イ），あるいは，情報が記録・入力されている自動公衆送信装置を上記電気通信回線に接

続すること（著2条1項9号の5ロ）をいう。

本問では，掲示板の利用者（書込者）が，インターネット回線を通じ，掲示板の運営者が設置するサーバーに，著作権者に無断で出版物の内容をそのまま，利用者の発言として書き込み（入力し），公衆送信可能化した。したがって，著作権侵害（自動公衆送信権侵害）は明らかであり，著作権者は，書込をした利用者に対し，自動公衆送信権侵害を理由として，その行為の差止め（著112条：発言内容の削除）と損害賠償（民法709条）を請求することができる。

しかし，インターネット上の掲示板は，利用者が，匿名のまま書込ができるようになっているものが多く，公衆送信権を侵害された者としては，書き込んだ者の特定ができず，書込をした者に対し，その行為の差止めや損害賠償請求をすることが事実上不可能となる。

そこで，掲示板の運営者に対し，自動公衆送信の差止め（発言の削除）や損害賠償を求めることができるか否かが問題となる。

## 2　差止請求の可否（著作権侵害の主体について）

著作権法112条1項は著作権者は，著作権を侵害する者又は侵害するおそれがある者に対し，その侵害の停止又は予防を請求することができると定めているが，無体物である著作権に対する侵害行為は，有体物に対する侵害行為とは異なり，ある程度，規範的に捉える必要がある（高林『標準』263頁）。

著作権侵害の主体について判断した最高裁判例として，最三小判昭和63年3月15日民集42巻3号199頁〔クラブキャッツアイ事件〕がある。同判決は，カラオケ装置を設置しているスナックにおいて，客が音楽著作物たる楽曲を歌唱することについて，「支配管理」（客により歌唱が店の支配管理の下，行われている。）と「営業上の利益」（客に歌唱させることにより営業上の利益を増大させることを意図していた。）の2点から，店の経営者に著作権の侵害行為主体性を認めた（いわゆるカラオケ法理）。その後，この法理を踏襲した最二小判平成13年3月2日民集55巻2号185頁〔ビデオメイツ事件〕がある。

このような考え方は，直接的な侵害行為を行っていない者でも，一定の事情のもと，侵害主体と評価し，差止請求の相手方とするものであり，東京地

判平成15年12月17日判時1845号36頁〔ファイルローグ事件（第１審）〕（**Q90**参照）も同様の考え方に基づくものといえる。

著作権に対する直接侵害者以外の関与者を差止請求の相手方とするためのもう一つの手法として，幇助者・教唆者を著作権法112条の侵害者に準じるというものがあり（田中豊「著作権の間接侵害」コピライト520号２頁），大阪地判平成15年２月13日判時1842号120頁〔ヒットワン事件〕はこの手法によるものと思われる。

なお，インターネット上の掲示板の運営者は，サーバーを提供することにより，サーバー内の情報を公衆送信していると解する考え方もある（田村善之「インターネット上の著作権侵害とプロヴァイダーの責任」ジュリ1171号69頁）。

最近，最三小判平成23年１月18日民集65巻１号121頁〔まねきTV事件〕（**Q87**参照），最一小判平成23年１月20日民集65巻１号399頁〔ロクラクⅡ事件〕（**Q88**参照）において，侵害主体についての判断が示されているので，参照されたい。

### 3　インターネット上の掲示板運営者の責任（著作権侵害以外の事例）

著作権侵害の事件とは異なるが，インターネット上の掲示板への書き込みが名誉毀損に当たるとして，掲示板の運営者に対する差止請求が認められた裁判例として，東京高判平成14年12月25日判時1816号52頁〔動物病院事件〕，東京地判平成15年６月25日判時1869号54頁〔女流棋士事件〕がある。

### 4　インターネット上の掲示板運営者の責任（著作権侵害の事例：2ちゃんねる事件）

本問と同様の事例が取り扱われた〔2ちゃんねる事件〕があり，同事件第１審判決（東京地判平成16年３月11日判時1893号131頁）は，著作権に基づく差止請求権は，現に侵害行為を行う主体となっているか，あるいは侵害行為を主体として行うおそれのある者のみを相手方として行使できると述べ，プロバイダ責任制限法の趣旨からも，本件著作権侵害を単に幇助しただけの掲示板運営者を相手にすることはできないと判断し，掲示板の運営者に対する請求

を棄却した。

　これに対し，同事件控訴審判決（東京高判平成17年3月3日判時1893号126頁）は，掲示板に書き込まれた発言内容がデッドコピーとして著作権侵害となることが極めて容易に認識し得たこと，その侵害態様も深刻であることから，著作権者から侵害の通知を受けた際には，発言者に照会するまでもなく直ちに発言を削除すべきであったとした上で，運営者が，発言者に照会すらさせず，これを放置したことは，故意又は過失により著作権侵害に加担していたものであり，著作権者による，発言者（書込者）に対する削除要求も容易ではないとして，運営者に対する差止請求と損害賠償請求を認容した。

　上記控訴審判決は，著作権の侵害状態を放置したことを理由に，掲示板運営者による著作権侵害の主体性を肯定したものと考えられる。

## 5　損害賠償請求の可否

　掲示板の運営者が損害賠償債務を負うか否かについては，プロバイダ責任制限法との関係に留意する必要がある。もっとも，本問のように，著作権侵害が明白であり，著作権者から侵害の通知を受けた場合，〔2ちゃんねる事件〕控訴審判決の立場に立つ以上，掲示板の運営者に対し，故意，過失による著作権侵害を理由に，損害賠償請求ができることになろう（民法709条。同判決は，記事の著作物使用料を200円と算定し，上記通知のあった日からのアクセス件数を乗じたものを損害と認定した。）。なお，同事件第1審判決は，著作権者からの通知が不十分であり，送信可能化及び自動公衆送信を防止すべき作為義務があったと認めることはできず，過失があったと認めることもできないとして，損害賠償請求についても棄却した。

（山田　陽三）

## Q92 記事見出しの利用と著作権侵害・不法行為

**Q** 新聞社のウェブサイトに掲載されているニュース記事について、その速報を配信するサービスを企画しています。当社のサイトにニュース記事の見出しと同一のリンク見出しを置き、リンク見出しと新聞社ウェブサイトの記事をリンクさせるという方法を考えていますが、法律上何か問題があるでしょうか。

**A** ニュース記事の見出しは、短文で、事実を表現したものにすぎなかったり、ありふれた表現であったりするため、多くの場合、著作権の対象となることはないが、字数や表現の内容によっては、著作権の対象となることもあり得る。そのような場合、著作権を有する新聞社の許諾を得ずに、自己のサイトに見出しを置くと、著作権侵害となり、差止請求や損害賠償請求を受けることになる。また、仮に、著作権の対象とならないとしても、見出しの作成に要した労力や、見出しを掲載する時期、見出しがデッドコピーであるなど、一定の事情がある場合は、新聞社の法律上保護されるべき利益を害する行為として、民法709条の不法行為が成立し、損害賠償請求を受ける可能性がある。

### ■ 解 説

#### 1 ニュース記事の見出しの著作物性について

本問の事例は、自己の開設するサイトに新聞社ウェブサイトのニュース記事の見出しと同一の見出しを置き、上記記事にリンクさせるというものである。見出しは新聞社の従業員が職務上作成したものであるから、上記見出しに著作権が発生している場合、著作権は新聞社に帰属し、新聞社の許諾を受けずに、上記見出しを掲載することは、著作権侵害（見出しの複製権侵害、公衆送信権侵害）となり、見出しの使用差止請求と損害賠償請求を受けることになる。

そこで、見出しの著作物性が問題となるが、著作権法による保護の対象となる著作物は「思想又は感情を創作的に表現したもの」であることが必要である（著2条1項1号）。

(1) 短文の著作物性

本問のように、ニュース記事の見出しは通常、短文である。俳句などの例外もあるが、短文の場合、個性の発揮される場合が少なく、表現の選択の幅も少ないため、著作物性を認めることが困難な場合が多い。

短文の著作物性が問題となった裁判例として、〔古文単語語呂合わせ事件〕（東京地判平成11年1月29日判時1680号119頁、東京高判平成11年9月30日判タ1018号259頁。「あさまし」「めざまし」という古文単語の意味（「驚くばかり」）を「朝めざましに驚くばかり」などといって覚えるための語呂合わせ42個について、第1審判決は、一部について原告に著作権を認め、さらにその一部について著作権侵害を認めた。控訴審判決は、著作権を認めながら、いずれも侵害を否定し、請求を棄却した。）と、〔交通標語事件〕（東京地判平成13年5月30日判時1752号141頁、東京高判平成13年10月30日判時1773号127頁、「ボク安心ママの膝よりチャイルドシート」という交通標語について著作物性を認めながら、「ママの胸よりチャイルドシート」という標語が実質的同一でないとして請求を棄却した。）がある。

(2) 著作権法10条2項

事実自体は著作権法の保護の対象とならない。著作権法10条2項は、「事実の伝達にすぎない雑報及び時事の報道は、……（言語の）著作物に該当しない。」と定めており、死亡公告や人事異動の記事は、著作物性が否定される。もっとも、新聞記事でも、事件の選択、情勢分析、評価、文章上の工夫等が加わっている以上、思想・感情が表現されており、著作物性を認めることができる（中山『著作権法』38頁）。

(3) YOL（ヨミウリ・オンライン）事件

本問と同様の事例が取り扱われた裁判例として、〔YOL事件〕があり、同事件第1審判決（東京地判平成16年3月24日判時1857号108頁）は、新聞社の作成したニュース記事の見出し（YOL見出し）は、①その性質上、簡潔な表現に

より表記されるものであり，②25字という字数の制約があり，表現の選択の幅は広いとはいえないこと，③記事に記載された事実を抜き出して記述したもので，著作権法10条2項所定の「事実の伝達にすぎない雑報及び時事の報道」に該当するとして，著作物性を否定した。

同事件控訴審判決（知財高判平成17年10月6日（平成17年（ネ）第10049号）裁判所ウェブサイト）は，「ニュース報道における記事見出しであるからといって，直ちにすべてが著作権法10条2項に該当して著作物性が否定されるものと即断すべきものではなく，その表現いかんでは，創作性を肯定し得る余地もないではないのであって，結局は，各記事見出しの表現を個別具体的に検討して，創作的表現であるといえるか否かを判断すべきものである。」とした上で，個々の見出しについて著作物性を否定した。

## 2 不法行為の成否

(1) 著作権侵害不成立の場合に不法行為を認めるための要件

著作権侵害が認められない場合であっても，対象となった情報等の無断使用が，不法行為を構成する場合がある。もっとも，当該情報に著作権を認めない以上，当該情報を自由に使用して競争し得ることを意味しており，法的安定性の観点からも，当該情報を使用したというだけで不法行為の成立を認めるべきではなく，当該情報の入手方法，使用の態様，不当な競業態様等を総合勘案し，違法性の強い場合に初めて認めるべきである（中山『著作権法』208頁，同旨：高林『標準』272頁）。

著作権侵害が否定されたにもかかわらず，一般不法行為の成立を認めた裁判例として，東京高判平成3年12月17日判時1418号120頁〔木目化粧紙事件〕，〔自動車データベース事件〕（東京地中間判平成13年5月25日判時1774号132頁，東京地判平成14年3月28日判時1793号133頁）などがある。

いずれも，費用と労力をかけて対象商品を作成したこと，競業関係にあること，デッドコピーであることなどを理由に，「公正かつ自由な競争原理によって成り立つ取引社会において，著しく不公正な手段を用いて他人の法的保護に値する営業活動上の利益を侵害するものとして，不法行為を構成する

というべきである」とした上で，不法行為の成立を認めている。

(2) YOL 事件

〔YOL 事件〕第 1 審判決は，YOL 見出しは，「原告（新聞社）自身がインターネット上で無償で公開した情報であり，……著作権法等によって，原告に排他的な権利が認められない以上，第三者がこれらを利用することは，本来自由であるといえる。不正に自らの利益を図る目的により利用した場合あるいは原告に損害を加える目的により利用した場合など特段の事情のない限り，インターネット上に公開された情報を利用することが違法となることはない。」として，不法行為の成立を否定した。

これに対して，同事件控訴審判決は，ニュース記事の見出しについて，多大な労力と費用をかけて作成されており，見出しのみが有料での取引対象とされていることから，法的保護に値する利益となり得るとした上で，被告が，原告に無断で，営利の目的をもって，反復継続して，情報の鮮度が高い時期に，デッドコピーした見出しを，自己のサイト上に作成するなどの一連の行為は，社会的に許容される限度を超えたものであって，法的保護に値する利益を違法に侵害したものとして不法行為を構成すると判断し，損害賠償請求を一部認容した。損害額の算定については，民訴法248条の趣旨に徴しつつ，適正な使用料に相当する金額を月額 1 万円であるとして，逸失利益を算定した。

(3) 差止請求の可否

なお，排他的権利である著作権を認めることができない以上，不法行為に基づく差止請求は認められないとするのが通説であり，〔YOL 事件〕控訴審判決も否定している。

（山田　陽三）

## Q93 未承認国の国民の著作物に対する保護と不法行為

**Q** 日本のテレビ局がニュース番組を制作，放送するに当たり，北朝鮮で制作された映画のうち一部の映像を番組内で使用しました。この映画について北朝鮮の法令に基づく著作権を有するXは，ベルヌ条約により日本国内でも著作権が保護されるから，著作権侵害又は不法行為が成立すると主張しています。これに対し，テレビ局は，北朝鮮が国家として承認されていないから，北朝鮮で制作された映画の著作権は日本国内で保護されないと反論しています。
どのように考えたらよいのでしょうか。

**A** 1 既に効力が生じている多数国間条約に未承認国が事後に加入した場合，締約国は，当該未承認国との間における当該条約に基づく権利義務関係を発生させるか否かを選択できる。当該条約に基づき締約国の負担する義務が普遍的価値を有する一般国際法上の義務であるときなどは別であるが，ベルヌ条約に基づく義務は，これに当たらない。

日本は，北朝鮮を国家として承認しておらず，北朝鮮はベルヌ条約に事後に加入したものであるから，北朝鮮との間に当該条約に基づく権利義務関係を発生させるか否かを選択できる。

日本は，北朝鮮との間にベルヌ条約に基づく権利義務関係が発生しないという立場を採っているから，設問でも著作権侵害が成立することはない。

2 著作権法6条3号所定の著作物に該当しない著作物の利用行為は，同法が規律の対象とする著作物の利用による利益とは異なる法的に保護された利益を侵害するなどの特段の事情がない限り，不法行為を構成しない。

設問でも，特段の事情がない限り，不法行為は成立しない。

## ▍解　説
### 1　著作権侵害の成否
(1)　保護を受ける著作物

著作権法6条は，「著作物は，次の各号のいずれかに該当するものに限り，この法律による保護を受ける。」と規定しており，同条3号は，「条約によりわが国が保護の義務を負う著作物」と規定している。

日本は，北朝鮮を国家として承認していないものの，北朝鮮は，ベルヌ条約の締約国であるから，ベルヌ条約により，日本が北朝鮮の国民の著作物についても保護の義務を負うかが問題となる。

(2)　国家の承認

国家の存在，成立について，国家間で統一的に認定する手続は存在しない。この認定は，個々の国家による他の国家に対する「承認」という行為に委ねられている。

承認の法的性質については，創設的効果説と宣言的効果説，これらを修正する説があるとされている。創設的効果説は，西欧近代国家を前提とする国際法秩序を正当化するものとして成立した側面があるとされており，宣言的効果説は，自然法論者が多く採る見解のようである。いずれの見解を採るかにより，承認の効果が演繹的に導き出されるものではないようであるから，説明の問題にすぎないように思われる。

承認の法的効果について，承認国と被承認国との間で相対的な効力を有するにすぎないこと，承認国と被承認国との間で国際法上の一般的権利義務関係が発生することは，一致して認められている。他方で，未承認国との関係でも，領土主権の尊重など一定の基本的権利義務が発生することも認められているようであるし，気象，郵便などに関する実務的条約は，未承認国との間でも締結されているようである。

承認の方式としては，明示的承認と黙示的承認があるとされている。未承認国を当事国として含む多数国間条約の締結がされた場合や，未承認国が国連などの国際組織に加盟した場合については，他の締約国による黙示的承認には当たらないとされているようである。

(3) 事後に加入した未承認国との間における条約上の権利義務関係

　ア　ベルヌ条約29条(1)は，「同盟に属しないいずれの国も，この改正条約に加入することができるものとし，その加入により，この条約の締約国となり，同盟の構成国となることができる。加入書は，事務局長に寄託する。」と規定している。このように，条約への加入について，同盟国の承諾など特段の要件を設けていない条約を「開放条約」などと呼ぶ。

　このような開放条約に未承認国が加盟した場合，締約国が当該未承認国との間で条約上の義務を負うかについて当該条約に明文の規定がないとき，どのように解するべきかが問題となる。

　イ　この点について，最一小判平成23年12月8日民集65巻9号3275頁〔北朝鮮映画事件〕は以下のとおり判示している。

　「我が国について既に効力が生じている多数国間条約に未承認国が事後に加入した場合，当該条約に基づき締約国が負担する義務が普遍的価値を有する一般国際法上の義務であるときなどは格別，未承認国の加入により未承認国との間に当該条約上の権利義務関係が直ちに生ずると解することはできず，我が国は，当該未承認国との間における当該条約に基づく権利義務関係を発生させるか否かを選択することができる」。

　ベルヌ条約は，同盟国という国家の枠組みを前提として著作権の保護を図るものであり，普遍的価値を有する一般国際法上の義務を締約国に負担させるものではないから，「我が国は，当該未承認国との間における当該条約に基づく権利義務関係を発生させるか否かを選択することができる」。

　そして，「我が国について既に効力を生じている同条約に未承認国である北朝鮮が加入した際，同条約が北朝鮮について効力を生じた旨の告示は行われておらず，外務省や文部科学省は，我が国は，北朝鮮の国民の著作物について，同条約の同盟国の国民の著作物として保護する義務を同条約により負うものではないとの見解を示しているとい

うのであるから，我が国は，未承認国である北朝鮮の加入にかかわらず，同国との間における同条約に基づく権利義務関係は発生しないという立場を採っている」。

したがって，北朝鮮の国民の著作物である本件映画は，著作権法6条3号の著作物には当たらない。

ウ　上記判示では必ずしも明らかではないが，日本国憲法73条2項によると「外交関係を処理すること」は内閣の職務とされているから，我が国において「未承認国との間における当該条約に基づく権利義務関係を発生させるか否かを選択する」権限を有する国家機関は内閣であることが前提とされているように思われる。

なお，コモンロー系の国々では，承認の有無について，裁判所が行政府に問い合わせを行い，その返答を尊重するということが広く行われているようである。

## 2　不法行為の成否

(1)　著作権侵害に対する一般不法行為の成否

「著作権法は，著作物の利用について，一定の範囲の者に対し，一定の要件の下に独占的な権利を認めるとともに，その独占的な権利と国民の文化的生活の自由との調和を図る趣旨で，著作権の発生原因，内容，範囲，消滅原因等を定め，独占的な権利の及ぶ範囲，限界を明らかにしている。同法により保護を受ける著作物の範囲を定める同法6条もその趣旨の規定であると解されるのであって，ある著作物が同条各号所定の著作物に該当しないものである場合，当該著作物を独占的に利用する権利は，法的保護の対象とはならない」。

「したがって，同条各号所定の著作物に該当しない著作物の利用行為は，同法が規律の対象とする著作物の利用による利益とは異なる法的に保護された利益を侵害するなどの特段の事情がない限り，不法行為を構成するものではない」（前掲〔北朝鮮映画事件〕）。

学説にも同旨を述べるものがある（潮見佳男『不法行為法Ⅰ〔第2版〕』90頁以

(2) 特段の事情

著作権法18条〜20条，113条6項によれば，人格的利益についても相当広範に保護の対象とされていることからすると，上記(1)の「特段の事情」が認められるのは，相当に限定された場合に限られる。

上記最判では，日本国内において第三者との間で独占的利用許諾契約を締結したことによる営業上の利益について，これに当たることが示唆されているものの，結論としては営業妨害の成立が否定されている。他には，「当該著作者が著作物によってその思想，意見等を公衆に伝達する利益」（最一小判平成17年7月14日民集59巻6号1569頁〔船橋市西図書館事件〕）などが当たり得ると考えられる。

## 3 参考文献

松井芳郎「第2章 国際法主体としての国家」高林秀雄ほか編『国際法Ⅰ』49頁以下（東信堂，1990），内田久司「Ⅲ 国家の成立」「10 承認の性質，方式」「11 国家承認」寺澤一ほか編『標準国際法〔新版〕』75頁以下（青林書院，1993），松田幹男「第3章 国家」波多野里望，小川芳彦編『国際法講義〔新版増補〕』71頁以下（有斐閣，1998），松井芳郎ほか著『国際法〔第5版〕』34頁以下（有斐閣，2007），山本草二『国際法〔新版〕』174頁以下，201頁（有斐閣，1994），山田真紀「判批」L＆T56号82頁以下

（西田　昌吾）

第 9 章

# 条約, 準拠法, 刑事罰

## Q94 著作権をめぐる国際条約

**Q** 著作権法5条によれば,著作権に関しては国際条約が著作権法に優先するとされています。著作権に関する国際条約としては,どのようなものがありますか。

**A** 著作権に関する属地主義の原則から外国において著作権の保護が実現できないという不都合を解消し,これにより著作権の国際的な保護を実現することを主たる目的とした条約には,ベルヌ条約及び万国著作権条約がある。

著作権に関連する新たな権利(著作隣接権等)や新たな情報媒体の登場に併せて,これらについても国際的な保護が実現されることを主たる目的とした条約には,ローマ条約,レコード保護条約,WIPO著作権条約及びWIPO実演・レコード条約がある。

世界貿易機関(WTO)の設立に併せて,WTO加盟国が知的財産権の保護に関して最低限遵守すべき事項を定めた条約として,TRIPS協定がある。

さらに,第二次世界大戦に関連したいわゆる戦時加算について定めた条約として,サンフランシスコ平和条約がある。

## 解 説

### 1 著作権及び著作隣接権に関する条約の必要性について

日本人の著作物又は最初に我が国で作成された著作物は,我が国の著作権法によりその著作権が保護される(著6条1号,2号)から,我が国においては著作者以外の者による複製等が禁じられる。しかし,我が国の著作権法に基づく著作権は,その効力が我が国の領域においてのみ認められると考えられているから,外国の領域における複製等を禁止できるものではない。これを属地主義の原則というが,この原則は,各国の著作権法やこれに基づく著

作権・著作隣接権に等しく妥当するものと考えられている。

したがって，仮にA国の著作権法が，我が国の著作権法と同様，A国人の著作物又は最初にA国内で発行された著作物のみを保護する旨を規定していたとすると，日本人の著作物又は最初に我が国で発行された著作物は，A国法の下でA国の領域内では「適法に」複製することができる結果，著作者の利用許諾を受けなくても，A国を出発点として我が国を含む世界中に流通が可能となる。他方，A国人の著作物又は最初にA国内で発行された著作物は，我が国の著作権法では保護されないから，我が国の領域内では「適法に」複製することができる結果，やはり同じことが起こる。このような事態が発生すると，各国の著作権法が著作者以外の者による著作物の複製等を禁止した意味は，ごく限られたものになってしまう。

この問題は，各国が外国人の著作物又は最初に外国で発行された著作物についても自国民の著作物又は最初に自国内で発行された著作物と同様の保護を与えることとすれば，各国において同時に解決するものでもある。そして，各国が上記の保護を等しく与えることとするためには，各国がその旨を定めた多数国間条約を締結すればよい。

そこで，各国は，多数国間条約を締結することで，外国人の著作物又は最初に外国で発行された著作物についても相互に保護を与える義務を負うこととした（ベルヌ条約，万国著作権条約）ほか，著作権に関連する新たな権利（著作隣接権等）や新たな情報媒体の登場に併せて，これらについても国際的な保護が実現されるよう，各種の多数国間条約を作成することで（ローマ条約，WIPO著作権条約等），著作権及び著作隣接権等の国際的な保護を実現してきた。

## 2　著作権法5条の趣旨について

著作権法5条は，前記のような経緯を背景として規定されたものだが，日本国憲法98条2項は，条約の誠実遵守義務を規定しているから，著作権法5条は，当然のことを念のために規定したものである。また，我が国では，通常，条約の締結に併せて国内法を整備しているため，同条の適用が問題とな

る事例は，にわかに想定し難い。

## 3 我が国が締約国となっている著作権等に関する条約について
(1) ベルヌ条約（文学的及び美術的著作物の保護に関するベルヌ条約，パリ改正条約）

ベルヌ条約は，明治20年（1887年）に発効し，昭和46年（1971年）に最後の改正がされた著作権に関する最も基礎的な条約である。ベルヌ条約3条は，いずれかの同盟国の国民又はそこに常居所を有する者を著作者とする著作物に加えて，いずれかの同盟国において最初に発行された著作物を保護する旨を規定しており，これにより，前記の属地主義の原則に起因する問題を解決している（著6条3号）。以上のほかに，ベルヌ条約では，例えば，外国人が自国民と同じ権利を享有することや（内国民待遇の原則。同条約5条(1)），著作権の享有及び行使に方式を要しないこと（無方式主義。同条(2)）などを規定している。

(2) 万国著作権条約（パリ改正条約）

万国著作権条約は，昭和30年（1955年）に発効し，昭和46年（1971年）に最後の改正がされた条約で，著作権の保護に当たって登録等を要求していた米国その他の方式主義諸国と無方式主義を採用しているベルヌ条約同盟国との間の不調和を解消することを主たる目的として作成されたものある。無方式主義諸国の著作物は，この条約に基づき©の記号等を表示することで，方式主義諸国でも著作権が保護されることとなった。なお，米国は，その後，無方式主義を採用してベルヌ条約同盟国となっている。

(3) ローマ条約（実演家，レコード製作者及び放送機関の保護に関する国際条約）

ローマ条約は，昭和39年（1964年）に発効したもので，実演家等の権利を著作隣接権として認めるものである。

(4) レコード保護条約（許諾を得ないレコードの複製からのレコード製作者の保護に関する条約）

レコード保護条約は，昭和48年（1973年）に発効したもので，ローマ条約が保護する者のうちレコード製作者について，同条約が発効しない国との関

係においてもその権利を保護するために作成されたものである。

(5) TRIPS協定（世界貿易機関を設立するマラケシュ協定附属書一C　知的所有権の貿易関連の側面に関する協定）

TRIPS協定は，平成7年（1995年）に発効したもので，世界貿易機関（WTO）の設立に併せて，WTO加盟国が知的財産権の保護に関して最低限遵守すべき事項を定め，同加盟国に対して国内法の整備による同協定の実施を義務付けるものである。

(6) WIPO著作権条約（著作権に関する世界知的所有権機関条約）

WIPO著作権条約は，平成14年（2002年）に発効したもので，デジタル化・ネットワーク化時代に対応してコンピュータ・プログラムやデータの編集物を保護の対象とするほか，著作権者の譲渡権等を保障するものである。

(7) WIPO実演・レコード条約（実演及びレコードに関する世界知的所有権機関条約）

WIPO実演・レコード条約は，平成14年（2002年）に発効したもので，特に演奏家人格権やレコードに係る実演家等の権利を規定するものである。

(8) サンフランシスコ平和条約（日本国との平和条約）

これは，第二次世界大戦における連合国と日本国との間の戦争状態を終結させるための条約で，昭和27年（1952年）に発効した。同条約15条(c)は，いわゆる戦時加算について規定しており，これを受けて「連合国及び連合国民の著作権の特例に関する法律」が制定されている。

（井上　泰人）

## Q95 戦時加算特例法

**Q** 第2次世界大戦前に連合国の国民が著作権者であった著作物については，その保護期間に戦争の期間を加算するという法律があると聞きましたが，どのような内容ですか。

**A** 「日本国との平和条約」（昭和27年4月28日発効）に基づいて制定された「連合国及び連合国民の著作権の特例に関する法律」（以下「戦時加算特例法」という。）が，いわゆる戦時加算の制度を定めている。

戦時加算とは，戦争期間中，日本国内では連合国及び連合国民（戦時加算特例法2条で定義されている。）が有する著作権が実質的に保護されていなかったという前提に立って，上記平和条約により，条約関係にある連合国の国民が有する著作権の保護期間を一定期間延長するもの。上記平和条約15条が日本国に戦時加算義務を課しており，これを受けて制定されたのが戦時加算特例法である。

戦時加算特例法は，著作権の存続期間の特例として，①戦争が始まる前の時点（昭和16年12月7日の時点）で連合国及び連合国民が有していた著作権は，通常の保護期間に戦争期間及び終戦から平和条約発効前日までの期間，すなわち，「昭和16年12月8日（参戦当日）から日本国と当該連合国との間に日本国との平和条約が効力を生ずる日の前日までの期間」に相当する期間を加算して保護すること（同法4条1項），②戦争期間中及び終戦から平和条約発効前日までの期間中に連合国又は連合国民が取得した著作権については，通常の保護期間に当該取得の日から平和条約発効前日までの期間を加算して保護すること（同条2項）を定めている。また，翻訳権の10年留保については，これらの期間を加算した上，更に6か月を加算するものとされている（同法5条）。

国によって平和条約締結の日が異なるため，加算される日数も異なることに注意が必要である。

## 解　説
### 1　著作権の保護期間
(1)　著作権の存続期間は，著作物の創作の時に始まる（著51条1項）。現行法及び旧法において，著作権の保護期間は，それぞれ次のとおりと定められている。

| 著作物の種類 | 現行法 | 旧法 |
|---|---|---|
| 実名の著作物 | 死後50年（著51条） | 生前公表―死後38年<br>死後公表―公表後38年 |
| 無名・変名の著作物 | 公表後50年（死後50年経過が明らかであれば，その時点まで）（著52条） | 公表後38年 |
| 団体名義の著作物 | 公表後50年（創作後50年以内に公表されなかったときは，創作後50年）（著53条） | 公表後33年 |
| 映画の著作物 | 公表後70年（創作後70年以内に公表されなかったときは，創作後70年）（著54条） | 独創性のあるものついては，実名の著作物に同じ。<br>独創性を欠くものについては，写真の著作物（発行又は創作後13年）に同じ。 |

(2)　現行法上，保護期間の計算方法については，これを簡便にするため，全ての期間につき，著作者が死亡した年又は著作物が公表され若しくは創作された年の翌年から起算するものとされている（著57条）。旧法においても，著作者が死亡した年又は著作物を発行又は興行した年の翌年から起算するものとされていた（旧著作権法9条）。

### 2　外国人の著作物の保護期間
(1)　保護期間

　日本の著作権法の保護対象となる外国人の著作物については，日本法の定める保護期間が適用されるが，その著作物の本国において定められる保護期間を超えることはない（ベルヌ条約7条8項，万国著作権条約4条1項及び4項）。

これを受けて，著作権法58条は，ベルヌ同盟国，WIPO著作権条約の締結国及びWTO加盟国を本国とする著作物で，その本国において著作権の存続期間が日本の著作権法が定める存続期間より短いものについては，その本国で定められた存続期間に限って保護すれば足りるものと定めている（相互主義）。

(2) 翻訳権の10年留保

旧著作権法においては，著作権者が原著作物発行のときより10年以内にその翻訳物を発行しないときには，その翻訳権が消滅し，誰でも自由に翻訳をすることができるものとされていた（旧著作権法7条）。この制度を翻訳権の10年留保と呼んでいる。現行法においては，同制度は採用されず，翻訳権は他の権利と同様に保護されているが，現行法施行前に発行された著作物については，なお同制度が適用される（現行著作権法附則8条）。

### 3 戦時加算特例法

(1) 前記のとおり，戦時加算とは，戦争期間中，日本国内では連合国及び連合国民が有する著作権が実質的に保護されていなかったという前提に立って，前記平和条約により，条約関係にある連合国の国民が有する著作権の保護期間を一定期間延長するものであり，前記平和条約15条が日本国に戦時加算義務を課している。

これを受けて制定されたのが戦時加算特例法であり，戦時加算特例法は，著作権の存続期間の特例として，①戦争が始まる前の時点（昭和16年12月7日の時点）で連合国及び連合国民が有していた著作権は，通常の保護期間に戦争期間及び終戦から平和条約発効前日までの期間，すなわち，「昭和16年12月8日（参戦当日）から日本国と当該連合国との間に日本国との平和条約が効力を生ずる日の前日までの期間」に相当する期間を加算して保護すること（同法4条1項），②戦争期間中及び終戦から平和条約発効前日までの期間中に連合国又は連合国民が取得した著作権については，通常の保護期間に当該取得の日から平和条約発効前日までの期間を加算して保護すること（同条2項）を定めている。また，翻訳権

の10年留保については，これらの期間を加算した上，更に6か月を加算するものとされている（同法5条）。

(2) 具体的に加算すべき期間は，平和条約締結の日がいつかによって異なる。例えば，アメリカ，イギリス，フランス，カナダ，オーストラリア，スリランカ，パキスタン，ニュージーランドは3794日，ブラジルは3816日，オランダは3844日，ベルギーは3910日，ギリシャは4180日となっている（著作権法令研究会編著『実務家のための著作権ハンドブック〔第8版〕』52頁（著作権情報センター，2011））。

(3) 戦時加算は日数計算で行うため，同一の作家の作品でも，戦時加算の対象になるものとそうでないものとで保護期間の満了日が異なる結果となることに注意が必要である。また，旧著作権法の下では，昭和45年に現行法が制定されるまで，漸次，存続期間を延長する暫定措置が講じられているので，現行法に移り変わる際の経過措置との関係でも注意が必要である（田村『概説』293頁）。

## 4 戦時加算が問題となった事例

(1) 戦時加算をして保護期間が算定された事例としては，最一小判平成9年7月17日民集51巻6号2714頁〔ポパイネクタイ事件〕，東京高判平成13年5月30日判時1797号131頁〔キューピー著作権事件（②事件）〕等がある。

(2) 戦時加算を認めなかった事例としては，例えば，東京地判平成18年3月22日判タ1226号284頁〔リヒャルト・シュトラウス事件〕がある。同判決は，「戦時加算特例法が，日本国との平和条約15条(c)の規定に基づいて制定されたものであり（同法1条），その趣旨が，戦時中，連合国又は連合国民が有していた著作権については，日本においてこれを行使し得ず，実質的な保護が図れなかったことから，存続期間の例外を定めたという点にあることにかんがみると，同法4条1項の適用に当たっては，戦時中，当該著作権の行使が日本において完全に否定されていたか否かという観点から，『連合国及び連合国民が有していた著作権』と評

価できるか否かを検討すべき」と判示した上で，連合国民以外の者による日本での権利行使の可能性があったとして，戦時加算を認めなかった。同判決において別件訴訟として言及されている東京高判平成15年6月19日（平成15年（ネ）第1752号）裁判所ウェブサイトも基本的に同様の判断を示しているが，適用可否の判断基準を明確に示しているという意味では，前掲平成18年東京地判の方がより踏み込んだ判断をしている。ほかに，チェコスロバキアは平和条約締結国でないとしてチェコ人の著作物につき戦時加算を認めなかった事例（東京地判平成10年3月20日（平成9年（ワ）第12076号）判例集未登載）がある。

（寺田　利彦）

## Q96 著作権侵害と準拠法

**Q** 外国において発表，出版された外国語の詩につき，日本において，原著作者の許諾や氏名の表示なく，その翻訳文を掲載した著作物が刊行されました。当該行為が著作権の侵害であるかどうかは，どの国の法令に基づいて考えればよいのですか。

**A** ベルヌ条約の同盟国の国民が創作した著作物について，我が国における利用行為が問題になっている場合において，差止請求及び損害賠償請求ともに，日本法を準拠法とすべきであるが，著作権の譲渡，許諾契約又は職務著作等の単位法律関係が問題になる場合には，それぞれ法適用通則法に従って定められる国の法律によるべきである。

### ▍解　説
### 1　準拠法についての基本的考え方
(1)　渉外的要素のある訴訟の準拠法

渉外的要素を有する著作権関係訴訟においては，まず，国際裁判管轄が問題となり，これが認められれば，次にどこの国の法律に従って判断するのかという準拠法が問題となる。準拠法は，まず，問題となる単位法律関係に分け，その法律関係の性質を決定し，法適用通則法に従って，定められるべきである。なお，我が国の著作権法は，外国人の著作物であっても，最初に国内において発行された著作物及びベルヌ条約等の条約により我が国が保護の義務を負う著作物について，保護を与えている（著 6 条 2 号，3 号）。

(2)　準拠法の決定ルール

我が国には知的財産権侵害の準拠法を直接的に規定する法律はなく，法適用通則法 17 条が，不法行為の原則的連結政策として，「不法行為によって生ずる債権の成立及び効力は，加害行為の結果が発生した地の法による。ただし，その地における結果の発生が通常予見することのできないものであった

ときは，加害行為が行われた地の法による。」と規定している。
　著作権に関する最高裁判例はないが，特許権侵害訴訟に関する準拠法決定ルールを明確にした最一小判平成14年9月26日民集56巻7号1551頁〔FM信号復調装置事件〕が参考になる。同判決によれば，損害賠償請求については，法律関係の性質は不法行為であり，法適用通則法17条により，「加害行為の結果が発生した地の法」が準拠法となる。また，差止請求については，法律関係の性質は特許権の排他的効力であり，条理により「登録国」の法律が準拠法になるとされたが，著作権には登録国は存在せず，これに相当するのは，「保護が要求される同盟国」（ベルヌ条約5条(2)参照）と考えられる。
　(3)　ベルヌ条約
　ところで，ベルヌ条約5条(2)は，「保護の範囲及び著作者の権利を保全するため著作者に保障される救済の方法は，この条約の規定によるほか，専ら，保護が要求される同盟国の法令の定めるところによる」旨規定する。同項の規定については，法廷地法を定めたものであるとの見解もあるが，「保護が要求される同盟国」（lex loci protectionis）という連結点によって準拠法が定められていると解するのが多数説であり，アメリカ合衆国でも通説・判例となっている[1]。もっとも，近時，保護の範囲及び著作者の権利を保全するため著作者に保障される救済の方法は，その都度保護のために適用される法が独自に定めるべきことを確認的に規定したものと解する法廷地国際私法説も有力に唱えられている[2]。

## 2　著作権侵害訴訟について準拠法が問題となる場面
　(1)　外国人が創作した著作物に係る訴訟
　外国人の著作物や外国で最初に公表された著作物であっても，我が国における利用行為が問題になっている訴訟であれば，我が国の裁判所に国際裁判管轄が認められ，準拠法の決定が問題となる。

---

[1]　道垣内正人「著作権をめぐる準拠法及び国際裁判管轄」コピライト2000年8月号14頁
[2]　駒田泰土「インターネットによる著作権侵害の準拠法」特許ニュース10711号1頁

このような著作物に係る著作権に基づく差止請求及び廃棄請求の法律関係の性質は，著作権の排他的効力に基づくから，その法律関係の性質は著作権を保全するための救済方法と決定すべきである。著作権を保全するための救済方法の準拠法は，ベルヌ条約5条(2)により，「保護が要求される同盟国」である我が国の法律である[3]。

　また，このような著作物に係る著作権の侵害を理由とする損害賠償請求及び謝罪広告請求の法律関係の性質は，不法行為であり，その準拠法は，法適用通則法17条により，「加害行為の結果が発生した地」である我が国の法律である。

　したがって，上記訴訟において著作権侵害か否かは，日本法に基づいて判断されることになる。もっとも，以下のような単位法律関係が問題になる場合には，それぞれの準拠法を決定すべきである。

(2) 著作権の帰属及び取得原因に関する準拠法

　渉外的要素を含む著作権訴訟において，前提問題としてベルヌ条約の同盟国の国民である原告の著作権に争いがある場合，ベルヌ条約5条(2)によれば，著作物の保護の範囲（権利の享有，権利の範囲等）は，専ら，保護が要求される同盟国の法令の定めるところによるから，我が国における著作権の帰属や有無等については，我が国の著作権法の規定を準拠法として判断すべきである（著5条）。

　なお，著作権の帰属のうち，職務上作成される著作物に係る著作者性や権利の帰属については，各国の立法政策が強く反映され，さまざまな法制度があり，著作者を原則として自然人に限定する立法例や，法人著作をより肯定的に捉える立法例など，多様であり，いかなる国の法律を準拠法とするかによって，著作者の認定が異なってくる。そこで，著作者の認定は，保護国法によるべきであるとする見解，本国法によるべきであるとする見解，著作者及び著作物に最も密接な関連を有する国の法によるべきであるとする見解もある。職務著作に関する規律は，その性質上，法人その他使用者と被用者の

---

[3] 高部『著作権訴訟』385頁

雇用契約の準拠法国における著作権法の職務著作に関する規定によるとする裁判例がある（東京高判平成13年5月30日判時1797号131頁〔キューピー著作権事件（②事件）〕）。

また，著作権の譲渡について適用されるべき準拠法を決定するに当たっては，譲渡の原因関係である契約等の債権行為と，目的である著作権の物権類似の支配関係の変動とを区別し，前者の譲渡契約の成立及び効力について適用されるべき準拠法は，法律行為一般について規定する法適用通則法7条により，当事者が当該法律行為の当時に選択した地の法によるべきであり，後者の著作権の物権類似の支配関係の変動については，同法13条の趣旨に照らし，保護が要求される同盟国の法令が準拠法となる（東京高判平成15年5月28日判時1831号135頁〔「ダリの世界」展カタログ事件〕，知財高判平成21年10月28日判時2061号75頁〔苦菜花事件〕）。

なお，相続関係が問題になる場合は，法適用通則法36条により，被相続人の本国法による（東京地判平成16年5月31日判時1936号140頁〔XO醬男と杏仁女事件〕）。

(3) 許諾契約の準拠法

外国人が創作した著作物に係る侵害訴訟において，被告が著作権者から許諾を受けて使用している旨の抗弁を提出した場合，許諾契約の成立及び効力に関しては，当事者が契約の当時に選択した地の法を準拠法とすることにより（法適用通則法7条），他方，選択がないときは，契約当時において契約に最も密接な関係がある地の法を準拠法とすることになる（同法8条1項）。

## 3 本問の解答

本問の参考裁判例となる前掲東京地判平成16年5月31日〔XO醬男と杏仁女事件〕は，中国の詩人A（本訴提起後に死亡）の相続人であるXらが，日本で小説を執筆したY₁及び出版社Y₂に対し，Yらの行為がAが創作した中国語の詩についての著作権（翻訳権），著作者人格権（氏名表示権及び同一性保持権）等を侵害すると主張して，差止め，損害賠償等を請求した事案である。同判決は，著作権に基づく差止請求は，著作権の排他的効力に基づく，著作

権を保全するための救済方法というべきであるから，その法律関係の性質を著作権を保全するための救済方法と決定し，ベルヌ条約5条(2)により，保護が要求される同盟国である日本の法令の定めるところによると判断した。また，著作権侵害を理由とする損害賠償請求の法律関係の性質は，不法行為であり，その準拠法は，法適用通則法17条により加害行為の結果が発生した日本の法律によるべきであるとした。その後の渉外的な要素を含む著作権侵害訴訟においては，いずれも上記裁判例と同様の見解が採用されている（東京地決平成18年7月11日判時1933号68頁〔ローマの休日事件〕，前掲〔苦菜花事件〕）。

(髙部　眞規子)

## Q97 著作権の譲渡・移転と準拠法

**Q** 外国人画家Aとの著作権の信託譲渡契約に基づき日本における著作権管理を行っていましたが，Aが死亡しました。⑴ この場合に著作権の帰属についての準拠法はどうなるでしょうか。⑵ BはAから絵画の著作権を譲り受けたと主張していますが，著作権移転の対抗関係はどう考えるべきでしょうか。

**A** 著作権譲渡の準拠法については，著作権譲渡の原因である債権行為の準拠法と著作権という物権類似の支配関係変動の準拠法とが別個に決定される。債権行為の準拠法は，当事者が選択した地の法により（法適用通則法7条），選択がないときは最も密接な関係がある地の法による（法適用通則法8条）。物権類似の支配関係変動の準拠法は，保護国である日本法による。著作権移転の対抗関係については，著作権という物権類似の支配関係変動に関するものとして，保護国である日本法による。

### ▌解 説
#### 1 著作権譲渡の準拠法

設問の著作権の信託譲渡契約（以下「本件譲渡契約」という。）については，契約当事者が外国人であり，渉外的要素のある法律関係であるため，いかなる国の法律を適用すべきかという準拠法の決定が問題となる。

著作権譲渡の準拠法については，著作権譲渡の原因である債権行為の準拠法と著作権という物権類似の支配関係変動の準拠法とを別個に決定すべきものとされている（東京高判平成13年5月30日判時1797号111頁〔キューピー著作権事件（①事件）〕，東京高判平成15年5月28日判時1831号135頁〔「ダリの世界」展カタログ事件〕参照）。

著作権譲渡の原因である債権行為に適用されるべき準拠法は，当事者が法律行為（譲渡契約）のときに選択した地があるときは，その地の法により（法

適用通則法7条)，選択がないときは，当該法律行為の当時において当該法律行為に最も密接な関係がある地の法による（法適用通則法8条1項）とされている。法適用通則法8条3項は，不動産を目的とする法律行為については不動産所在地を最密接関係地法と推定しており，同項によれば，物権類似の権利である著作権の譲渡契約については，後記2と同様の理由により，保護国の法令が準拠法と推定されることになろう。

法適用通則法施行前の事案であるが，前記〔「ダリの世界」展カタログ事件〕は，外国人画家との間の著作権譲渡に関する契約につき，契約上の合意に基づき，スペイン法を準拠法と判断した。また，前記〔キューピー著作権事件（①事件）〕判決は，外国人を著作者とする著作物の著作権譲渡契約につき，契約上は明示の準拠法の合意がないものの外国人から日本国民に対し日本国内において効力を有する著作権を譲渡するというものであるから，日本法を準拠法とする旨の黙示の合意が成立したものと推認し，日本法を準拠法と判断した。

本問では，譲渡の対象とされた著作権（以下「本件著作権」という。）の帰属がAの死亡によりどうなるか，が問題となる。このような場合について契約上の定めがあればそれによるが，定めがない場合には，準拠法に従い判断することになる。前記〔「ダリの世界」展カタログ事件〕は，同事案における契約がスペイン法上の信託譲渡契約であり，契約当事者間の内部関係はスペイン法における委任により規律され，本人の死亡はスペイン民法において委任の終了事由とされているから，Aの死亡により信託譲渡契約は終了し，譲受人は著作権を失った，と判断している。設問の事案がこのような場合には，本件著作権は，信託譲渡契約の終了によりAの相続人に帰属することになる。なお，外国人画家Aの死亡による相続の準拠法については，被相続人であるAの本国法となる（法適用通則法36条）。仮に，Aの死亡によっても本件譲渡契約が終了しないと解される場合には，本件著作権は，（契約期間の定めがあるときはその期間満了まで）譲受人に帰属することになる。

## 2　著作権移転の対抗関係

　著作権という物権類似の支配関係変動の準拠法は，保護国法である日本法によるとされている。その根拠について，前記〔「ダリの世界」展カタログ事件〕は，「一般に，物権の内容，効力，得喪の要件等は，目的物の所在地の法令を準拠法とすべきであること，法例10条（注：平成19年1月1日施行の法適用通則法13条と同じ。）は，その趣旨に基づくものであるが，その理由は，物権が物の直接的利用に関する権利であり，第三者に対する排他的効力を有することから，そのような権利関係については，目的物の所在地の法令を適用することが最も自然であり，権利の目的の達成及び第三者の利益保護という要請に最も適合することにあると解される。著作権は，その権利の内容及び効力がこれを保護する国（以下「保護国」という。）の法令によって定められ，また，著作物の利用について第三者に対する排他的効力を有するから，物権の得喪について所在地法が適用されるのと同様の理由により，著作権という物権類似の支配関係の変動については，保護国の法令が準拠法となるものと解するのが相当である。」と述べている。

　本件譲渡契約は日本における著作権管理を目的として結ばれたもので，本件著作権の日本における保護が問題となることから，本件著作権の物権類似の支配関係の変動については，保護国である日本の法令が準拠法となる。日本法は，著作権の移転登録を譲渡の効力発生要件とせず，対抗要件にすぎないものとして（著77条），著作権の移転の効力が，原因となる譲渡契約の締結により直ちに生ずるとしていることから，本件譲渡契約により本件著作権はAから譲受人に移転したものといえる。AからBへの本件著作権の譲渡については，本件譲渡契約における譲受人との関係で本件著作権の日本における保護が問題となる場面では，同様に保護国である日本の法令が準拠法になり，AとBとの間の譲渡契約により本件著作権はAからBに移転したものということができることから，著作権の移転につき二重譲渡による対抗関係が生じることになる（もっとも，前記〔「ダリの世界」展カタログ事件〕の事案のようにAの死亡により譲渡契約が終了したといえる場合には対抗関係は生じない。）。

著作権移転の対抗関係についても，著作権という物権類似の支配関係変動に関するものとして，保護国である日本の法令が準拠法となる。著作権法によれば，著作権の譲受人は，著作権法77条1号により，著作権の取得について対抗要件である著作権の移転登録をしない限り，著作権の移転につき法律上の利害関係を有する第三者に対し，著作権の取得を対抗することができないことになる。

## 3 参考文献

櫻田嘉章，道垣内正人編『注釈国際私法　第1巻』628頁〔道垣内正人〕（有斐閣，2011）

（阿部　正幸）

## Q98　著作権侵害に対する刑事罰

**Q** 私は、ピア・トゥ・ピアのファイル共有ソフトを利用し、映画ソフトを共有して楽しんでいました。しかし、先日、映画ソフトの著作権者であるA社から、私を著作権法違反で告訴するという内容の書面が送られてきました。私のしていることは犯罪に当たることなのでしょうか。

**A**　1　ピア・トゥ・ピアのファイル共有ソフト又はファイル交換ソフト（以下「ファイル共有ソフト等」という。）を用いて映画ソフトを共有又は交換（以下「共有等」という。）する行為は、複製権侵害に当たる。
　2　ファイル共有ソフト等を用いて映画ソフトを他人と共有等する行為は、公衆送信権侵害にも当たる。実際には共有等しなかったとしても、ファイル共有ソフト等を用いて共有等することができる状態にした場合には、送信可能化権侵害に当たる。
　3　これらの著作権侵害には罰則があり、犯罪に当たる。

### ▊ 解　説
#### 1　ピア・トゥ・ピア

　ピア・トゥ・ピア（peer to peer）は、P2Pと略記されることも多い。ピア（peer）は、ノード（node）とも呼ばれる。
　P2Pネットワークは、クライアント・サーバー型ネットワークのように特定のクライアントやサーバーを持たない。ネットワーク上の他の機器に対してクライアント及びサーバーとして動作する機器（ピア）の集合により、自律分散的に形成される通信ネットワークである。
　P2Pネットワークにはスケーラビリティや耐障害性などのメリットがあり、様々なサービス等に活用されている。
　ファイル共有ソフト等は、P2Pネットワークに接続された機器相互間に

おいてファイルを共有等することができるようにしたアプリケーションソフトである。「共有」又は「交換」とはいうものの，実際には，他人のパソコン等の共有フォルダ内に保存された電子データを自らのパソコン等の共有フォルダ内にダウンロード（複製）するもの（及びその逆）である。

## 2 複製権侵害

以下では，設問の映画ソフトについて，第三者が著作権を有することを前提とする。

(1) 私的使用のための複製

著作物は，個人的に又は家庭内その他これに準ずる限られた範囲内において使用すること（以下「私的使用」という。）を目的とするときは，一定の場合を除き，その使用する者が複製することができる（著30条1項）。

(2) 複製権侵害

映画ソフトをDVD等の他の媒体から電子データの状態に変換して別の媒体に保存することや，ファイル共有ソフト等を用いて共有等する行為は，「複製」（著21条，2条1項15号）に当たる。

①ファイル共有ソフト等を用いて他人と共有等するために映画ソフトを複製する行為は，私的使用を目的とする複製には当たらないから，複製権侵害が成立する。②複製をした当初はファイル共有ソフト等を用いて他人と共有等する目的がなかったとしても，その後にファイル共有ソフト等を用いて共有等することができるようにした場合には，複製物の目的外使用として複製権侵害が成立する（著49条1項1号）。③上記①又は②に当たらない場合（例えば，ファイル共有ソフト等を用いて自らダウンロードしたデータについて他人にはダウンロードさせないようにした場合）でも，著作権侵害の事実を認識しながらファイル共有ソフト等を用いて映画ソフトをダウンロード（複製）したときには，複製権侵害が成立する（著30条1項3号）。

## 3 公衆送信権侵害及び送信可能化権侵害

(1) 公衆送信権等

著作権法23条1項によると、著作者は、その著作物について、公衆送信（自動公衆送信の場合にあっては、送信可能化を含む。）を行う権利を占有するとされており、この権利は公衆送信権（自動公衆送信の場合にあっては送信可能化権）と呼ばれる。

(2) 公衆送信権侵害

著作権法2条1項7号の2によれば、公衆送信とは、送信の主体からみて公衆によって直接受信されることを目的とする送信をいう（最三小判平成23年1月18日民集65巻1号121頁〔まねきTV事件〕）。ファイル共有ソフト等を用いて映画ソフトを他人と共有等した場合には、当該他人は不特定の者として公衆に当たる。

したがって、当該行為には、公衆送信権侵害が成立する。

(3) 送信可能化権侵害

送信可能化とは、公衆の用に供されている電気通信回線に接続している自動公衆送信装置に情報を入力するなど、著作権法2条1項9号の5イ又はロ所定の方法により自動公衆送信し得るようにする行為をいう。

自動公衆送信装置とは、公衆の用に供されている電気通信回線に接続することにより、その記録媒体のうち自動公衆送信の用に供する部分に記録され、又は当該装置に入力される情報を自動公衆送信する機能を有する装置をいう。公衆の用に供されている電気通信回線に接続することにより、当該装置に入力される情報を受信者からの求めに応じ自動的に送信する機能を有する装置は、これがあらかじめ設定された単一の機器宛てに送信する機能しか有しない場合であっても、当該装置を用いて行われる送信が自動公衆送信であるといえるときは、自動公衆送信装置に当たる（以上につき前掲〔まねきTV事件〕参照）。

P2Pネットワークに接続されている個々の機器は、公衆の用に供されている電気通信回線に接続することにより、当該装置に入力される情報を受信者からの求めに応じ自動的に送信する機能を有する装置である。上記(2)のと

おり，ファイル共有ソフト等を用いて映画ソフトを他人と共有等する行為は公衆送信に当たるから，Ｐ２Ｐネットワークに接続されている個々の機器は，自動公衆送信装置に当たる。

したがって，ファイル共有ソフト等を用いて映画ソフトを他人と共有等し得るようにする行為については，送信可能化権侵害が成立する。

## 4 罰 則

上記２の①若しくは②又は上記３の著作権侵害をした者は，10年以下の懲役若しくは1,000万円以下の罰金に処し，又はこれを併科するとされている（著119条１項）。上記２の③の場合は，侵害の対象となる著作物が有償で公衆に提供されるものであることなどを認識していたときに限り，２年以下の懲役若しくは200万円以下の罰金に処し，又はこれを併科するとされている（著119条３項）。

## 5 判例・裁判例

東京地中間判平成15年１月29日判時1810号29頁及びその控訴審である東京高判平成17年３月31日（平成16年（ネ）第405号）裁判所ウェブサイト〔ファイルローグ事件〕は，Ｐ２Ｐネットワークを用いたファイル交換サービスの提供者について著作権侵害等の成立を認めたものである。ファイル交換サービスの利用者についても上記各著作権侵害が成立することを前提としている。

京都地判平成16年11月30日判時1879号153頁〔Winny（利用者）事件〕は，被告人がファイル共有ソフトを用いて映画の情報をインターネット経由でダウンロードできるようにしたという事案において，公衆送信権侵害の成立を認め，懲役１年執行猶予３年を言い渡した。

最三小判平成23年12月19日刑集65巻９号1380頁〔Winny（開発者）事件〕は，ファイル共有ソフトを公開，提供した者が著作権法違反幇助罪に問われた事例である。ファイル共有ソフトの利用者が，これを利用して著作物であるゲームソフト等の情報をインターネット利用者に対し自動公衆送信し得る状態にする行為について，公衆送信権侵害が成立することを前提とした判示

をしている。

## 6 参考文献等

上記判例等に関する判例評釈のほか，以下の文献が詳しい。

総務省「P2Pネットワークの在り方に関する作業部会報告書」(http://warp.ndl.go.jp/info:ndljp/pid/258151/www.soumu.go.jp/s-news/2007/pdf/070629_11_1.pdf)，久保田裕・葛山博志「ファイル交換ソフトを利用した著作権侵害の実態と著作権の執行における若干の問題について」森泉章ほか編『著作権法と民法の現代的課題―半田正夫先生古希記念論集』355頁以下（法学書院，2003），佐野信「インターネットと著作権」『新・裁判実務大系』445頁以下，大須賀寛之「インターネットをめぐる著作権侵害について」『理論と実務4巻』289頁以下，作花『詳解』626頁以下

（西田　昌吾）

第10章

# パブリシティ権

## Q99 物のパブリシティ権

**Q** 競走馬などの動物や文化財の所有者は、その名称や写真が無断で使用された場合、パブリシティ権に基づき、無断使用者に対し、使用の差止めや損害賠償を請求することができるでしょうか。

**A** パブリシティ権とは、人の氏名、肖像等が有する顧客吸引力を排他的に利用する権利をいうものであり、人以外の動物や文化財には認められないため、その所有者は、無断使用者に対し、使用の差止めや損害賠償を請求することはできない。

## ▌解説

### 1 パブリシティ権の沿革

氏名、肖像等は、商品等に付され、又は商品等の広告として使用されることにより、当該商品等の販売を促進する効力を有する場合がある。このような効力は、一般に顧客吸引力といわれており、パブリシティ権とは、氏名、肖像等が有する顧客吸引力を排他的に利用する利益又は権利をいうものとして、我が国において判例法理上形成されてきた法概念である。

歴史的には、パブリシティ権は、米国においてプライバシー権から分化して誕生したものであり、米国におけるリーディングケースは、1953年の「Haelan Laboratories, Inc. v. Topps Chewing Gum, Inc.」判決（202 F. 2d 866 (2d Cir. 1953)）まで遡る。同判決と1954年のメルビル・B・ニンマー教授の「The Right of Publicity」(19 Law & Contemp. Probs 203) という論文が、パブリシティ権の法的基礎を形成したといわれている（J. Thomas McCarthy「The Rights of Publicity and Privacy」Chapter 1 : 4）。

我が国におけるリーディングケースは、上記 Haelan 判決から23年後に言い渡された東京地判昭和51年6月29日判タ339号136頁〔マーク・レスター事件〕である。同判決は、肖像等に顧客吸引力を有する俳優等が肖像等を対価

を得て第三者に専属的に利用させ得る経済的利益を有し，当該経済的利益が不法行為法によって保護されるべき利益であるとした上，著名なイギリスの映画俳優の肖像等をテレビコマーシャルのチョコレートの宣伝に利用した行為が不法行為を構成すると判示した。

そして，東京高判平成3年9月26日判時1400号3頁〔おニャン子クラブ事件〕は，肖像等に顧客吸引力を有する芸能人が，顧客吸引力の持つ経済的な利益ないし価値を排他的に支配する財産的権利を有し，同権利に基づき侵害行為に対する差止め及び侵害物件の廃棄を求めることができるとした上，肖像等を付したカレンダーの販売の差止請求及び廃棄請求等を認容した。

その後も，「パブリシティ権」の法的権利性を認める裁判例が積み重ねられ，我が国においても「パブリシティ権」という権利概念が社会的に定着していき，最一小判平成24年2月2日民集66巻2号89頁〔ピンク・レディー事件〕が，パブリシティ権の法的権利性を正面から認めるに至っている。

(2) パブリシティ権の法的性質

パブリシティ権の法的性質については，判例，学説上，人格権説（設樂隆一「パブリシティの権利」『新・裁判実務大系』556頁，高林『標準』286頁等）と財産権説（竹田稔著『知的財産権侵害要論　不正競業編〔第3版〕』442頁（発明協会，2009）等）に分かれていたところである。

人格権説は，パブリシティ権が人格の商業的価値に由来するものであることに着目し，これを人格権に由来するものとして構成するものである。

これに対し，財産権説は，顧客吸引力という商業的価値そのものに着目し，パブリシティ権を物権類似の財産的権利として構成するものであるが，法令等の根拠なく物権法定主義の例外を認めることについては批判も多かったところである。財産権説を採用すれば，競走馬などの動物や文化財であっても，これに顧客吸引力が認められる場合には，その所有者は，その名称や写真が無断で使用されたときは，パブリシティ権に基づき，無断使用者に対し，使用の差止めや損害賠償を請求することができることになろう。

この点について，最二小判平成16年2月13日民集58巻2号311頁〔ギャロップレーサー事件〕は，競走馬の名称を当該競走馬の所有者に無断でゲー

ムソフトに利用する行為が、パブリシティ権を侵害するか否かが争われた事案について、競走馬の名称等が顧客吸引力を有するとしても、物の無体物としての面の利用の一態様である競走馬の名称等の使用について法令等の根拠もなく競走馬の所有者に対し排他的な使用権等を認めることは相当ではないなどとして、差止請求又は不法行為の成立を否定している。

そして、前掲〔ピンク・レディー事件〕は、歌手を被写体とする写真を同人に無断で週刊誌に掲載する行為が、パブリシティ権を侵害するか否かが争われた事案について、パブリシティ権は、肖像等それ自体の商業的価値に基づくものであり、人格権に由来する権利の一内容を構成するものであるとして、人格権説を採用することを明らかにしている。

## 2 比較法的考察

米国では、パブリシティ権は州法上の権利であり、その内容は各州毎に異なるが、米国法律協会（The American Law Institute）は、1993年に不正競争法リステイトメント（第三次）（以下、単に「リステイトメント」という。）を編纂、公表し、米国各州のパブリシティ権に関するコモン・ロー上及び制定法上の準則を46条から49条までにまとめており（茶園成樹・小泉直樹「アメリカ不正競争法リステイトメント試訳（六・完）」民商112巻3号464頁以下）、同準則が米国の通説的見解を示すものとして参考になると思われる。

上記準則は、人物識別情報の商業的価値を保護するという観点から、肖像等をめぐる不正な競争を防止するための措置に関するルールを示すものであり、パブリシティ権を譲渡可能な財産権として位置付けている。

しかしながら、パブリシティ権は、個人の尊厳を源泉としてプライバシー権から分化・発展した権利概念であり、自然人のみに認められ、法人には認められないとされている（リステイトメント46条コメントc）。

他方、ドイツでは、氏名権がドイツ民法12条により、肖像権が1907年制定の造形芸術及び写真著作物の著作権に関する法律により、一般的人格権の特別な発現形態として規定されている。ドイツには、パブリシティ権という法概念そのものは存在しないが、「パブリシティ権」が保護の対象とするよう

な利益は，人格権の商業的価値を構成する部分によって保護されている（ドイツ最高裁判決1999年12月1日〔BGHZ 143, 214-Marlene Dietrich〕）。

　以上のとおり，米国，ドイツにおいても，我が国の判例法理と同様に，物や文化財については，パブリシティ権は認められていない。

## 3　まとめ

　以上のとおり，パブリシティ権とは，人の氏名，肖像等が有する顧客吸引力を排他的に利用する権利をいうものであり，人以外の動物や文化財については認められていないから，その所有者は，無断使用者に対し，使用の差止めや損害賠償を請求することはできない。

（中島　基至）

## Q100 パブリシティ権侵害の判断基準

**Q** 人の氏名，肖像等を無断で使用する行為がいわゆるパブリシティ権を侵害するものとして不法行為法上違法となるのは，どのような場合でしょうか。

**A** 肖像等を無断で使用する行為は，①肖像等それ自体を独立して鑑賞の対象となる商品等として使用する場合，②商品等の差別化を図る目的で肖像等を商品等に付する場合，③肖像等を商品等の広告として使用する場合など，「専ら顧客吸引力の利用を目的とする場合」に，不法行為法上違法となる。

### 解 説
#### 1 不法行為の成立要件

パブリシティ権侵害を理由とする不法行為の成立要件については，実務上様々な判断基準が示されていたところである。具体的には，専ら顧客吸引力の利用を目的とするものであるか否かを基準とする「専ら」基準説（東京高判平成11年2月24日（判例集未登載）〔キング・クリムゾン事件〕，東京地判平成12年2月29日判時1715号76頁〔中田英寿事件〕等）を採用する裁判例が多く，この説が実務上の通説とされてきたが，その外にも，①肖像等の利用態様に着目し，肖像等の有するキャラクターの価値を商品化し，又は広告として利用するものであるか否かを基準とする「商品化又は広告」基準説（東京地判平成17年8月31日判タ1208号247頁〔＠ブブカ事件〕），②肖像等を商業的に利用するものであるか否かを基準とする「商業的利用」基準説（東京高判平成18年4月26日判タ1214号91頁〔ブブカスペシャル7事件〕），③利用の目的，態様等を総合的に判断するという「総合考慮」基準説（原判決，東京地判平成17年6月14日判時1917号135頁〔矢沢永吉事件〕）を採用する裁判例もある。

この点について，最一小判平成24年2月2日民集66巻2号89頁〔ピンク・

レディー事件〕は，歌手を被写体とする写真を同人に無断で週刊誌に掲載する行為が，パブリシティ権を侵害するか否かが争われた事案について，肖像等を無断で使用する行為は，①肖像等それ自体を独立して鑑賞の対象となる商品等として使用する場合（第一類型），②商品等の差別化を図る目的で肖像等を商品等に付する場合（第二類型），③肖像等を商品等の広告として使用する場合（第三類型）など，「専ら顧客吸引力の利用を目的とする場合」に，不法行為法上違法となると判示している。

上記の基準は，実務上の通説である「専ら」基準説を採用するものであるが，第一類型と第二類型が肖像等の有するキャラクターの価値を「商品化」する場合，第三類型が肖像等を広告として使用する場合を示すものであり，実質的には，最も限定的な判断基準の一つである「商品化又は広告」基準説を採用した上，これと違法性において等価な場合を含むとする基準であると評価することもできよう。

## 2 具体的内容

### ① 第一類型

第一類型の典型例としては，ブロマイド，ポスター，ステッカー，シール，写真集，画像の配信サービス等が挙げられる。氏名もそれ自体美しく型どり，又はサイン等のように鑑賞の対象となるといえる場合には，第一類型に含まれる。いわゆるグラビア写真についても，写真の大きさ，取り扱われ方等と，記事の内容等を比較検討し，記事と関連性がない場合，又は記事と関連性があったとしても，実質的には，記事は「添え物」で独立した意義が認められない場合に限り，第一類型に当たると解される。

### ② 第二類型

第二類型は，肖像等の有するいわゆるキャラクター価値を「商品化」する類型であり，要するに，肖像等を利用した「キャラクター商品」を違法とする類型である。

第二類型の具体例としては，Tシャツ，マグカップ，ポーチ，ストラップ，タオル，下敷き，カレンダー，キーホルダー，マグネット，スポーツ用具，

切手，食品，インターネットのプロバイダサービスに至るまで，多種多様なものがある。出版物でいえば，写真自体は小さく，写真家が撮影したようなものではないため，写真集とまではいえないとしても，キャラクターの紹介等を中心とする本も，いわゆるキャラクター本として，第三類型に含まれると解されよう。同様に，肖像等が示す実在の人物を採用したいわゆるキャラクターゲームも，第三類型に含まれるといえよう。

③　第三類型

肖像等を商品等の広告として使用する場合である。肖像等を商品等の出所を示すものとして利用する場合は，当該肖像等は商品等の「広告」とはいえず，第三類型に該当しない。例えば，本の広告の中に当該本の著者の肖像等を使用する行為は，上記の意味でパブリシティ権侵害を構成するものではない。また，レストラン等に芸能人が来店した写真を店内に飾るような行為も，当該芸能人が来店した事実を示すものにすぎず，「広告」とはいえないため，第三類型に該当しない。

④　「など」

三類型に付け加えられた「など」は，三類型と違法性において実質的同一と評価されるような場合に，パブリシティ権の禁止効の及ぶ範囲を例外的に拡張するものである。例えば，個人が無料で肖像写真を配布し，又はインターネット上の個人のファンサイト若しくはブログに肖像写真を掲載するような場合は，三類型にいう「商品等」に該当せず，パブリシティ権侵害を構成するものではない。しかし，仮に上記肖像写真が大量な枚数に及ぶものであり，現に肖像写真を販売する本人等の営業上の利益を害しているような場合には，上記「など」に該当するとして，パブリシティ権侵害を構成するとする解釈も成り立ち得ると思われる。ただし，本判決が具体的に三類型を明示して，パブリシティ権の適用範囲を厳格に制限しようとした趣旨からすれば，「など」に含まれる類型は，極めて例外的な場合に限られるとすべきであろう。

## 3 事例的判断

上記〔ピンク・レディー事件〕は，歌手を被写体とする写真を同人に無断で週刊誌の記事に使用してこれを掲載する行為は，①上記記事の内容は，上記週刊誌発行の前年秋頃流行していた，上記歌手の曲の振り付けを利用したダイエット法を解説するとともに，子供の頃に上記歌手の曲の振り付けをまねていたタレントの思い出等を紹介するというものであり，②上記写真は，約200頁の上記週刊誌全体の3頁の中で使用されたにすぎず，いずれも白黒写真であって，その大きさも，縦2.8cm×横3.6cmないし縦8cm×横10cm程度のものであったなどの事実関係の下では，専ら上記歌手の肖像の有する顧客吸引力の利用を目的とするものとはいえず，パブリシティ権を侵害するものとして不法行為法上違法であるということはできないとしている。

上記判決は，三類型との関係につき直接言及するものではないが，①本件各写真は，記事等と関連性がある上，その大きさに照らしてもそれ自体独立して鑑賞の対象となるようなグラビア写真とはいえず，第一類型に該当しないこと，②本件雑誌は，キャラクターの紹介等を中心とするキャラクター本とは異なるため，第二類型にも該当しないこと，③本件各写真は，本件雑誌の広告として使用されるものではないため，第三類型にも該当しないとする判断を，当然の前提とするものであると思われる。

## 4 まとめ

以上のとおりパブリシティ権侵害の判断基準については，〔ピンク・レディー事件〕が初めて三類型という基準を示したところであるが，今後は，事例的判断が積み重ねられることによって，三類型の概念及びその外延がより明確になると思われる。上記の判決は，表現行為，創作行為の自由等といった社会の根幹に関わる価値との抵触を防ぐために，パブリシティ権侵害となる場面をできるだけ明確に限定するという趣旨で，三類型を示したものであり，三類型の具体的な解釈に当たっても，その趣旨を十分に踏まえる必要があると思われる。

（中島　基至）

# 事項索引

**【アルファベット】**

©表示 …………………………………… 302
TRIPS協定 ………………… 264, 267, 423
WIPO著作権条約 ………………………… 423

**【あ行】**

ありふれた表現 …………………………… 33
依拠性 …………………………………… 142
逸失利益 ………………………………… 359
違法ダウンロード ……………………… 273
イラスト ………………………… 48, 85, 130
引用 ………………………………… 287, 292
　　写真の著作物の—— ………………… 102
　　編集著作物の—— …………………… 165
写り込み ………………………… 268, 272
映画製作者 ………………… 225, 230, 234
映画（映画の著作物）
　………… 147, 152, 225, 230, 234, 261, 372
演奏権 ……………………… 240, 354, 376
応用美術 ……………………… 60, 65, 68
公に ……………………………………… 241
音楽（音楽の著作物）
　………… 138, 143, 240, 311, 355, 375, 397

**【か行】**

改造ツール ……………………………… 333
改変 ……………………………… 118, 333
　　写真の著作物の—— ………………… 102
　　編集著作物の—— …………………… 170
カラオケ装置のリース ………… 351, 354
カラオケ法理 ……………………… 380, 406
間接侵害 …………………… 386, 398, 403
キャラクター ……………………… 85, 89
教科用図書 ……………………………… 283
共同創作性 ……………………………… 195
共同著作 …………………… 44, 188, 194

業務に従事する者
　→ 法人等の業務に従事する者
刑事罰 …………………………………… 438
経由プロバイダ ………………………… 340
ゲームソフト …………………… 147, 333
結合著作物 ……………………………… 195
建築の著作物 ………………… 111, 116
原著作者 ………………………………… 311
原著作物 …………………………… 127, 130
権利濫用 …………………………… 282, 346
公衆 ……………………… 241, 256, 392
公衆送信権 ………… 349, 385, 390, 440
公表権 …………………………… 12, 328
国家の承認 ……………………………… 414

**【さ行】**

差止め …………………………… 345, 385
雑報及び時事の報道 …………………… 410
参加約束 …………………………… 228, 234
試験問題 ………………………………… 283
事実 ……………………………………… 41
実演家 …………………………………… 16
私的使用のための複製 … 272, 275, 279, 393
自動公衆送信 ……… 391, 398, 402, 405, 440
自動公衆送信装置 …………… 390, 405, 440
自動複製機器 …………………………… 279
氏名表示権 ……………………… 12, 328
写真（写真の著作物）
　… 93, 97, 102, 107, 125, 216, 287, 342, 362
主従関係 ………………………………… 288
出版権 …………………………………… 321
準拠法 …………………………… 429, 434
純粋美術 ……………………………… 61, 65
上演権 …………………………………… 240
使用許諾 ………………………………… 354
小冊子 …………………………………… 259
消尽 …………………………… 150, 251

使用料相当額 ················· 360, 363
職務著作 ··· 198, 202, 206, 211, 216, 221, 234
シリーズ ······················ 44, 89
図形の著作物 ····················· 72
スリーステップテスト ·············· 267
制限規定 ·················· 267, 272, 284
戦時加算 ····················· 423, 424
創作性 ························ 28, 136
送信可能化権
　············ 339, 380, 385, 390, 402, 405, 440
ソースコード ···················· 123
属地主義の原則 ··················· 420
素材の選択又は配列 ················ 158
損害額 ···················· 84, 359, 363
損害賠償 ················· 359, 363, 373
存続期間 → 保護期間

【た行】

対価の有無 ····················· 198
貸与権 ···················· 83, 247, 255
逐次公表著作物 ···················· 90
地図 ······················· 77, 81
彫刻の著作物 ···················· 180
彫像の著作者 ···················· 367
著作権管理協会 ··················· 312
著作権譲渡 ················· 323, 434
著作権登録制度 ··················· 298
著作権法14条の推定 ················ 367
著作権法115条の「措置」 ············· 368
著作者人格権 ··············· 11, 328, 333
著作者の推定 ···················· 190
著作者の認定 ················· 180, 185
著作隣接権 ······················ 15
データベースの著作物 ·············· 175
出所明示義務 ···················· 331
電気通信事業者 ··················· 348
伝統工芸 ························ 64
同一性保持権 ············· 13, 116, 171, 333
謄写 ·························· 246
登録 → 著作権登録制度

特定電気通信 → プロバイダ
図書館 ························ 245

【な行】

二次的著作物 ········ 87, 125, 131, 188, 245
二段階テスト ···················· 21, 33

【は行】

発意 → 法人等の発意
発信者情報開示請求 ················ 338
パブリシティ権 ··············· 444, 448
万国著作権条約 ················ 303, 422
頒布権 ························ 149
ピア・トゥ・ピア ·········· 338, 401, 438
美術の著作物 ··············· 60, 68, 117
ファイル交換ソフト ·········· 338, 401, 438
フェア・ユース ················ 266, 286
複製 ···················· 32, 143, 161
複製権 ···················· 246, 259, 393
舞踏 ·························· 56
不法行為 ············ 255, 359, 363, 411, 416
振付け ························· 56
プログラム（プログラムの著作物）
　················ 120, 147, 176, 221, 255
プロバイダ ··················· 338, 384
文章の長さ ······················ 43
分離利用不可能性 ················· 195
並行輸入 ························ 250
ベルヌ条約
　············ 111, 190, 302, 415, 422, 425, 429
編曲 ······················ 138, 313
編集者 ························ 162
編集著作物 ············ 158, 161, 165, 170
方式主義 ······················· 303
幇助 ············ 84, 349, 355, 381, 407
法人等の業務に従事する者 ········ 199, 206
法人等の発意 ···················· 203
法人名義による公表 ················ 211
放送 ···················· 311, 317, 349, 362
放送事業者 ············ 18, 349, 390, 393

保護期間 …………… 90, 181, 261, 371, 425
翻案 ………………………… 32, 131, 134
　　写真の著作物の── ……………… 107
　　映画の著作物の── ……………… 152
　　音楽の著作物の── → 編曲
翻訳 ………………………………… 245, 429

【ま行】

漫画 ………………………………………… 185
無言劇 ……………………………………… 56
無方式主義 ………………………… 303, 422

名誉声望保持権 …………………………… 367
明瞭区分性 ………………………………… 288

【や・ら・わ行】

有線放送事業者 …………………………… 18
利用許諾 …………………………… 319, 323
レコード …………………………… 307, 338
レコード製作者 …………………… 17, 307
連載 ………………………………………… 90
ろ過テスト ………………………… 21, 33, 154
ワン・チャンス主義 ……………………… 17

## 判 例 索 引

大判昭和10年10月 5 日民集14巻1965頁〔宇奈月温泉事件〕……………………………… 346
名古屋高決昭和35年 4 月27日下民11巻 4 号940頁〔中部観光事件〕…………………… 376
東京地判昭和40年 8 月31日下民16巻 8 号1377頁〔船荷証券事件〕……………………… 25
東京地判昭和43年 5 月13日下民19巻 5 － 6 号257頁〔ワン・レイニー・ナイト・イ
  ン・トーキョー事件（第 1 審）〕…………………………………………………………… 140
長崎地佐世保支決昭和48年 2 月 7 日無体集 5 巻 1 号18頁〔赤とんぼ事件〕…………… 65
東京地判昭和50年 2 月24日判タ324号317頁〔秘録大東亜戦史事件〕…………………… 324
東京地判昭和50年 4 月16日判タ326号322頁〔ボーリング速成入門事件〕……………… 324
東京高判昭和51年 5 月19日判時815号20頁〔モンタージュ写真事件（控訴審）〕……… 330
東京地判昭和51年 6 月29日判タ339号136頁〔マーク・レスター事件〕………………… 444
東京地判昭和52年 7 月22日無体集 9 巻 2 号534頁〔舞台装置設計図事件〕…………… 280
京都地判昭和52年 9 月 5 日判時871号18頁〔英訳平家物語事件（第 1 審）〕…………… 196
東京地判昭和53年 6 月21日判タ366号343頁〔日照権事件〕……………………………… 353
最一小判昭和53年 9 月 7 日民集32巻 6 号1145頁〔ワン・レイニー・ナイト・イン・
  トーキョー事件〕…………………………………………………… 20, 32, 50, 65, 139, 143, 313
東京地判昭和54年 3 月 9 日判タ338号149頁〔ヤギボールド事件（第 1 審）〕………… 69
最三小判昭和55年 3 月28日民集34巻 3 号244頁〔モンタージュ写真事件（第 1 次上告
  審）〕……………………………………………………………… 13, 21, 103, 168, 172, 288, 294
大阪高判昭和55年 6 月26日無体集12巻 1 号266頁〔英訳平家物語事件（控訴審）〕…… 196
東京地判昭和55年 9 月17日判時975号 3 頁〔地のさざめごと事件〕……………… 166, 329
東京地判昭和56年 4 月20日無体集13巻 1 号432頁〔Ｔシャツ事件〕…………………… 69
東京高判昭和58年 4 月26日判タ495号238頁〔ヤギボールド事件（控訴審）〕………… 69
最二小判昭和59年 1 月20日民集38巻 1 号 1 頁〔顔真卿自書建中告身帖事件〕……… 4
東京地判昭和59年 3 月23日判時1110号125頁〔太陽風交点事件〕……………………… 324
大阪地判昭和60年 3 月29日判時1149号147頁〔商業広告事件〕………………………… 167
東京地判昭和60年 4 月17日判タ566号273頁〔ど忘れ漢字字典事件〕………………… 166
東京高判昭和60年10月17日判時1176号33頁〔藤田嗣治事件〕…………………… 104, 289
東京高判昭和60年11月14日無体集17巻 3 号544頁〔アメリカ語要語集事件〕……… 166
最二小判昭和61年 5 月30日民集40巻 4 号725頁〔モンタージュ写真事件（第 2 次上告
  審）〕………………………………………………………………………………………… 370
名古屋地判昭和62年 3 月18日判時1256号90頁〔用字苑事件〕…………………… 158, 166
東京地判昭和62年 5 月14日判時1273号76頁〔契約書事件〕…………………………… 25
東京地判昭和62年 7 月10日判時1248号120頁〔真田広之ブロマイド事件〕…………… 95
最三小判昭和63年 3 月15日民集42巻 3 号199頁〔クラブキャッツアイ事件〕
  ………………………………………………………………… 355, 377, 381, 386, 398, 403, 406
大阪地判平成元年 3 月 8 日判時1307号137頁〔写植文字盤用書体事件〕……………… 69
京都地判平成元年 6 月15日判時1327号123頁〔佐賀錦袋帯事件〕……………………… 69

東京高判平成元年6月20日判時1321号151頁〔原色動物大図鑑事件〕·············· 324
東京地判平成元年10月6日判タ710号234頁〔レオナール・フジタ展カタログ事件〕··· 260
東京地判平成2年4月27日判タ742号201頁〔樹林事件〕························· 353
東京地判平成2年6月13日判タ742号187頁〔改訂薬理学事件〕··················· 353
福島地決平成3年4月9日知的裁集23巻1号228頁〔シノブ設計事件〕············ 112
東京地判平成3年5月22日判時1421号113頁〔英語教科書録音テープ事件〕········ 323
東京地判平成3年9月26日判時1400号3頁〔おニャン子クラブ事件〕············· 445
東京地判平成3年12月17日判時1418号120頁〔木目化粧紙事件〕············· 69, 411
東京高決平成4年3月31日知的裁集24巻1号218頁〔IBFファイル事件〕·········· 121
大阪地判平成4年4月30日判時1436号104頁〔丸棒矯正機設計図事件〕············ 73
大阪地判平成4年8月27日判時1444号143頁〔静かな焔事件〕··················· 195
東京高判平成4年9月24日判時1452号113頁〔サンジェルマン殺人狂騒曲事件〕····· 145
東京地判平成4年10月30日判時1460号132頁〔タクシー・タリフ事件〕············ 167
東京地判平成5年1月25日判時1508号147頁〔ブランカ事件〕············ 200, 330, 353
最三小判平成5年3月30日判時1461号3頁〔智恵子抄事件〕················ 163, 166
東京地判平成5年4月28日知的裁集25巻1号170頁〔岩田書体事件（第1審）〕······ 69
東京地判平成5年11月18日知的裁集25巻3号472頁〔岩田書体事件（控訴審）〕····· 69
東京地判平成6年4月25日判時1509号130頁〔城の定義事件〕················ 27, 353
東京地判平成6年10月17日判時1520号130頁〔ポパイベルト事件〕················ 323
東京高判平成6年10月27日判時1524号118頁〔ウォール・ストリート・ジャーナル事件〕································································· 166
東京高判平成7年1月31日判時1525号150頁〔会社パンフ事件〕················ 166
大阪地判平成7年3月28日知的裁集27巻1号210頁〔カタログ写真事件〕····· 98, 166, 200
東京地判平成7年5月31日判時1533号110頁〔ぐうたら健康法事件〕·············· 353
東京地判平成7年7月31日判時1543号161頁〔スウィートホーム事件〕············ 229
東京高判平成7年10月17日知的裁集27巻4号699頁〔JAMICシステム事件〕········ 167
東京地判平成7年10月30日判時1560号24頁〔システムサイエンス事件〕··········· 123
東京高判平成8年4月16日判時1571号98頁〔悪妻物語事件〕···················· 145
東京地判平成8年9月27日判時1645号134頁〔四進レクチャー事件（第1審）〕····· 203
東京地判平成9年3月31日判時1606号118頁〔だれでもできる在宅介護事件〕······ 195
東京地判平成9年4月25日判時1605号136頁〔スモーキングスタンド事件〕········· 74
最三小判平成9年7月1日民集51巻6号2299頁〔BBS並行輸入事件〕·············· 251
最一小判平成9年7月17日民集51巻6号2714頁〔ポパイネクタイ事件〕
································································· 65, 86, 90, 126, 132, 427
東京地判平成9年9月5日判時1621号130頁〔「ガウディとダリの世界」展カタログ事件〕····························································· 260, 323
東京高判平成9年9月25日判時1631号118頁〔テレプランニングインターナショナル事件〕······························································· 148
東京高判平成10年2月12日判時1645号129頁〔四進レクチャー事件（控訴審）〕··· 167, 203
東京地判平成10年2月20日判時1643号176頁〔バーンズコレクション事件〕········ 260

東京地判平成10年3月20日（平成9年（ワ）第12076号）判例集未登載 ……………… 428
東京地判平成10年3月30日（平成2年（ワ）第4247号・平成3年（ワ）第14827号）
　裁判所ウェブサイト〔ノンタン事件（第1審）〕………………………………… 186
東京地判平成10年5月29日判時1673号130頁〔知恵蔵事件（第1審）〕………… 158
最二小判平成10年7月17日判時1651号56頁〔雑誌「諸君！」事件〕………… 21, 172
東京地判平成10年8月27日判時1654号34頁〔ビッグエコー上尾店事件〕………… 399
東京地判平成10年10月29日判時1658号166頁〔「SMAP大研究」事件〕………… 197
東京地判平成10年10月30日判時1674号132頁〔血液型と性格事件〕………… 331
東京地判平成10年11月20日知的裁集30巻4号841頁〔ベジャール事件〕………… 58
東京地判平成10年11月26日判時1676号112頁〔ドトールコーヒー事件〕………… 363
東京地判平成10年11月27日判時1675号119頁〔壁の世紀事件〕………………… 146
東京地判平成10年11月30日判時1679号153頁〔版画写真事件〕…………… 97, 343
東京地判平成11年1月29日判時1680号119頁〔古文単語語呂合わせ事件（第1審）〕
　………………………………………………………………………………… 9, 410
東京高判平成11年2月24日判例集未登載〔キング・クリムゾン事件〕………… 448
東京地判平成11年2月25日判時1677号130頁〔松本清張作品映画化リスト事件〕…… 167
東京高判平成11年3月18日判時1684号112頁〔三国志Ⅲ事件〕………………… 148
東京地判平成11年3月26日判時1694号142頁〔Dolphin Blue事件〕……………… 331
東京地判平成11年3月29日判時1689号138頁〔赤穂浪士舞台装置事件〕………… 145
大阪地判平成11年7月8日判時1731号116頁〔パンシロントリム事件〕………… 145
大阪地判平成11年8月26日判例集未登載〔仏壇形態事件〕……………………… 75
東京地判平成11年9月28日判時1695号115頁〔新橋玉木屋事件〕……………… 38
東京高判平成11年9月30日判タ1018号259頁〔古文単語語呂合わせ事件（控訴審）〕… 410
東京地判平成11年10月18日判時1697号114頁〔剣と寒紅事件〕………………… 9
東京高判平成11年10月28日判時1701号146頁〔知恵蔵事件（控訴審）〕………… 167
東京高判平成11年11月17日（平成10年（ネ）第2127号）裁判所ウェブサイト〔ノンタ
　ン事件（控訴審）〕……………………………………………………………… 186
東京地判平成11年12月15日判時1699号145頁〔西瓜写真事件（第1審）〕……… 99
東京地判平成12年2月18日判時1709号92頁〔どこまでも行こう事件（第1審）〕… 140, 313
東京地判平成12年2月29日判時1715号76頁〔中田英寿事件〕……………… 12, 448
東京地判平成12年3月17日判時1714号128頁〔NTTタウンページ事件〕……… 178
東京地判平成12年3月23日判時1717号140頁〔色画用紙見本帳事件〕………… 166
東京高判平成12年3月30日判時1726号162頁〔キャンディ・キャンディ事件（控訴
　審）〕……………………………………………………………………………… 128
東京地判平成12年4月25日（平成11年（ワ）第12918号）裁判所ウェブサイト〔ちぎ
　れ雲事件〕……………………………………………………………………… 331
東京地判平成12年5月16日判時1751号128頁〔スターデジオ事件（①事件、②事件）〕… 17
最一小判平成12年9月7日民集54巻7号2481頁〔ゴナ書体事件〕………………… 69
東京地判平成13年1月23日判時1756号139頁〔ふぃーるどわーく多摩事件〕…… 79
最三小判平成13年2月13日民集55巻1号87頁〔ときめきメモリアル事件〕…… 13, 149, 334

最二小判平成13年 3 月 2 日民集55巻 2 号185頁〔ビデオメイツ事件〕 …… 83, 351, 355, 406
東京地中間判平成13年 5 月25日判時1774号132頁〔自動車データベース事件（第 1 審
　中間判決）〕……………………………………………………………………… 177, 411
東京高判平成13年 5 月30日判時1797号111頁〔キューピー著作権事件（①事件）〕 …… 434
東京高判平成13年 5 月30日判時1797号131頁〔キューピー著作権事件（②事件）〕 427, 432
東京地判平成13年 5 月30日判時1752号141頁〔交通標語事件（第 1 審）〕 ………… 410
東京地判平成13年 6 月13日判時1757号138頁〔絶対音感事件（第 1 審）〕 ……… 290, 295
東京高判平成13年 6 月21日判時1765号96頁〔西瓜写真事件（控訴審）〕 ………… 99, 343
最一小判平成13年 6 月28日民集55巻 4 号837頁〔江差追分事件〕
　…………………………… 20, 33, 37, 50, 58, 87, 92, 100, 107, 126, 131, 134, 140, 143, 153
東京地判平成13年 7 月25日判時1758号137頁〔バス車体絵画事件〕 ………………… 330
最一小判平成13年10月25日判時1767号115頁〔キャンディ・キャンディ事件（上告
　審）〕 …………………………………………………………………………… 128, 132
東京高判平成13年10月30日判時1773号127頁〔交通標語事件（控訴審）〕 …………… 410
東京地判平成14年 1 月31日判時1818号165頁〔トントゥぬいぐるみ事件〕………… 323
東京地判平成14年 2 月21日（平成12年（ワ）第9426号）裁判所ウェブサイト〔コア
　ネットデータベース事件〕 ………………………………………………………… 176
東京地判平成14年 3 月25日判時1789号141頁〔宇宙戦艦ヤマト事件〕……………… 227
東京地判平成14年 3 月28日判時1793号133頁〔自動車データベース事件（第 1 審）〕 … 411
東京高判平成14年 4 月11日（平成13年（ネ）第3677号・第5920号）裁判所ウェブサイ
　ト〔絶対音感事件（控訴審）〕……………………………………………………… 290
東京地決平成14年 4 月11日判時1780号25頁〔ファイルローグ事件（仮処分決定）〕…… 404
東京地判平成14年 4 月15日判時1792号129頁〔ホテル・ジャンキーズ事件〕………… 10, 53
最一小判平成14年 4 月25日民集56巻 4 号808頁〔中古ソフト事件〕……………… 149, 333
東京地判平成14年 7 月 3 日判時1793号128頁〔かえでの写真事件〕…………………… 5
横浜地小田原支判平成14年 8 月27日判時1824号119頁〔すてイヌシェパードの涙事件〕
　………………………………………………………………………………………… 144
東京地判平成14年 8 月28日判時1816号135頁〔はだしのゲン事件〕………………… 197
東京高判平成14年 9 月 6 日判時1794号 3 頁〔どこまでも行こう事件（控訴審）〕
　……………………………………………………………………………… 140, 144, 313
最一小判平成14年 9 月26日民集56巻 7 号1551頁〔FM 信号復調装置事件〕 ………… 430
大阪地判平成14年12月10日（平成13年（ワ）第5816号）裁判所ウェブサイト〔21世紀
　の健康法事件〕 ……………………………………………………………………… 197
東京高判平成14年12月25日判時1816号52頁〔動物病院事件〕 ……………………… 407
東京地判平成15年 1 月20日判時1823号146頁〔マクロス事件Ⅱ（第 1 審）〕……… 227, 236
東京地判平成15年 1 月28日（平成13年（ワ）第21902号）裁判所ウェブサイト〔ハー
　トフルチャリティーコンサート事件〕……………………………………………… 242
東京地中間判平成15年 1 月29日判時1810号29頁〔ファイルローグ事件（第 1 審中間判
　決）〕 …………………………………………………………………………… 403, 441
東京地判平成15年 1 月31日判時1820号127頁〔電車線設計用プログラム事件〕 ……… 122

名古屋地判平成15年2月7日判時1840号126頁〔社交ダンス教室事件〕·················· 241
大阪地判平成15年2月13日判時1842号120頁〔ヒットワン事件〕························ 407
東京地判平成15年2月26日判時1826号117頁〔創価学会写真ビラ事件〕··· 97, 105, 290, 295
東京地判平成15年3月28日判時1834号95頁〔国語教科書準拠教材事件（第1審）〕···· 286
最二小判平成15年4月11日判時1822号133頁〔RGBアドベンチャー事件〕
·················································································· 199, 206, 212, 217, 223, 237
東京高判平成15年5月28日判時1831号135頁〔「ダリの世界」展カタログ事件〕··· 432, 434
東京地決平成15年6月11日判時1840号106頁〔ノグチ・ルーム移築事件〕············· 119
東京高判平成15年6月19日（平成15年（ネ）第1752号）裁判所ウェブサイト〔リヒャ
ルト・シュトラウス事件〕 ········································································ 428
東京地判平成15年6月25日判時1869号54頁〔女流棋士事件〕························· 407
東京高判平成15年9月25日（平成15年（ネ）第1107号）裁判所ウェブサイト〔マクロ
ス事件Ⅱ（控訴審）〕 ············································································· 231
東京地判平成15年10月22日判時1850号123頁〔転職情報事件〕························· 53
大阪地判平成15年10月30日判時1861号110頁〔グルニエ・ダイン事件（第1審）〕······ 113
東京地判平成15年11月12日判時1856号142頁〔「アラウンド・ザ・ワールド」イラスト
事件〕 ······················································································· 49, 364
東京地判平成15年11月28日判時1846号90頁〔頭脳開発シリーズ事件〕················· 44
東京地判平成15年12月17日判時1845号36頁〔ファイルローグ事件（第1審）〕········ 407
東京地判平成15年12月19日判時1847号70頁（平成14年（ワ）第6709号）〔記念樹・音
楽出版社事件①〕 ················································································· 315
東京地判平成15年12月19日判時1847号70頁（平成13年（ワ）第3851号）〔記念樹・音
楽出版社事件②〕 ················································································· 315
東京地判平成15年12月26日判時1847号70頁（平成15年（ワ）第8356号）〔記念樹・音
楽出版社事件③（第1審）〕······································································ 312
最二小判平成16年2月13日民集58巻2号311頁〔ギャロップレーサー事件〕··········· 445
東京地判平成16年2月18日判時1963号102頁〔男たちよ妻を殴って幸せですか事件〕··· 196
東京地判平成16年3月11日判時1893号131頁〔2ちゃんねる事件（第1審）〕·········· 407
東京地判平成16年3月19日判時1867号113頁〔ミュージカル脚本事件〕················ 192
東京地判平成16年3月24日判時1857号108頁〔YOL事件（第1審）〕················ 29, 410
東京地判平成16年3月30日（平成15年（ワ）第285号）裁判所ウェブサイト〔ケイコ
とマナブ事件（第1審）〕········································································· 159
東京高判平成16年3月31日判時1864号158頁〔DEAD OR ALIVE 2事件〕·············· 335
大阪地判平成16年4月27日判時1882号116頁〔キューピー著作権事件（第2次第1
審）〕 ······················································································ 129, 132
東京高判平成16年5月26日判タ1152号131頁〔WinMX発信者情報開示請求事件〕······ 340
東京地判平成16年5月28日判時1869号79頁〔国語教科書事件〕··················· 285, 330
東京地判平成16年5月31日判時1936号140頁〔XO醬男と杏仁女事件〕············ 331, 432
東京地判平成16年6月8日判タ1212号297頁〔WinMX発信者情報開示請求事件〕······ 340
東京地判平成16年6月11日判時1898号106頁〔デンバー元総領事写真事件（第1審）〕 365

東京地判平成16年6月18日判時1881号101頁〔NTTリース事件〕 ································ 257
東京高判平成16年6月29日（平成15年（ネ）第2467号・第3787号・第3810号）裁判所ウェブサイト〔国語教科書準拠教材事件（控訴審）〕 ·············· 361
東京地判平成16年6月30日判時1874号134頁〔Webcel 8 事件〕 ······················ 122
大阪高判平成16年9月29日（平成15年（ネ）第3575号）裁判所ウェブサイト〔グルニエ・ダイン事件（控訴審）〕 ····················································· 113, 117
東京地判平成16年11月12日（平成16年（ワ）第12686号）裁判所ウェブサイト〔知的財産権入門事件〕 ········································································ 223
京都地判平成16年11月24日判時1910号149頁〔事実性と妥当性事件〕 ················ 196
京都地判平成16年11月30日判時1879号153頁〔Winny（利用者）事件〕 ············· 441
東京地判平成16年12月24日判時1911号144頁〔七人の侍事件（第1審）〕 ··········· 154
大阪地判平成17年1月17日判時1913号154頁〔セキスイツーユーホーム事件〕
···································································································· 201, 218, 330
東京高判平成17年2月17日（平成16年（ネ）第806号・第2708号）裁判所ウェブサイト〔記念樹・音楽出版社事件③（控訴審）〕 ··············································· 316
東京高判平成17年3月3日判時1893号126頁〔2ちゃんねる事件（控訴審）〕 ······ 352, 408
東京地判平成17年3月15日判時1894号110頁〔グッドバイ・キャロル事件（第1審）〕
···································································································· 209, 227, 236
東京高判平成17年3月24日（平成16年（ネ）第3565号・第4989号）裁判所ウェブサイト〔デンバー元総領事写真事件（控訴審）〕 ············································· 365
東京高判平成17年3月29日（平成16年（ネ）第2327号）裁判所ウェブサイト〔ケイコとマナブ事件（控訴審）〕 ········································································ 167
大阪地判平成17年3月31日（平成15年（ワ）第12075号・平成16年（ワ）第5010号）裁判所ウェブサイト〔「編集会議」写真事件〕 ··············································· 363
東京高判平成17年3月31日（平成16年（ネ）第405号）裁判所ウェブサイト〔ファイルローグ事件（控訴審）〕 ·················································· 404, 441
東京地判平成17年5月12日判タ1210号258頁〔空港案内図事件〕 ······················ 80
東京地判平成17年5月17日判時1950号147頁〔通勤大学法律コース事件〕 ············ 35
東京地判平成17年6月14日判時1917号135頁〔矢沢永吉事件〕 ························ 448
知財高判平成17年6月14日判時1911号138頁〔七人の侍事件（控訴審）〕 ·············· 154
最二小判平成17年6月17日判時1900号139頁〔安定複合体構造探索方法事件〕 ········· 325
東京地判平成17年6月24日判時1928号78頁〔WinMX発信者情報開示請求事件〕 ······ 339
東京地判平成17年7月1日判時1910号137頁〔京城三坂小学校記念文集事件〕 ·········· 167
最一小判平成17年7月14日民集59巻6号1569頁〔船橋市西図書館事件〕 ·········· 328, 417
大阪高判平成17年7月28日判時1928号116頁〔チョコエッグ事件〕 ···················· 62
東京地判平成17年8月31日判タ1208号247頁〔＠ブブカ事件〕 ························ 448
東京地判平成17年9月28日判タ1222号254頁〔高島暦事件〕 ···························· 201
知財高判平成17年10月6日（平成17年（ネ）第10049号）裁判所ウェブサイト〔YOL事件（控訴審）〕 ······························································································ 411
大阪地判平成17年10月24日判時1911号65頁〔選撮見録事件（第1審）〕 ············· 381

東京地判平成17年12月22日判時1930号133頁〔「ふるさと三国志」再放送事件〕 ……… 319
知財高判平成18年2月27日（平成17年（ネ）第10100号）裁判所ウェブサイト〔ジョン万次郎像事件〕 …………………………………………………… 183, 191, 367
東京地判平成18年2月27日判時1941号136頁〔計装工業会講習資料事件（第1審）〕
……………………………………………………………………………… 203, 213
東京地判平成18年3月22日判タ1226号284頁〔リヒャルト・シュトラウス事件〕……… 427
東京地判平成18年3月23日判時1946号101頁〔江戸風俗画模写事件（①事件）〕 …… 39
知財高判平成18年3月29日判タ1234号295頁〔スルメゲット事件〕 ………………… 98
知財高判平成18年4月12日（平成17年（ネ）第10051号）裁判所ウェブサイト〔ソニー・コンピュータエンタテインメント事件〕 ………………………………… 200
東京高判平成18年4月26日判タ1214号91頁〔ブブカスペシャル7事件〕 …………… 448
東京地判平成18年5月11日判時1946号101頁〔江戸風俗画模写事件（②事件）〕 …… 39
東京地決平成18年7月11日判時1933号68頁〔ローマの休日事件〕 ………………… 433
知財高判平成18年9月13日判時1956号148頁〔グッドバイ・キャロル事件（控訴審）〕
………………………………………………………………… 200, 209, 227, 232
東京地判平成18年9月25日判タ1234号346頁〔WinMX発信者情報開示請求事件〕 …… 339
知財高判平成18年9月26日（平成18年（ネ）第10037号・第10050号）裁判所ウェブサイト〔「江戸考古学研究事典」事件〕 ……………………………………… 364
知財高判平成18年10月19日（平成18年（ネ）第10027号）裁判所ウェブサイト〔計装工業会講習資料事件（控訴審）〕 …………………………………… 200, 203
東京地判平成18年12月21日判時1977号153頁〔東京アウトサイダーズ事件（第1審）〕… 97
知財高判平成18年12月26日判時2019号92頁〔宇宙開発事業団プログラム事件〕
………………………………………………………… 122, 203, 207, 223, 344
東京地判平成18年12月27日判タ1275号265頁〔CRフィーバー大ヤマト事件〕 ………… 231
東京地判平成19年1月19日判時2003号111頁〔THE BOOM事件〕 ………………… 308
大阪地判平成19年1月30日判時1984号86頁〔ピーターラビット事件〕 …………… 304
大阪地判平成19年1月30日判時2000号103頁〔デサフィナード事件（第1審）〕 ……… 377
東京地判平成19年4月12日（平成28年（ワ）第15024号）裁判所ウェブサイト〔創価学会写真事件〕 ………………………………………………………………… 104
東京地判平成19年5月25日判時1979号100頁〔MYUTA事件判決〕 ……………… 399
知財高判平成19年5月31日判時1977号144頁〔東京アウトサイダーズ事件（控訴審）〕
………………………………………………………………………… 96, 97, 347
大阪高判平成19年6月14日判時1991号122頁〔選撮見録事件（控訴審）〕 …………… 381
名古屋地判平成19年6月28日判時1993号134頁〔間取図作成ソフト事件〕 ………… 160
知財高判平成19年7月25日判時1988号95頁〔レザードール写真集事件〕 ………… 125
大阪地判平成19年7月26日（平成16年（ワ）第11546号）裁判所ウェブサイト〔グラブ浚渫施工管理システム事件〕 ………………………………………………… 201
最一小判平成19年11月8日民集61巻8号2989頁〔プリンタ用インクタンク事件〕 …… 251
最三小判平成19年12月18日民集61巻9号3460頁〔シェーン事件〕 ……………… 264
東京地判平成20年1月31日判時2024号142頁〔土地宝典事件（第1審）〕…………… 81

東京地判平成20年1月31日（平成18年（ワ）第13803号）裁判所ウェブサイト〔パズル事件〕………………………………………………………………………… 146
東京地判平成20年2月15日（平成18年（ワ）第15359号）裁判所ウェブサイト〔運命の顔事件〕………………………………………………………………………… 196
東京地判平成20年2月26日（平成19年（ワ）第15231号）裁判所ウェブサイト〔社保庁LAN電子掲示板事件〕………………………………………………………… 364
東京地判平成20年3月13日判時2033号102頁〔祇園祭写真事件〕………………… 109
知財高判平成20年6月23日判時2027号129頁〔日めくりカレンダー事件〕……… 167, 173
知財高判平成20年7月17日判時2011号137頁〔ライブドア裁判傍聴記事件〕…… 29
大阪高判平成20年9月17日判時2031号132頁〔デサフィナード事件（控訴審）〕… 377
那覇地判平成20年9月24日判時2042号95頁〔首里城事件〕………………………… 347
知財高判平成20年9月30日判時2024号133頁〔土地宝典事件（控訴審）〕………… 83
東京地判平成21年2月27日判タ1311号259頁〔特高警察関係資料集成事件〕…… 167
大阪高判平成21年3月26日判タ1313号231頁〔マンション読本事件〕…………… 87, 90
東京地判平成21年4月30日判時2061号83頁〔苦菜花事件（第1審）〕…………… 350
仙台高判平成21年5月15日判例集未登載〔つつみ人形事件〕……………………… 65
東京地判平成21年5月28日（平成19年（ワ）第23883号）裁判所ウェブサイト〔駒込大観音事件（第1審）〕…………………………………………………………… 369
最一小判平成21年10月8日判時2064号120頁〔チャップリン映画DVD事件〕…… 263, 371
知財高判平成21年10月28日判時2061号75頁〔苦菜花事件（控訴審）〕………… 350, 432
知財高判平成21年12月24日（平成21年（ネ）第10051号）裁判所ウェブサイト〔オートバイレース写真事件〕……………………………………………………… 200
東京地判平成22年2月10日（平成16年（ワ）第18443号）裁判所ウェブサイト〔通信カラオケ事件〕……………………………………………………………………… 364
東京地判平成22年2月26日判時2096号140頁〔北朝鮮の極秘文書事件（第1審）〕…… 249
知財高判平成22年3月25日判時2086号114頁〔駒込大観音事件（控訴審）〕…… 369
最一小判平成22年4月8日民集64巻3号676頁〔電子掲示板発信者情報開示請求事件〕………………………………………………………………………………… 341
東京地判平成22年4月21日判時2085号139頁〔SL・DVD事件〕………………… 361
知財高判平成22年5月27日判タ1343号203頁〔脳機能画像解析学術論文事件〕… 23
知財高判平成22年7月14日判時2100号134頁〔箱根富士屋ホテル物語事件〕…… 42
知財高判平成22年8月4日判時2101号119頁〔北見工業大学事件〕……………… 204
知財高判平成22年8月4日判時2096号133頁〔北朝鮮の極秘文書事件（控訴審）〕… 249
知財高判平成22年9月8日判時2115号102頁〔パンドラTV事件〕………………… 386
知財高判平成22年10月13日判時2092号135頁〔絵画鑑定書事件〕……………… 290, 292
東京地判平成22年12月22日（平成18年（ワ）第17244号）裁判所ウェブサイト〔DPC分析プログラム事件〕………………………………………………………………… 201
最三小判平成23年1月18日民集65巻1号121頁〔まねきTV事件〕… 18, 391, 399, 407, 440
最一小判平成23年1月20日民集65巻1号399頁〔ロクラクⅡ事件〕… 18, 381, 396, 399, 407
東京地判平成23年1月28日判時2133号114頁〔NEW増田足事件〕………………… 123, 203

知財高判平成23年3月10日（平成22年（ネ）第10081号）裁判所ウェブサイト〔病院経営管理本事件〕…………………………………………………… 204
知財高判平成23年3月23日判時2109号117頁〔やわらかい生活事件〕…………… 347
東京地判平成23年4月27日（平成22年（ワ）第35800号）裁判所ウェブサイト〔模様入りおにぎり具事件〕…………………………………………………… 300
知財高判平成23年5月10日判タ1372号222頁〔廃墟写真事件〕……………… 98, 343
知財高判平成23年5月26日判時2136号116頁〔データ復旧サービス事件〕………… 146
東京地判平成23年6月10日（平成22年（ワ）第31663号）裁判所ウェブサイト〔バイナリーオートシステム事件〕…………………………………………… 301
東京地判平成23年7月29日（平成21年（ワ）第31755号）裁判所ウェブサイト〔合格！行政書士南無刺青観世音事件〕……………………………………… 12
知財高判平成23年8月9日判時2126号125頁〔「愛の劇場」オープニング楽曲事件〕… 319
東京地判平成23年11月29日（平成23年（ワ）第22642号）裁判所ウェブサイト〔Gnutella発信者情報開示請求事件〕………………………………………… 339
最一小判平成23年12月8日民集65巻9号3275頁〔北朝鮮映画事件〕……………… 415
東京地判平成23年12月14日判時2142号111頁〔CM原版事件〕…………………… 199
最三小判平成23年12月19日刑集65巻9号1380頁〔Winny（開発者）事件〕……… 441
最三小判平成24年1月17日判時2144号115頁〔「暁の脱走」DVD事件〕………… 371
知財高判平成24年1月25日（平成21年（ネ）第10024号）裁判所ウェブサイト〔連結解放装置プログラム事件〕………………………………………………… 121
最一小判平成24年2月2日民集66巻2号89頁〔ピンク・レディー事件〕……… 445, 448
知財高判平成24年2月22日判時2149号119頁〔スペースチューブ事件〕…………… 61
知財高判平成24年3月22日（平成23年（ネ）第10062号）裁判所ウェブサイト〔三徳包丁事件〕………………………………………………………………… 62
知財高判平成25年2月1日（平成24年（ネ）第10015号）裁判所ウェブサイト〔ごみ貯蔵カセット事件〕………………………………………………………… 360

## 執筆者一覧

**【編著者】**

清水　　節　（徳島地方・家庭裁判所長）
岡本　　岳　（知的財産高等裁判所判事）

**【執筆者】**（※五十音順）

相崎　裕恒　（知的財産高等裁判所調査官）
阿部　正幸　（横浜地方裁判所判事）
網田　圭亮　（大阪地方裁判所判事補）
荒井　章光　（知的財産高等裁判所判事）
飯村　敏明　（知的財産高等裁判所長）
池下　　朗　（知的財産高等裁判所判事）
石神　有吾　（東京地方裁判所判事補）
井上　泰人　（知的財産高等裁判所判事）
今井　弘晃　（大分地方・家庭裁判所判事）
岩﨑　　慎　（福岡地方・家庭裁判所柳川支部長）
上田　真史　（東京地方裁判所判事補）
大鷹　一郎　（東京地方裁判所判事）
大西　勝滋　（東京法務局訟務部長）
小川　卓逸　（東京地方裁判所判事補）
小川　雅敏　（東京地方裁判所判事）
菊池　絵理　（最高裁判所調査官）
菊地　浩明　（長崎地方・家庭裁判所佐世保支部判事）
國分　隆文　（東京地方裁判所判事）
齋藤　　巌　（知的財産高等裁判所判事）
坂本　康博　（福島地方・家庭裁判所相馬支部長）
佐野　　信　（さいたま地方裁判所判事）

塩月　秀平　（知的財産高等裁判所判事）
志賀　　勝　（東京地方裁判所判事補）
柴田　義明　（最高裁判所調査官）
東海林　保　（東京地方裁判所判事）
鈴木　和典　（福岡法務局訟務部副部長）
関根　澄子　（広島家庭裁判所判事）
髙部眞規子　（知的財産高等裁判所判事）
武宮　英子　（知的財産高等裁判所判事）
達野　ゆき　（名古屋高等裁判所判事）
田邉　　実　（知的財産高等裁判所判事）
知野　　明　（知的財産高等裁判所判事）
寺田　利彦　（東京地方裁判所判事）
東崎　賢治　（弁護士　長島・大野・常松法律事務所）
中島　基至　（最高裁判所調査官）
中村　　恭　（盛岡地方・家庭裁判所一関支部長）
西田　昌吾　（大阪地方裁判所判事補）
古谷健二郎　（知的財産高等裁判所判事）
柵木　澄子　（秋田地方・家庭裁判所大館支部長）
真辺　朋子　（知的財産高等裁判所判事）
森川さつき　（東京地方裁判所判事補）
森崎　英二　（広島地方裁判所判事）
八木貴美子　（知的財産高等裁判所判事）
矢口　俊哉　（函館地方・家庭裁判所判事）
山門　　優　（仙台地方・家庭裁判所石巻支部長）
山田　真紀　（仙台地方裁判所判事）
山田　陽三　（大阪地方裁判所判事）

（平成25年3月15日現在）

## Q&A著作権の知識100問
定価:本体4,000円(税別)

平成25年3月28日 初版発行

編著者 清 水 　 　 節
　　　　岡 本 　 　 岳

発行者 尾 中 哲 夫

発行所 日 本 加 除 出 版 株 式 会 社
本　社 郵便番号 171-8516
　　　 東京都豊島区南長崎3丁目16番6号
　　　 TEL (03)3953-5757 (代表)
　　　 　　　(03)3952-5759 (編集)
　　　 FAX (03)3951-8911
　　　 URL http://www.kajo.co.jp/

営業部 郵便番号 171-8516
　　　 東京都豊島区南長崎3丁目16番6号
　　　 TEL (03)3953-5642
　　　 FAX (03)3953-2061

組版・印刷・製本 ㈱倉田印刷

落丁本・乱丁本は本社でお取替えいたします。
Ⓒ M.Shimizu, G.Okamoto 2013
Printed in Japan
ISBN978-4-8178-4069-1 C2032 ¥4000E

JCOPY 〈㈳出版者著作権管理機構 委託出版物〉

本書を無断で複写複製(電子化を含む)することは,著作権法上の例外を除き,禁じられています。複写される場合は,そのつど事前に㈳出版者著作権管理機構(JCOPY)の許諾を得てください。
また本書を代行業者等の第三者に依頼してスキャンやデジタル化することは,たとえ個人や家庭内での利用であっても一切認められておりません。

〈JCOPY〉 HP：http://www.jcopy.or.jp/, e-mail：info@jcopy.or.jp
電話：03-3513-6969, FAX：03-3513-6979

最前線で活躍する実務家が、「最新動向」を鋭くえぐる!

# インターネット新時代の法律実務Q&A

スマートフォン／クラウド／情報セキュリティ／掲示板・ブログ・SNS／動画投稿サイト／電子書籍／ネットショップ・オンラインゲーム／検索エンジン／子どもとネット／ドメインネーム／サイバー犯罪

田島正広 監修・編集代表
足木良太・上沼紫野・梅田康宏・大倉健嗣・
亀井源太郎・鈴木優・平林健吾・舟山聡 編著

2012年10月刊　A5判　384頁　定価3,675円　ISBN978-4-8178-4023-3

● インターネットに関する様々なツールの利活用の場面ごとに生じる多岐にわたる問題を網羅。

● コンプリートガチャ、違法投稿動画等、日々生起する新たな法律問題に直接切り込む設問を多数収録。

● 利便性を考慮し、簡潔明瞭な回答、根拠を明確にしたわかりやすい解説を提示。

（商品番号：40475　略号：ネット法）

日本加除出版

〒171-8516　東京都豊島区南長崎3丁目16番6号
営業部　TEL (03)3953-5642　FAX (03)3953-2061
http://www.kajo.co.jp/

（価格は税込）